大平　茂　著

祭祀考古学の研究

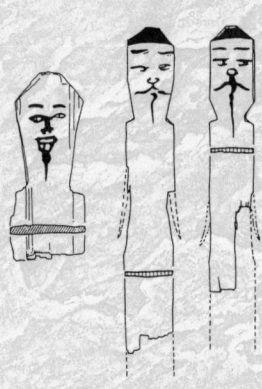

雄山閣

福岡県沖ノ島遺跡
子持勾玉、人形など本書の原点となった遺跡。学恩に感謝したい。

子持勾玉
右：馬場17号古墳（朝来市教育委員会所蔵）
左：雨流遺跡（兵庫県立考古博物館所蔵）

木製人形・馬形・斎串
袴狭遺跡（兵庫県立考古博物館所蔵）

序

國學院大學教授　杉山林繼

　大平茂さんが長年の研究をまとめられて上梓されると言う。
　この論文は地域史研究を基盤としながら、祭祀考古学に真正面から取り組んだものであり、これまでの神道考古学から一歩前進しようとするものである。
　三編に分けられた最初で、対象とする範囲の確認と定義を述べている。祭祀考古学の定義が、文字化され、まとめて取り扱われたものは、これまで極めて少ない。祭祀考古学を形而上の信仰現象である祭祀（神祭り）・呪術行為を、形而下の考古資料（物質的資料）によって再構築することを目的として宗教考古学の一分野としながらも、多くの人々には、一般に「まつりの考古学」と呼んでもらって差し支えないとする筆者のやさしく理解してもらおうとする態度は、随所に現われていて、親しみ易い。そしてはじめに、対象とする年代を限定して、始原と終末を押さえたことは、祭祀考古学という用語が広い範囲を包括していることを考えるならば、その後の議論を明瞭にしている。
　また方法論についても、これまで先学のとってきた歴史文献学・民俗学・神話学・国文学等々、諸学の考古学上の解釈、研究への利用を分析し、対象時代別に祭祀研究史を確認し、取捨して、細分化だけでなく、総合的な判断を持って、新たに信仰・祭祀の通史を構築する必要性を説き、その方向を見ている。当然の議論であるが、多くの研究者のある中で、己の位置を明らかにしたものと言える。
　次の部分では、子持勾玉と木製人形、小型土製馬形を中心に詳かな分析と興味深い論を展開している。
　そして最後の編では筆者の長年のフィールドである兵庫県内の遺跡・遺物を扱っていて、本書全体のベースになった研究と言える。昭和52年以来、県内の調査に関係し、以前より祭祀関係に興味を持っていたことも幸いし、より多くの遺跡に接し、考察に加わっている。
　兵庫県は瀬戸内海に面して淡路・摂津・播磨があり、北に但馬・丹波の五カ国がある。祭祀遺跡とされるものも現在350箇所を数え、その内には全国的に注目される例を含んでいる。筆者は良きフィールドに恵まれたとも言える。そのようなことから播磨では、石製模造祭祀遺物の分布に針間国造・針間鴨国造・明石国造の３つの勢力に相当する核があったことを指摘している。注目すべき論である。
　また、但馬の祭祀として、袴狭遺跡群の多量の木製祭祀具は、多量であることから堆積し、時代を分別できるなど、好資料をもたらしており、筆者がこれに接して、但馬国府の推定や、天日槍伝承、出石神社とを結びながら考え、さらに線刻絵画のある箱形木製品とするものから、出雲大社の琴板、あるいは琴との類似から山陰文化の共通性を探るなど30年余りの研究成果として、その努力を称賛すべきであろう。

例　言

1　本論文中に収録した既発表論文の出典は以下の通りである。

　第Ⅰ編　祭祀考古学の体系

　　第1章　「奈カリ与弥生遺跡の遺物・遺構よりみた二、三の祭祀事例」『北摂ニュータウン内遺跡調査報告書Ⅱ』　兵庫県教育委員会　374～380頁　1983年

　　第2章　「生産遺跡の祭祀」『考古学資料館紀要』　第5輯　國學院大學　116～126頁　1989年

　　第3章　「土製模造品の再検討」『研究紀要』　第2号　兵庫県教育委員会埋蔵文化財調査事務所　31～42頁　2002年

　　第4章　「祭祀考古学の体系」『研究紀要』　第3号　兵庫県教育委員会埋蔵文化財調査事務所　117～136頁　2003年

　第Ⅱ編　祭祀遺物の分類・編年と研究

　　第1章　「子持勾玉年代考」『古文化談叢』　第21集　九州古文化研究会　37～80頁　1989年

　　第2章　「木製人形年代考（上・下）」『古文化談叢』　第30集　九州古文化研究会　567～591頁　1993年・同第35集　59～78頁　1996年

　　第3章　「小型土製馬形年代考」『研究紀要』　第1号　兵庫県立考古博物館　1～35頁　2008年

　　第4章　「三輪山麓出土の子持勾玉祭祀とその歴史的背景」『原始・古代日本の祭祀』同成社　235～256頁　2007年

　第Ⅲ編　兵庫県内祭祀遺跡・祭祀遺物の研究

　　第1章　「播磨地域の古墳時代」（原題　祭祀遺物よりみた古墳時代の播磨地方）『播磨考古学論叢』　今里幾次先生古希記念論文集刊行会　297～317頁　1990年

　　第2章　「播磨国の祭祀遺跡」（原題　播磨の祭祀遺跡）『風土記の考古学②』　同成社　69～87頁　1994年

　　第3章　「マツリとマジナイの考古学」（原題　原始・古代播磨人の精神生活）『地中に眠る古代の播磨』神戸新聞総合出版センター　150～174頁　1999年を改訂

　　第4章　「但馬地域の古墳時代」（原題　天日槍伝承と兵庫県日本海地域の考古学）『原始・古代の日本海文化』同成社　131～157頁　2000年

　　第5章　「但馬国の律令時代」（原題　但馬国の古代遺跡と但馬国府）『木簡学会但馬特別研究集会シンポジウムの記録　わたしたちのまち但馬』日高町教育委員会　1～17頁　2004年を改訂

　　第6章　「兵庫県出土の子持勾玉」『ひょうご考古』　第2号　兵庫考古研究会　35～43頁　1996年

2　文中の敬称は略させていただいた。また、引用文は当時の文体のままとしている。

3　遺跡所在地などの地名は、発行日現在のものに変更している。

祭祀考古学の研究　目次

序……………………………………………………………………………………………杉山林繼
はじめに………………………………………………………………………………………………1

第Ⅰ編　祭祀考古学の体系………………………………………………………………………3
　第1章　奈カリ与弥生遺跡の遺物・遺構よりみた二、三の祭祀事例
　　　　1　はじめに……………………………………………………………………………5
　　　　2　出土祭祀遺物………………………………………………………………………5
　　　　3　発見祭祀遺構………………………………………………………………………6
　　　　4　まとめ………………………………………………………………………………7
　第2章　生産遺跡の祭祀―赤穂堂山製塩遺跡を中心に―
　　　　1　はじめに……………………………………………………………………………11
　　　　2　防潮堤下の馬遺体…………………………………………………………………12
　　　　3　採鹹土坑（沼井）内出土の木製遺物……………………………………………14
　　　　4　まとめ………………………………………………………………………………18
　第3章　土製模造品の再検討―兵庫県内出土の古墳時代祭祀遺物を中心として―
　　　　1　はじめに……………………………………………………………………………21
　　　　2　土製模造品出土遺跡の具体例……………………………………………………21
　　　　3　土製模造品の年代…………………………………………………………………29
　　　　4　祭祀の対象と性格…………………………………………………………………30
　　　　5　まとめ………………………………………………………………………………32
　第4章　祭祀考古学の体系―新しい神道考古学の枠組みにむけて―
　　　　1　はじめに……………………………………………………………………………35
　　　　2　祭祀考古学の定義…………………………………………………………………36
　　　　3　考古学からみた祭祀研究史（研究の現状）……………………………………37
　　　　4　祭祀考古学の組織…………………………………………………………………45
　　　　5　祭祀遺跡の分類……………………………………………………………………46
　　　　6　祭祀遺物の分類……………………………………………………………………48
　　　　7　おわりに……………………………………………………………………………52

第Ⅱ編　祭祀遺物の分類・編年と研究
　第1章　子持勾玉年代考
　　　　1　はじめに……………………………………………………………………………59
　　　　2　型式分類と編年の研究史…………………………………………………………59

3　時期決定可能な資料の検討……………………………………………………73
　　　4　分類試案と型式編年……………………………………………………………89
　　　5　まとめ……………………………………………………………………………98
　第2章　木製人形年代考
　　　1　はじめに…………………………………………………………………………105
　　　2　研究史と型式分類………………………………………………………………105
　　　3　木製人形の型式分類案…………………………………………………………125
　　　4　木製人形の年代と変遷…………………………………………………………127
　　　5　おわりに…………………………………………………………………………145
　第3章　小型土製馬形年代考
　　　1　はじめに…………………………………………………………………………149
　　　2　型式分類の研究史………………………………………………………………149
　　　3　小型土製馬形の型式分類案……………………………………………………165
　　　4　各類典型例の年代比定と型式変遷……………………………………………169
　　　5　おわりに…………………………………………………………………………181
　第4章　三輪山麓出土の子持勾玉祭祀とその歴史的背景
　　　1　はじめに…………………………………………………………………………188
　　　2　子持勾玉の型式分類案…………………………………………………………189
　　　3　三輪山麓および周辺出土の子持勾玉…………………………………………191
　　　4　三輪山祭祀の変遷とその画期…………………………………………………196
　　　5　三輪山祭祀画期の歴史的背景…………………………………………………199

第Ⅲ編　兵庫県内祭祀遺跡・祭祀遺物の研究
　第1章　播磨地域の古墳時代―石製模造品を中心として―
　　　1　はじめに…………………………………………………………………………207
　　　2　祭祀遺物出土の遺跡概要………………………………………………………207
　　　3　祭祀遺物の検討―時期とその分布―…………………………………………213
　　　4　古墳の分布と変遷―畿内勢力との関係―……………………………………214
　　　5　おわりに…………………………………………………………………………222
　第2章　播磨国の祭祀遺跡―風土記にみる神まつりの背景―
　　　1　はじめに…………………………………………………………………………226
　　　2　『播磨国風土記』の中の荒ぶる神を祭る記事…………………………………226
　　　3　相生市丸山窯跡出土の土製模造品……………………………………………227
　　　4　土製模造品で神を祭る背景……………………………………………………230
　　　5　祭祀遺跡（祭祀遺物）とは何か………………………………………………231
　　　6　祭祀の対象とその具体例………………………………………………………234
　　　7　原始神道期の播磨―祭祀遺物の時期とその分布―…………………………235

v

8　おわりに……………………………………………………………………………………237
第3章　マツリとマジナイの考古学―播磨地域を中心に―
　　1　はじめに……………………………………………………………………………………239
　　2　土偶と石棒の祈り…………………………………………………………………………239
　　3　銅鐸のマツリと鳥装シャーマン…………………………………………………………240
　　4　王権の祭祀と土着神のマツリ……………………………………………………………241
　　5　木製人形のマツリ…………………………………………………………………………243
　　6　マジナイの世界……………………………………………………………………………244
　　7　おわりに……………………………………………………………………………………246
第4章　但馬地域の古墳時代―天日槍伝承と考古学―
　　1　はじめに……………………………………………………………………………………248
　　2　律令期の北但馬の発掘調査………………………………………………………………249
　　3　古墳時代の北但馬渡来系の遺物と遺構…………………………………………………252
　　4　但馬地域の古墳文化と日本海文化および畿内文化の交流……………………………255
　　5　まとめ………………………………………………………………………………………260

第5章　但馬国の律令時代―人形祭祀と但馬国府―
　　1　はじめに……………………………………………………………………………………264
　　2　官衙遺跡と判断する指標…………………………………………………………………264
　　3　但馬国の古代遺跡の概要…………………………………………………………………270
　　4　但馬国府の所在地について………………………………………………………………274
　　5　人形祭祀の年代と木簡からみた国府所在地……………………………………………277
第6章　兵庫県出土の子持勾玉
　　1　はじめに……………………………………………………………………………………279
　　2　県内発見例の概要…………………………………………………………………………279
　　3　子持勾玉の年代……………………………………………………………………………282
　　4　子持勾玉の性格……………………………………………………………………………285
　　5　おわりに……………………………………………………………………………………286

おわりに……………………………………………………………………………………………287

はじめに

　日本の考古学において、これまで精神生活の一部である信仰・祭祀的分野を担当していたのは神道考古学や仏教考古学であり、これらをまとめて宗教考古学と呼ばれてきた。

　さて、『祭祀考古学』は神道考古学の椙山林継氏が新たに提唱した「神道に限らない古代人の信仰観念を研究」する学問である。

　筆者の定義も「祭祀考古学の体系」に示した通り、形而下の考古学資料を用いて形而上の信仰現象を再構築することを目的としている。すなわち、祭祀遺跡・祭祀遺物という考古学資料から考究し、原始・古代人の精神生活を解明していく学問と捉えたのである。

　その前提として、まず出土遺物と遺構が祭祀遺物と祭祀遺構であるのか否かの判定がある。さらに、祭祀に関係すると判断出来ても、それ自身はいかなる祭祀があったのかを答えてくれない。そのため、証明は間接的にならざるを得ないのである。

　また、考古学は物証史学であり、残ったモノだけを手がかりに歴史を再構築するため、研究成果の真否も残存したモノに依拠してしまう。このように考古学の手法で精神文化を扱うときには、常にこうした宿命がつきまとうのである。しかし、これらの困難を克服し、原始・古代の人々がカミや霊魂と接していたときの精神状態（心理）、それを認知することこそが信仰・祭祀の歴史を知ることなのである。ここに、祭祀考古学の存在意義が考えられるのである。

　そこで、研究手法には考古学の方法論を用いると共に、宗教心理学的手法も採用したい。さらに、その研究領域のみならず、歴史学、宗教学、民俗学、民族学、人類学、地理学、神話学、国文学などの研究成果の援用も必要である。隣接する宗教民俗学や神道史学と古代史学の研究者には是非ともご支援いただき、祭祀考古学が提示した仮説と解釈に比較検討されることを期待する。そして、最終的には精神文化全体の再構築を目指していきたいと考えている。

　本書は、このような視点から母校國學院大學に提出した博士学位請求論文の『祭祀考古学の研究』を再編集したものである。

　内容は、以下の三編（第Ⅰ編　祭祀考古学の体系、第Ⅱ編　祭祀遺物の分類・編年と研究、第Ⅲ編　兵庫県内祭祀遺跡・祭祀遺物の研究）で構成する。

　第Ⅰ編は『神道考古学』に替わる新しい学問『祭祀考古学』を模索した「祭祀考古学の体系」を主論文に、初めて祭祀に取り組んだ「奈カリ与弥生遺跡の遺物・遺構よりみた二、三の祭祀事例」、そして生産の場にもそれに相応しい祀り（操業の安全を願う祭祀、収穫できたお礼の祭祀など）があることを確認した「生産遺跡の祭祀」、土製模造品の従来の年代観の再考とその性格を中心とした「土製模造品の再検討」を収めた。いわば、筆者のささやかな歩みを示した『祭祀考古学』の研究史とすべきものである。

　第Ⅱ編は、祭祀遺物（「石製品・木製品・土製品」を代表する各種模造品）の分類・編年の研究各論を示した「子持勾玉年代考」・「木製人形年代考」・「小型土製馬形年代考」の３論文を収めた。

はじめに

小生の祭祀考古学研究型式分類の三部作である。これに、古墳時代祭祀遺物の研究から奈良県三輪明神大神神社の古代祭祀を再構築しようと試みた「三輪山麓出土の子持勾玉祭祀とその歴史的背景」の論文を掲載している。なお、祭祀遺物の分類にあたっては、誰でも理解出来る易しい機能に基づいた型式学的方法を採用した。

　第Ⅲ編は、筆者のフィールドである『兵庫県』内の祭祀遺跡と祭祀遺物に関する研究を掲載している。平成18年度末現在、県下に存在する祭祀遺物出土遺跡は350箇所（摂津94、播磨149、但馬63、丹波21、淡路23）である。全国的にも最古級と考えられる姫路市播磨・長越遺跡と同市香寺町東前畑遺跡の石製模造品、古墳造り出し部の祭祀として注目を集めた食物形を中心とする加古川市行者塚古墳出土の土製模造品、井泉祭祀に使用した明石市藤江・別所遺跡の車輪石と小型銅鏡、全国出土人形の過半数を占める豊岡市袴狭遺跡群の木製模造品、等々。

　こうした中から、播磨地域は石製模造品を取り上げ、その分布には針間国造・針間鴨国造・明石国造の三つの勢力に相当する中核があったと考えた「播磨地域の古墳時代」、鍬（鋤）先形の土製模造品を取り上げ『播磨国風土記』に記載のある荒ぶる神への鎮魂を目的としたものと捉えた「播磨国の祭祀遺跡」、そして縄文時代の土偶・石棒から室町時代の経塚まで各時代の祭祀遺物を紹介した「マツリとマジナイの考古学」を選んだ。

　但馬地域では、天日槍伝承を考古学の渡来系文物から捉え直した「但馬地域の古墳時代」、そして但馬国府の所在地を紀年銘木簡の年号と木製模造品（人形）の年代から検討した「但馬国の律令時代」を収めた。なお、「マツリとマジナイの考古学」と「但馬国の律令時代」は祭祀考古学を一般の方々に易しく啓発普及する目的で発表した講演録を改訂し、再録したものである。

第Ⅰ編　祭祀考古学の体系

第Ⅰ編　祭祀考古学の体系

　第Ⅰ編『祭祀考古学の体系』は、筆者の祭祀考古学の歩みを記したものである。

　第1章は、初めて祭祀に取り組んだ論文で、弥生時代北摂奈カリ与遺跡の手捏土器、精製土器、管玉などの出土遺物と、住居址中央土坑および土器埋納坑の遺構を祭祀と考えて検討してみた。

　ここでは、出土地点の立地や遺物の組み合わせなどから考えて、こうした事例を大きく暦伝来以前の季節に合わせた水稲耕作を基盤とする初期農耕社会の祭祀儀礼と位置づけた。

　第2章「生産遺跡の祭祀」では、赤穂市堂山遺跡の古代末の製塩に伴う祭祀儀礼を、沼井（採鹹土坑）内出土の木製遺物および防潮堤遺構内出土の馬遺体から考察してみた。

　馬遺体は犠牲獣と捉えることが可能で、文献にも塩堤築造の難しさが記録されるなど、築堤の際に荒ぶる神々に馬を捧げ、塩田の無事完成を祈ったものと推測できる。また、沼井遺構の粘土内出土の漆器椀、刀子形、斎串、人形の可能性がある木製品も、構築時に操業の安全を願って禊や祓をした後、意図的に封じ込めた祭祀遺物と捉える。このように、生産遺跡では技術そのものだけでなく、儀礼による超自然的な力の介入がなければ生産活動への成功は期待出来なかったのである。

　そして、第3章「土製模造品の再検討」では、兵庫県内出土の土製模造品を資料に年代と性格を検討してみた。その結果、弥生時代後期から古墳時代前期の丹波市七日市遺跡や播磨町大中遺跡の土製模造品は、石製模造品より決して後出とは考えられず、さらに加古川市行者塚古墳や加東市河高上ノ池遺跡例で理解出来るように5世紀代に盛行し、6世紀代へと続くことが明らかになったのである。

　また、性格については古文献と先学の研究成果を勘案し、弥生時代に墳墓の祭祀として使用されたものから、古墳時代の石製模造品の衰退が始まる段階以降に、荒ぶる神など各地域の土着神の鎮魂を目的とした性格に徐々に変質したものと理解した。

　第4章「祭祀考古学の体系」は、筆者の祭祀遺跡・祭祀遺物から信仰・祭祀の精神生活を追究する想いを纏めた『祭祀考古学』の総論とすべきものである。以上、4本の論文を収めた。

第1章

奈カリ与弥生遺跡の遺物・遺構よりみた二、三の祭祀事例

1 はじめに

　弥生時代の祭祀形態を検討するのに、遺物（土製品・木製品・石製品・青銅製品など）にあらわれた祭祀と、遺構（墳墓関係・青銅器埋納関係・土器埋納関係など）にあらわれた祭祀からその要素を個々に抽出していく方法がある。

　ここでは、兵庫県三田市奈カリ与遺跡の遺物（小型粗製手捏土器・小型精製土器・管玉）と、遺構（住居址中央坑・北斜面区土器埋納坑）を例に祭祀内容について若干の考察を行なってみたい。

　本遺跡北斜面区（CC47）で小型粗製手捏土器1点、東尾根区（第5トレンチ4区）においては小型精製土器1点をそれぞれ検出している。小型粗製手捏土器は壺形を呈し、手捏成形にナデを用いる。小型精製土器はミニチュアの把手付壺形土器である。どちらも遺構に伴うものではなく第2層の遺物包含層からの出土である。管玉は、東谷区2号段状遺構内埋土上層からの発見である。年代は、いずれも弥生時代中期後半に属するものと考える。

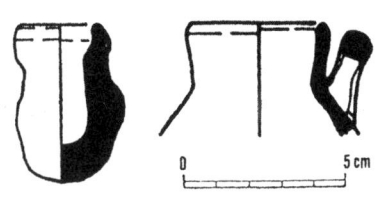

第1図　奈カリ与遺跡出土土器
左：小型粗製手捏土器
右：小型精製土器

2 出土祭祀遺物

　兵庫県内における弥生時代の手捏土器は、上ノ島[1]・新宮宮内[2]・尾崎[3]・山田[4]・権現[5]・上戸田[6]・大中[7]などの諸遺跡から発見されており、特に新宮宮内と山田の両遺跡では中期の竪穴住居址より、上戸田・大中遺跡では後期の住居址内より出土しており、住居内祭祀の確実な痕跡と推定されている。この種の県内最古のものは上ノ島遺跡の前期新段階に属するものであり、上田哲也[8]はとく

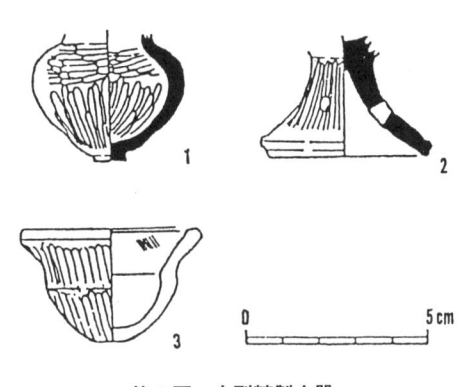

第2図　小型精製土器
1・2：本位田遺跡、3：長越遺跡

に弥生時代終末期から古墳時代前期の集落遺跡に多く認められる事実を指摘している。

　森貞次郎[9]によれば、小型粗製手捏土器は弥生時代前期後半に出現し、中期から後期を経て古墳時代に至るという。そして、その性格は古墳時代の手捏土器の性格と同様であって、自然神に対する祭祀遺物と考えている。

　本遺跡の当該遺物は1点のみであり、直接遺構に伴うものでないが、北斜面区住居址群中の中央部に位置し、同地区に祭祀色の強い高坏と壺の土器埋納坑および焼土坑が存在したことから、居住区域内での祭祀に関連した遺物と確信される。

　一方、小型精製土器は兵庫県内で新方[10]・大歳山[11]・権現[12]遺跡などに検出例がある。新方遺跡の例は中期に属する周溝墓の溝内からの、また大歳山遺跡例では後期の住居址内よりの出土である。古墳時代の前期まで下れば、長越[13]・本位田[14]遺跡、および門前[15]遺跡などが加わる。長越遺跡例は土坑内で手捏土器と一括出土、本位田遺跡例は井戸状遺構付近からこれまた手捏土器類と伴出したものである。

　墳墓に伴うもの、住居址に伴うもの、水に関連するものなど、様々な祭祀形態が想定される。本遺跡例は墳墓に関連するものではなく、また井戸址とは地点を異にする事実から水に関連するものとも考えられない。遺構に伴わないためにどのような祭祀内容に使用したのかは不明なのであるが、出土地点が集落の中でも高所の眺望のよい地区である点が、性格究明上おおいに参考になる。

　次に、弥生時代の県内出土の管玉をみると、明らかに墳墓から検出したものおよび玉作り工房に属する遺構出土と思われるものを除くと、新宮宮内[16]・東園田[17]・本多町[18]遺跡などがある。新宮宮内・東園田遺跡はともに遺物包含層中の発見で、ほかにこれといった祭祀遺物の伴出もないため、その性格は明らかでない。しかし、本多町遺跡では住居址内でミニチュア土器と共伴しており、装身具としての使用よりも祭祀具としての利用が考えられる。古墳時代にまで降れば、前期に長越[19]、中期に伊和[20]・砂部[21]・高田[22]遺跡などがあり、滑石製祭祀遺物と共伴してくる事実がある。

　現在、4世紀後半から5世紀代にかけて出現する滑石製模造品（祭祀遺物）は、4世紀代の碧玉製品の影響を強く受けて発達してきたと考えられている。この考え方をさらに推し進め、その祖源をこれら弥生時代の碧玉製品にまで求めて遡上することは無理なことであろうか。

　その他、祭祀遺物と考えられるものに東谷区16号住居址出土の磨製石鏃がある。有茎式の形態を呈すが、刃部を磨き落としていることから非実用品と思われ、石製模造品の一種[23]と考える。なお、16号住居址ではほかに祭祀遺物を検出しておらず、斜面上部にテラス状の遺構を持つのが特徴程度で特別な住居とは到底思われない。

3　発見祭祀遺構

　近畿・中国地方の弥生時代中期から後期にかけての竪穴住居址にみられる中央坑については、炉址とか貯蔵穴とか柱穴などの諸解釈が提出されている。

本遺跡のものは、東谷区 6 号住居址の中央坑が典型例であり、3 段の掘り込みを認める。上段は一辺約120cm、深さ 5 〜10cmの浅い方形の掘り込みで、中段に径約60〜90cmの不整円形の掘り込み、最下段は径約25cmの柱穴状の掘り込みを設けている。焼土面は一切認められず、埋土の中間層にレンズ状に灰を含んだ堆積がみられる。

このような状況からみると、当初は明らかに柱を意識して掘ったとしか思えない形状である。柱穴と考えるならば中心柱となり、さらに立柱祭の痕跡かともみられる。いわゆる心御柱[24]に相当する新築にあたっての祭祀の場と想定され、祭祀が終了すると、そのまま他の用途（貯蔵穴など）に利用したと理解すべきであろう。

次は、北斜面区検出の壺埋納坑である。土器棺とも考えられるが、東谷区の土器棺に比較して掘り方が大きすぎること、すぐ横に高坏や焼土坑が認められることから、祭祀にあたっての土器埋納坑と推定した方が自然であろう。

さらに、各住居址群のほぼ中央部に位置し、当然住居があってもよい空間に予想外にこのような土坑をもつ事実は、中央広場での集落内の共同祭祀場の痕跡との考え方が極めて妥当性をもつことを物語るものであろう。

この時代のまつりは、一般的に祭祀遺物の出土状況から、各家ごとに行なわれず、数棟の住居が結合する小集団あるいはまた集落ごとに祭祀遺物を保有し、まつりを執行していたものと考えられている。

本遺跡では、数棟ごとに核となる大型の住居が存在するが、そうした住居の居住者が、祭祀遺物を保有し共同体のまつりを執行していた可能性は極めて高いといえよう。

4 まとめ

祭祀遺跡の解明で重要なことは、祭祀の対象、目的、性格が何であるのかを明らかにすることである。祭祀の対象は大場磐雄[25]によれば、山嶽（名山大嶽・神奈備山）、巖石（磐座・磐境）、水（河川・湖沼・井泉）、島嶼海洋などの自然崇拝に関連したものが極めて多いという。

筆者は、別稿[26]において弥生時代から古墳時代にかけての播磨の祭祀遺跡を以下の 8 項目に分類し検討したことがある。

① 墳墓地域の祭祀
② 山岳の祭祀
③ 水系の祭祀（河川・泉・井戸など）
④ 巖石地の祭祀
⑤ 島嶼（とうしょ）や沿岸部の祭祀
⑥ 峠や岨（たわ）の祭祀
⑦ 居住域内の祭祀
⑧ 生産地域の祭祀（製塩・製鉄など）

しかし、この種の自然物対象の祭祀遺跡調査においては実施例が少なく、確実な祭祀遺構の発

見例もこれまた少なく、何を対象とし何を目的とした祭祀かを把握するのは容易なことではない。実際には、具体的な祭祀遺物の発見をもって、その結果で種々と想定しているのが実状である。

弥生時代の集落内祭祀の代表といえる会下山遺跡[27]では、尾根上最高所Ｓ地区とその下方にあたるＱ地区の２箇所の祭祀場が報告されている。Ｓ地区は住居址状竪穴があり、遺物は高坏ほかの土器とサルボウ貝などである。Ｑ地区は小建物と石組みからなり、高坏ほかの土器と男根状石製品、球形土製品、ガラス玉などがある。両地区とも弥生式土器中に占める高坏形土器の比率が非常に高い。しかし、小型の粗製手捏土器や小型精製土器は見当らない。祭祀の性格については、Ｓ地区を自然、特に山岳を主とした対外的な祭祀場、Ｑ地区は集落の対内的な祭祀場と理解されている。

この例を参考にすれば、北斜面区の小型粗製手捏土器は一連の遺構（高坏・壺埋納土坑・焼土坑）から考えて居住区域内の祭場と比定できる。また、森貞次郎[28]の説くごとく自然神に対する祭祀である可能性も強い。

小型精製土器は東尾根区の出土である。管玉は東谷区北半部地区の出土であるが、層位からみると東尾根からの流れこみの可能性が高い。もし、そうであれば結果的に小型精製土器とは共伴することも考えられる。この位置は本集落の中でもとくに周囲に眺望の良い地点であり、祭場[29]があったと考えても不自然ではない。さらに、武庫川をはさみ東側対岸に有馬富士の存在がひときわ注意される。当祭場は、この有馬富士を対象にした山岳の祭祀であったと考えてもこれまたあながち無謀とも思えない。

奈カリ与遺跡は平野部との比高差約70ｍを測り、高地性集落といえるものの、集落の特徴としては出土遺物にあらわれているようになんら低地の集落と変わりはなく、稲作を生活基盤とする普遍的な農村集落であったと考えられる。

このことから、祭祀はほぼ農耕儀礼に関連した性格のものであったと想定でき、その豊穣を祈る目的の祭祀であると理解できよう。言いかえると、豊かな実りを目的とし、大地の神霊を丁重にまつることが極めて重要であった訳なのである。この点については従来より多くの先賢によって詳細に説かれてきた。

だが、さらに水稲を中心とする農耕生活に関連して大切なことは、毎年定期的な季節を知ることであったろう。世界における古代文明の発生地においては、極めて早くからそれぞれ太陽暦や太陰暦がつくられて季節の把握がなされている。

農耕における、春の播種・手入れ・水の管理・病害虫に対する処理・秋の収穫・保存[30]などを考えても、季節に合わせた作業の重要性は改めて説くまでもないことである。日本における暦の伝来・普及は、『古事記』『日本書紀』に記載されているとおり、６世紀に百済より暦博士・医博士・五経博士の渡来によって朝鮮を通じてもたらされたものであるといわれる。

では、これ以前の農耕、なかでも水稲栽培に関連した季節の把握はどのようになされたであろう。

この点については、農耕祭祀に関連して次のように論究できるのではなかろうか。すなわち、エジプトにおけるピラミッドがその方位や特定時間の太陽の位置と深く関係しているように、太

陽の特定の位置における出入りが、長い経験の積み重ねと極度の必要性によって季節識別の一大方法として用いられたのではあるまいか。詳細な時間を把握する点については、その必要性からも、水時計（漏刻）、日時計などの使用と併せ後世に視点を移すべきであろうが、初期水稲耕作に関連した時期の把握は、古老による天候や季節の識別と同じように、特定の目安になるその土地の自然物である山や川、そして大石などの位置するその地点から毎日の太陽の出入りを通じ、観察による極めて原初的かつ合理的な方法がとられたのであろう。それが重ねて農耕に関係した各集落の貴重な祭祀と深く結びつき、さらに春の祈年祭（予祝儀礼）や冬の新嘗祭へと発達していったのではなかろうか。

集落内で厳粛に執り行なわれる祭祀の多くは、対象が特定の山・水・石といろいろであるけれども、こうした農耕関連の季節の移り変わりを太陽の位置で捉えた古代人の知恵、またこの季節ごとの農耕とまつりとを関連して把握できるのではなかろうか。

弥生時代から古墳時代にかけての集落遺跡を調査すると、必ず数個体の小型粗製手捏土器が検出される。この遺物が古典にいう「天手抉」であることは疑いなく、これを用いて各集落ごとに前述祭祀儀礼が執行されたものと捉えてみた次第である。

註

(1) 橋爪康至・勇　正広・藤岡　弘　1973『尼崎市上ノ島遺跡』尼崎市教育員会
(2) 松本正信・加藤史郎　1982『新宮・宮内遺跡』新宮町教育委員会
(3) 志水豊章・森下大輔　1977『尾崎遺跡』龍野市文化財調査報告1　龍野市教育委員会
(4) 上田哲也・中溝康則　1975『山田遺跡』太子町教育委員会・建設省姫路工事事務所
(5) 松下　勝・山本三郎　1972『播磨・権現遺跡』兵庫県社会文化協会
(6) 西脇市教育委員会岸本一郎氏ご教示　西脇市上戸田所在
(7) 上田哲也・島田　清・多淵敏樹　1965『播磨大中』播磨町教育委員会
(8) 上田哲也　1973「揖保郡太子町鵤遺跡」『播磨の土師器の研究』
(9) 森貞次郎　1977「新・天手抉考」『國學院雑誌』第78巻第9号　大場磐雄博士追悼考古学特集号
(10) 神戸市教育委員会　1980「新方遺跡」『地下にねむる神戸の歴史展』神戸市立考古館
(11) 神戸市教育委員会　1980「大歳山遺跡」『地下にねむる神戸の歴史展』神戸市立考古館
(12) 註（5）と同じ
(13) 松下　勝・渡辺　昇ほか　1978『播磨・長越遺跡』兵庫県教育委員会
(14) 井守徳男　1976「本位田遺跡」『中国縦貫自動車道建設に伴う埋蔵文化財調査報告書（佐用郡編）』兵庫県教育委員会
(15) 上田哲也・河原隆彦ほか　1971『山陽新幹線建設地内兵庫県埋蔵文化財調査報告書』兵庫県教育委員会・龍野市教育委員会
(16) 註（2）と同じ
(17) 岡田　務　1980『尼崎市東園田遺跡』尼崎市教育委員会
(18) 宍粟郡広域行政事務組合　垣内章氏ご教示　宍粟郡山崎町鹿沢所在
(19) 註（13）と同じ
(20) 村上絋揚　1974『播磨一宮伊和遺跡』一宮町文化協会
(21) 上田哲也ほか　1978『加古川市砂部遺跡』加古川市教育委員会・加古川市文化財保護協会

(22) 城内義夫氏ご教示　宍粟郡波賀町高田所在
(23) 弥生時代の磨製石鏃と銅鏃との関係が十分解明されていないが、筆者は銅鏃との関連を考えている。銅鏃が実用品から儀器化の過程を辿ることとあわせ、実用と思えない当該遺物を石製模造品の一種とする。
(24) 河野省三　1974「心御柱」『神道要語集』祭祀篇1　國學院大學日本文化研究所
　　柳田国男　1969「諏訪の御柱」『定本柳田国男集』第11巻　筑摩書房
　　「先づ立てて神を祭る柱は式の為に特に設けたものであって、建築の一部となって永く残るべき大極柱では無いのである。」と柳田氏はいう。
(25) 大場磐雄　1970『祭祀遺跡―神道考古学の基礎的研究―』角川書店
(26) 大平　茂　1994「播磨の祭祀遺跡」『風土記の考古学②』同成社
(27) 村川行弘・石野博信　1964『会下山遺跡』芦屋市教育委員会
(28) 註（9）と同じ
(29) 椙山林継　1976「古代祭場立地考」『國學院大學日本文化研究所紀要』第37輯　20周年記念特輯号。古墳時代の祭祀遺跡をその対象から、島・山・水・峠と分類し、それぞれ祭祀遺跡の立地を検討して祭場占地を考察する。
　　「山あるいはこれに類する島の祭場を、頂上、尾根先の高所、山腹中の谷あいと分けて考えてみた。（中略）そして最も基本となるのは、尾根先の高所である可能性も指摘しえる。」という。弥生時代の祭場立地にも通じるものであろう。
(30) 稲は幼穂形成期・出穂期に20℃以下の低温になると正常な花粉や結実ができない。また、旱魃や病害虫も大きな被害をもたらすものである。

第2章

生産遺跡の祭祀
―赤穂堂山製塩遺跡を中心に―

1 はじめに

　古代において祭祀が重要な位置を占めてきたことは、律令国家の中央官制において、太政官と並列して神祇官がおかれたことをみても明らかであり、古代人は日常生活の中でその目的に応じ様々な祭りの形態と、神々に対する意識を創りだしてきた。

　またすべての生産活動には、その生産物の増加と安全操業を願って祭祇儀礼が執行されているのである。

　しかし、遺跡発掘においてこの痕跡を確認することは極めて難しく、窯址・製鉄址など[1]ではあまり具体例をきかない。製塩址に亀井正道が瀬戸内沿岸や紀伊・若狭地方などの石製模造品を出土する土器製塩遺跡例をとりあげ、製塩集落内の生産に関連する祭祀と指摘している[2]のが知られる程度である。

　かつて、筆者は祭祀の対象について、兵庫県内の弥生時代から古墳時代の祭祀遺物をとりあげ、その出土遺跡の分析を試み、

1　墳墓地の祭祀
2　自然物対象の祭祀
　a　山岳の祭祀

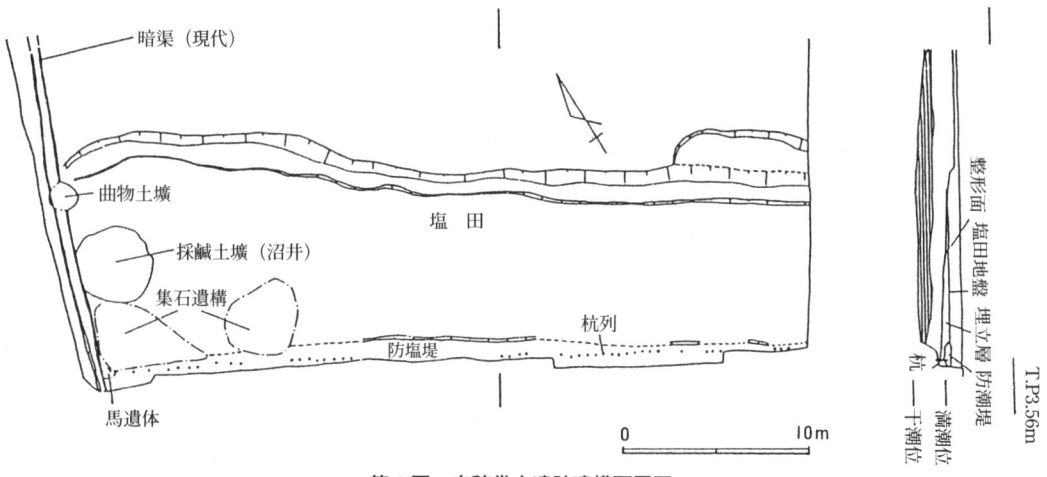

第1図　赤穂堂山遺跡遺構配置図

b　水系の祭祀
　　　c　巌石地の祭祀
　　　d　島嶼沿岸部の祭祀
　　　e　峠やタワの祭祀
　　3　居住地内の祭祀
　　4　生産地の祭祀

に分類して検討したことがある[3]。この考え方は、基本的に歴史時代の祭祀についてもほぼ同様にあてはまるものと認識している。

　本章では、兵庫県赤穂市に所在する堂山遺跡[4]の古代末期の塩田に伴う祭祀儀礼を、沼井内出土の木製祭祀遺物および防潮堤と考える施設のなかの馬遺体確認例から考察してみたい。

2　防潮堤下の馬遺体

　赤穂堂山例は、平安時代後期に造られた塩田の防潮堤（塩堤）中の検出である。塩田は汲浜型（揚浜系）のものであり、防潮堤は干満の中間潮位の砂洲に木杭を40cmおきに打ち込んで土留めとし、この上を粘土で幅約1.50m、厚さ約40cmに積み固め、堤の馬踏みとしている。馬遺体は、この西端部の土留めと粘土帯の間において、歯・胴骨・肢骨など馬1体分を検出したものである。土坑[5]などの掘り込みは何ら認められず、粘土帯でおおい包みこんだ状況である。ただし、蹄の部分はどのような理由からか発見されなかった。

　考古学資料からみれば、馬に関する遺物が目につくのは古墳時代の中期頃（約1500年前）からである。すなわち、馬はこの時代に中国・朝鮮から伝えられ、為政者の間に乗物として利用されていったのである。これを物語る資料こそが古墳に副葬された馬具である。

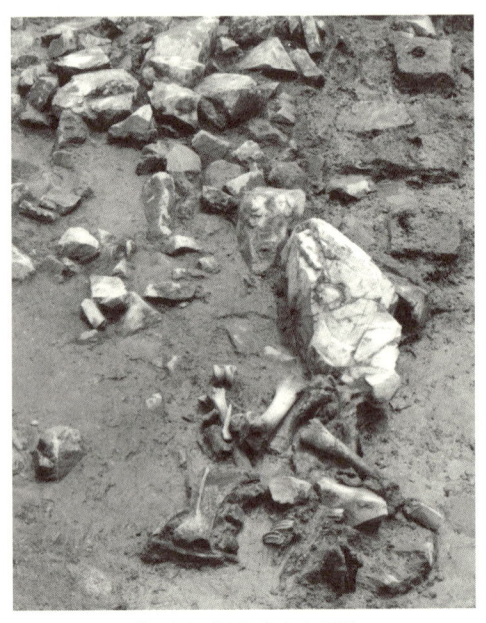

第2図　馬遺体出土状況

　その後、馬は人間の生活の中で農耕用・戦闘用（乗物）の動物として深く関わりをもってきた。こうした状況から馬に対する重要性（神の乗物とする考え方）も認識され、祭祀儀礼に重要な位置を占めて採用されるようになってきたのである。

　馬を祭祀に使用する例は、古墳時代にまで遡る。埴輪馬・石馬および土製馬形模造品の祭祀である。時代が降れば、この土製馬に木製馬形模造品・石製馬形模造品・鉄製馬形模造品が加わるという事実も明らかとなってきた。

第2章 生産遺跡の祭祀―赤穂堂山製塩遺跡を中心に―

　このように古墳時代中期から、奈良・平安時代前半を通じ、代用品としての馬を使用する祭祀が盛行しているのである。しかし、生馬の使用例は非常に少ない。大場磐雄は「墳墓に生馬を殉ぜしむる古来の風が、やがて生馬に代ふるに馬形を以てしたとも考へられないことはない。」[6]と述べて、総じてあまり積極的ではないが、『日本書紀』孝徳天皇大化二年三月甲申条・大化の薄葬令および、『播磨国風土記』飾磨郡貽和里の条・馬墓の記事から、形代としての馬形品を供献する以前に、生馬そのものを死者および神に対する供儀に使用する風習があったと推定している。同様に小田富士雄[7]も、考古学の実証例が少ないとしながら、大阪府日下遺跡（5世紀後半）・京都府岡１号墳（6世紀後半）の馬遺体出土状況に注目している。ここで問題となるのは、わが国のまつり（祭祀儀礼）に動物犠牲の風習が存在したかどうかである。

　佐伯有清は『日本書紀』皇極天皇元年七月戊寅条、『続日本紀』延暦十年九月申戌条、『日本霊異記』および『古語拾遺』などの殺牛に関する記事をとりあげて、古代日本では牛馬を犠牲とする農耕儀礼がやはり行なわれていたと指摘した[8]。森浩一[9]は古代近隣諸国の類例から、わが国に犠牲の風習があったと述べている。また『日本書紀』などにみえる馬飼部・猪飼部を、遺跡発見動物遺体の分析をした結果、シカ・イノシシが多く出土しているもののシカを扱う部がないことから、宮中のまつりに使う犠牲獣を別途用意する集団であったのではないかとも示唆した。土肥孝も藤原京内井戸出土の馬歯の検討、および神奈川県四之宮下ノ郷遺跡・平城京内稗田遺跡・京都府大藪遺跡の各馬遺体出土例の分析から、殺牛・殺馬の祭祀が飛鳥・奈良・平安時代に存在したと論じた[10]。さらに、奈良県布留遺跡・兵庫県吉田南遺跡の検出例からは、古墳時代初頭に遡る可能性をも指摘する。

　一方、栗原朋信・井上光貞は唐の祠令とわが国神祇令の比較検討から、さきに佐伯有清の引用した記事を異国の宗教儀礼やあくまでまれなる事例と理解して、古代日本の宮廷においては犠牲の習俗は入らなかったものと結論づける[11]。

　佐原真も畜産民と非畜産民の文化比較検討から、わが国には畜産民の要素が非常に薄いことを指摘し、犠牲についても井上光貞と同様の見解[12]をとった。さらに、各地遺跡からの犠牲獣と思える発見例も、考古学的方法で犠牲かどうかの確実な検証をすることは至難であるという。

　古墳出土以外の馬遺体の注目すべき例としては、前述の藤原京内井戸址ほか、兵庫県天神遺跡・大阪府郡遺跡・同中田遺跡・同中野遺跡・同奈良井遺跡・静岡県伊場遺跡・長野県平出遺跡などがあげられる。

　とにかくこれら考古学の発掘事例をどのように具体的に理解するかの点[13]と、前記文献の合理的解釈が今後に残された大きな課題であろう。

　こうした類例の中で、赤穂堂山例は次のように考えられるのではなかろうか。

　石崎家所蔵文書・平安遺文９号、『播磨国坂越神戸両郷解』によれば、「……（前略）………右件山者、自去天平勝宝五歳迄七歳、所謂故守大伴宿補之点山并葦原墾田所云、蕷当郡人秦大炬之目代也、所作塩堤、而不得彼堤堅、無所治事大炬等退却、………（中略）……延暦十二年四月十七日、………」とあり、大伴宿補の支配地である当該地に、目代の秦大炬が塩堤を造ろうとするが、これが失敗に終わり大炬は退却したという。この事例のように、奈良時代には新しく塩田法

への移行が試みられたものの、築堤は技術的に困難を極めたらしく、依然として自然浜による塩尻法の段階にとどまっていたようである。

広山堯道は、塩浜の成立について文献史学の立場から、土器製塩および藻塩法から塩尻法へ、ついで自然の浜に塩堤などの人工が加わる汲塩浜へ移行し、ここに塩浜という用語がはじめて使用されたと、発達段階を系列的に説明し定義づけてきた[14]。さらに、この塩浜発生時期を論及して平安時代初期（9世紀代）と想定される。ちなみに文献での塩浜の初見は、『東大寺諸荘文書并絵図等目録』（平安遺文2157号）（貞観5年＝863年）である。こうした塩尻法から塩田法への移行に長い年月を要したのは、当時の築堤技術の未熟さとともに、暴風雨などの自然現象に備えることも大きく影響したのであろう。

馬遺体はこれらに対処するため、築堤のさいに荒ぶる神々に生馬をささげ塩田の無事完成・操業安全を祈ったものと考えられる。出土状況もこれを裏づけるものである。『続日本紀』宝亀三年八月申寅条には、「是日異レ常風雨。拔レ樹發レ屋。卜レ之。伊勢月読神爲レ祟。於レ是。毎年九月。准二荒祭神一奉レ馬。」と毎年九月になると暴風雨をしずめるために、荒ぶる神に馬を捧げ祭ったことがみえる。

これは馬を神聖視し、馬に祓の力があることにもとづくものであろう。

3　採鹹土坑（沼井）内出土の木製遺物

調査地西端の塩田中に造られた溶出装置（沼井）は、直径4.1m、深さ0.6mの円形を呈する。沼井を形成するため、土坑の東側半分には黒灰色粘土が厚さ40cmに張り詰めてある。この黒灰色粘土中から、漆器碗1・刀子形木製品1・人形の可能性がある木製品1・斎串1を検出した。同土坑については、採鹹工法の詳細は定かではないが、沼井かきの発見と、粘土張りであり液体状のものが保管できることから、濃縮した塩水を採るための施設であったことは明らかである。ついては、これら一連の遺物は沼井構築時に意図的に封じこめた祭祀遺物と考えられるのである。では、類例はどうであるのか。

第3図　沼井遺構検出状況

第4図　沼井遺構内遺物出土状況

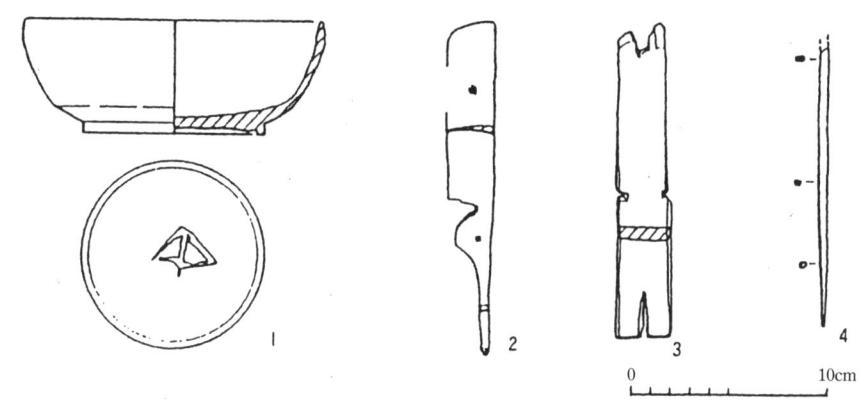

第 2 章　生産遺跡の祭祀―赤穂堂山製塩遺跡を中心に―

第 5 図　沼井遺構内遺物実測図

　近年になって、本州四国連絡橋建設工事などにより瀬戸内沿岸部・島嶼の発掘調査事例が増え、類似の遺跡が 2 例発見されている。岡山県玉野市後閑に所在する沖須賀遺跡(15)と香川県坂出市櫃石所在の大浦浜遺跡(16)とである。

　沖須賀遺跡は、ＪＲ宇野線備前田井駅の東北約4.5㎞に位置し、嘴状に長く張り出している出崎の西側付け根部、周囲に瀬戸内海を臨む砂洲上に立地する。

　昭和55年、玉野市立山田中学校改築工事に伴う発掘調査で発見された古墳時代および平安時代から鎌倉時代にかけての複合遺跡である。今回対象とする遺構は、平安時代から鎌倉時代と推定される土坑 3 基と炉 1 基である。土坑の形態・規模は第 1 表のとおりであり、いずれも粘土を 8 ～30㎝の厚さに張りつけて構築している。注目すべきことは、土坑内に火を受けた痕跡をとどめる人頭大から拳大の石を検出していることである。また、炉と考えられた遺構は、壁面の粘土が焼け、炭化物も認められる。なお、土坑を形成する粘土の断ち割りをした結果では、その中に何ら遺物は確認されなかったという。

　調査担当者は、これらの遺構を鹹水溜および煎熬用の炉と想定している。塩田そのものは発見されず、確定は出来ないけれども藻塩法・塩尻法による段階の製塩遺構と考えられよう。

　大浦浜遺跡は、瀬戸内海に浮かぶ小島の一つ、児島半島の南約 1 ㎞に位置する櫃石島の南東部大浦浜に所在し、三方を山に囲まれ東に瀬戸内海を臨む砂堆上に立地する。

　本州四国連絡橋児島・坂出ルート建設工事に伴う事前調査として、昭和51年から発掘調査が実施されている縄文時代から中世にかけての複合遺跡である。

　対象とする遺構は、12世紀末から13世紀初頭にかかる15基の粘土遺構とよばれているものであ

第 1 表　沖須賀遺跡土坑一覧表　　　　　　　　　　　　　　（　）内は推定

遺構名	形　態	長　軸 (cm)	短　軸 (cm)	深さ (cm)	粘土 (cm)		焼　石
					底　面	壁　面	
3 号土壙	円　　形	240	(220)	70～80	8	10～18	○
4 号土壙	楕 円 形	(250)	200	10	8	10～14	
5 号土壙	隅丸長方形	(380)	195	10	15～20	10～20	○
4 号 炉	隅丸長方形	(180)	140	20	25～30	15～25	○

15

第Ⅰ編　祭祀考古学の体系

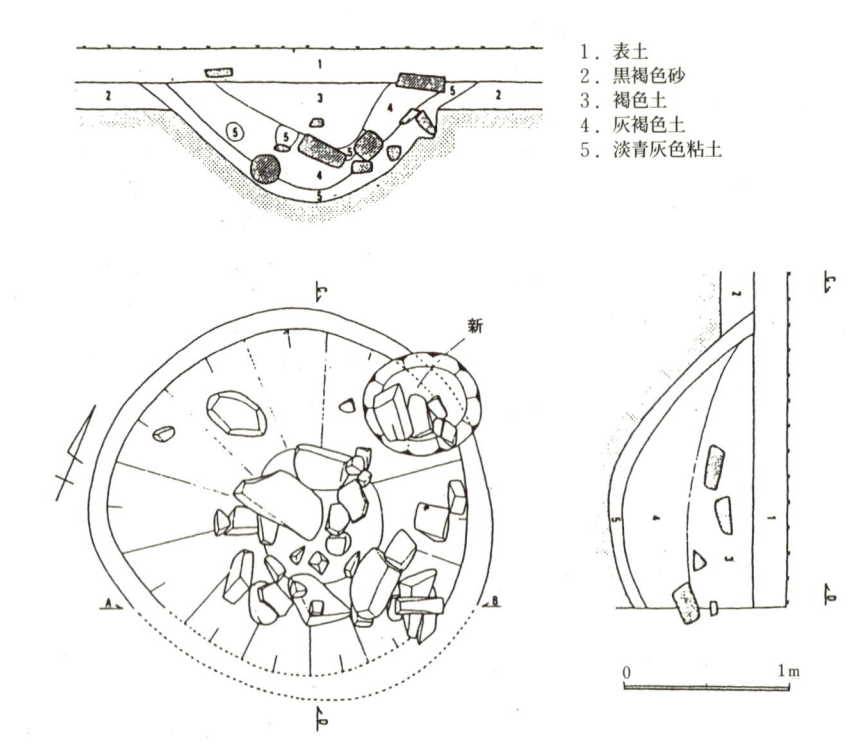

1. 表土
2. 黒褐色砂
3. 褐色土
4. 灰褐色土
5. 淡青灰色粘土

第6図　沖須賀遺跡3号土坑（註15『沖須賀遺跡』による）

第2表　大浦浜遺跡土坑一覧表　　　　　　　　　（　）内は推定

遺構名	形　態	長　軸 (cm)	短　軸 (cm)	深　さ (cm)	粘　土 (cm)		焼　石
					底　面	壁　面	
SX04	長楕円形	380	120	40	16	12	
SX05	楕円形	215	120	15	7	7	
SX06	隅丸長方形	290	175	43	5	10	
SX07	長楕円形	360	(125)	37	5	7～10	
SX09	隅丸長方形	288	215	37	16	20	
SX10	円　形	80	—	13	7～10	7～10	
SX11	楕円形	215	105	20	10	12	○
SX12	長楕円形	270	105	25	20	7	○
SX13	楕円形	315	195	70	7	6	○
SX14	楕円形	215	170	75	5	14	○
SX15	長楕円形	(455)	180	58	20	10～20	
SX31	円　形	86	84	20	—	4	
SX32	楕円形	120	110	—	10～16	10～16	
SX33	長楕円形	(380)	220	65	10	15～20	
SX34	円　形	110	100	25	7～10	7～10	

る。形態・規模は第2表のとおりであるが、いずれも粘土を4～20cmの厚さに張りつけて構築している。ここでも土坑内に数多くの石が出土し、その中には火を受けたものもある。しかし、土坑を形成する粘土中から遺物の発見はなかった。

　調査担当者は、製塩に関する遺構と考え、煎熬用石釜・土舟の可能性もあるという。なお、塩

田は確認されていない。

　以上、2例が管見にふれた中世の製塩関係の遺構と考えられる報告である。塩田は検出されなかったが、塩尻法の段階であるならば、自然浜で海砂さえあれば採鹹は可能であり、濃縮された塩水を採る施設であった可能性が高い。なお、その後広島県安芸郡蒲刈町（現呉市）の沖浦遺跡においても、類似の遺構が発見されたことを付記しておきたい。しかし、いずれも生産に伴うまつりの痕跡は確認されず、土坑を形成する粘土中からは祭祀遺物の発見はなかった。

　次に、検出された祭祀遺物の組み合せ・あり方に注目し、いかなる目的の祭祀に使用したものか考えてみよう。赤穂堂山例は、容器・工具・形代（？）・斎串である。一般にこれらの遺物は祓の儀式に用いられる。すなわち、人形は一撫一息により罪穢を移した後、河海に流すことに本来の機能があり、刀子形製品は祓の場（祓所）を邪気から守るための武器、斎串は祓所の結界を示すためのものと捉えられる。では、祓に用いる木製模造品の使用後の取り扱いはどう処理されるのであろうか。

　大別すると水をもって罪穢とともに流す方法と、火により焼き払う方法がある。これは水・火が浄化力をもつと考えられたからであろう。遺跡で出土する人形・馬形などの木製模造品は溝・河川内で検出されることが多く、水に流された状況を呈していることはこれを裏づけるものであろう。しかし、火でもって焼かれた場合には、木製遺物は残ることがなく、考古学的方法で確認することは難しいといえる。

　管見では、堂山例に近い木製祭祀遺物の発見が2例知られる。一つは、大阪府水走遺跡[17]で、堤防状遺構内からの検出である。祭祀遺物は人形2点で、時期は13世紀と考えられる。もう一例は、兵庫県川岸遺跡[18]で、しがらみ遺構内発見の人形2点である。年代は9世紀前半と推定されている。これら両例は、護岸の構築の際に木製模造品を埋めこんだ可能性が強く認められる。また、平城京・長岡京跡での土坑内からの土馬出土例、さらに、福岡県春日市小倉赤井手遺跡[19]などの5世紀中頃の住居址中に、竈の壁の中に埋めこんだ状態で手捏土器の検出された例があることも注意する必要があろう。本例は竈構築時の祭祀と考えられ、時代・内容が異なるものの、埋めこむなど相通じるものがあると思われる。こうした事例から考えてみると、人形・馬形などの木製祭祀遺物の取り扱い、使用後の処理方法としての埋める方法も存在したことが十分に理解できるのである。

　堂山遺跡例の埋める（封じこめる）ことは、流すことに通じるものであろう。こうした理解に

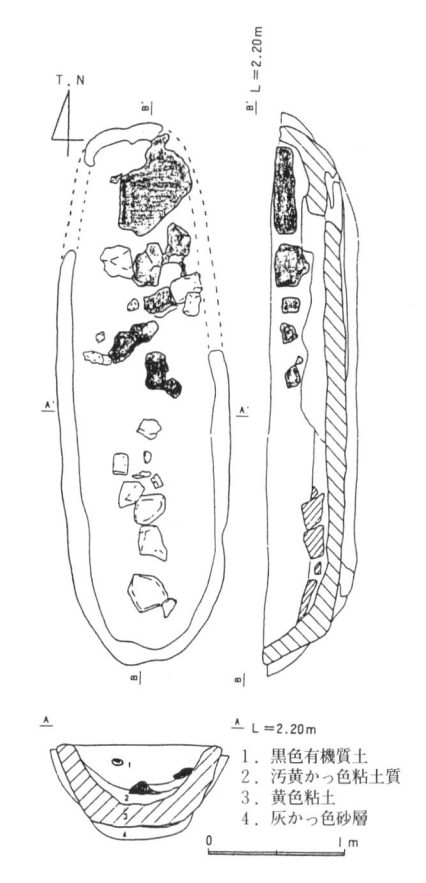

第7図　大浦浜遺跡4号土坑
（註16『大浦浜遺跡』による）

第Ⅰ編　祭祀考古学の体系

たてば、これら祭祀遺物は本来の機能である祓に供した後に埋納したと考えることも可能となってくる。

4　まとめ

　以上、製塩遺構に伴う祭祀遺物と馬遺体を対象に赤穂堂山生産遺跡のまつりを概観してきた。最後に、古代・中世製塩遺跡の祭祀に関し、一つの考え方を提示してまとめにかえたい。

　塩は、人間が生きていくのに必要欠くべからざるものである。このように大切な塩であるからこそ、製塩にはそれに関係する神が祭られても何ら不思議ではない。

　鹹水の採集から煎熬して製塩するまでの過程で創り出された神は、いかなる神であったろうか。原始・古代においては、ある生産集団が形成されると、その集団を部民として掌握する氏族が生じる[20]。そこでは、各氏族により奉斎神を異にする事実から、生産集団の分布とその地を支配する氏族の関係を捉え、その神を究明していくことができる。この方法とあわせて、後世製塩の神としていかなる神が祭られていたかを叙述してみよう。

　近世製鉄の神として金屋児神が存在したように、製塩に携わる人々は塩土老翁神を奉祭する。この神を、祭神として奉祀する社が東北宮城県に鎮座する鹽竈神社である。当該社では、現在も古代製塩法のひとつである藻塩焼き神事が執行されており、これに使用する鉄竈とこの製塩法を当地へもたらしたのが老翁神と伝えられているのである。

　地元東北地方ではこの神を開拓の神として、また瀬戸内地方では製塩の神として信仰している。さらに、この神（塩土老翁神）は鈴木重胤『日本書紀伝』によると住吉大神（筒男命）と同一神であるともいう。

　住吉大神は、『記・紀』によれば伊邪那岐命が黄泉の国の穢れを清めるために、筑紫日向小戸橘之檍原で海水に入って、禊・祓をした時に生まれた神とあり、禊祓の神として知られている。また一方、同神は出現以来、少童命（綿津見神）と深く関わることは注目しなければならない。

　そして、これらの神々が、いずれも海神に属するものであり、漁業・航海関係の仕事に従事する人々にもあわせて信仰されているのが示唆的である。すなわち、古代海人は航海・漁業・製塩に従事していた事実が『万葉集』にみられ、この神々をまつる神社が阿曇氏に代表される海人族の住居地域に多く存在することである。

　こうしたことから、製塩集団の奉祀した神は、塩土老翁神・住吉大神・綿津見神と考えることが可能となろう。

　まつりとは、神に御酒・御食を供える行為で、そのためには幣帛をお供えして斎みを清めて儀式をするのである。すなわち禊・祓をし、身を浄めた時にはじめて神霊を迎える（まつりに参加する）資格ができるのである。

　塩の生産を、まつりの例として取り上げてみれば、塩釜で煎熬することがまつりの核心であり、その前段階である採鹹工程はまつりを執行するための最低必要条件である禊と祓の過程と捉えることが出来る。

古代・中世の人々は塩生産がたんなる労働作業ではなく、極めて神聖なまつりの行為と考え、それに必要な条件を満たしてはじめて塩作りが成功すると考えたのである。

　このために、採鹹土坑構築時に漆器碗をはじめ斎串・刀子形木製模造品などの祭祀遺物を禊・祓をした後封じこめたのであり、さらに塩田保全のためにこそ海（水）の神の最も好みたもう馬を捧げ、塩堤に埋納したのである。

　このことは単に技術そのものだけでなく、儀礼による超自然的な力の介入が存在しなければ、生産活動への完全なる成功が期待できなかったものとの意識が理解出来るのである。

註
（1）管見によれば、製鉄址例では福岡県北九州市潤崎遺跡において、製鉄遺跡の土坑内から精錬滓と土製模造鏡の供伴例がある。調査担当者は製鉄に伴う祭祀土坑と想定している。時期は5世紀後半である。

　　　　(財)北九州市教育文化事業団　1986『潤崎遺跡―国道10号曽根バイパス関係埋蔵文化財調査報告書Ⅱ―』北九州市埋蔵文化財調査報告書第49集

　　　また窯址例では、兵庫県明石市魚住窯跡・福岡県朝倉郡八並窯跡がある。魚住例は窯体内の土師器の存在から、窯廃絶時の祭祀を考えている。時期は12世紀末である。

　　　　大村敬通・水口富夫　1984『魚住古窯跡』兵庫県埋蔵文化財調査報告書第18集

　　　　中村　勝　1986「福岡県朝倉郡八並窯跡群出土の祭祀遺物」『九州考古学』第60号

（2）亀井正道　1971「祭祀遺跡―製塩に関連して―」『新版考古学講座』8

　　　なお、最近の製塩土器研究では、内陸部出土のものに祭祀遺物と共伴する例が多いと指摘されている。

　　　　岡崎晋明　1984「近畿地方の内陸部より出土の製塩土器」『ヒストリア』第105号

（3）大平　茂　1986『兵庫県の祭祀遺跡』兵庫県立歴史博物館講演資料

（4）山本三郎・大平　茂　1982「堂山遺跡」『日本考古学年報』32

　　　山本三郎ほか　1984「堂山遺跡」『赤穂市史』第4巻

（5）大平　茂　1986「考古学から見た馬の祭祀」『兵庫の絵馬』兵庫県立歴史博物館普及資料第6集

（6）大場磐雄　1937「上代馬形遺物に就いて」『考古学雑誌』第27巻第4号

（7）小田富士雄　1971「古代形代馬考」『史淵』第105・106合輯

（8）佐伯有清　1967『牛と古代人の生活』至文堂

（9）森　浩一「古代は語る」『サンケイ新聞』1984年12月17日文化欄

（10）土肥　孝　1984「古代日本の犠牲馬」『文化財論叢』奈良国立文化財研究所

（11）栗原朋信　1969「犠牲礼についての一考察」『福井博士頌寿記念東洋文化論集』

　　　井上光貞　1984『日本古代の王権と祭祀』東京大学出版会

（12）佐原　真「騎馬民族は来なかった」『読売新聞』1984年11月27日～30日

（13）松井　章　1987「養老厩牧令の考古学的考察」『信濃』第39巻第4号

　　　本稿によれば、馬遺存体の観察からは儀礼よりも皮革利用に供したものが多いという。

（14）広山堯道　1983『日本製塩技術史の研究』雄山閣

（15）玉野市教育委員会　1981『沖須賀遺跡』玉野市埋蔵文化財調査報告書第2集

（16）香川県教育委員会　1981・1982「大浦浜遺跡」『瀬戸大橋建設に伴う埋蔵文化財調査概報』Ⅳ・Ⅴ

（17）上野利明・才原金次　1984「水走遺跡」『第4回中世遺跡研究会　中世の呪術資料』

(18) 日高町教育委員会 1985『川岸遺跡』日高町文化財調査報告書第 7 集
(19) 春日市教育委員会 1980『赤井手遺跡』春日市文化財調査報告書第 6 集
(20) 桐原　健 1977「古窯址による氏族考究の一事例」『信濃』第29巻第 3 号
　　 中村　浩 1973「和泉陶邑窯の成立―初期須恵器生産の概観的考察―」『日本書紀研究』第 7 冊

第3章

土製模造品の再検討
―兵庫県内出土の古墳時代祭祀遺物を中心として―

1 はじめに

　わが国の祭祀は神を招いて饗応する形態をとっているため、神饌や幣帛などの供物を奉り、楽を奏することが、その目的に沿った大切な行為となっている。

　こうした一連の流れの中で、原始・古代に作られた土製模造品（粘土で種々な生活用具を模造した小型の土製品）は、縄文時代の土偶を始めとし、弥生時代の銅鐸形・分銅形から、時代を下って平安時代の馬形（土馬）に至るまで、次々と登場してくるのであるが、いま一歩その連続性は明らかでない。

　さて、古墳時代の祭祀遺物には石製模造品・土製模造品のほかに、木製模造品・鉄製模造品など多様な材質が利用される。そして、この時代の祭祀を最もよく特色づけるものとしては、畿内王権が採用した鏡・剣・玉の代用品である石製模造品が注目され、有孔円板・剣形・勾玉・臼玉・子持勾玉などの調査研究が早くから進められてきた。

　一方、土製模造品には人形・動物形・舟形を始め、鏡形・勾玉形・丸玉類などの装身具から、武器や武具・機織具・農耕具・楽器・厨房具、そして食物形など多種がある。いわゆる祭器や祭具と供物の類であるが、年代論など詳細な研究は未だ遅々として進んでいない。

　本章では、祭祀遺跡や集落遺跡などで出土するこれらの土製模造品を取り上げて、その年代と祭祀の対象や性格を検討し、古墳時代の人々の精神世界に迫ってみたい。なお、一部弥生時代や飛鳥時代に属するものと小型粗製（手捏）土器を取り扱ったが、埴輪は除外している。

2 土製模造品出土遺跡の具体例

　兵庫県内の弥生時代から古墳時代にかけての土製模造品出土の遺跡は、管見によれば集落遺跡・古墳（墳墓）・窯跡出土のものを含め19箇所〔大平 1997〕であり、小型粗製（手捏）土器の単独出土地と弥生時代の銅鐸形・分銅形を含めると50箇所以上になるであろう。以下、祭祀遺跡・集落遺跡・生産遺跡・古墳出土に分け、代表的事例を取り上げてみよう。

（1）祭祀遺跡

① 河高上ノ池遺跡（第1図）　加東市河高〔森下 1997〕

　東播磨の明石市街地から国道175号線を北へ約30km、加古川中流域右岸の扇状地上（標高42m）

第Ⅰ編　祭祀考古学の体系

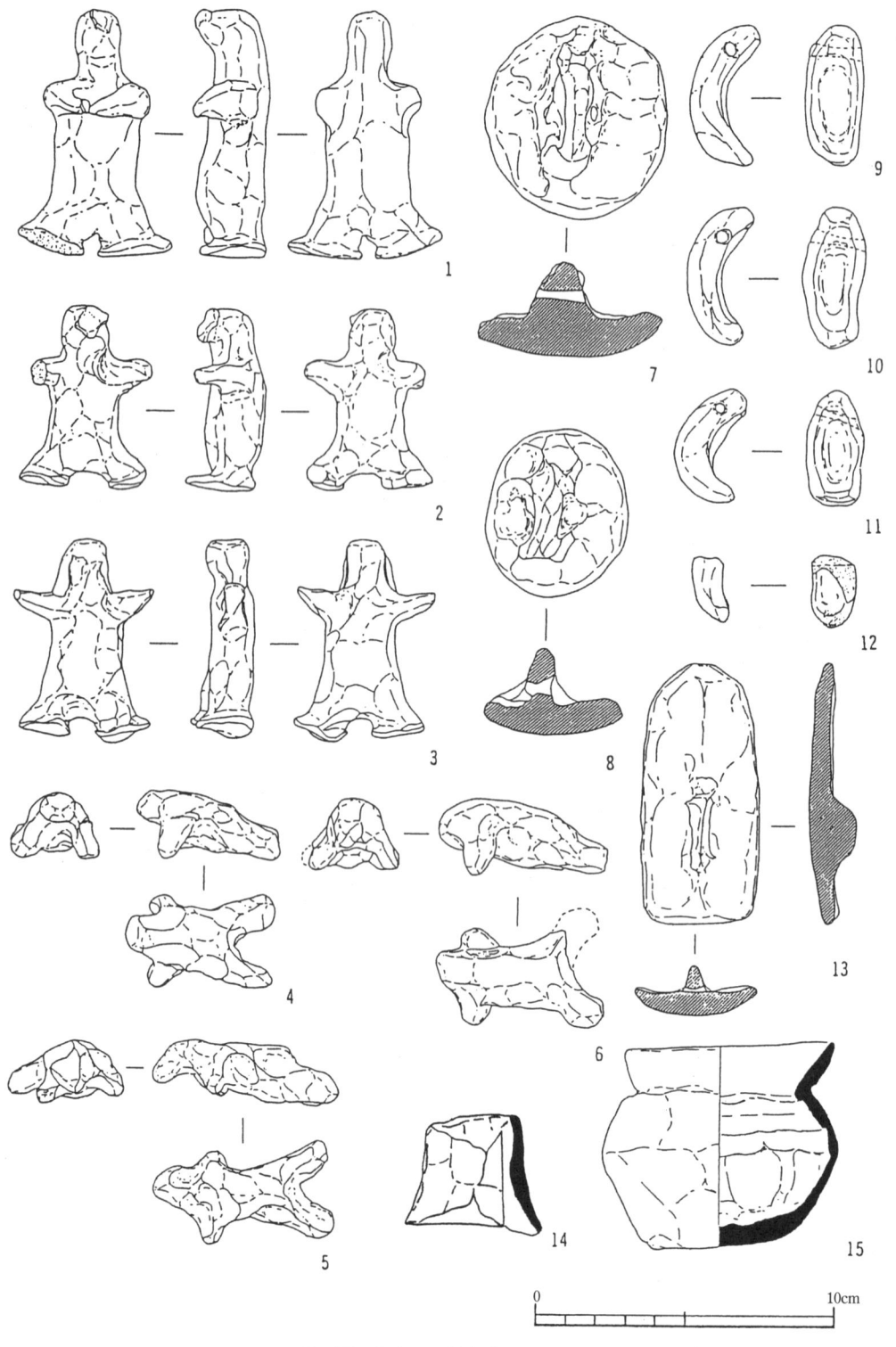

第1図　河高上ノ池遺跡出土遺物

に立地する縄文時代と弥生時代以降の集落遺跡である。

　土製模造品は、竪穴住居跡出土の人形6点（巫女1・男1・女1・子供3、性別は髪形、そして立つことが出来ない小振りなものを子供として扱う）、鏡形2点、勾玉形4点、楯形1点、短甲形1点と手捏土器1点の計15点がある。これらは、火災を受けた長辺7ｍ、短辺5.8ｍの隅丸方形のプランを呈する住居の高床部（ベッド）から一括出土したものである。年代は、住居内伴出土器から5世紀後半と考えられる。人形の発見事例は増えたが、住居跡出土という全国的にも稀な類例である。

　なお、発見当時は集落内祭祀（祭祀遺物の保管場所か住居に伴う祭祀）としていたが、後に広範囲に及ぶ調査を実施したにもかかわらず、ほかに住居跡や同時代の遺構は見当たらず竪穴住居そのものを特殊な建物と位置づけ、改めて祭祀の場と認定し直している。

　その他祭祀遺跡の事例には、会下山遺跡（芦屋市三条町）から弥生時代後期の球形土製品などの出土がある。

（2）集落遺跡

②　七日市遺跡（第2図上）　丹波市春日町七日市〔種定 1990〕

　丹波の篠山市街地から国道176号線を北東に約15㎞、由良川上流域である竹田川左岸の段丘上および扇状地（標高85ｍ）に立地する旧石器時代と弥生時代以降の遺跡である。

　土製模造品は、昭和59・60年にかけての近畿自動車道舞鶴線建設工事に伴う発掘調査で発見された10号竪穴住居跡出土の男根形1点、包含層出土の剣形1点、柱穴内出土の勾玉形1点とほかに表面採集の丸玉1点がある。年代は男根形が竪穴住居跡の形態から、剣形は伴出土器から考え、弥生時代後期から古墳時代初頭に比定できる。勾玉形と丸玉もこの年代の可能性はあるが、報告書に記載のとおり所属時期不明としておく。弥生時代の男根形土製品は、木製品・石製品に比べ極めて稀な出土遺物である。

③　大中遺跡（第2図中上）　加古郡播磨町大中〔上田・多淵 1965〕〔山本・田井 1990〕

　東播磨の加古川市街地から国道2号線を東へ約5㎞、喜瀬川右岸の段丘上（標高13ｍ）に立地する弥生時代から古墳時代の遺跡である。

　昭和37年の遺跡発見以来、10数次の発掘調査が行なわれている。土製模造品は、第10次調査の91号住居廃絶後の窪みより出土した鏡形1点と球形1点、1～3次調査で発見した1号住居跡の鳥形1点、その他各住居廃絶後の窪みから出土した手捏土器がある。鏡形と鳥形の年代は、伴出土器より弥生時代後期後半から古墳時代初頭に比定できる。

④　飯見遺跡（第2図中下）　宍粟市波賀町飯見〔佐藤 1995〕

　西播磨の姫路市街地から国道29号線を北へ約40㎞、揖保川上流域である引原川右岸の小扇状地（標高290ｍ）に立地し、昭和55年頃施工したほ場整備事業により発見された遺跡である。このため、遺物はすべてが採集品であり、遺構の有無・内容などは明らかでなく、祭祀遺跡か集落遺跡かも判断できないが、ここでは広く集落遺跡内の祭祀として取り扱っておく。

　土製模造品は、鏡形2点と手捏土器2点の計4点である。鏡形の年代は、同時採集の土器より弥生時代後期から古墳時代初頭と報告されている。なお、この時代の遺物であるならば、鏡形は

第Ⅰ編　祭祀考古学の体系

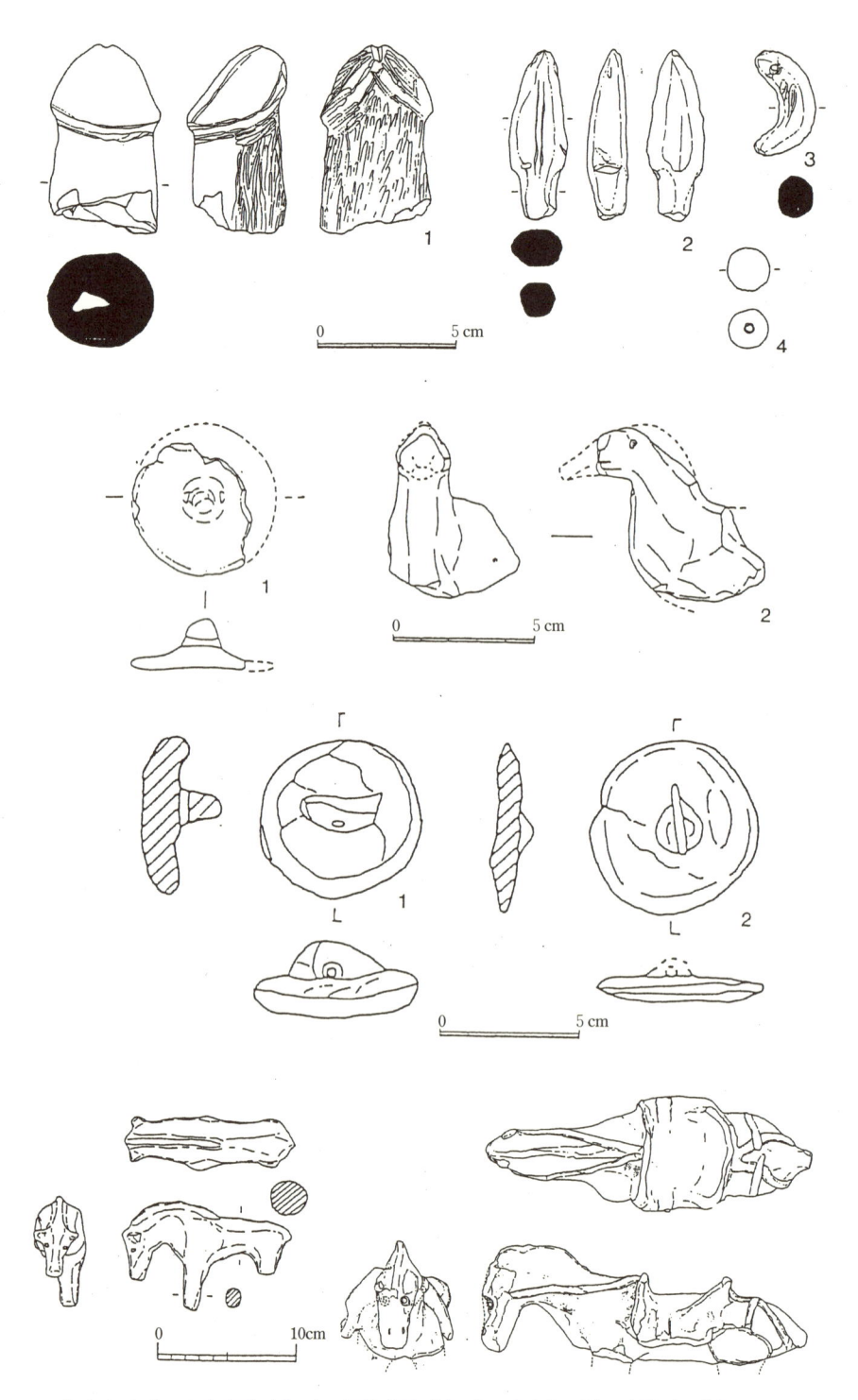

第2図　七日市遺跡（上）、大中遺跡（中上）、飯見遺跡（中下）、東有年・沖田遺跡（下左）、田井野遺跡（下右）出土遺物

第3章　土製模造品の再検討―兵庫県内出土の古墳時代祭祀遺物を中心として―

他遺跡の出土例では鈕の部分が球状のものが多く、半環状であることが若干気にかかる事例でもある。

⑤　東有年・沖田遺跡（第2図下左）　赤穂市東有年〔赤穂市教育委員会 1990〕〔中田 1999〕

同じく姫路市街地から国道2号線を西へ約30km、千種川下流域右岸の小平野微高地上（標高16m）に立地する縄文時代と弥生時代以降の遺跡である。

昭和63年以降、ほ場整備事業に伴う発掘調査によって遺構の詳細が明らかになった。土製模造品は、平成元年度調査の3号竪穴住居跡出土の馬形（土師質）1点と手捏土器1点の計2点である。年代は、伴出の須恵器から6世紀後半に比定できる。国内でも最古級に属する裸馬の発見であり、その初源を考える上で重要な資料である。

⑥　田井野遺跡（第2図下右）　三木市久留美〔高瀬・柏原 1996〕

東播磨の明石市街地から国道175号線を北へ約20km、美嚢川（加古川の支流）右岸の段丘上（標高82m）に立地する古墳時代以降の遺跡である。

土製模造品は、平成2年度の山陽自動車道建設工事に伴うA地区の発掘調査で発見された1号竪穴住居跡出土の馬形（土師質）1点である。その年代は、伴出の須恵器から7世紀初頭に比定できる。

その他、寺中遺跡（洲本市納）の墳墓から鳥形、辻井遺跡（姫路市辻井）の旧河道内から鳥形・琴柱形、そして加茂遺跡（川西市加茂）と川除・藤ノ木遺跡（三田市川除）および吉田南遺跡（神戸市西区）からそれぞれ鳥形が出土している[1]。また、集落遺跡から出土した馬形として芝崎遺跡（神戸市西区）の古墳時代のもの、上脇遺跡（神戸市西区）の飛鳥時代のもの、西木之部遺跡（篠山市）の奈良時代以前のものなどが知られている。

（3）生産遺跡

⑦　那波野丸山窯跡（第3図）　相生市那波野〔松岡 1976〕〔河原 1992〕

西播磨の姫路市街地から国道2号線を西へ約15km、JR相生駅の東約2.5kmの南に延びる低丘陵の先端（標高30m）に立地する古墳時代後期の窯跡である。

昭和57年に4基の窯跡の発掘調査が行なわれ、その内容が明らかになった。土製品は、1号窯および南の土坑内出土と採集品のU字形鍬（鋤）先形2点である。これらの年代は、伴出土器から6世紀後半と推定できる。土器生産に伴う祭祀ではなく、祭祀具を製品とした窯であろう。当該遺物は、日秀西遺跡（千葉県）と尾島貝塚遺跡（茨城県）、岩谷遺跡（福島県）に知られる程度で西日本では稀な出土遺物である。

その他、窯跡では白沢3号窯（加古川市白沢）に飛鳥時代から奈良時代と推測できる人形の出土

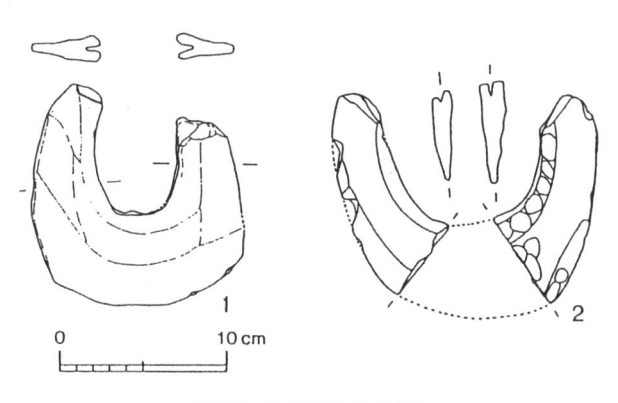

第3図　丸山窯跡出土遺物

第Ⅰ編　祭祀考古学の体系

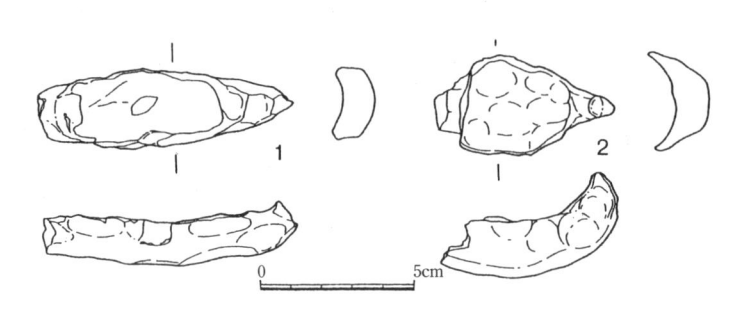

第4図　貴船神社遺跡出土遺物

と、5号窯に馬形が採集されている。

⑧　貴船神社遺跡（第4図）　淡路市野島平林〔渡辺 2001〕

淡路の洲本市街地から国道28号線および県道を経由して北へ約30km、箙川の左岸河口で、淡路島西海岸沿いの山麓緩斜面（標高5m）に立地する弥生時代末から古墳時代以降にかけての製塩遺跡である。

土製模造品は、平成6年度の県道福良江井岩屋線道路緑化推進事業に伴う発掘調査で発見された包含層内出土の舟形2点と手捏土器である。年代は、包含層の共伴土器より6世紀後半頃と考えられる。直接、製塩に関わる祭祀具かどうか明らかでないが、製塩に携わった人々が使用したものと考えて生産遺跡に含めておく。

その他、同様な例として製塩遺跡から出土したトチ三田遺跡（美方郡香美町）の古墳時代の馬形がある。

（4）古墳

⑨　行者塚古墳（写真）　加古川市山手〔菱田 1997〕〔堀 1997〕

東播磨の加古川市街地から県道を北東へ約5km、加古川下流域左岸の丘陵上（標高40m）に立地する全長99mの前方後円墳である。

土製模造品は、平成7年度の史跡整備事業に伴う発掘調査によりくびれ部にある西造り出しから出土した魚形2点、鳥形2点、木の実形17点、円板（餅）形8点、そのほかに食物形12点以上と笊形土器5点以上である。方形埴輪列に囲まれたその中に、高坏などの土師器や家形埴輪を伴

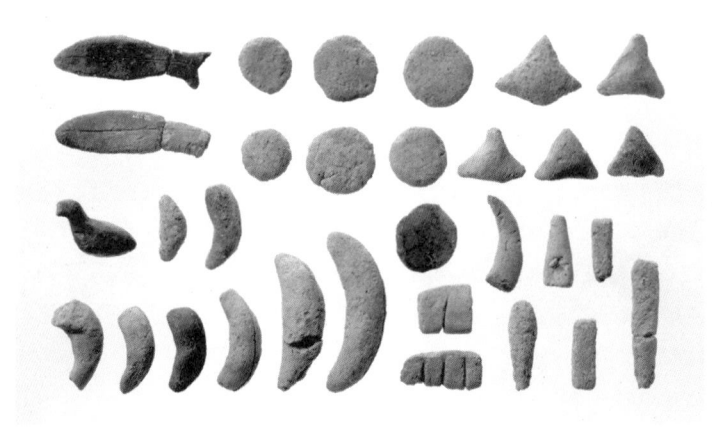

写真　行者塚古墳出土遺物（加古川市教育委員会提供）

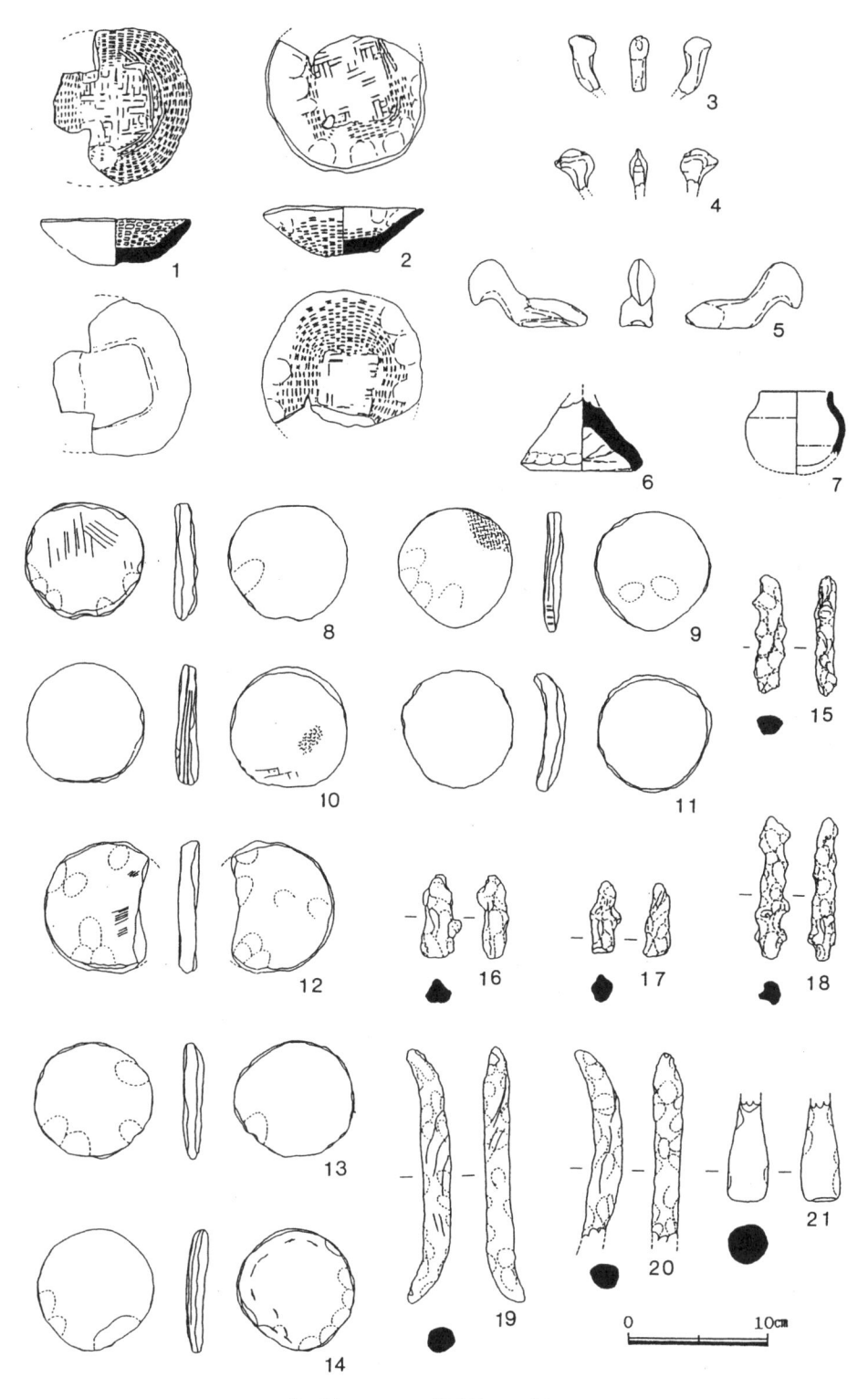

第3章 土製模造品の再検討―兵庫県内出土の古墳時代祭祀遺物を中心として―

第5図 クワンス塚古墳出土遺物

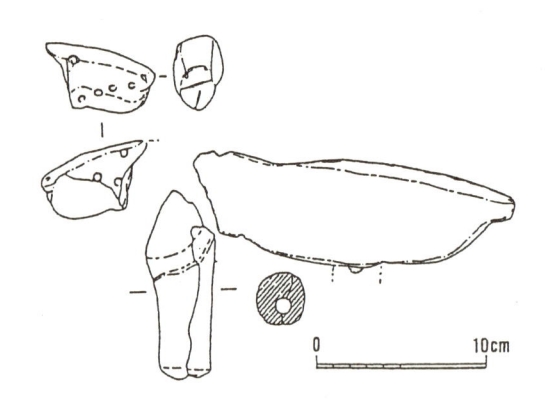

第Ⅰ編　祭祀考古学の体系

って食物形の土製品が発見され、造り出し部でこれらの土製品を供献する祭祀の存在が初めて明らかになったのである。その年代は、埴輪と土師器から5世紀前葉に比定できる。

⑩　クワンス塚古墳（第5図）　加西市玉丘町〔立花 1997〕

同じく加古川市街地から国道2号線および県道を経由して北へ約20㎞、加西盆地東部の台地縁辺（標高69m）に立地し、造り出しを持った直径35mの円墳である。

土製模造品は、平成8年度の発掘調査により造り出しから一括出土した鳥形4点、杵形3点、円板（餅）形10点、その他食物形と考えられる棒状形など19点と笊形土器9点である。年代は、埴輪や土師器から5世紀前葉と推定される。行者塚古墳と同じく、造り出し部における古墳祭祀の実態が明らかになった意義は極めて大きいものがある。

第6図　芳ノ塚6号墳出土遺物

⑪　芳ノ塚6号墳（第6図）　三田市西山〔平田 1999〕

摂津の川西市街地から国道176号線を北西へ約25㎞、三田盆地内武庫川右岸の台地上（標高162m）に立地する古墳時代後期の古墳群である。

土製模造品は、平成7年度の発掘調査により6号墳の周溝内から出土した馬形（土師質）1点である。年代は、築造時期と同じ6世紀中葉と推測する。

当該遺跡は、後に奈良時代の役所関係の建物が置かれていた。そのため、混入もしくは奈良時代の墓前祭祀の可能性もあるが、馬形は体部が中空であり、足部もまた中空で写実的なことから、馬形埴輪に近い様相を呈し、前述の芝崎遺跡の事例と共に、初源期のものとも考えられる。

⑫　三条寺ノ内1号墳（B墳）（第7図右）　芦屋市三条町〔島田 1928〕〔森岡 1984〕

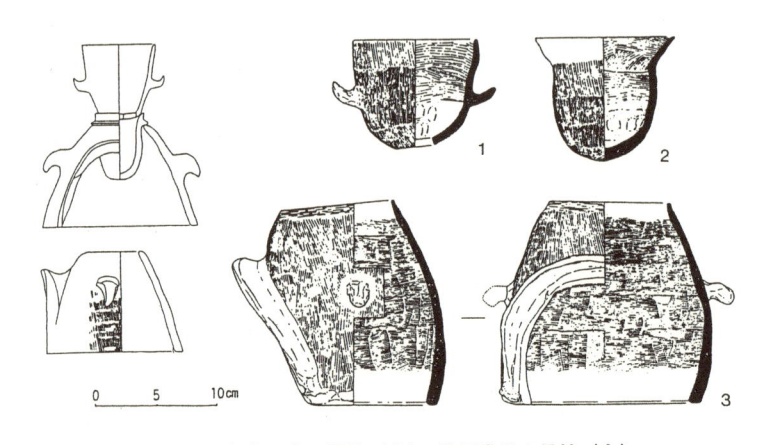

第7図　三条寺ノ内1号墳（右）、袋尻浅谷3号墳（左）

同じく摂津のJR芦屋駅から北西へ約1.3km、芦屋川（高座川）右岸の山麓台地（標高81m）に立地する円墳である。

土製模造品は、昭和3年の発掘調査で横穴式石室内から出土したミニチュア竈形の3点セット、すなわち甕形・甑形各1点である。この年代は、共伴した埴輪などから6世紀前葉と推定できる。また、ミニチュア製品ではないが、同種の遺物が芦屋市内の城山南麓古墳・城山10号墳に認められることはこの地域の特質として注目されよう。

⑬ 袋尻浅谷3号墳（第7図左） たつの市揖保川町袋尻〔松本・加藤 1978〕

西播磨の姫路市街地から国道2号線および県道を経由して西へ約15km、揖保川右岸の宝記山南面の山麓部（標高32m）に立地する直径16mの円墳である。

土製模造品は、昭和51年の県道改良工事に伴う発掘調査で横穴式石室内から出土したミニチュアの竈形・釜形・甑形各1点のセットである。この年代は、伴出の須恵器から6世紀末頃に比定できる。この古墳からは、特異な形態の土師器（小型の高坏7個と壺1個を円盤上に配した脚付土器）もある。なお、竈形模造品には模型カマドと呼ばれる8・9世紀のものがあるが、その連続性は明らかでない。新しい時期のものは土馬と同様に、律令祭祀の祓に使用するものと考えられている。

3 土製模造品の年代

土製模造品の大半は未だその編年が確立されておらず、今日個々の遺物自体では詳細な年代（時期）を決定することができない。そのため、他の土器や埴輪などの共伴遺物の検討から推測せざるを得ないのが現状である。幸いにも、兵庫県内の祭祀遺物は比較的集落遺跡の出土が多いため、年代の決め手となる共伴遺物が多いという点で恵まれた状況にある。

そこで、年代を比定した先述の各遺跡の遺物を再度年代順に整理すると、まずは弥生時代後期から古墳時代前期の七日市遺跡・大中遺跡・飯見遺跡に出土した男根形や鏡形・鳥形、そして手捏土器の類があげられる。次いで、中期前葉の行者塚古墳・クワンス塚古墳出土の食物形と笊形土器、中期後葉の河高上ノ池遺跡出土の人形・鏡形・勾玉類などである。後期では前葉の芳ノ塚古墳の土馬、三条寺ノ内1号墳のミニチュアの竈形など、後葉の東有年・沖田遺跡の土馬、丸山窯跡の鍬先形、貴船神社遺跡の舟形、袋尻浅谷3号墳のミニチュア竈形など。最後は、飛鳥時代初頭の田井野遺跡出土の土馬となるのである。

こうした県下の事例を見ると、確かに古墳時代後期に多く認められるのは事実であるが、土製模造品は従来指摘されたような石製模造品より決して後出とは考えられず、さらに行者塚古墳・クワンス塚古墳例で明らかなように5世紀代に盛行し、6・7世紀代へ続くことが理解できるのである。

以下、本章の年代表記は土製祭祀遺物の検討により縄文時代を祭祀第Ⅰ段階、弥生時代を祭祀第Ⅱ段階、古墳時代の前期が祭祀第Ⅲa段階、中期が祭祀第Ⅲb段階、後期が祭祀第Ⅲc段階としている。そして、飛鳥時代は祭祀第Ⅳ段階、奈良時代は祭祀第Ⅴ段階、平安時代は祭祀第Ⅵ段階

と設定したい。

　土製模造品の発生（初源）は祭祀第Ⅲc段階の時期などにあるのではなく、確実に第Ⅱ段階の終わりまで遡る。私見では弥生時代の分銅形・銅鐸形土製品、さらには長田神社境内遺跡（神戸市長田区）出土の後頭部結髪土偶や祭祀第Ⅰ段階にあたる土偶まで含めて考える必要があると捉えている(2)。

　また、その発達は銅鐸形・分銅形土製品などに見られる単独使用から、七日市遺跡・大中遺跡や飯見遺跡例のように、その種類が増えセットで使い始める弥生時代後期から古墳時代前期（石野博信の言う纒向型祭祀〔石野 1977〕の時期、とくに布留期古段階4世紀前葉）を最初（第1）の画期として注目している。すなわち、祭祀第Ⅱ段階の終わりから第Ⅲa段階に鏡形・勾玉・丸玉類の装身具のほか、人形・動物形（鳥形ほか）・舟形・小型粗製（手捏）土器が出現するのである。

　金子裕之は国内出土の土製人形を検討し〔金子 1993〕、この出自について「5世紀の後半から6世紀にかけて朝鮮半島から受けた影響のもとに、彼の地の偶像概念をもとに、日本で独自に成立した可能性が強い」と推測に基づく論述を行なった。確かに初源がこの時期なら妥当な想定であるが、始まりがやはり鏡形・勾玉類のように祭祀第Ⅲa段階以前（香川県・空港跡地遺跡例）に遡る可能性が高く、新たな祖源を探る必要があろう。

　次いで、祭祀第Ⅲb段階になると剣形・刀形・楯形・短甲形などの武器や武具、筬形・梭形・紡錘車などの機織具、鎌形・鍬（鋤）先形・斧形などの農耕具、琴形・琴柱形・鈴形などの楽器具、魚形・鰒形・餅形・木の実形などの食物類、手捏土器・𤭯形土器・竈形・杵形・臼形・杓形などの厨房具類など多種多様な品々が製作されてくるのである。この時期（5世紀前葉）の、多種多様化の始まりが第2の画期である。

　そして、祭祀第Ⅲc段階にかけて（5世紀後葉～6世紀初頭）が普遍化の時期であり、第3の画期となる。坂上遺跡（静岡県）で明らかにされたように大量使用も本格化するのであろう。その後、動物形からは祭祀第Ⅳ・Ⅴ・Ⅵ段階へと継承される馬形（土馬）も現われてくるのである。なお、土馬については都城型（大和型）の編年は早くから出来上がっているが、古墳時代のものと都城地域以外の編年作業が課題となっている。稿を改めてその分類を試み、初源や編年の検討をしたい（第Ⅱ編第3章参照）。

4　祭祀の対象と性格

　さて、原始・古代の人々はこのような土製模造品を数多く造って、何を願い、祈り、そして呪いや祭祀を行なってきたのであろうか。

　これらの疑問を明らかにするために、これまでの主な研究を取り上げてみたい。亀井正道は全国各地の祭祀遺物の出土遺跡を分析〔亀井 1981・1985〕し、「祭祀遺跡の石製模造品は有孔円板・剣形品・玉類の三者の組合せが主体となり、これに他のものが少数伴うというのが基本的な形で、祭りの儀礼を行なうためのもの―祭る道具としての性格を持っていた。これに対して、土製模造品は、常に主体となる基本的な組合せは認められず、献供品、機織具などに端的に見られ

るように、神自身が使うためのもの—祭神の料という性格が強かったものと考えられ、両者の間には基本的な差が認められる事実は注意されよう」と位置づけた。

さらに「特定のものに比重をおき、ある種類のものは全く存在しないか少量であるという事実や、ある遺跡で主体となっている種類のものが、他の遺跡で従属的な存在になっているというような在り方は、祭祀遺跡における石製模造品には見られなかったことである。(中略) それは何に起因するかと言えば、祭る神の嗜好によって献供品に差が生じたと見るべきで、中には好みの献供品を要求する神もあった。視点を変えて言えば、祭る側によって神の性格づけが行われ始めたことを示しているとも見られる」と考察したのである。

この見解は、祭祀遺物の性格を捉えたものとして誠に的を射たものである。しかし、前章で見たように土製模造品は古墳時代の石製模造品より決して後出するのではなく、同時期に同じように盛行し、途切れることなく後代へ続くものなのである。とすればこの考え方は、石製模造品盛行期以降（筆者の言う祭祀第Ⅲb段階以降）の土製模造品の性格とした限定的要件が必要となるであろう。すなわち、これら模造品の祭祀第Ⅲb段階（5世紀代〜）以降の特徴は、可塑性に富んでおり意のままに造形しやすい粘土を使用するため、古墳時代の石製模造品には見られなかった多種のものまで祭祀用具として製作されたことにあるのである。

では、それ以前にあたる祭祀第Ⅱ・Ⅲ段階（3世紀〜4世紀代）の土製模造品の対象・性格はどうなのであろうか。

この分野についてはかつて、拙稿〔大平 1993〕において祭祀遺跡を総括的に以下の3類に分けて検討したことがある。

  Ⅰ類 墳墓地域の祭祀
  Ⅱ類 生活・居住地域内の祭祀
    1 自然を対象とした祭祀
      a 山岳の祭祀   b 水系の祭祀   c 巖石地の祭祀
      d 島嶼や海岸部の祭祀 e 峠や岫の祭祀
    2 住居およびその周辺（集落内）の祭祀（竈祭祀を含む）
    3 呪い（祓を含む）
  Ⅲ類 生産地域の祭祀

このような考え方に基づき、出土遺構と遺物の内容（組み合わせ）から今一度検討を重ねてみよう。

兵庫県内の出土例は七日市遺跡と大中遺跡や川除・藤ノ木遺跡などの住居跡のほかに、加茂遺跡と寺中遺跡でそれぞれ土坑と墳墓から鳥形があり、会下山遺跡の祭祀場には球形品などの発見がある。組み合わせを見ると、男根形・剣形・鳥形が共に単独の出土であり、鏡形のみが球形もしくは手捏土器を伴う程度なのである[3]。

こうして見ると、集落内での出土では住居・土坑もしくは墳墓、祭場と一定していないが、Ⅰ類かⅡ類の2の祭祀または祭祀具の保管例と解釈される。寺中例はⅠ類、会下山例はⅡ類2の好例である。

さらに、祭祀第Ⅲb段階例を含めて考えると、行者塚古墳・クワンス塚古墳そして明ケ島5号墳（静岡県）のⅠ類が注意を引くのである。そうであるならば、弥生時代青銅器祭祀終了後の祭祀Ⅱ～Ⅲa段階の鏡形・鳥形模造品などは本来葬送祭祀に関係するもので、住居跡出土例は保管場所の可能性が極めて高いと考えられる。なお、課題は男根形の性格である。前代の縄文時代の石製品と同じように活力の象徴と考えるか、同時代の木製品のように農耕儀礼との関係で捉えるべきか判断に苦しむ。

次に、文献資料との関係からも見てみたい。『肥前国風土記』佐嘉郡条には荒ぶる神を和らげるために特定の地の土で人形・馬形や機織具を供えて祭ったこと、『播磨国風土記』揖保郡条には荒ぶる神を鎮めるために佐比（鋤）や酒屋（神に供える酒を造る殿舎）を造って祭ったことの記載がある。これらの品々はいずれも神の好まれるものであったと考えられており、祭る神々の性格や祭る集団の生業形態などにより、供献品が各々異なったものと解すべきである。亀井が説くように「古墳時代後期頃からの祭る側によって行った神の性格づけ」と捉えられるのである。

以上、古文献と先学の研究成果から言えば、土製模造品は祭祀第Ⅱ・Ⅲa段階に墳墓の祭祀として使用されたものから、古墳時代の石製模造品の衰退が始まる祭祀第Ⅲc段階以降に荒ぶる神を始めとした各地域の土着の神の鎮魂を目的とした、そのような祭祀的性格へ徐々に変質したものと理解できよう。

5　ま　と　め

最後にまとめにかえて、古墳時代の土製模造品は民衆の祭祀具なのか否かを検討してみたい。

これまで、国家的祭祀と位置づけられている福岡県・沖ノ島遺跡や奈良県・石上神宮禁足地および布留遺跡には、土製模造品の出土は報告されていないのである。そして、北九州・南関東・東海など、畿内と遠く隔たった地域に多く分布するという理由から、民衆のまつりに使用された在地的な色彩が強い遺物とされてきた。

しかし、ヤマト王権と深く関わる奈良県・山ノ神遺跡[4]や最近の発見例では前述の兵庫県・行者塚古墳やクワンス塚古墳などの古墳の祭り、とくに造り出しでの使用が改めて注目されるのである[5]。また、前期の古墳では墳頂部からの出土例もあり、この祭祀は墳頂から造り出しへ移行したことが明らかとなってきた。さらに、これらの先駆的な例が弥生時代後期の墳墓から出土する勾玉・丸玉類や鳥形などと考えられるのである。

こうした墳墓の例から考えると、この時期（祭祀Ⅲa・Ⅲb段階）では民衆の祭祀具とするには無理があるのではなかろうか。古墳時代の石製模造品が初期には首長層の墳墓の副葬品（献供品）や首長層の神まつりの祭祀具であったように、古墳時代前期・中期の被葬者は神であり、首長層の祭祀具と想定するのが自然であろう。

そして、この後祭祀Ⅲc段階になると生活様式の変化などに伴い、住居内の竈祭祀に見られるような民衆のまつりに使用されるのである。併せて、石製模造品もこの時期に集落内の祭祀に用いられたように、民衆の祭祀具となっていくのである。

以上、土製模造品の祭祀の流れを、大略ながら年代とその性格・対象から組み立て直してみた次第である。今後は、他地域を含めた細かい検討を進めて行きたいと考えている。

註
（1）寺中遺跡と加茂遺跡および川除・藤ノ木遺跡などの鳥形は鳥形容器とすべきであろうが、その機能を重視した場合、明らかに祭祀遺物と捉えられるため土製模造品として扱った。また、笊形土器についても笊形土製模造品と呼ぶべきだとの提言〔村上 1998〕があり、村上絋揚はミニチュアの竈形土器などについても土器でなく土製模造品との呼称が正しいと主張している。
（2）これまで縄文時代の土偶や弥生時代の銅鐸形・分銅形土製品は、古墳時代以降の土製模造品と祭祀の内容や性格が異なるなどの理由から区別されることが多かった。これは視点を変えると、祭祀遺跡を単に古墳時代のものと捉える狭義の扱いであり、古墳時代の一時期・一側面しか注目してこなかった結果と考えられる。今後は、祭祀遺物の検討も長い時代にわたり、かつ幅広く、自然物崇拝の基礎も踏まえた上で集落跡・生産跡・墳墓跡の区別なく総合的に解釈していく必要性を痛感する。石製や木製の模造品についても同様なのであろう。
（3）土製模造品ではないが、会下山例では男根状石製品とガラス玉を伴う。
（4）土製模造品では、各遺跡ごとに遺物の組み合わせが異なることを特色としてあげながら、奈良県山ノ神遺跡は石製模造品を持つことと、遺物の組み合わせに通常見られる人形・鏡形・玉類・機織具・板状品・棒状品などが存在しないことから、特殊な遺跡とされてきた。
（5）造り出しは中期古墳を代表するまつりの場であり、兵庫県宿禰塚古墳など埴輪以外に初期須恵器が出土することで早くから注意されてきた。

引用文献
赤穂市教育委員会 1990『東有年・沖田遺跡現地説明会資料』
石野博信 1977「4、5世紀の祭祀形態と王権の伸張」『ヒストリア』第75号
上田哲也・多淵敏樹 1965『播磨大中』播磨町教育委員会
大平　茂 1993「兵庫県下の古墳時代祭祀遺跡概観」『古墳時代の祭祀』③　東日本埋蔵文化財研究会
大平　茂 1997「兵庫県内土製模造品出土遺跡」『祭祀考古学会兵庫大会資料』
金子裕之 1993「考古資料と祭祀・信仰・精神生活」『古代の日本』⑩　角川書店
亀井正道 1981「土製模造品」『神道考古学講座』第3巻　雄山閣
亀井正道 1985「浜松市坂上遺跡の土製模造品」『国立歴史民俗博物館研究報告』第7集
河原隆彦 1992「那波野丸山窯跡」『兵庫県史』考古編　兵庫県
佐藤宗男 1995「兵庫県宍粟郡波賀町飯見出土の祭祀関係遺物」『古代文化』第47巻第2号
島田貞彦 1928「本邦古墳発見の竈形土器」『歴史と地理』第22巻第5号
高瀬一嘉・柏原正民 1996『田井野遺跡』兵庫県文化財調査報告書第154冊　兵庫県教育委員会
立花　聡 1997「クワンス塚古墳」『祭祀考古学会兵庫大会資料』
種定淳介 1990『七日市遺跡（I）』第2分冊　兵庫県文化財調査報告書第72-2冊　兵庫県教育委員会
中田宗伯 1999『東有年・沖田遺跡の風景』赤穂市文化財調査報告書48　赤穂市教育委員会
菱田哲郎 1997『行者塚古墳発掘調査概報』加古川市文化財調査報告書15　加古川市教育委員会
平田　学 1999「西山遺跡群」『平成11年度兵庫県下埋蔵文化財発掘調査連絡会資料』兵庫県教育委員会
堀　大輔 1997「古墳出土の土製模造品」『祭祀考古学会兵庫大会資料』
松岡秀樹 1976「土製U字型鍬先について」『古代学研究』第81号

第Ⅰ編　祭祀考古学の体系

松本正信・加藤史郎　1978『袋尻浅谷遺跡』揖保川町文化財報告書Ⅰ　揖保川町教育委員会
村上紘揚　1998「いわゆる笊形土製品などについて」講演会資料
森岡秀人　1984「旭塚古墳および城山・三条古墳群をめぐる諸問題」『旭塚古墳』武庫川女子大学
森下大輔　1997『河高・上ノ池遺跡』加東郡埋蔵文化財報告19　加東郡教育委員会
山本三郎・田井恭一　1990『播磨大中遺跡の研究』播磨町教育委員会・播磨町郷土資料館
渡辺　昇　2001『貴船神社遺跡』兵庫県文化財調査報告書第219冊　兵庫県教育委員会

第4章

祭祀考古学の体系
―新しい神道考古学の枠組みにむけて―

1 はじめに

　日本の考古学において、これまで精神生活の一部である宗教（信仰・祭祀など）的分野を担ってきたのは主に神道考古学や仏教考古学であり、これらを総合して宗教考古学と呼んでいる。

　とくに、これまで古墳時代の日本列島における人々の信仰形態の研究（祭祀遺跡と祭祀遺物）は、神道考古学の独壇場であった。神道考古学は、1935年に大場磐雄が神道に関する諸現象を考古学的に考究する学として「神道考古學の提唱と其組織」を発表し、以来40年の長きにわたり一人で築き上げた研究分野〔大場 1943・1970〕である。その後は、國學院大學の門下生により継承されている。

　しかし、大場は「神道思想すなわち日本民族宗教」とする立場をとって、神道成立（歴史神道期）以前の信仰をすべてわが国固有のものと捉えたため、「神道前期」・「原始神道期」と名づけ、古墳時代だけでなく弥生時代・縄文時代の信仰までを神道の直接の起源としたことに対して疑義が生じている。確かに、神道の発生基盤が弥生時代にまで遡る可能性は高いが、大場を師事した佐野大和〔1983〕も指摘するとおり、「神道という言葉の内容が、はなはだ漠然としており、読者によって如何様にも受け取り得る」のであり、縄文時代や弥生時代の信仰生活がすべて神道に関わるかといえば、一概にそうともいえないのである。

　ただし、大場の本領は佐野〔1992〕もいうように、研究資料として初めて「祭祀遺跡・祭祀遺物の概念を確立したこと」にあった。ここに、大きな意義を認めなければならないのである。

　そこで、本章では祭祀遺跡（神祭りを行なったことを考古学上から立証できる跡）・祭祀遺物（神祭りに使用した祭祀器具）と命名されたこの「祭祀」を取り上げ、新たに原始時代の神道考古学を含む祭祀考古学なるものを提唱し、体系づけてみたいと思うのである。

　この構想は、1983年『北摂ニュータウン内遺跡調査報告書』Ⅱ（兵庫県教育委員会発行）に「奈カリ与弥生遺跡の遺物・遺構より見た二、三の祭祀事例」として論述したのが最初である（第1章参照）。その後、祭祀遺跡の定義や分類について1993年の「兵庫県」『古墳時代の祭祀』第Ⅲ分冊（東日本埋蔵文化財研究会発行）や1994年「播磨の祭祀遺跡」『風土記の考古学』②（同成社）、そして2002年「土製模造品の再検討」『研究紀要』第2号（兵庫県教育委員会埋蔵文化財調査事務所発行）などに、一部修正・加筆を図りながら発表してきたところである。

2 祭祀考古学の定義

　さて、祭祀考古学を最初に提唱したのはこれまた大場を師事していた椙山林継であった。椙山は1994年に、考古学分野のうちで、宗教性の強い部分を研究する会として「祭祀考古学会」を設立したのである。さらに、『季刊考古学』第63号の特集「山の考古学」の座談会〔椙山 1998〕において、「神道考古学を少し広くしまして、朝鮮半島における信仰関係の考古学、中国における関連遺跡なども含めていきたい。（中略）広範囲と多くの比較研究によって研究会を進めたいと考えた結果の用語です。つまり、神道に限らない、古代人の信仰世界の復元研究をしたい。」と述べ、祭祀考古学の概念をアジア全域に拡げ、古代人の信仰観念を研究する学問としている。また、「神道考古学は日本文化の外に出ません。祭祀考古は民族宗教考古学を中心として、時には多民族宗教の考古事象も研究することになります。」と神道考古学との違いを説明している。

　しかし、実際には神道考古学と別個の枠組みでなく、おおかたは神道に限らないというように、神道考古学を含めた新たな宗教考古学を目指したものと捉えている。

　さて、ここでは祭祀考古学を以下のように定義したい。

　形而上の信仰現象である祭祀（神祭り）・呪術行為を、形而下の考古資料（物質的資料）によって再構築することを目的とした宗教考古学の一分野である。

　すなわち、日本考古学が対象としている主に祭祀遺跡と祭祀遺物（モノ）から考究し、とくに原始・古代人の信仰や精神生活（ココロ）を解明するための学問と考える。また、祭祀遺跡とは信仰などの精神が目に見える形として現われた（残っている）ものと理解する。さらに、この祭祀遺跡には従来の神道考古学が積極的に取り込まなかった古墳を含めた墳墓関係の遺跡も取り扱っていきたい。

　考古学の研究分野においては、信仰などの精神世界をめぐる研究（祭祀や儀礼の内容復元）が容易でないことは十二分に承知している。

　まず、重要課題として、出土遺物・遺構が祭祀遺物や祭祀遺構であるか否かの判定がある。次に、祭祀遺物と判断出来ても、それ自身はいかなる祭祀儀礼（背景となった神観念）があったのかを決して答えてはくれない。そのため、遺構と遺物に対する直接の研究では、精神的な分野の証明は間接的にならざるを得ないのである。また、考古学は物証史学であり、残存したモノだけを手がかりに歴史を構築するため、研究成果の真否も残存したモノに依拠してしまうことになるのである。考古学の手法で精神文化を扱うときには、常にこのような宿命がつきまとうのである。しかし、これらの困難を克服し、縄文・弥生・古墳時代といった原始・古代の人々が、カミや霊魂と接していたときの精神状態（心理）、それを認知することこそが信仰・祭祀の歴史を知ることなのである。

　そこで、研究手法としては考古学の方法論を用いると共に、これに宗教心理学的手法を取り入れたい。さらに、その研究領域のみならず、歴史学（文献学）・宗教学・民俗学・民族学・人類学・地理学・神話学・国文学などの研究成果の援用も必要である。隣接する宗教民俗学や神道史

学と古代史学の研究者には是非ともご支援いただき、祭祀考古学より提示した仮説・解釈に比較検討されることを期待して止まない(1)。そして、最終的には精神文化全体の再構築を目指していきたいと考えている。

なお、「はじめに」に述べたように祭祀・信仰の研究では水野正好を始めとして、神道考古学や仏教考古学などを包括する位置にある宗教考古学の名称を使用される方も多く、さらに森浩一を師事する辰巳和弘は特定宗教の枠内に収めず、文献史学と考古学を総合した古代学と称している。多くの方々には、一般に「まつりの考古学」と呼んでもらっても差し支えないであろう。

3 考古学からみた祭祀研究史（研究の現状）

江戸期から昭和前半までの研究については、大場磐雄の研究業績〔1943・1970〕および茂木雅博〔1981〕に詳しいので、それらを参照されたい。ここでは、最近の考古学研究がそれぞれ専門分野を細分化してきたこともあり、時代別に注目されている祭祀研究の動向を見ていきたい。

（1）旧石器時代

旧石器時代では、大分県岩戸遺跡出土のコケシ形石製品がある。芹沢長介〔1974a・b〕・金関恕〔1986a〕らは石偶と捉え、ヨーロッパ・ロシアなど大陸の女性像（ヴィーナス）の流れの中で生まれたものと推測している。なお、発見された祭祀遺物が極端に少ないこの時代は、縄文土偶などとの関係も明らかではなく、まだ具体的な研究の構築にまで至っていないのが現状である。

（2）縄文時代

縄文時代では、最古のものは愛媛県上黒岩岩陰遺跡出土の女性像を表わした線刻礫であろう。金関恕〔1986b〕はパレスチナの例を採り上げ、年代や地理的位置から直接の関係はないとしながらも、共に土器を使用する初期段階での礫に線刻して人物像を表わす手法に注目し、この線刻礫から土偶への展開を想定した。

この時代の代表的遺物に、土偶と石棒がある。小林達雄〔1988〕は、土偶・石棒などを非日常的な呪術や儀礼の精神生活に関わる「第二の道具」と捉え、実用的な「第一の道具」が世界各地の道具と共通するのに対して、縄文社会独自の世界観に根差したものと考えた。非常に魅力的な見解である。そして、第二の道具は弥生文化と接触して、駆逐され、滅亡したとする説を提示した。しかし、少数派ではあるが角南聡一郎〔2000〕や筆者は弥生時代前期まで残った土偶が、分銅形土製品につながっていったと考えるし、石棒も同様に木製品・土製品に姿を替えて続いているとした見解をとる。

この土偶と石棒の祭りを、水野正好は一連の著作〔1974・1979ほか〕の中で、それぞれ女性原理（女性・農耕・植物）と男性原理（男性・狩猟・動物）で捉え、そうしたものの死からのよみがえりを祈ったと説いた。さらに、水野はこうした祭具を使用する祭りの場を環状集落の中央に位置する墓地を含む広場に求め、ムラ人（生者）は葬られた死者と共に各種行事（祭儀・饗宴など）に参加し、被葬者はやがて祖先神へ転化していくとするスケールの大きな想念の世界を描き、祖先祭祀の始まりを提言したのである。

第Ⅰ編　祭祀考古学の体系

　次に、民族学的手法を採り入れた研究者に大塚和義と小山修三らがいる。大塚〔1988〕はアイヌや北アメリカの文化などから、狩猟儀礼に表われている生産関係の儀礼と通過儀礼、さらに両者を結ぶ仮面儀礼を重要視し、縄文時代の精神文化をこれら三つの複合儀礼と捉える。そして、小山〔1994・1996〕はヒトとヘビの具象像の解釈に、オーストラリア・アボリジニの社会の類例やさらに民俗学も使い、縄文のカミを復元した。

　さらに、上野佳也〔1983・1985〕は従来の民俗学や民族学の資料から過去の人々の精神生活に近づく方法でなく、社会変動の中で心のあり方がいかなる役割を果たしてきたのかという新しい視点で、土器の変遷・伝播と土偶・石棒・配石遺構などの遺物や遺構を心理学の研究方法と情報理論をもとに、仮説としての縄文人の心の変遷を説いた。心性の研究の新しい方向として、注目されるものである。

　同様に磯前順一〔1994・1997〕は、先史時代の宗教理解を可能にするためには資料批判と共にその解釈が大切だと説き、考古学的に分析した資料に対し宗教学など関連分野の研究がその解釈に有効とした。そして、小林のいう第二の道具のうち土偶と仮面（土面）を対象に研究を進めた。その結果、過去の人間が物理的行為（例、土偶を壊す・埋める・作り直す）として行なった痕跡は復元できるが、この行為に対する意味づけを遺物の情報として直接引き出すことはほとんど不可能と捉える。そして、この解釈に民俗学・人類学・宗教学などの研究成果を援用し、異なる時代と地域の社会分析から得られた概念（例えば、土偶には死と再生をつかさどる女神）を当てはめるのである。それ故、導き出した見解は一つの前提の上に成り立つものであり、あくまでも推察の段階に止まらざるを得ないという。宗教学の影響を受けたこの新しい研究方法は、大いに評価できる。なお、解釈については水野説に近いものがある。

　ところで、水野らの「土偶祭式」については、春成秀爾〔1999〕から立論の根拠がオオゲツヒメなどの神話のみに依存することへの批判がある。この点では神話学を援用し、つぶさに見てきたかのごとき広大な想像社会を著述する水野の仮説を、筆者は文章表現に惑わされることなく支持したい。なお、春成はこの中で縄文時代の宗教研究の方法と祭る対象（動物儀礼を含む）、祖先祭祀の始まりなどについての見解を披瀝している。傾聴すべきことも多い。

　また、小林達雄〔1996〕はこの時代の祭場を代表する青森県三内丸山遺跡の巨大立柱や栃木県寺野東遺跡の環状土籠などの遺構を、季節ごとの日の出と関係づける説も提示した。関係遺構には、秋田県大湯環状列石内に中央の石を直立させる特殊石組みがあり、早くから日時計説が出されている。農耕社会以前においても、季節のサイクルを捉える指摘は極めて重要だと考えるが、この説にはさらなる検証が必要であると思料する。

　一方、他分野からの研究もある。神話学の吉田敦彦〔1986〕は、土偶や縄文土器を始めとする遺物・遺構の解釈に世界の神話類を持ち込み、縄文宗教の研究に新風を起こした。

　縄文時代の信仰研究は、概ねこのような宗教学や心理学の視点を取り入れた新しい方法論の影響のもと、汎世界の民族学・神話学を援用する方向で進んでいる。課題は、祖先祭祀の始まりと、次の弥生時代へ存続したものを押えることである。

（3）弥生時代

弥生時代は、水稲耕作を基盤とする農耕社会であったことに間違いなく、この立場から当該時代の祭祀研究を確立したのが金関恕である。

金関は、弥生時代の宗教と祭祀に関する一連の論考〔1976・1982・1984・1986a・bほか〕の中で、『魏書』東夷伝の馬韓の条にある「蘇塗」・「鬼神」に注目し、「鬼神」を祖霊、「蘇塗」は元々鳥杆を指し[2]、後にこれを立てた祭場を意味するようになったと解釈した。そして、出土品の鳥形木製品を神杆の鳥、木製の人形（木偶）を祖霊像と判断するのである。また、祭場の大木に懸垂する鈴鼓には銅鐸を比定した。さらに、鳥取県稲吉角田遺跡出土の土器に描かれた絵画に蘇塗を想定し、神殿を建て祖霊像が祭られたとみる[3]。次いで、鳥装の人物に注目する。そして、他遺跡から出土した鳥装人物絵画土器と後世の文献からこれを司祭者（巫師）と解釈し、弥生時代祭儀の中に占める鳥の重要性を指摘した。弥生時代の祭祀遺物出土例と、中国に起源を持つ稲作の経由地である馬韓の祭儀状況から推測した点で、大過ないものと考える。なお、こうした祭場の遺構としては、男女一対の石偶（祖霊像）が出土した鹿児島県山ノ口遺跡や、大型掘立柱建物と大型刳抜井戸が発見された大阪府池上曽根遺跡などが知られている。

個別の遺物では、何と言っても青銅器（銅鐸など）である。銅鐸研究の第一人者である佐原眞〔1960・1974〕は、銅鐸を農耕祭祀に使用したものと捉え、聖域に埋めて保管し、祭りの際に取り出したものとする地中保管説を採った。さらに、神話学の三品彰英〔1968〕は「地的宗儀」から「天的宗儀」への流れの中で銅鐸を地霊・穀霊の依代と捉え、大地に納めておくことが大切で、これを取り出すことにより地上に迎え、祭りを実修したとする見解を示し、佐原の地中保管説を補強した。

一方、酒井龍一〔1978・1980〕・森岡秀人〔1975・1978〕そして春成秀爾〔1978〕の各氏は、詳細にみればそれぞれ差異はあるものの、基本として銅鐸を共同体の非常事態発生時に邪悪なものや外敵を防ぎとめるため、地域や社会の境界に埋納したとする結界祭祀説を採用した。

さらに、春成秀爾は〔1982・1987〕において、考えを発展させ「銅鐸は稲魂を結びとめておくための祭器」と捉え、このまつりには「年中行事的なまつりと、最後のまつりの二種」があったと説く。また、出雲荒神谷の銅鐸出土を受けて近藤喬一〔1986〕は、青銅器の埋納2段階説を提示した。近年では、寺沢薫〔1991・1992〕や福永伸哉〔1998〕らも、埋納の意義づけは異なるがこの2段階説を採っている。

墓地は縄文時代と異なり、弥生社会ではムラの外に営まれるようになり、墳墓祭祀には土器が多く用いられる。北部九州では中期の甕棺墓地に墓前祭祀で使用した丹塗磨研土器があり[4]、畿内をはじめとする方形ないし円形周溝墓を造る地域では溝内から底部や胴部を穿孔した供献土器が出土する。なお、これらの地域では北部九州と異なり副葬品がほとんど認められない。しかし、次の後期になると、吉備地域を中心に埴輪の祖形となる特殊器台・特殊壺が生まれ、近藤義郎ら〔近藤・春成1967〕はこれらを置いた墳丘上で共飲共食の葬送儀礼が行なわれたと想定している。さらに、近藤〔1995〕は多数の共同体成員の参加のもと、亡き首長霊が祖先神の霊に合体すると共に、ここで新首長の誕生を祝う首長霊継承儀礼を実修したとして、これを墳丘墓が存在

する一つの根拠としている。共飲共食の葬送儀礼はともかく、墓域での首長霊の継承儀礼は次の古墳時代のものとも併せ検討が必要である。

このように、弥生時代の祭祀を知るための史料には隣国中国の『魏書』東夷伝があり、これに『古事記』、『日本書紀』や各地の古『風土記』を加え、さらに東アジア世界に伝承されている諸民族の儀礼と宗教学の考え方を取り入れて、祭祀遺物と祭祀遺構を解釈する方向で、研究が進んでいる。

(4) 古墳時代

古墳時代では、石野博信〔1977〕が4・5世紀の祭祀形態を、纏向型・墳墓型・玉手山型・石見型・三輪山型の5型式に分け、さらに群馬県三ツ寺遺跡に代表される居館内壇場型祭祀の存在を予測した。石見型などの当否はともかく、古墳時代の祭祀として、これまでの狭義の神祭りだけでなく墳墓祭祀を採り入れ、王権と絡めて弥生時代から続く祭祀を体系的に捉えた点が大きく評価できるのである。

古墳築造に関わる祭祀・儀礼については、近藤と共に「埴輪の起源」を著わした春成秀爾の論考〔1976・1984〕がある。春成は、竪穴式石室の基底部が構築され、粘土床に割竹形木棺が置かれた段階で、亡き首長から新首長への霊を継承する儀礼が行なわれたと考える見解を提示した。これは民俗学の折口信夫や洞富雄の「真床覆衾」説と共通し、割竹形木棺を「真床覆衾」の原形に考えようというものである。しかし、神道史学の岡田精司〔1983・1990・1992〕は折口の真床覆衾説そのものに疑問を呈し、葬送儀礼と継承儀礼は異なると指摘した。白石太一郎〔1983〕も、この儀礼は亡き首長をさまざまな悪霊から守る葬送儀礼と位置づけている。ただし、古墳での首長霊継承儀礼は存在したと考え、前方部を含めた墳丘上で行なわれたと考える[5]。また、車崎正彦〔2000〕も同様に、古墳は葬送儀礼の場であり、「古墳祭祀は死者の葬送儀礼であるとともに、別の側面として共同体のマツリでもあった」という。

さらに、墳丘上で首長権継承儀礼がなされたという論述には、水野正好〔1971〕の埴輪芸能論がある。人物埴輪を、新首長に従う構成員が自らの芸能を持って忠誠を誓う場面と解釈している。これについても、折口信夫の「大嘗祭論(天皇霊の継承)」の影響が強く伺われ、岡田精司〔1992・1999b・c・d〕は葬送儀礼と継承儀礼はあくまで異なると考え、埴輪は継承儀礼の反映ではないと主張するのである。同様に、古代史学の榎村寛之〔1996〕も神祭りと死者の祭りは区別すべきで、王権継承儀礼は神祭りの一環であり、古墳上での首長権継承儀礼説には否定的な見解をとる。いずれにしても、継承儀礼について再検討をする時期に来ているということであろう。また、埴輪と古墳の祭りを考察したものに、古くは金谷克己〔1962〕、そして近年の辰巳和弘〔1990〕や高橋克壽〔1996・1999〕などの論考がある。

次に、こうした神祭りと葬送儀礼の問題では、小出義治〔1966・1969〕の「葬と祭の分化」論がある。小出は、4世紀代の前期型古墳の副葬品である鏡・武器・玉類・工具類を呪術的な宗教観が主流の段階、5世紀代の中期型古墳においては小林行雄〔1961〕の提示した石製模造品の小形粗造化・多量化を挙げ、呪術的世界から政治優先の社会への脱皮と捉えた。そして、この時期の古墳出土の石製模造品は勾玉・臼玉・農工具類が主体であるのに対し、同時期の祭祀遺跡では

勾玉・臼玉・剣形品・有孔円板が主要セットを形成しているとして組成の差異から、古墳時代中期に「喪葬祭祀」と「神祭祭祀」が分離し始めたと指摘する。また、4世紀代の祭祀を第Ⅰ期とし、鏡・玉・剣が祭器の主体をなし、祭器そのものに霊力を認める呪術的段階。そして、5世紀代の祭祀を第Ⅱ期とし、滑石製の鏡・剣・玉を主体とする仮器を供献して神の降臨を仰ぐ段階と、大きな画期を想定したのである。

同様に、椙山林継〔1972〕も古墳出土の石製模造品が刀子や農工具を中心とするのに対して、祭祀遺跡では剣形品と有孔円板が一般的である事実から、同じ石製模造品を使用しながらも墳墓への副葬と神祭りの遺跡では異なった意識の下に扱われたと考え、中期段階以降に「葬と祭の分化」がなったと小出説を補強した。

一方、白石太一郎〔1985〕はあらためて古墳出土の石製模造品の時期変遷を整理し、祭祀遺跡出土の石製模造品と比較検討を行なった。そして、石製模造品の変遷がまず古墳に副葬された鉄製農工具の石製化から始まることを明らかにした。併せて、椙山などが指摘した神祭りに用いた剣形・有孔円板・勾玉は、古墳における祭祀にも使用されることが少なくないことから、自身編年の第3期から4期になって初めて分離したとは考えられないと、従来の葬と祭の分化論を否定した。さらに、司祭者でもある首長にとって農工具は農耕祭祀に必要かつ重要な祭具であり、首長に対する葬送儀礼と神に対する祭りは古墳時代の初めから本来別個のものであったろうと主張する。次いで、中井正幸〔1993a・b〕も古墳出土の石製模造品を個別に検討し、それぞれに大型で実物に近い「並置型祭器」と農工具を模倣していく段階で生じた「小型懸垂型祭具」の二つの系譜があると捉えた。そして、前者は古墳時代の当初より農耕儀礼と深く結びついており、後者は葬送儀礼に使用されたとする新たな見解を提示した。中井の研究には、前記した白石太一郎や寺沢知子〔1979〕の影響の大きいことが伺える。

また、前期古墳の副葬品である剣・鏡・玉と石製模造品の剣・鏡・玉というセット関係の再検討から、この問題に取り組んだ岩崎卓也〔1986・1990〕は、前期古墳において剣・鏡・玉のセットが成立していたとは考えられないが、石製模造品は剣・鏡・玉をセットで使用する神祭りとして存在したと捉えた。石製模造品を用いる祭祀は、自然神を対象とした素朴な祭祀であり、民俗的（民衆）な信仰と考えて、沖ノ島遺跡などの国家的祭祀と区別をした。前期古墳は人神祭祀であり、国家的な祭祀儀礼と関わって政治的祭祀儀礼を完成させたと捉えるのである。そして、小出らが5世紀代に始まったとする葬と祭の分化を民俗的祭祀儀礼の新たな定立と意義づけ、滑石製の鏡・剣・玉は神としての前期古墳被葬者が身に着けたものを象徴化したものと推測する。すなわち、5世紀代には王権の整備と共に王者から司祭者的性格が失われ、武人的性格が強化されると、民衆の日常的な欲求に答える祭りが執行できなくなり、地域住民自らの手で行なわざるを得なくなったと考えたのである。さらに、古代史学の井上光貞〔1984〕の沖ノ島遺跡の祭祀第2期（6世紀前葉前後）から第3期（7世紀代）への展開こそが葬と祭の分化・祭儀の確立（律令的祭儀の先駆形態）と指摘する説を評価し、古墳祭祀の葬への回帰と表現する。祭祀遺跡出現当初の石製模造品を民衆の祭祀とする見解には同意しかねるが、古墳の埋葬主体が横穴式石室に変化する古墳時代後期以降に葬と祭の分化がなるという説は注目に値する。この問題は、振り出しに

戻った感がある(6)。

　狭義の神祭り遺跡では、大場亡き後の神道考古学を亀井正道と共に支えた椙山林継らが、『神道考古学講座』第1巻・第3巻（雄山閣）を刊行し、全巻を完結させた。特に、第3巻には土製模造品と石製模造品の詳細な解説がある〔亀井 1981、椙山 1981〕。

　同様に、個別の遺物では、佐田茂〔1979〕が沖ノ島の子持勾玉に用いた製作技法から形態分類する方法が、篠原祐一〔1990・1996・1997〕らの石製模造品研究に引き継がれていった。この年代については、古く亀井正道〔1957・1966〕の研究があり、最近では前記の白石太一郎や、祭祀遺跡・集落遺跡・製作遺跡・古墳の出土遺跡にこだわらず相互関連的に捉えた寺沢知子〔1990〕らが、その変遷を追求している。さらに、亀井〔1985〕は祭祀遺物の石製模造品と土製模造品を比較し、石製模造品は有孔円板・剣形品・玉類の三者の組合せが主体となりこれに他種を少数伴うのが基本型で、祭りの儀礼を行なうためのものという性格を持つ。これに対して、土製品は主体となる基本的な組合せが認められず、神自身が使うためのものという性格が強いと位置づけた。また、ある遺跡で主体となっているものが、他の遺跡で従属的な存在になるという土製模造品のあり方は、祭る側が神の性格づけを始めた証拠であると考察した。この見解は、二つの祭祀遺物を対比し、その性格を捉えたものとして、誠に的を射たものである。ただし、土製模造品の出現年代に関しては竹内直文〔2001・2002〕と筆者らの石製模造品と同時期やさらに遡ると捉える新しい見解が提起されている。

　祭祀遺跡の性格・神祭りの対象分類では、亀井正道〔1980・1988〕が海の祭祀遺跡を①国家規模の背景を推測させる遺跡（畿内型）、②普遍的な遺物を出土する遺跡（在地型）、③製塩集落で普遍的な遺物を出土する遺跡（製塩集落型）の三つに分類し、具体的な遺跡を挙げ検討を進めた。また、同様に川の祭祀遺跡も①河川の屈曲点に複数が集中する遺跡（集中型）、②河川沿いに単独に立地する遺跡（単独型）、③河川沿いの子持勾玉・土馬の出土地に3分類する。これは、大場〔1970〕分類の自然物対象である水霊信仰と島嶼部分を細分化したものであるが、製塩集落の祭祀遺物を生産に関わるものとしたことは大きく評価できる。

　一方、住居跡から出土する石製模造品を注目した研究者に、古くは金子裕之〔1971〕がいる。金子は、住居址内で出土する石製模造品が竈周辺に分布することから、これを竈対象の祭祀と位置づけた。さらに、集落内の多数の家屋から出土することを受けて、特別な家でのみ実修したものではなく、一般的に行なわれた祭りと推測した。近年では、一般の住居址以外に豪族居館・井戸・住居周辺、水田などの生産地域に出土することも明らかになってきた。集落内の祭祀を追求した論説に鈴木敏弘〔1997〕らがあり、火山灰に覆われた群馬県黒井峯遺跡などを調査した石井克己の報告〔1990〕から、一般集落内での祭祀の具体的な様子も理解できるようになった。

　次に、豪族居館内で執行された祭祀を見てみよう。群馬県三ツ寺Ⅰ遺跡では、正殿脇に井戸と流水を利用した2基の石敷遺構が発見され、井戸の廃棄にあたって多数の石製模造品と共に埋め戻していた。また、石敷遺構には破砕した土師器や子持勾玉などの石製模造品が出土し、水に関わる祭祀遺構と捉えられ、当時の豪族が実修する祭祀に水の果たした役割が、いかに大きかったかを推測できるのである。辰巳和弘〔1990〕は、この遺跡の井水が聖水として祭祀の対象となり、

首長権を執行するうえで重要な儀礼があったと判断した。さらに、この遺構を地域王権執行の祭場と捉え、居館内の「ハレの空間」に比定した。これには、『古事記』、『日本書紀』、そして古『風土記』に記載された地域首長による大王への服属伝承としての聖水供献説話を、その傍証としている。また、坂本和俊〔1991〕もこれら居館の大型建物跡前で行なわれた儀礼を復元し、『古事記』に記載された「天の安の河の誓約」神話などと共通する要素を見出し、その神話の分析から首長の就任式の際に行なわれた服属儀礼と農耕儀礼に理解したのである。

こうした地域王権と関わる祭祀に、近年「水辺の祭祀」として注目される導水遺構がある。三重県城之越遺跡・六大A遺跡、奈良県南郷大東遺跡・阪原阪戸遺跡、静岡県天白磐座遺跡などである。特に、残存状態の良かった南郷大東遺跡を調査した青柳泰介〔2003〕は導水施設を持つ類例遺跡を検討し、南郷大東遺跡のように槽付きの木樋（貯水池）を使用する一群（A類）と城之越遺跡のように湧水点周辺を使用する一群（B類）に分類した。B類を弥生時代以来の伝統的な儀礼、A類は古墳時代に入ってから発展し、中期に重要視された儀礼と捉える。そして、祭祀目的を低地開発から段丘面に遷った土地開発に関わる首長と、土木事業に従事した渡来人の指導者達が行なった連帯意識を高めるための儀礼とみる。古墳時代中期の社会状況から考えてその可能性は高いと思われるが、今後は神祭りの観点からの実態と儀礼の復元を望みたい。

前記した辰巳和弘〔1994〕は、この背景に「汲めども尽きぬ井泉の湧水が首長権の永遠性の象徴とみなされ、また地中より湧き出る水を地霊の象徴として、それを祀るものこそが地域を支配できる認識が広く存在したのであろう」と水野正好風の著述で推測する。また、榎村寛之〔1996〕は、開発に不可欠な水を確保する場所に造られた祭場と捉え、祭る対象としての神の座（磐座）と広場という祭るものの集う場を想定した。重要な視点である。この点、こうした施設が埴輪に表現されていた事実（大阪府狼塚古墳・心合寺山古墳、三重県宝塚1号墳）にも注目しなければならない。これこそが、先の埴輪王権継承儀礼説の問題解決につながるであろう。

このように古墳時代の祭祀遺跡の研究は、大きく王権との関わりの中で死者を祭る遺跡（墳墓における葬送儀礼）と神を祭る遺跡の二方向で進められてきた。こうした中、寺沢知子〔1986〕の新しい民衆からの視点も生まれている。具体的には、鏡・玉・剣をはじめとした石製模造品と土製模造品があり、弥生時代と同様に『古事記』、『日本書紀』、各地の古『風土記』、そして『万葉集』などの史料をもとに、遺構・遺物の解釈がなされている。さしづめの課題は、いつ葬祭の分離がなったか（弥生時代から分離していたのか、古墳時代の前期、あるいは中期、または後期なのか）、そして葬祭分離に大きく関わる首長権継承儀礼が石室内または墳丘上で本当になされたのかであろう。

（5）飛鳥・奈良・平安時代

この時代の祭祀遺物には土馬、木製人形・馬形・斎串、人面墨書土器などがある。金子裕之は一連の論考に、これらを使用した祭祀の背後に政治的な要素があると捉え、「律令的祭祀」の名称を用い、以下のように整理した。

金子〔1980〕は、まず大場磐雄が示した祭器群である模造品中に、人形・馬形・斎串などを木製模造品として取り纏める。そして、7世紀後半の天武・持統朝を、これまでの古墳時代の伝統

を持った祭祀具に新しく人形など中国系の祭祀具を付け加え再編成された時期と推測し、これを古代都城での「木製模造品の成立」と呼ぶ。さらに、近年の調査成果を取り込み、7世紀中葉の前期難波宮段階に都宮祭祀の祖形が成立した可能性を指摘した〔金子 2000〕。しかし、それでも7世紀初頭を律令（的）祭祀の先駆形態と捉える井上光貞〔1984〕説とは開きが認められる。

　また、個々の遺物の性格を検討し、基本的に律令祭祀の中でも重要な位置を占める「大祓」に関与するものと結論づけたり〔金子 1985〕、都城に始まった律令祭祀が地方にどのように展開したかを追及し、但馬国府推定地を例に、9世紀前半代には平安京での「七瀬祓」がその祭祀具の組合せや階層性と共に見事に実修されている様子を描いたのである〔金子 1988〕。そして、沖ノ島遺跡出土の人形・馬形・舟形についても、都城と同様に祓に用いたと推定した。

　一方、泉武〔1989〕はこの金子の「律令祭祀」論にいくつかの疑問を投げかけた。まず、「木製模造品の成立」について、いわゆる政治的契機によって7世紀後半に画期があるとされる木製模造品は、その起源の多くが古墳時代後期まで遡り、終りは藤原京の廃都後も継続して使用されている事実が指摘できるとした。このことから、木製模造品は政治的な変革との関連が希薄であり、別の視点から見直す必要があること。次に、奈良時代中期あたりまでは祭祀遺物出土地や内容に藤原京時代と大きな変化はなく、8世紀後半から9世紀初頭にかけて一挙に増加する。平城宮と京内を問わず同一の傾向にあり、木製人形や人面墨書土器の全国的な分布も一様に拡散したことが伺えるが、こうした現象を律令国家の中央での祭祀から地方へという国家主導型で説明することは一義的でありすぎること。さらに、『延喜式』に記載された祭具との対応関係は9世紀初頭を上がるものではなく、これによって考古遺物を説明することは慎重でなければならない。と、国家祭祀を考古遺物で裏づける試みに、再検討を迫った。これらの指摘については、正鵠を得たものもあり、傾聴すべき見解が随所に述べられている。

　個別の遺物では、注目されるものに土馬がある。これまでの小笠原好彦〔1975〕や泉森皎ら〔1975〕の研究では6世紀前後に出現し、10世紀初頭にまで続くことが明らかとなっている。金子〔1985〕は律令的祭祀の現われと見る大和形土馬の祖源に、藤原京大極殿院下層運河出土のものを充てる。性格や意義については、大場磐雄〔1966〕説の水霊信仰に関わるとする考え方が一般的である。この通説に対して、水野正好〔1983〕は『本朝法華験記』に記載のある天王寺僧道公の説話から、疫病神や祟り神およびその乗り物と理解され、完全な形のままで出土するものがないことから、これら疫病神の活動を止めるために損壊して祭ったと捉えた。文献にも長けた水野ならではの論説である。

　またこの時代には、神祭りの祭祀と共に悪霊排除の祭祀や吉凶禍福のまじないも実修され、道教や陰陽道の影響をみることができる。そうした中、注目すべき論考として水野正好〔1982b・1985〕の「招福・除災」論が存在するのである。

　この期の研究は、沖ノ島遺跡の第3次遺跡調査報告書『宗像沖ノ島』の刊行に加え、金子が纏めた木製模造品を始めとする一連の論考で、律令的祭祀として大きく前進した。同時代の史料として、『古事記』、『日本書紀』、『風土記』、『万葉集』、『律令（延喜式などを含む）』などがあり、その果たした役割は大きい。課題は、木製模造品の成立時期の特定、そして国家主導といいなが

ら、律令祭祀具とする製品の中で木製模造品以外のもの（土馬、人面墨書土器、模型竈）の分布が、地域によって異なることの解明である。

4　祭祀考古学の組織

　佐野大和〔1984〕は、大場の樹立した神道考古学を「前神道期」・「神道発生期」・「神道生育期」・「神道成立期」・「神道整備期」の新たな時代区分に設定し直すと共に、神道そのものが宗教ではないとする立場（自然宗教＝非創唱宗教）をとり、神道考古学は「祭祀遺跡・遺物に限らず、当時の信仰習俗を内包する古代生活全般がすべて研究の対象」と、従来の神道考古学の研究領域の枠に縛られることなく、これを継承発展させ、「縄文・弥生以来の古代の習俗・信仰の中から、次第に醸成されて来た古代神道生成の過程を、考古学的に追及するのが神道考古学」とあらためて概念規定を行なった。元々「古神道」は祭祀の宗教と言われるように、こうした「非創唱宗教」としての新しい神道考古学の方向性が示されると、筆者のいう祭祀考古学とは重複する部分が多いのも事実なのである。
　しかし、神道考古学はいかんせん神道を究明するための学問である。すなわち、本来神道形成以降の神社関係資料を考古学の立場から研究すべき分野であり、祭祀考古学は神道に限らない原始・古代人の信仰を研究する分野と考えている。そこに、お互いの存在価値が見出せるのである。
　ついては以下、祭祀考古学の組織・内容などについて記しておきたい。
　まず、祭祀考古学の対象は定義にも述べた通り、主に祭祀遺跡と祭祀遺物であることをあらためて確認する。さらに、日常生活に通有のものであっても古代生活の中で明らかに祭祀・儀礼に関わる痕跡として残ったもの（例えば祭祀遺物と共に出土した岩石類、動物の骨など）は、佐野と同様に祭祀遺構・祭祀遺物に当たるものと捉えている。
　時間的な区分については、考古学の時代区分を採用している。仮に、縄文時代を祭祀第Ⅰ期、弥生時代を祭祀第Ⅱ期、古墳時代を祭祀第Ⅲ期、飛鳥時代を第Ⅳ期、奈良時代を第Ⅴ期、平安時代を第Ⅵ期とし、さらに各時代を□期○段階と言うように期ごとに各段階の小区分を可能にしておく。また、旧石器時代の確実な祭祀遺構・遺物が発見されれば、祭祀0期を充てたい。
　第Ⅰ期は、狩猟・漁労の採集経済の下における祭祀である。地球の温暖化で日本が列島化したこともあり、比較的東アジアからの影響を受けることがなく、独自の文化・信仰を創り出している。最近では森の信仰とも理解されて、生と死を対象とした呪術的なものが多く見られる。縄文人はカミもまた社会を構成する一員と捉え、人々は動物と共に生きそれらにも神性を認めていた時期であろう。こうした神観念と霊魂観を究明するのが、この期の目標である。
　第Ⅱ期は、水稲耕作と共に東アジアからの渡来人の信仰する新たなカミが伝えられ、やがてこれを改変した新しい神観念（鳥霊信仰）が生まれてくる。そして、稲作を中心とする季節に合わせた農耕儀礼が形成され、普及していく時期である。田の神は祖霊神であり、縄文時代の祖霊と異なり弥生の祖霊はムラ人とは別の世界に住み、祭りや願いに応じて人の世を訪れる神であったと考えられる。祭祀遺物では、これまでの石製品・土製品・木製品に加え、新しく金属製の祭祀

器具が登場する。こうした祭祀具と祭祀遺跡から弥生時代の新しい信仰形態・神観念を明らかにし、さらに古墳へとつながる墳墓遺跡での霊魂観を明らかにするのがこの期の目標である。

第Ⅲ期は、まさに祭祀の時代である。古墳の発生と共に墳墓の葬送儀礼では、副葬品として銅鏡や鍬形石・車輪石・石釧などの碧玉製品があり、少し新しくなると鉄製・滑石製の模造品類など極めて呪術性の高い品々が埋納される。考古学では、こうした埋納に伴う石室内や墳丘上で行なう埴輪祭祀も含めた葬送行為を、首長権継承儀礼と捉える研究者も多い。一方、沖ノ島祭祀遺跡を始めとして神々の鎮座地が明確となり、その特定の場を聖なる地と考え、滑石製模造品・土製模造品に代表される祭祀遺物を多数出土する狭義の祭祀遺跡が出現する時期でもある。このため、特にこの期には神祭りと死者の祭り（葬送儀礼）、そして民衆の祭りと権力者（首長層）の祭りを、今後も課題として区別していく必要がある。

第Ⅳ・Ⅴ期は律令制度の導入が図られ、特に令の規定に基づき国家が積極的に祭祀を行なった時期といえる。また、東アジアから持ち込まれた仏教や道教などの影響を受けて、これまでの信仰形態が変革され、わが国独特の宗教観念も発達する。さらに、Ⅵ期以降からの中世になると、陰陽師安倍清明に見られるまじないの世界が貴族から庶民に拡がっていくのである。この点、国家が執り行なう祭祀と個人などが行なう祭祀の区別も必要である。

なお、寺院と共に神社も形成・整備されて来るが、これらは仏教考古学や神道考古学の扱うべき分野と考え、あえて祭祀考古学では祭祀遺跡に含めないでおきたい。

5　祭祀遺跡の分類

次に、研究対象となる祭祀遺跡の具体的な内容と分類である。

祭祀遺跡とは、人間が超自然的存在に対して畏敬・崇拝するなどの行為を行なったことが、形而下のものとして明らかに確認できる遺構や遺物を有する遺跡をいう。

これまでの大場の分類では、大きく以下の3類に分けている。

A　遺跡を主とするもの（祭祀の対象の明らかなもの）、古墳時代を中心とする狭義の祭祀遺跡。
B　遺物を主とするもの（祭祀の対象の不明なもの）、祭祀遺物の単独出土地のような祭祀関係遺跡。
C　遺物の発見されないもの（古社の境内・その他）、古来信仰や伝説が付いているもの。

この分類を見ると、Aは祭祀遺跡として全く異論ないが、Cは祭祀遺物が発見されない限り対象外とされるべきものである。ここで問題なのは、Bの扱いであろう。おおかたは祭祀の対象が明らかでなければ除外したいところであるが、これには調査担当者の主観も加わるため、祭祀遺物が存在している点、各々の出土状況で区別していきたい。すなわち、遺構に伴うか否かである。また、発掘技術の進歩と広範囲の発掘を行なう最近の調査では、弥生時代の青銅祭器以外は祭祀遺物が単独で出土することは極めて稀となっている。

そこで、遺跡と遺物に分ける手法を変更して、前提として以下の三つの各要件で判断していくことにする。

第4章　祭祀考古学の体系―新しい神道考古学の枠組みにむけて―

①　祭祀遺物が認められること。
②　祭祀遺物が遺構（巨石・土坑・溝など）に伴うこと。
③　祭祀の対象物が存在すること。

特に、③の祭祀の対象が明らかでなければ、祭りの実態も見えてこないし、祭祀遺跡とするには躊躇せざるを得ないのである。なお、祭祀遺物は祭場にそのまま残される場合と、祭祀の終了後一括して廃棄（埋納）される場合がある。乙益重隆〔1983〕によれば、我々が発掘調査で確認するのは後者の例が多いという。このため、祭祀儀礼を直接復元するには大きな困難が伴い、祭祀遺物のみからの研究となっているのである。

さて、その対象に基づき分類をしていくと、以下の3類に分けて考えることができよう。

Ⅰ類　墳墓地域の祭祀
Ⅱ類　生活・居住域内の祭祀
　　1　自然を対象とした祭祀
　　　a　山岳の祭祀
　　　b　水系の祭祀（河川・泉・井戸など）
　　　c　巌石地の祭祀（磐座など）
　　　d　島嶼や沿岸部（海岸）の祭祀
　　　e　峠や山（境界）の祭祀
　　2　住居周辺の祭祀（竈祭祀を含める）
　　3　律令的祭祀（まじないも含める）
Ⅲ類　生産地域の祭祀（水田・窯業・製塩・製鉄など）

次に、この分類の大まかな基準について述べておきたい。人間としての暮らしの中で、全時代を通じて重要な位置を占めるのがⅠ類の葬送儀礼とⅢ類の生産関係の儀礼であろう。Ⅰ類は、まず埴輪を持つ古墳や弥生時代の周溝墓・甕棺、縄文時代の配石墓などの墳墓である。墳墓の構築方法と副葬品の質・量や種類の変化は霊魂感・他界観念の変化に基づくものであり、各時代の葬送儀礼や墓前祭祀などの内容を把握すると共に、葬送時のものとその後の祭祀を区別することも重要な課題である。

Ⅱ類、1のa～eは古墳時代に多い自然神を対象としたものである。自然神を対象としながら生産に関わるものや、島嶼や峠の祭祀では交通関係を目的としたものも多い。また、祭りの構成を考え、どの段階に使用するものかを把握することも大切である。2では最近、豪族（首長）居館の調査が進み、墳墓祭祀とは別の豪族層が主体で執行する祭祀の実態（1のbに関わる水辺の祭祀）が明らかにされつつある。また、3では奈良・平安時代になると、国家がこれまでの祭祀に道教の思想を加味し、独自に創設した律令制祭祀が執行され、その代表として人形などの木製祭祀具を使用した祭祀が出現してくるのである。

Ⅲ類には、水田や窯業、製塩・製鉄遺跡での祭祀遺物の発見例がある。これらには、操業の安全を願う祭りと収穫が出来た謝礼（感謝）の祭りの二通りのあり方が推測される。なお、窯跡の場合は製作品としての遺物と祭祀に使用した遺物とを神経質に区別しなければいけないことは言

第Ⅰ編　祭祀考古学の体系

うまでもない。

　問題は祭祀の対象で分類するとしながら、よく見ると祭りの場ともなっていることであろう。そのため、居住域で行なった生産関係の祭祀（狩猟・採集・漁労関係や農耕関係の祭祀儀礼）をⅡ類に入れればよいのか、Ⅲ類に置くべきなのか混乱が予想されることである。今後検討していきたいが、現状ではそれぞれ地域を関係と読みかえ、上記の例ならⅢ類とする。

6　祭祀遺物の分類

　最後に、祭祀遺物の種類と内容である。ここでは、調度品・装身具・武具・工具などの器種ではなく、材質と年代別に主要なものを採り挙げてみよう。大場磐雄が分類した古墳時代の各種模造品と呼ばれる祭祀に使用した一連の遺物を中心に、新しく金子裕之が設定した木製模造品を加えた。さらに、大場が除外していた縄文時代の土偶や石棒の類、弥生時代の銅鐸などの青銅器の類、古墳の副葬品として出土する鏡や鉄製品の類も取り入れて集成している。

1　石製品
　　第Ⅰ期　　　岩偶、岩版、線刻礫、石棒（男根）、独鈷石、石剣、石刀、石冠など
　　第Ⅱ期　　　石剣、石戈など
　　第Ⅲ期　　　石製模造品（勾玉・有孔円板・臼玉・鏡・刀子・斧・剣・子持勾玉など）、石釧、車輪石など
　　第Ⅳ期以降　人形、馬形、舟形など
2　土製品
　　第Ⅰ期　　　土偶、土版、仮面、鈴、動物形、ミニチュア土器（精製・粗製土器を含む）など
　　第Ⅱ期　　　人形、分銅形、鳥形、鐸形、男根形、舟形、陶塤、絵画土器、ミニチュア土器など
　　第Ⅲ期　　　埴輪、土製模造品（鏡・勾玉・人・舟・短甲・楯・鍬先など）、馬形、ミニチュア土器など
　　第Ⅳ期以降　人形、馬形、人面墨書土器、模型竈、ミニチュア土器など
3　木製品
　　第Ⅰ期　　　琴など
　　第Ⅱ期　　　剣形、戈形、鳥形、男根形、舟形、木偶、琴など
　　第Ⅲ期　　　剣形、刀形、舟形、鳥形、琴など
　　第Ⅳ期以降　木製模造品（人・馬・刀・舟・鳥・鍬先・斎串など）、絵馬、蘇民将来札、呪符木簡など
4　金属製品
　　第Ⅱ期　　　銅鐸、銅戈、銅剣、銅矛、銅鏡など
　　第Ⅲ期　　　鏡、鈴、剣、刀、刀子、斧、鎌、鍬先、鉄製模造品（ミニチュア刀子・斧・鎌など）など
　　第Ⅳ期以降　人形、鏡、鈴、銭、金銅製雛形品（琴・鐸・紡織具など）など

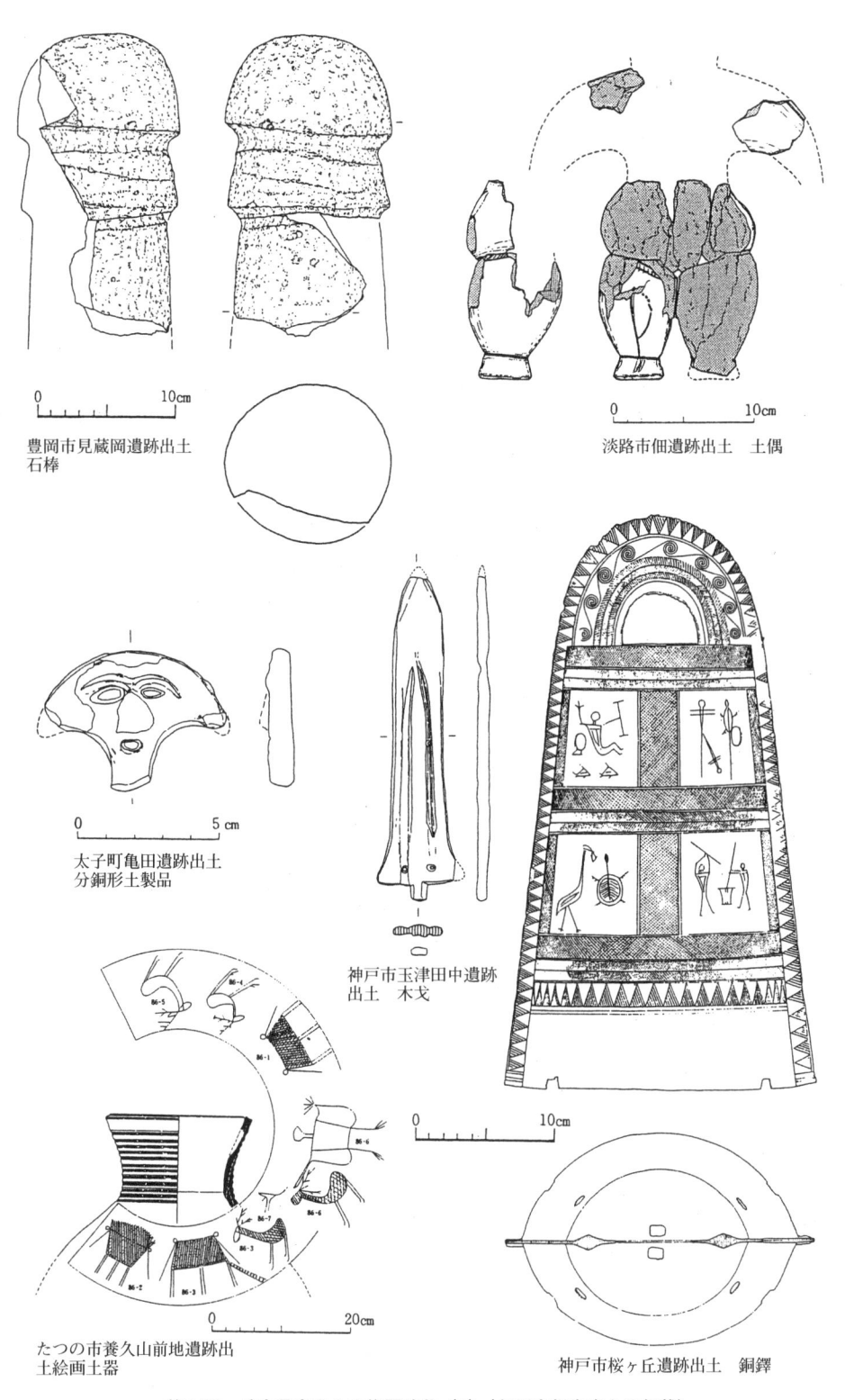

第4章 祭祀考古学の体系―新しい神道考古学の枠組みにむけて―

豊岡市見蔵岡遺跡出土
石棒

淡路市佃遺跡出土　土偶

太子町亀田遺跡出土
分銅形土製品

神戸市玉津田中遺跡
出土　木戈

たつの市養久山前地遺跡出
土絵画土器

神戸市桜ヶ丘遺跡出土　銅鐸

第1図　兵庫県内出土の祭祀遺物（1）（各調査報告書より転載）

49

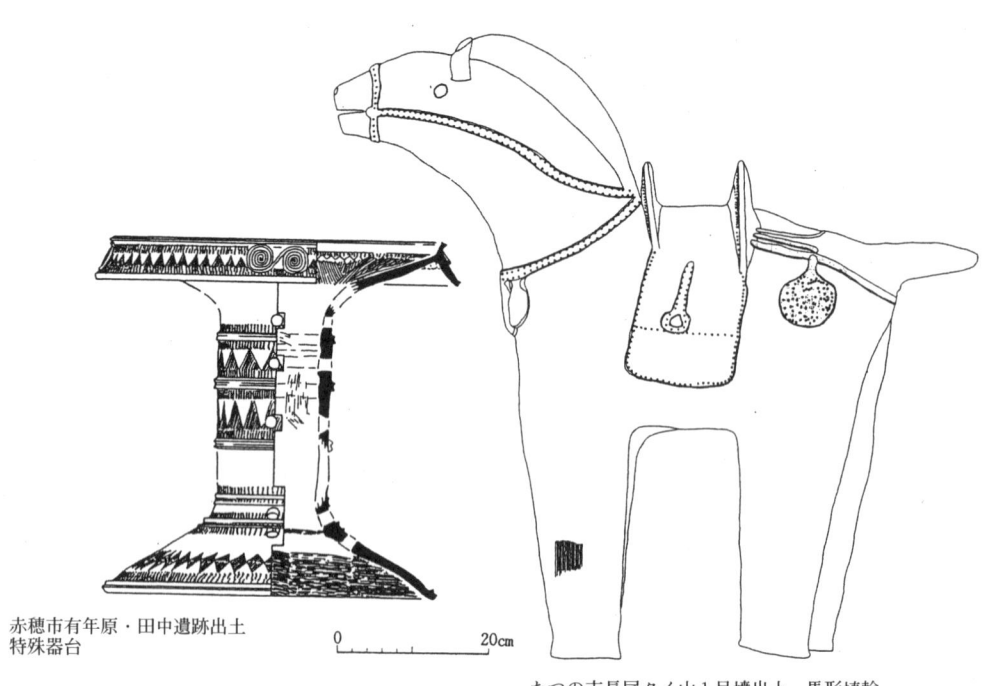

第Ⅰ編　祭祀考古学の体系

赤穂市有年原・田中遺跡出土
特殊器台

たつの市長尾タイ山1号墳出土　馬形埴輪

姫路市小山遺跡出土　子持勾玉

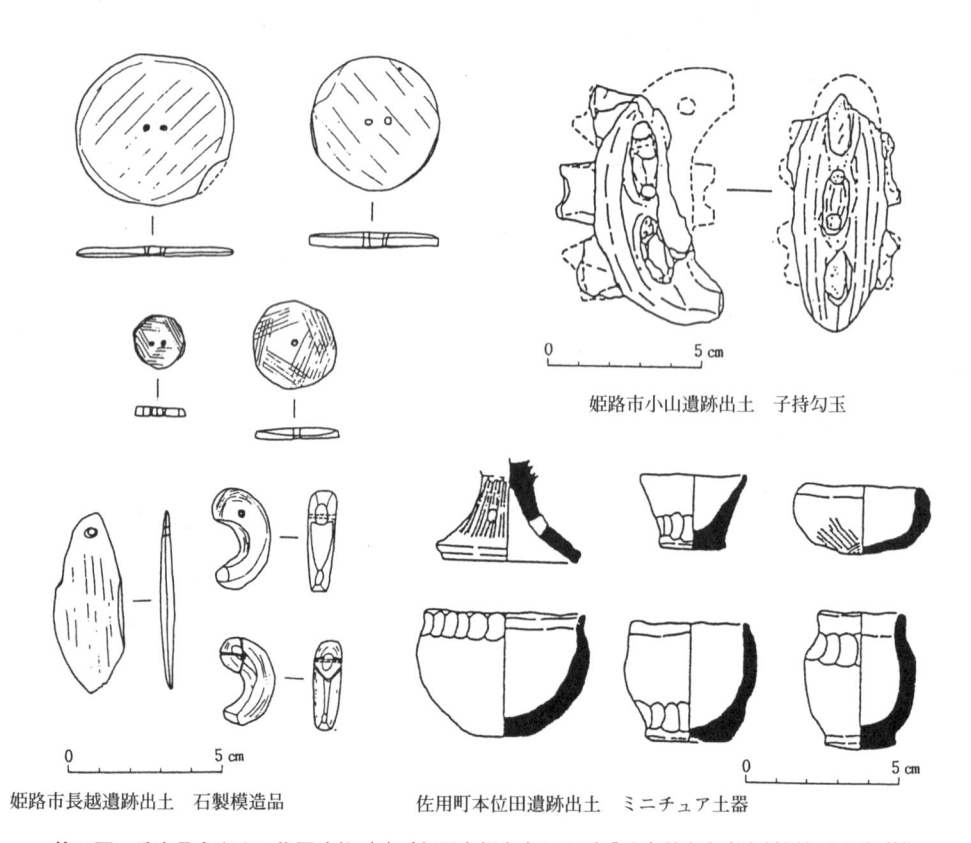

姫路市長越遺跡出土　石製模造品

佐用町本位田遺跡出土　ミニチュア土器

第2図　兵庫県内出土の祭祀遺物（2）（各調査報告書および『兵庫県史考古資料編』より転載）

第4章 祭祀考古学の体系—新しい神道考古学の枠組みにむけて—

三木市田井野遺跡出土　土馬

豊岡市袴狭遺跡出土　鈴

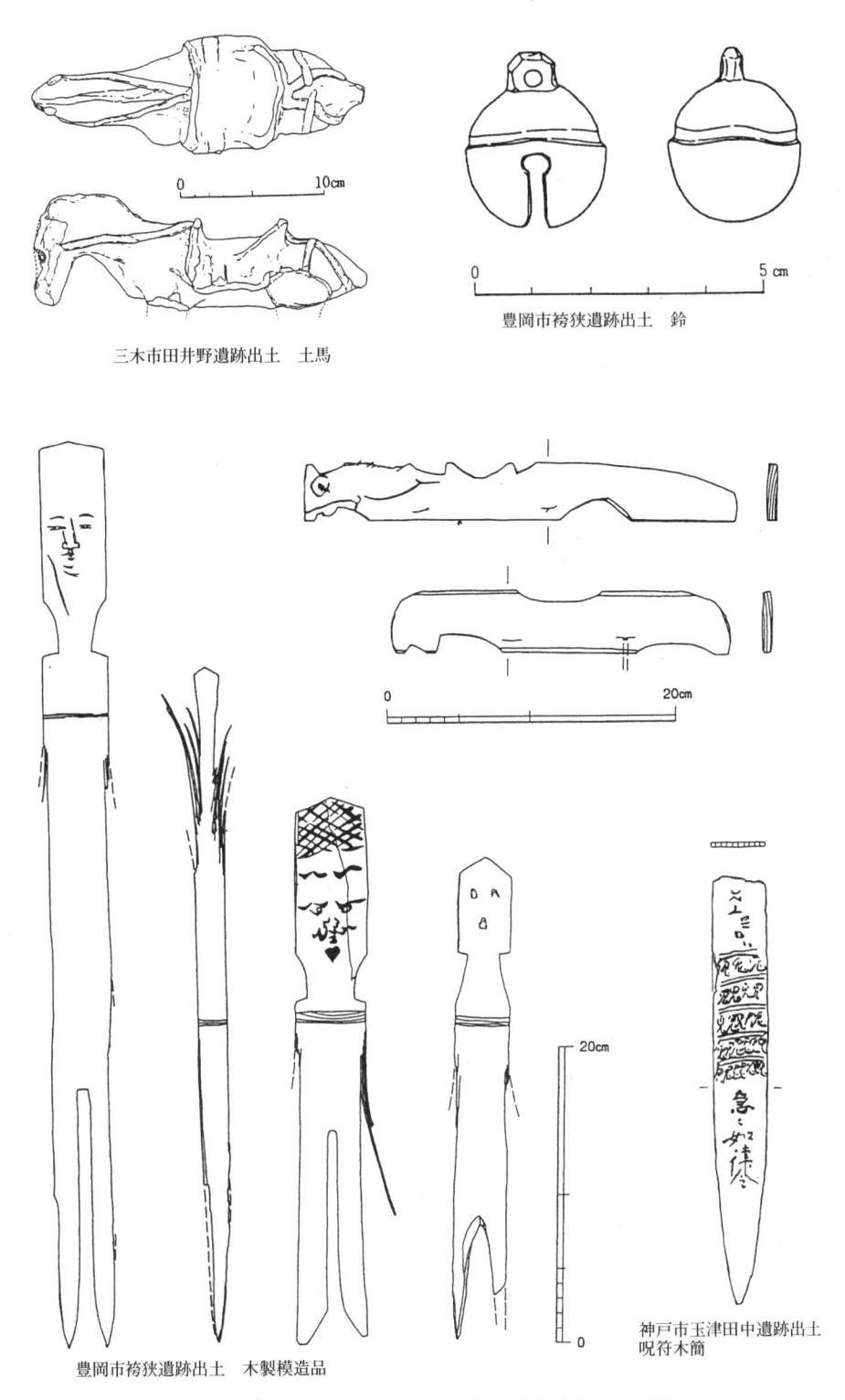

豊岡市袴狭遺跡出土　木製模造品

神戸市玉津田中遺跡出土
呪符木簡

第3図　兵庫県内出土の祭祀遺物（3）（各調査報告書より転載）

第Ⅰ期の遺物には、この時代を代表する石棒と土偶を始め、金属・ガラス製品以外の遺物が早くも出揃っているのである。石や土で人を模したものも多く、人以外では猪などの動物がある。小林が「第二の道具」と呼ぶように非日常性の道具であろうが、現代では用途が明らかでないものも多い。注目されるものに土製仮面がある。その他、土器の中にも、蛇やカエルなどの動物で飾ったもの（有孔鍔付土器）があり、動物儀礼（供献物）としての遺物（動物の骨）もみられる。なお、楽器として琴状木製品を挙げているが、全面的に琴と確定している訳ではない。

第Ⅱ期では、新しく金属製品とガラス製品が登場し、この代表として青銅で作られた銅鐸・銅剣・銅戈がある。地方の遺跡によっては、石製品や木製品で代用している例も多い。動物では鳥形が、この時代になって加わったものであり、祭りの対象も第Ⅰ期の猪から鹿へ重要度が移っている。また、第Ⅰ期との関係では石棒（男根形）が土製や木製に姿を変え、土偶は分銅形土製品につながった可能性があり、新たに木偶と土製人形が出現している。土器では絵画を描いたもの以外にも、丹塗り土器や小型の手捏土器がある。その他、楽器には琴や陶塤（土笛）、「魏志倭人伝」に記載された鹿の肩胛骨を使用する卜骨などがある。

第Ⅲ期には、祭祀遺物の代表といえる石製・土製・鉄製の各種模造品と木製模造品の一部（刀形・斎串）が出現する。また、霊祭りの遺跡である墳墓を祭祀遺跡の一種として扱うのであるから、この期では当然墳丘を飾る埴輪類や鉄製品を始めとする副葬品も対象となる。土器類では、祭祀には通常土師器を使用することが多いが、初期須恵器と装飾付須恵器は重要な祭器であったと考えている。動物では新たに登場した馬が、埴輪に用いられるのを始め重要視されてくるのである。その他、ガラス製品や、特殊なものとして石製模造品の一種と考えられる子持勾玉がある。楽器には、琴と鈴、骨製のささらなどがある。

第Ⅳ期以降は、人形・馬形などの木製模造品が主体となり、道教の秘文である符籙や呪句「急々如律令」などを記した呪符木簡が登場する。石製品では形代としての人形・馬形が残り、土製品にも土馬と人形が残っている。ただし、第Ⅲ期の土馬とは性格が異なる可能性がある。土器類では、人面墨書土器や模型竈、三彩土器がある。なお、国家が積極的に関与したと考えられる遺跡では、金属製雛形品も出土する。その他、ガラス製品や、楽器に琴と鈴、木製のささらがみられる。

以上、最初の定義にも記述したように「モノ」から「ココロ」を読み取ることを目的として立ち上げるのであるから、先に挙げた祭祀遺物に拘ることなく佐野大和〔1992〕のいう「当時の信仰習俗を内包する古代生活全般がすべて対象」としたい。しかし、それではあまりにも曖昧になり、集約・編成できないので、具体例を挙げ俎上に載せた次第である。

7　おわりに

本章は、坂詰秀一〔1997〕の指摘した新しい神道考古学の枠組みとして、あえて提示するものである。

21世紀の考古学は、政治史・経済史・精神史の各分野に細分化が進み、さらなる精緻な研究が

期待されている。そうした中、金関恕〔1997〕はこれからの考古学がモノ（遺構と遺物）を集めて分析するだけでなく、心を含めた過去の人間生活を考える（モノも心も一つにした世界で何かを創造する）学問でなければならないという。そして、仮説の提示が重要と主張しているのである(7)。肝に銘じておきたい。

信仰・祭祀の研究も、今後については研究史で述べたように縄文時代の小林達雄、縄文・弥生時代の春成秀爾、古墳時代の椙山林継・辰巳和弘、飛鳥・奈良・平安時代の金子裕之らが主導に進めていくと想定されるが、細分化だけでなく総合的な判断を持って、新たに信仰・祭祀の通史を構築できる人材の出現を切望して止まない。

註

（1）金子裕之〔1998〕は「考古学的な調査方法、合理的な思考方法、関連資料の援用によって解釈できる例が少なくない」と指摘する。また、篠原祐一〔2001〕も「あくまでも考古学方法論に立脚した上で、解釈に関連諸学を援用すべき」という。全く同感である。
（2）ただし、水野正好〔1982a〕や渡辺誠〔1995〕は鳥杆と農耕祭祀の関係に疑問を呈し、鳥形木製品を村境の出入り口に立てられた鳥居と考え、境界標示説をとる。さらに、山田康弘〔1994〕は後期以降、「死者の魂を運ぶ鳥」として葬送儀礼に用いられるという。
（3）しかし、この時代の「神殿」遺構については神道史学の岡田精司〔1985・1999a〕より否定的な見解が提出されている。
（4）丹塗磨研土器は、井戸など墳墓以外の祭祀にも使用されている〔森貞次郎 1981〕。
（5）しかし、この考え方だと次に述べる葬と祭の分化が古墳時代の初めからあったとする説に矛盾が生じよう。亡き首長は神ではなく、神を祭る司祭者であるから、首長霊継承儀礼は神祭りではないと捉えるのであろうか。
（6）この「葬と祭の分化」の論点と評価については、桜井秀雄〔1995〕に詳しい。
（7）春成秀爾〔1999〕も、「祭りの場、祭りの対象、祭りの道具、供え物などを考古資料の中から抽出し、検証が可能な形で根拠をあげ仮説を提示していくのでなければ、議論は発展しなくなるだろう。」と指摘している。全く同じように思料する。

引用文献

青柳泰介 2003「導水施設考」『古代学研究』第160号
石井克己 1990『黒井峯遺跡発掘調査報告書』子持村文化財調査報告第11集　子持村教育委員会
石野博信 1977「4、5世紀の祭祀形態と王権の伸張」『ヒストリア』第75号
泉　　武 1989「律令祭祀論の一視点」『道教と東アジア』人文書院
泉森　皎 1975「大和の土馬」『橿原考古学研究所論集』創立三十五周年記念
磯前順一 1994『土偶と仮面・縄文社会の宗教構造』校倉書房
磯前順一 1997「縄文社会の信仰」『季刊考古学』第59号　雄山閣
井上光貞 1984「古代沖の島の祭祀」『日本古代の王権と祭祀』東京大学出版会
岩崎卓也 1986「古墳時代祭祀の一側面」『史叢』第36号
岩崎卓也 1990『古墳の時代』歴史新書46　教育社
上野佳也 1983『縄文人のこころ』日本書籍
上野佳也 1985『こころの考古学』海鳴社

榎村寛之 1996「古代日本の信仰」『日本の美術』第360号　至文堂
大塚和義 1988「縄文の祭り」『縄文人の生活と文化』古代史復元2　講談社
大場磐雄 1943『神道考古學論攷』葦牙書房
大場磐雄 1966「上代馬形遺物再考」『國學院雑誌』第67巻第1号　後1970『祭祀遺跡』に所収
大場磐雄 1970『祭祀遺跡』角川書店
小笠原好彦 1975「土馬考」『物質文化』第25号
岡田精司 1983「大王就任儀礼の原形とその展開」『日本史研究』245号　後1992『古代祭祀の史的研究』に所収
岡田精司 1985『神社の古代史』大阪書籍
岡田精司 1990「折口信夫の大嘗祭論と登極令」『仏教と社会』仲尾俊博先生古稀記念論集　永田文昌堂
岡田精司 1992『古代祭祀の史的研究』塙書房
岡田精司 1999a「神社建築の源流」『考古学研究』第46巻第2号
岡田精司 1999b「古墳上の継承儀礼説について」『国立歴史民俗博物館研究報告』第80集
岡田精司 1999c「巻頭座談会」『神と祭り』古代の論点5　小学館
岡田精司 1999d「古墳時代の祭祀」『考古学研究』第45巻第4号
乙益重隆 1983「座談会・宗教考古学のイメージを語る」『季刊考古学』第2号
金関　恕 1976「弥生時代の宗教」『宗教研究』第49巻第3号
金関　恕 1982「神を招く鳥」『考古学論考』小林行雄博士古稀記念論文集　平凡社
金関　恕 1984「弥生時代の祭祀と稲作」『考古学ジャーナル』№228
金関　恕 1986 a「呪術と祭」『集落と祭祀』岩波講座日本考古学4　岩波書店
金関　恕 1986 b「まじないとうらないの世界」『宇宙への祈り』日本古代史第3巻　集英社
金関　恕 1997「遺物の考古学、遺跡の考古学」『古事』天理大学考古学研究室紀要第1冊
金谷克己 1962『はにわ誕生』ミリオンブックス　講談社
金子裕之 1971「古墳時代屋内祭祀の一考察」『国史学』84号
金子裕之 1980「古代の木製模造品」『奈良国立文化財研究所研究論集Ⅵ』奈良国立文化財研究所学報第38冊
金子裕之 1985「平城京と祭場」『国立歴史民俗博物館研究報告』第7集
金子裕之 1988「都城と祭祀」『古代を考える　沖ノ島と古代祭祀』吉川弘文館
金子裕之 1998「あとがき」『日本の信仰遺跡』奈良国立文化財研究所学報第57冊
金子裕之 2000「考古学からみた律令的祭祀の成立」『考古学研究』第47巻第2号
亀井正道 1957「祭祀遺跡の年代に関する試論」『上代文化』27号
亀井正道 1966『建鉾山』吉川弘文館
亀井正道 1980「海路の祭り」『呪いと祭り』講座日本の古代信仰3　学生社
亀井正道 1981「土製模造品」『神道考古学講座』第3巻　雄山閣
亀井正道 1985「浜松市坂上遺跡の土製模造品」『国立歴史民俗博物館研究報告』第7集
亀井正道 1988「海と川の祭り」『古代を考える　沖ノ島と古代祭祀』吉川弘文館
車崎正彦 2000「古墳祭祀と祖霊観念」『考古学研究』第47巻第2号
小出義治 1966「祭祀」『日本考古学』Ⅴ　河出書房
小出義治 1969「古代における祭祀形態の変化とその要因」『人類科学』18
小林達雄 1988「縄文文化の盛衰」『縄文人の道具』古代史復元3　講談社

小林達雄 1996『縄文人の世界』朝日選書　朝日新聞社
小林行雄 1961『古墳時代の研究』青木書店
小山修三 1994「縄文のカミ」『日中文化研究』第6号　勉誠社
小山修三 1996『縄文学への道』ＮＨＫブックス　日本放送出版協会
近藤喬一 1986「東アジアと青銅祭器」『銅剣・銅鐸・銅矛と出雲王国の時代』日本放送出版協会
近藤義郎・春成秀爾 1967「埴輪の起源」『考古学研究』第13巻第3号
近藤義郎 1995『前方後円墳と弥生墳丘墓』青木書店
酒井龍一 1978「銅鐸・内なる世界」『摂河泉文化資料』第3巻第2号
酒井龍一 1980「銅鐸（邪鬼と封じこめのオブジェ）論」『摂河泉文化資料』第5巻第3号
坂詰秀一 1997「考古学と信仰」『季刊考古学』第59号　後2000『歴史と宗教の考古学』に所収
坂本和俊 1991「三ツ寺Ⅰ遺跡の祭祀儀礼の復元」『群馬考古学手帳』第2号
桜井秀雄 1995「石製模造品研究の現在」『長野県考古学会誌』第76号
佐田　茂 1979「滑石製子持勾玉」『宗像沖ノ島』第三次学術調査隊　宗像大社復興期成会
佐野大和 1983「宗教考古学の諸相　神道」『季刊考古学』第2号
佐野大和 1984「神道の生成－神道考古学序説－」『東アジアの古代文化』第39号
佐野大和 1992『呪術世界と考古学』続群書類従完成会
佐原　眞 1960「銅鐸文化圏」『図説世界文化史大系』第20巻日本Ⅰ　角川書店
佐原　眞 1974「銅鐸の祭り」『大陸文化と青銅器』古代史発掘5　講談社
篠原祐一 1990「石製模造品観察の一視点」『古代』第89号
篠原祐一 1996「剣形模造品の製作技法」『研究紀要』第4号　（財）栃木県文化振興事業団埋蔵文化財センター
篠原祐一 1997「石製模造品剣形の研究」『祭祀考古学』創刊号　祭祀考古学会
篠原祐一 2001「祭祀考古学の基礎的研究再論」『研究紀要』第9号　とちぎ生涯学習文化財団埋蔵文化財センター
白石太一郎 1983「古墳築造にかかわる祭祀・儀礼」『季刊考古学』第3号
白石太一郎 1985「神まつりと古墳の祭祀」『国立歴史民俗博物館研究報告』第7集
椙山林継 1972「葬と祭の分化」『國學院大學日本文化研究所紀要』29輯
椙山林継 1981「石製模造品」『神道考古学講座』第3巻　雄山閣
椙山林継 1998「座談会・山を考古学する」『季刊考古学』第63号
鈴木敏弘 1997「神がみの世界と考古学－集落にみる祭祀の痕跡」『季刊考古学』第59号
角南聡一郎 2000「弥生時代の人形土製品」『祭祀考古学』第2号
芹沢長介 1974ａ「大分県岩戸出土のこけし形石製品」『日本考古学・古代史論集』吉川弘文館
芹沢長介 1974ｂ「旧石器時代人の生活の知恵」『最古の狩人たち』古代史発掘1　講談社
高橋克壽 1996『埴輪の世紀』歴史発掘9　講談社
高橋克壽 1999「埴輪と古墳の祭り」『神と祭り』古代の論点5　小学館
竹内直文 2001「土製模造品研究の現状と課題」『静岡県考古学研究』№33
竹内直文 2002「土製模造品祭祀の源流」『第10回記念春日井シンポジウム資料集』春日井シンポ実行委員会
辰巳和弘 1990『高殿の古代学』白水社
辰巳和弘 1994『地域王権の古代学』白水社
寺沢　薫 1991「弥生時代の青銅器とそのマツリ」『考古学－その見方と解釈－』上巻　筑摩書房

寺沢　薫　1992「銅鐸埋納論（上）、（下）」『古代文化』第44巻第5号、6号
寺沢知子　1979「鉄製農耕具副葬の意義」『橿原考古学研究所論集』第4
寺沢知子　1986「祭祀の変化と民衆」『季刊考古学』第16号
寺沢知子　1990「石製模造品の出現」『古代』第90号
中井正幸　1993a「古墳出土の石製祭器」『考古学雑誌』第79巻第2号
中井正幸　1993b「四世紀の神まつりはどのようなものだったか」『新視点日本の歴史』第2巻　新人物往来社
春成秀爾　1976「古墳祭式の系譜」『歴史手帖』第4巻第7号
春成秀爾　1978「銅鐸の埋納と分布の意味」『歴史公論』第4巻第3号
春成秀爾　1982「銅鐸の時代」『国立歴史民俗博物館研究報告』第1集
春成秀爾　1984「前方後円墳論」『東アジア世界における日本古代史講座』第2巻　学生社
春成秀爾　1987「銅鐸のまつり」『国立歴史民俗博物館研究報告』第12集
春成秀爾　1999「狩猟・採集の祭り」『神と祭り』古代の論点5　小学館
福永伸哉　1998「銅鐸から銅鏡へ」『古代国家はこうして生まれた』角川書店
三品彰英　1968「銅鐸小考」『朝鮮学報』第49輯　後1973『三品彰英論文集』第5巻に所収
水野正好　1971「埴輪芸能論」『古代の日本』第2巻　角川書店
水野正好　1974「土偶祭式の復元」『信濃』第26巻第4号
水野正好　1979「縄文祭式と土偶祭式と」『土偶』日本の原始美術5　講談社
水野正好　1982a「弥生時代のまつり－その成立と展開－」『歴史公論』第8巻第9号
水野正好　1982b「福徳－その心の考古学」『文化財学報』第1集　奈良大学
水野正好　1983「馬・馬・馬－その語りの考古学」『文化財学報』第2集　奈良大学
水野正好　1985「招福・除災－その考古学－」『国立歴史民俗博物館研究報告』第7集
茂木雅博　1981「神道考古学発達史」『神道考古学講座』第1巻　雄山閣
森　貞次郎　1981「弥生時代の遺物にあらわれた信仰の形態」『神道考古学講座』第1巻　雄山閣
森岡秀人　1975「銅鐸と高地性集落」『芦の芽』27号
森岡秀人　1978「西摂弥生社会の地域的展開（中）」『武陽史学』16号
吉田敦彦　1986『縄文土偶の神話学』名著刊行会
吉田敦彦　1987『縄文の神話』青土社
山田康弘　1994「祭りを演出する道具－弥生時代の鳥形木製品－」『季刊考古学』第47号
渡辺　誠　1995「韓国の蘇塗と弥生時代の鳥形木製品」『西谷真治先生古稀記念論文集』勉誠社

第Ⅱ編　祭祀遺物の分類・編年と研究

第Ⅱ編　祭祀遺物の分類・編年と研究

　第1章「子持勾玉」の分類・編年は、先学の型式分類を検討した結果、勾玉本体の断面形態で考えていくのが正当な方法と判断できた。断面円形から楕円形、そして厚板状長方形から偏平な長方形に、この順序で徐々に偏平化したことが明らかになったのである。これを客観化するために、断面の厚みと幅の比率で表わしてみた。また、本体の反り（長軸の長さと短軸の長さの比率）が年代的に新しくなるほど数値が小さいことも明らかになった。そこで、これら厚みとそりの比率を組み合わせ、11型式（5世紀前葉～7世紀後葉）の編年分類案とした。

　第2章「木製人形」の分類・編年も、まず先学の型式分類を検討し、一番有効な基準は手の有無、そして首部から肩部への切り欠きの変化だと理解できたのである。これらを活かして、4類16型式の分類案を作ってみた。

　変遷は手を持つⅠ・Ⅱ類から手のないⅢ・Ⅳ類に、各類の中は撫で肩（a型式）、下がり肩（b型式）、怒り肩（c型式）、首なし（d型式）へと変化していく。藤原宮で発見された頭が楕円形のⅠ類a型式が最古のもので、ここから全国の官衙遺跡に拡がっていった。ただし、年代は前期難波宮の7世紀中葉まで遡ることになった。撫で肩が強くなり頭頂が尖り始めるⅠ類b型式は、8世紀中葉。この頃、腰部に切り欠きを持つⅡ類のa・b型式も出現してくる。Ⅰ・Ⅱ類のc型式の怒り肩は長岡京の時期に登場する。c型式の終末は9世紀の中頃で、東北の秋田城まで分布が拡がる。この前後に手を持たないⅢ・Ⅳ類が出現する。この類の盛期は10世紀前半であり、律令制の解体と共に後半には衰退してしまうのである。

　第3章「土製馬形」の編年も、先学の型式分類研究史の評価批判から有効なものを取り上げた。まず、馬具の有無から飾馬（Ⅰ類）、鞍馬（Ⅱ類）、裸馬（Ⅲ類）に分ける。次に、馬本体の形態および整形技法と馬具類表現方法の違いを用いて、各類に4つの段階（第1～4型式）を設定する。さらに、律令期の畿外を考慮し、地域色の強い第5型式を設けた3類15型式の分類案である。

　Ⅰ類は、第1型式が5世紀の中葉に出現し、6世紀の後葉まで続く。次いで、第2型式が6世紀の中葉から7世紀後葉まで続いている。第1型式の流れを引く第3型式は、Ⅲ類第3型式の影響を受けながら、6世紀後葉から8世紀末まで継続する。また、第5型式は7世紀後葉から8世紀中葉の畿内地域に見られ、これがⅡ・Ⅲ類の第5型式の出現に繋がる。

　Ⅱ類は、第1型式が5世紀の後葉に現われ、6世紀後葉まで続く。次いで、第2型式が6世紀の後葉から7世紀の後葉まで、第3型式は7世紀後葉から8世紀前葉に出土している。第4型式（都城型）は、8世紀前葉から中葉末まで認められた。第5型式は、畿外の地域で8世紀の前葉から9世紀前葉まで見られる。

　Ⅲ類は、第1型式が5世紀後葉に現われ、7世紀の前葉まで続く。次いで、第2型式がⅠとⅡ類の第2型式の影響で生まれ、6世紀の後葉から7世紀後葉まで存在する。第3型式は、6世紀後葉から8世紀末まで継続し、畿外では平安時代の初頭まで続いている。第4型式は、Ⅱ類の第4型式の後を受けて、8世紀中葉から9世紀後葉まで継続する。第5型式は、Ⅱ類の第5型式と同地域で8世紀中葉から10世紀前葉まで見られる。この章では、これまで律令期の都城型以外辿れなかった土馬の変遷を明らかにすることが出来た。

　以上、第Ⅱ編「祭祀遺物の分類・編年と研究」は、石製模造品（子持勾玉）・木製模造品（木製人形）・土製模造品（土製馬形）の分類・編年の研究各論を示したものである。さらに第4章として、祭祀遺物（子持勾玉）の研究から三輪山祭祀の成立と断絶、そしてヤマト王権による復興、三輪氏への継承を再構築しようと試みた「三輪山麓出土の子持勾玉祭祀とその歴史的背景」を掲載している。

第1章

子持勾玉年代考

1　はじめに

　全国的に開発が激増する昨今、これに伴う事前発掘調査が各行政機関で実施されるとともに、様々な時代の遺跡が破壊されている。その代償として莫大な量の考古資料（人工および自然遺物）が出土して、考古学界に寄与し自然環境を含め過去の人々の生活実態が明らかにされ始めているのも事実である。こうした中で、原始・古代人の内面の分野である精神生活を示す遺物も豊富になっている。従来ほとんどが単独出土で年代の決定が困難であった子持勾玉にも、集落の中（竪穴住居址内を含む）で出土する例が増え、伴出遺物から年代を推定することが可能になってきた。

　これに共伴遺物の明らかな古墳出土のもの、純然たる神まつりに使用されたと考えられる祭祀遺跡出土のものを合わせて、個々の遺物と共伴遺物の時期検討を行ない、子持勾玉の編年を確立しようとすることが本章の主旨である。なお、奈良・平安時代と考えられる新しい型の子持勾玉が存在し、その連続性も想定されるが、今回は対象から除外している。

2　型式分類と編年の研究史

　そこで先学の型式分類を紹介し、評価批判を通じてもっとも歴史的に意味のある分類を採用し、創出したいと考える。また、昭和37年の大場磐雄〔大場 1962〕までの研究史は佐野大和の研究〔佐野 1981〕に詳しいが、研究の流れを見るためにあえて記述したい。

　子持勾玉の研究は、江戸時代に刀剣の柄頭と考えられ、石剣頭と呼ばれたことから始まる。次いで、子持勾玉と呼ぶようになったのは明治30年代の初めで、大野雲外は4個の図を掲げて出所を説明している〔大野 1901〕。また、大正11年、梅原末治は子持勾玉発見地29箇所の集成を行ない、拙粗な製作技法から考えて「金石併用時代の遺品とする仮説」を提唱した〔梅原 1922〕。おそらく、かの銅鐸を鏡の鋳造と照らして古墳時代にまで及ぶとしたことと関連するのであろう。しかし、型式学的分類・編年学的研究が行なわれるのは大正15年まで待たねばならなかった。

　まず、高橋健自は、子持勾玉と櫛形勾玉の関係について「子持勾玉と櫛形勾玉とは確に連絡あるものと思はれるが、その本末関係に就いては管見では櫛形の方が子持よりも一歩前に出来たと考へる。換言すれば腹部の突起が最初に出来、背部や脇のは第二次的の発生と思はれる。彼の子持勾玉を石剣頭と呼んだのも前述の如く腹部の突起を重要視した命名に過ぎない。」と述べ〔高

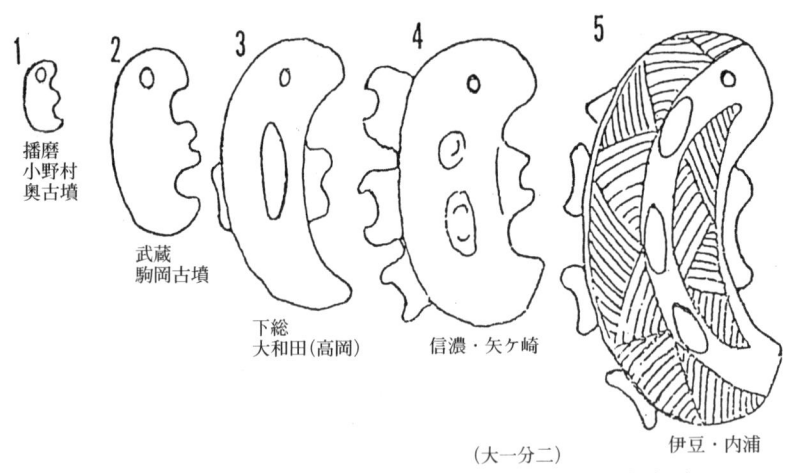

第Ⅱ編　祭祀遺物の分類・編年と研究

第1図　高橋分類の子持勾玉（高橋 1928より、一部改訂）

橋 1926・1928〕、さらに「比較的小さい勾玉が形式化するに随ひ漸次大きくなつたばかりでなく、遂に附加物の発生を見るに至つたのであらう。その頂点に達したのが即ち子持勾玉なのである。換言すれば尋常の勾玉は主として人の装身具であるに対して、子持勾玉は寧ろ宗教的意義を有つたものであつたらしい。而して櫛形勾玉はその中間に介在するものと思はれる。」と勾玉をも含め、三者の時間的関係を個別資料を掲げて勾玉・櫛形勾玉・子持勾玉へとその変遷過程を考えた。ものの発展形態から捉えればいかにも正しく思えるこの説は、引用した資料（櫛形勾玉）に、石材の違いと古墳時代後期のものという時間的な無理があったため、その前後関係において矛盾をきたした分類となっている。これは、分類が機能・時間・空間に沿ったものでなければならないことと、子持勾玉を研究するにはいわゆる滑石製品の勾玉と比較・検討しなければならないことを示唆しているのである。

　これに対して、翌年直良信夫は、「子持勾玉の研究」〔直良 1929〕に子持勾玉の形状の起源を銅鐸の鈕の形に求め、子持勾玉の形式とその推移を高橋とは逆に次のように説いた。「子持勾玉の起源が、銅鐸にありと認定せらるゝならば、五十個に満ざるその数の中、その最も原型に近きものとして、やはり伊豆内浦、因幡青島、近江滋賀、伯耆東伯郡出土の有紋整形品等を最初に挙げねばならないことは当然であるとはいへ、その手法の原型を思はせるに最も有力な徴証をもつ日向広島、常陸所作の如きも逸してはならない重要な遺品である。（中略）事物の変遷を物語る遺品の推移を研究するにあたつて、まずその形式の簡単なるものより始めて、漸次複雑なる式のものに考及をなすことは、多くの場合、極めて自然な配序であることが少くない。然し乍ら、子持勾玉そのものに於ては、（後略）」銅鐸との関係を認めるならば、「子持勾玉の形式の簡単なるものは、その複雑なるものに比して、遙かにその原型に遠ざかるものである。（中略）即ち第一期に於ては、未だ原型を甚しく離れ得ざる境遇に置かれてゐたが故に、その形状を整へるといふよりも、子持句玉発生の創意に束されて、美しく飾り立てるといふことに念願を置いてゐたものであることが察せられ、時を経るに従つて、次第に形式の進化をなし、第二期の前半に於いては、ほゞその頂点に達したると見ることが出来、爾後次第に退廃の行程を辿つて、遂に第三期に於て

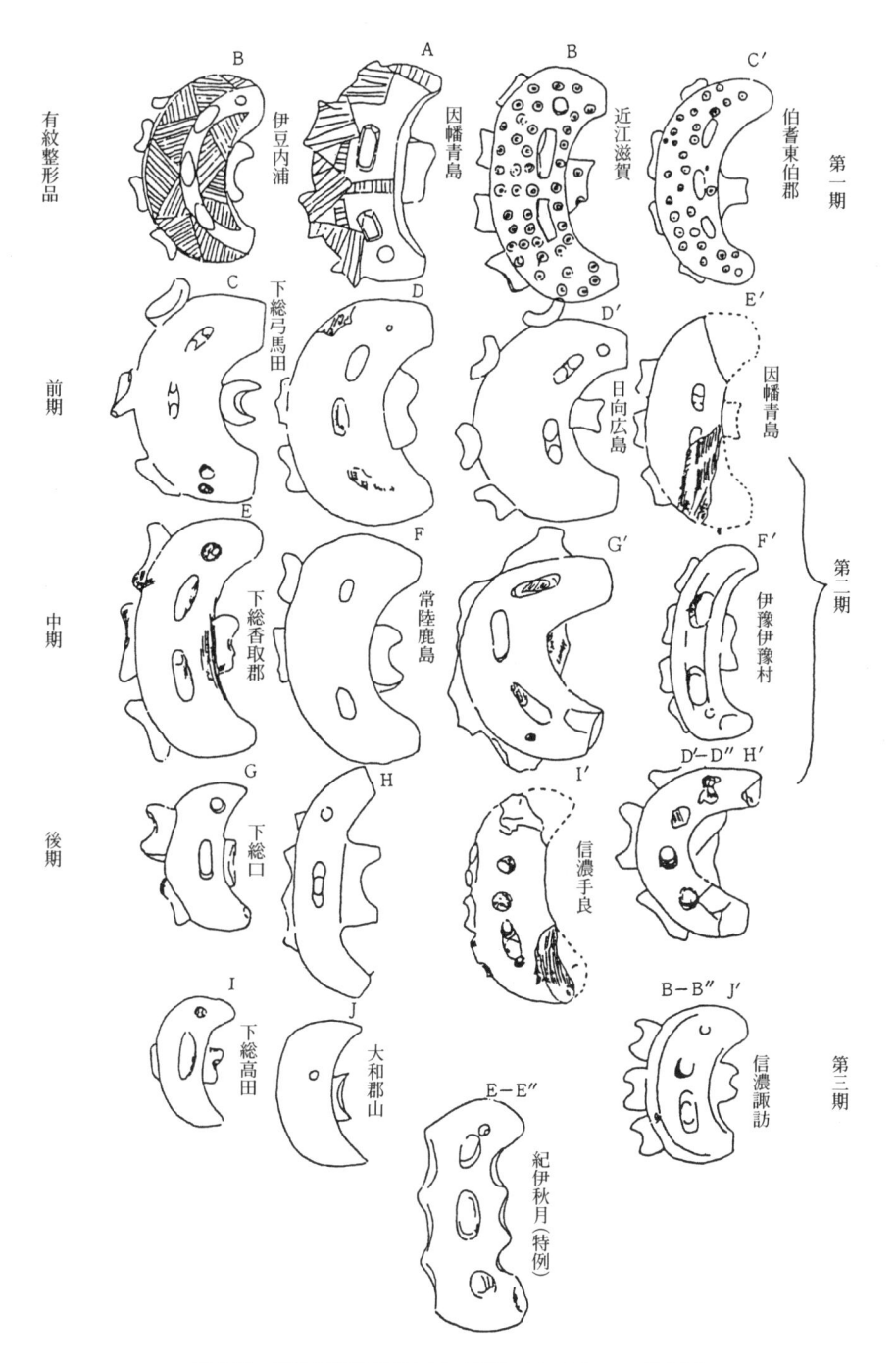

第2図 直良分類の子持勾玉（直良 1929より、一部改訂）

は全く単的に形作されるに及んだのである。そして、その終わりに於ては、一方は櫛形勾玉ともなり、他方、又普通の勾玉の群勢に、その姿を没したものとも解されるのである」。子持勾玉を銅鐸の鈕と結びつけるこの説は、佐野も指摘するように梅原の年代論に影響を受けたもので、単

独出土といわれ、伴出遺物のほとんどない時代にあっては高橋説同様無理からぬところである。まだ分類・編年というより祖源は何か、普通の勾玉との関係がどうであるのかと言った段階であった。

　一方、昭和10年に「神道考古学の提唱と其組織」を発表以来、神道考古学の分野を開拓してきた大場磐雄は、基礎資料の充実をはかりながら昭和12年「子持勾玉私考」〔大場 1937・1943〕に約70箇所の出土例をあげ自説を展開した。子持勾玉の特徴として本体が弧状を呈し、頭部に孔をもつことを掲げ、各部突起について、形状が一定でなくこれを欠く場合もあることから、「有鰭勾玉」の名称を提唱した。分類については「本品の中心をなすものは即ち周囲の突起附加物にして、その発達如何に考慮の標的を置くべしとの推定に基づき、仮にその最も極度に発達せるものを中心とし（a）、それが簡略せられて何れかを欠失するものを一群と見（b）、更にその発達甚しからず、比較的小形なれども四方に存在する類（c）を一括せむと欲す。（中略）茲に於いて当然起り得べき疑問は、突起物が如何なる理由の下に発生し、又何物を示すものなるかの問題なりとす。右は換言すれば子持勾玉の起源とも不可離の関係を有するものにして、極めて重要なるものといふべし」。そして、この形状を動物（魚形）に求めることを示唆し、その変遷として、（c）を初期の型式（第一）、（a）を第二型式、（b）を第三型式とし、漸次推移するのであろうと考えた。また、刻紋を有するものについて梅原・直良のように青銅器にみるものと同列に考えず、他の滑石製品にも認められるとして年代を原史時代のものとする。さらに、分布については、祭祀遺物であるとの考え方から、名神大社の近くに出土すると単独出土の多い戦前にあって注目すべき見解を発表されている。

　この分類は、その名称にもある通り突起物に重点を置き、その発達形式から分けたものであるが、大場自身が特徴としてあげた本体がその分類に活かされていないのは非常に惜しまれるところである。

　次いで、大場は「玉依比売神社の児玉石」〔大場 1942〕に子持勾玉の意義を論述している。

　終戦後、日本考古展に松江市金崎古墳の資料の出品があり、古墳の副葬品として注意された。また、河内・和泉・信濃と新資料の発見も相次いだのである。

　昭和24年２月、大阪府堺市カトンボ山古墳で主体部から３個の子持勾玉とともに鏡・石製模造品・鉄製品などの夥しい遺物の発見があった。森浩一は、この資料をもとに最近発見の資料をも駆使して５型式の分類を試みた〔森 1949〕。

　　第一型式　「断面が円に近い楕円形をなし両側面、背部に各々一個の大型の突起を有し、腹部にこれを欠くもの。(例) 河内国恩智」。

　　第二型式　「断面は楕円形をなし、腹部に一個、背部に四個、前后両側面に一個乃至四個の突起を有し、全体としての形態が整つてゐるもの。(例) 大和国朝和、河内国大保、和泉国カトンボ山、伊予国横田村、伊豆国内浦、下総国黒木橋、常陸国阿波、上総国富岡、その他」。

　　第三型式　第一式　「両側面の突起を欠き腹部と背部には有するもの。(例) カトンボ山、信濃国西寺尾村」。

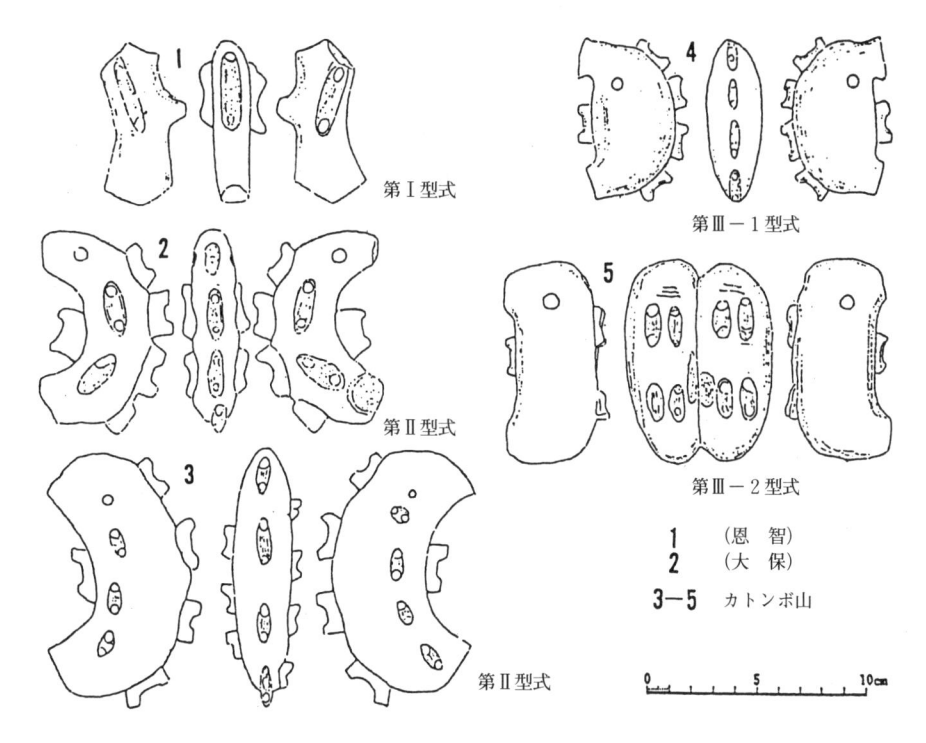

第3図　森分類の子持勾玉（森 1949より、一部改訂）

　　　第二式　「二個体が連結するもの。(例) カトンボ山、伯耆国高辻」。
　　　第三式　「腹部背部の突起は第二型式の通りであるが、両側面の突起が細分し二例
　　　　　　　以上になつて附着するもの。(例) 大和国三輪」。
第四型式　「断面及び腹部、両側面の突起は第二型式と異らないが、背部の突起が著しく細分
　　　　　してゐるもの。(例) 上野国内出土」。
第五型式　「扁平にして腹部の突起の拡大化或は変化と、背部及び両側面の突起が著しく退化した
　　　　　もの。又は全体の突起が退化縮小して形態が統一を失つたもの。(例) 伊予国伊予
　　　　　村、信濃国矢ケ崎、伊勢国神宮境内、筑前国東郷町、上野国内出土、信濃国手良村、
　　　　　上野国箕輪村」。
そして、その年代を、
第一型式　「恩智出土例は櫛目式土器包含層中より出土しておりこれをもつて直に弥生式中期
　　　　　以降にその上限を求めることは出来ないが、型式上からも現在知られてゐる資料中
　　　　　最も初期に属する。」とし、この型式は弥生時代末期には存在するとした。
第二型式　「金石併用期に遡るものと考へられた刻紋を有する資料を含む。しかしその刻紋を
　　　　　見ると大和国巣山古墳発見の刻紋ある勾玉等の手法に極めて類似し、大体同じ製作
　　　　　時期に属するものと考へられる。さて河内国大保及び和泉国カトンボ山古墳例は
　　　　　やゝ退化のきざしを示すが尚典型的なこの型式に属すからその各々の古墳の年代を
　　　　　決定する事によつて子持勾玉に一つの基準を与へるものである」。そして、カトン

ボ山古墳の主墳御廟山古墳を検討し、カトンボ山古墳の築造時期を5世紀頃と推定している。また、この型式を4世紀から5世紀初頭とした。

第三型式　「形態が特異な発達を示し、カトンボ山古墳に於て第二型式のやゝ退化を示すものと併出した。そして大和、河内、和泉等に於て第五型式の発見を見ないからこの地方の終末期の型式と見られる」。

第四型式　「地方的な第三型式の現れと考へられる。」とし、第三型式・第四型式を5世紀に比定した。

第五型式　「地方へ波及したものがそこで発達して普遍化した型式であつて、（中略）従ってその発達と消滅の過程を前方後円墳及び形象埴輪のそれと軌を一にしたとも考へられるから、この時代もほゞ想定される。」と、前方後円墳および形象埴輪の検討から波及と普遍化の様相が子持勾玉と一致すると結論づけ、この型式を5世紀末から7世紀に推定している。

　まず型式分類であるが、断面の形態と厚みおよび各部位における突起の有無とその数によって区分する方法をとる。特に、第一型式と第二型式を設定するにあたって、子持勾玉本体（親勾玉）の断面が円形に近いものと、楕円形のものを分類の基準に考えているのは注目される。当該資料は名称を子持勾玉と呼ばれ、親勾玉に小さい突起を持つことを特徴とするが、筆者も子持勾玉の基本は勾玉本体にあり、その変化をもって分類基準の要件にすべきであると考えている。この点、同じ滑石製品の勾玉が丸みのあるものから偏平なものに変化することも目安になるのである。

　次に年代については、いまだ伴出遺物が少ない時代のためか、変遷はともかく実年代においてすべてが容認されるものではないが[1]、直良のいう有紋整形品を古墳出土の勾玉と比較し古墳時代の所産であるとしたことは大場と同様に評価出来る。また、前方後円墳とともに子持勾玉に、わが国の文化の伝播の速度とそれに対する諸地方の受容の能力の類型が認められることを指摘した点、傾聴に値する。最近の研究では子持勾玉が、王権の祭祀と関わりのあることを指摘しているが、早くからこれを示唆していたといえよう。なお、カトンボ山古墳の資料の時期を明らかにしたことは意味のあることであるが、充分な検討が欠けていたため、後年この資料を同一時期だと考え、子持勾玉研究は混乱してくるのである。

　昭和37年、大場は『武蔵伊興』の報告書〔大場 1962〕に国内134箇所165例、参考12例、その他2例、さらに韓国出土例を集成した。そして、まず出土遺跡の内容の検討から前稿〔大場1937・1943〕に古墳例を加え、1．単独発見、2．各種土器類と伴出、3．古墳、4．神社境内、5．祭祀遺跡の5大別を行ない、2のうち弥生遺跡から発見のものは、「弥生文化遺物全体から見て、かかる滑石製遺品の発生が認め難いことと、子持勾玉の発見地が弥生遺跡の中心を離れた東国に比較的多いこと、遺物自体の有する形態文様等が、古墳文化期のものと共通する点等から、私は弥生文化期には存在しなかったもので、古墳文化期のある時期〔5世紀中葉頃に盛行することから少し前、古墳時代中期初頭か〕に発生したものと考えている。」〔括弧内筆者補記〕と森の弥生時代末の見解に対して、古墳時代中期以降の所産であることを指摘した。

　次いで遺物の考察に入り、形式分類を「本品の特異な点は勾玉形の本体と腹と背と胴とに突起

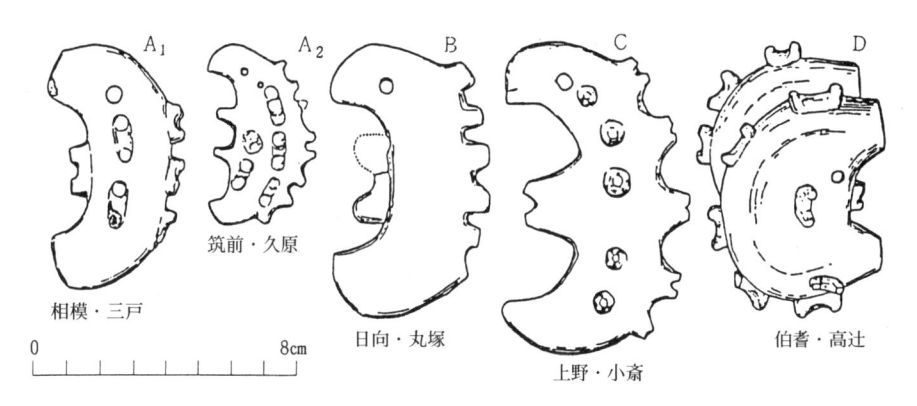

第4図　大場分類の子持勾玉（大場 1962より、一部改訂）

物（子）が附着していることにある。これが何を意味するかは別として、その形状や数が問題となろう。」と118例に検討を加え、以下の4型式5形態に分けた。

　A型　第1類　「子の数がほぼ同一で形も均整のとれたもの」。
　　　　第2類　「子の数不同で形も不整のもの」。
　B型　　　　「子の一部を欠くもの」。
　C型　　　　「文様・陰刻あるもの」。
　D型　　　　「二個連接のもの」。

　最も多いとするA型を1類・2類に分けたことは評価できるが、分類基準について、前記の突起物を主とする方法とは若干異なり、Cでは刻紋、Dには勾玉本体の形と一貫性に欠けた嫌いがある。そのために形態の分類は可能となるが、編年を行なう型式分類とはなりえていないのである。それは、その時間的な関係を伴出品の年代から推定することが可能な例から「子持勾玉の盛行した時期は大体五世紀中葉前後で、その頃各型式が出揃っていた。但しA型では1類の方がやや古く、2類は遅れて現われたらしい。ＢＣＤの三形式が大体同時に出現したことは、カトンボ山や上野小斎の例から見て首肯できる。（後略）」と各型式の前後関係の区別がつけ難いとしたことからも証明できる。また、大場はこのことから、5世紀中頃には当該資料が存在し、さらに古いものがあると推定したのである(2)。そしてその祖型を「元来子持勾玉を含めた滑石製遺品はその発現の一部を先行の碧玉製石製品に負うていることは、そのあるものが両者に共通していることや、作者の意図が実用を離れた儀器又は仮器である点等からも認められる。」として玉杖をあげる。「奈良県桜井町茶臼山の古墳をはじめ、数例があり、何れも碧玉製の棒状品で、頭部に一種の装飾が施され、末端は鏃形となる。その頭部の装飾に勾玉を左右に二個連接したものがある。国立博物館の蔵品で発見地は不詳である。これと似た意匠で、単独に勾玉形を二個連接した遺品がある。常陸鏡塚の副葬品で、多数の滑石製臼玉類と共に一個発見した。（中略）なお類品として小林氏の例示された大和国葛下群伝丘附近出土の硬玉製品がある」。また玉を連接することにより、玉の持つ呪力を倍増する意図があったのであろうと説明し、子持勾玉の発生を、「古墳時代中期に滑石製遺物の一群中から、祭祀用品が分離した時、勾玉に対する呪力を強化して同形の

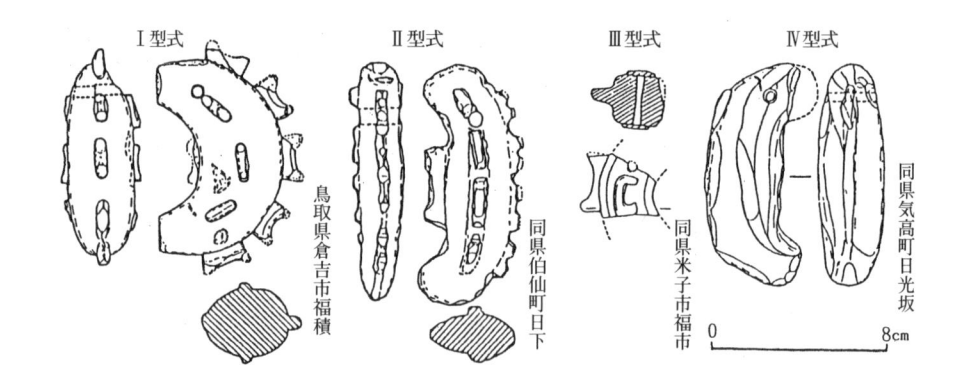

第Ⅱ編　祭祀遺物の分類・編年と研究

第5図　近藤分類の子持勾玉（近藤 1972より、一部改訂）

子を附着させたものがその発想」とみるのである。

　これらの考え方は学界の主流となり、今なお大場分類法が採用されている。しかし、年代については古墳時代のものと認定されても、具体的には曖昧なままであり、最も古い子持勾玉とその起源は佐野〔佐野 1981〕も指摘するように明らかとなっていないのである。

　近藤正は、昭和47年山陰地方出土の子持勾玉を、次のように4型式に分けた〔近藤 1972〕。

Ⅰ型式　「二例ある。倉吉市福積例のように全体が太く断面に丸味をもち、背部および側面の突起数が多くしかもその形態が同一である。東郷町清水屋敷の異形品もこれに類すると考えられ、この型式は倉吉とその周辺にのみ分布している」。

Ⅱ型式　「八例ある。鳥取市青島の一例、伯仙町日下例が示すごとく全体にやや扁平、両端がとがりあるいは丸味をもち、背部と側面の突起も勾玉としての形が失われる一方では腹部の突起が大形化する。またこの型式には四例ほど側面に線刻ないし円形文を入れたものがある。岩美町真名川、東郷町松崎付近、東伯町宮前、大山町大谷尻などがこの例で、ほかに名和町御来屋例は背部と側面に突起をもたないがやはり同一のものと考えてよい。そしてこの型式の分布は最も広く鳥取県の東西に及んでいる」。

Ⅲ型式　「三例ある。米子市福市遺跡の吉塚二三号遺跡発見の流紋岩製のように全体がやや細く扁平、胴部断面は長方形に近い。背部と側面の小形の勾玉も、より具象的でその表現も他の型式とは異なっている。玉湯町出雲玉作跡例もこの型式であり、その全形は松江市金崎一号墳出土のものに近いであろう。しかしその分布も鳥取県の西端から島根県東部に集中している」。

Ⅳ型式　「二例ある。気高町浜村、同日光坂出土例であるが、いずれも背部などに突起が一個あるいはまったくない簡略化された型式で、あるいは未成品とも考えられるものである。きわめて限られた分布範囲をもつ」。

　この分類は、森分類を踏襲したものでよく類似している。すなわち、本体の断面形と突起の形態および数を基準とするのである。こうした分類結果から、この型式差が地域差（製作地の違い）につながるであろうことを想定したのは注目すべき見解であり、筆者も分類にあたって金崎・福

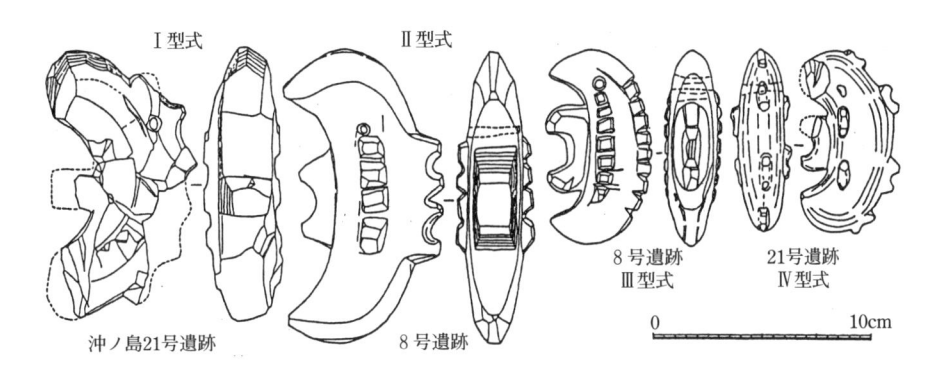

第6図　佐田分類の子持勾玉（佐田 1979より作成）

市・出雲玉作例などは福岡県感田例とあわせ、地域的な型式と見ている。なお、年代・変遷については金崎例・福市例が時期を推定出来るにもかかわらず、何も記述していない。時期尚早ということであろうか。

　沖ノ島第三次調査に参加した佐田茂は、昭和54年その報告書〔佐田 1979〕の中で大場分類に満足せず、突起物の作り方を基本に以下のような4型式に分類した。

Ⅰ型式　「体部は比較的扁平で、側面の子は帯状に削り出したものから間を削って一つ一つをつくる。背の子は、山形に削り出したものの間を削って子をつくる」。
Ⅱ型式　「背の子は全体をまとめて削り出し、その間を削っている」。
Ⅲ型式　「Ⅱ型式とほとんど同様であるが、背の子はとくに削り出すというよりも親勾玉を削り込んでつくる」。
Ⅳ型式　「いわゆる子持勾玉で全体にまるみをもち断面も厚くまるくなり、子は一つ一つが独立してつくられている」。

　そして、変遷を具体的に沖ノ島の出土資料などを上げて検討した。Ⅰ型式、Ⅱ型式、Ⅲ型式という時代的な流れは説明できたが、Ⅳ型式についてⅠ型式・Ⅱ型式と並行している事実があるためその扱いに苦慮し、大場分類と同様の迷路に入り込んだ感がある。反面、このことは各種類別（形態別）に変遷を考えていく必要性を示唆しているのである。

　新しい視点（製作技法）から分類を試みたこと、その結果、出現初期の頃から丸みをもった型式とつくりの雑な型式が併存することを指摘した点は評価でき、筆者はこれを2型式に分ける根拠としたいのである。惜しむべきは初現に丸みのあるものを考えながら、森分類のように勾玉本体を基本に据えなかったことであろう。なお、子持勾玉に歴史時代の新しいものがあることを明らかにしたことは、「九州の祭祀遺跡」〔佐田 1975〕での記述と併せ子持勾玉研究における功績と認めることができる。

　一方、佐野大和は昭和56年『神道考古学講座』第3巻〔佐野 1981〕で次のように分類した。
　a　「勾玉本体の断面円形に近く、バナナ状を呈するもの」。
　b　「断面楕円形を呈するもの」。
　c　「断面長方形に近く、全体として扁平な板状を呈するもの」。

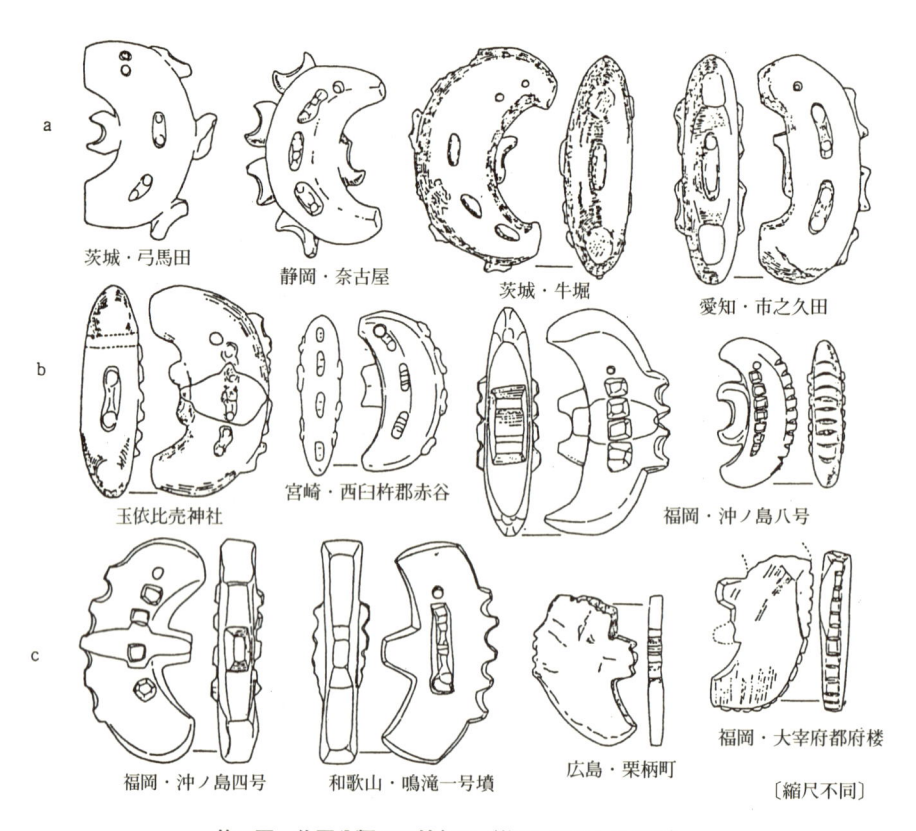

第Ⅱ編　祭祀遺物の分類・編年と研究

a　茨城・弓馬田　　静岡・奈古屋　　茨城・牛堀　　愛知・市之久田

b　玉依比売神社　　宮崎・西臼杵郡赤谷　　　　福岡・沖ノ島八号

c　福岡・沖ノ島四号　和歌山・鳴滝一号墳　広島・栗柄町　福岡・大宰府都府楼

〔縮尺不同〕

第7図　佐野分類の子持勾玉（佐野 1981より作成）

　この分類は、子持勾玉が儀器としての滑石製品ということを基本的な出発点にし、滑石製模造品一般の推移を考慮したものであり、大場分類までの子持勾玉の研究史を振り返り、森の勾玉本体の断面形態からみた分類が最もその基本形態をよく捉えていることを評価した結果でもある。筆者もこれに賛同したい。また、各地出土の個別資料を上げて考究し、子持勾玉の変遷を明らかにしている。古い型のものに、勾玉本体の頭尾両端を平面的に截り落としたものもあることに注目し、次いで両端は細長くあるいは丸みを加え、玉らしい形態に整うと指摘したのである[3]。さらに、用途、起源の問題まで考察を加え、最後に『記・紀』などの古典に記された「八坂瓊之曲玉」を国語学の解釈から突起を有する玉と解し子持勾玉に結びつけた。極めてユニークな見解である。本論考は、現在までの子持勾玉研究のなかでは緻密な研究として評価できるものである。しかし、これさえも各類の具体的な年代についてはあまり多くを記述していない面もある。なお、佐田分類にふれていない点については、執筆時期の関係と推察される。

　これに対して、昭和57年佐々木幹雄は形式分類と編年の研究史を概観し、特に佐田分類を評価して、以下のごとく3型式に分類した〔佐々木 1982〕。

Ⅰ型式　「子持勾玉の基本形とは親勾玉の断面が楕円形を呈し、丸く、子勾玉が一個一個独立して付され、全体的に重量感のあるものと考えたい。これは素材から子勾玉をつくる際、個々の子勾玉となるべき部分をあらかじめ独立させてつくっているものである。

この種の子持勾玉は子勾玉の形状—勾玉形、凹形、波形、矩形、突起形—によりさまざまに細分されうる。(中略)(佐田氏のⅣ型式、大場氏のA1類の一部)」。

Ⅱ型式 「親勾玉の断面が扁平で、子勾玉がⅠ型式のように一個一個独立せず、何らかの部分で連接し、全体的になだらかな感じのするものである。これは素材から子勾玉をつくる時、子となる部分をまとめてつくり出し、のちにそれを削って子勾玉をつくり出したものである。これにはいずれかの部分で子勾玉が連接しているため、いわゆる端正な勾玉形はないが、連接した波形、山形、台形、魚の鰭形等の子勾玉を有する。帯状のものをのちに削って子勾玉をつくるため、中には子勾玉（突起）が奇数という上・下両端をもつ勾玉形を全く意識しないものもみられる（佐田氏のⅠ・Ⅱ型式、大場氏のA2類)」。

Ⅲ型式 「とくに背部の子勾玉が親勾玉の身より突出しないものである。これは素材から親勾玉の背をそのまま丸くつくり、のちに親勾玉の背を削り、親の身を抉って子勾玉らしきものをつくっているものである。これには、親の身を幅広くゆるやかに抉ったものや、狭く、かつこまかく刻み込んだものなどがあり、Ⅰ・Ⅱ型式にみられた子勾玉（突起）を持つという子持勾玉の意味が失なわれてしまったものである（佐田氏のⅢ型式)」。

これは断面形態を重視した森分類に、佐田分類を合成した折衷案とみられ、製作技法を重視し、

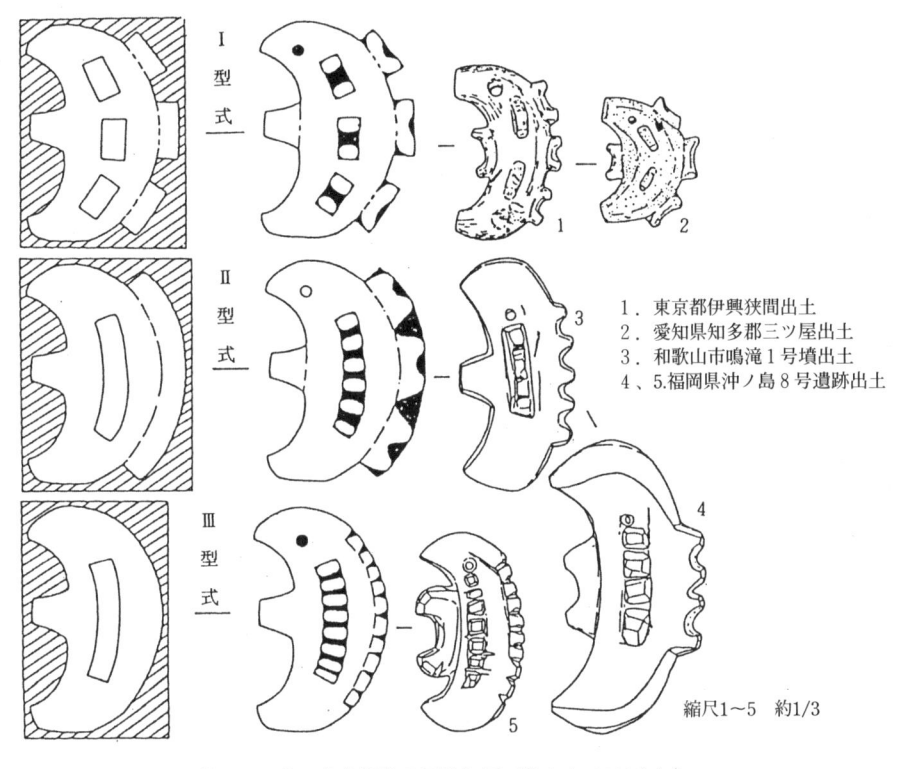

1．東京都伊興狭間出土
2．愛知県知多郡三ツ屋出土
3．和歌山市鳴滝1号墳出土
4、5．福岡県沖ノ島8号遺跡出土

縮尺1～5 約1/3

第8図 佐々木分類①の子持勾玉（佐々木 1982より）

第Ⅱ編　祭祀遺物の分類・編年と研究

特に突起（子勾玉）のつくり方を基準に大別するものである。
　そして、その時間的関係はⅠ型式の基本的・典型的形態から、Ⅱ型式の発展型、Ⅲ型式の退化形態へと変遷するのであろう見通しのみを提示している。基本的に理解はできるが、我々が見ることの出来るのはその完成形態であり、実際にはⅠ型式とⅡ型式を見分けるのが困難なものもある。また、つくり方を主にすればⅠ型式に波形を含めるのは異論もあるし(4)、Ⅲ型式はその発生・変遷をみるとⅡ型式の亜流とみることができるが、すべてがⅡ型式より後出のものではない（筆者作成第1表編年案参照）。このように、佐田と同じくⅠ・Ⅱ・Ⅲ型式の時間的関係において混乱を生じている。
　その同じ昭和57年、小野真一は『祭祀遺跡』〔小野 1982〕で先学諸氏の研究成果にならって、8型式の分類を試みた(5)。

第1型式　「本体が勾玉形で地文はなく、胴部断面は円形を呈し、頭尾両端をカットするとともに、腹部に1個、背面に2～4個、側面に2～3個の鰭状突起を有するもの。茨城県猿島郡弓馬田、静岡県韮山町宮ケ崎、宮崎県宮崎市広島などに出土例がある」。

第2型式　「頭尾がカットされ、胴部断面が円形に近い楕円形をなし、鰭状（小勾玉状）突起の位置と数は第1型式と同じであるが、胴部に細線文の入るものがある。第1型式から第3型式への移行型式で、静岡県沼津市長浜、鳥取県鳥取市青島などにみられる」。

第3型式　「断面が楕円形をなし、頭尾がカットされているものとないものとがある。やや細みで丈長になる傾向がみられ突起も勾玉状を呈して整備された形態をもつ。地文に斑点（円形刺突文）をもつものもあり、東京都足立区伊興・石川県富木町高田・大阪府堺市カトンボ山古墳などから出土している」。

第4型式　「第3型式とともに最盛期にあるが、一面かなり退化する傾向を見せ、断面が一層扁円化するとともに両側面の突起を欠くもの（宮崎県西臼杵郡丸塚・大阪府カトンボ山など）と、両側面または腹部の突起が二列以上になるもの（宮崎県延岡市伊形・福

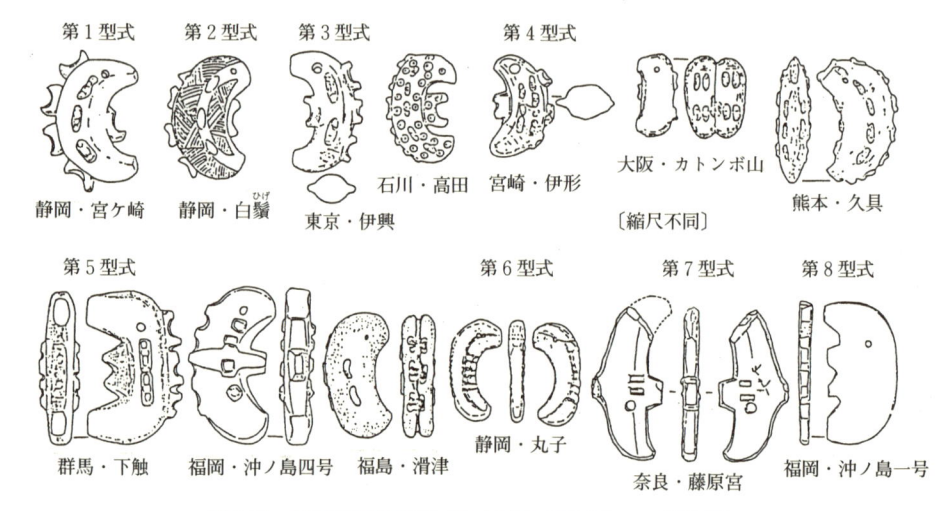

第9図　小野分類の子持勾玉（小野 1982より、一部改訂）

70

岡県久留米市小森野・熊本県松橋町久具など）がある」。

第5型式　「断面が長方形に近い扁平な厚板状になるもので、突起は勾玉状をなさず、背部は
　　　　鞍状に削り出し、側面も単独の低い突起を並べたり（福岡県沖ノ島4号址・群馬県子
　　　　持村館野）、刻み込みによって連峰状になったり（和歌山県和歌山市鳴滝1号墳）して
　　　　いる。また、腹部はやや高く単独（沖ノ島4号址・和歌山県鳴滝1号墳）、または双
　　　　子山状（群馬県赤堀村下蝕・福岡県太宰府町裏ノ田）に突起させている」。

第6型式　「断面長方形に近く、腹部に小突起一つと刻み目をもち、側面に3本の沈線と刻み
　　　　目を有するもの（福岡県古賀町太田）と、長方形断面で突起は全く持たず、側面に
　　　　方眼状の刻線文の見られるもの（静岡県沼津市丸子）などを当該型式とする。退化
　　　　の著しいものである」。

第7型式　「体形はまだ大型細身であるが、著しく扁平化し薄板状になる。腹・背・側面に単
　　　　純な突起を残し、わずかに子持勾玉の面影を偲ばせている。今のところ奈良県藤原
　　　　宮西方官衙地域の井戸址から出土しているもの1例が知られているのみである」。

第8型式　「全くの扁平粗製品で、一般の滑石模造品と同様の薄板状になる。背部と腹部の割
　　　　込みが子持勾玉の名残をとどめており、背・腹双方に割込みのあるもの（広島県府
　　　　中市名字・福岡県太宰府町都府樓）、腹部のみに剖込みのあるもの（沖ノ島1号址）な
　　　　どがある」。

次いで年代については、おおまかに「第1型式と第2型式は5世紀代前半、第3型式は5世紀代中葉〜後半、第4型式は5世紀代後半〜6世紀代前半、第5型式は6世紀後半、第6型式は6世紀末〜7世紀前半、第7型式は7世紀後半、第8型式は8世紀代」と論究する。

これは、最初に述べたように、その多くは森・佐野分類の継承であるが、やはり突起に惑わされている傾向がみえる[6]。また、各型式に実年代を与えたことは一応評価できるが、個別資料をみるとその根拠に乏しいものがあり惜しまれる。

昭和60年、佐々木は「子持勾玉私考」〔佐々木 1985〕により厳密な分類形式案を提示した。前説と基本的に変わらないが、佐野分類の影響を受け、親勾玉（本体）を基本に据え、さらに子勾玉（突起）も分類し、この組み合わせによって型式を設定した。

①親勾玉の分類

Ⅰ型式…「まず、頭（孔のあいている方）・尾部の端部がスッパリと截断され、かつ、体部の断
　　　面が丸いか、または丸みをもちつつも楕円形をなし、小型でも全体に重量感があるも
　　　の」。

Ⅱ型式…「頭・尾部の端部が丸くととのえられ、体部の断面が楕円形か、丸みをもちつつもや
　　　や扁平となるもの」。

Ⅲ型式…「頭・尾部が尖り、断面が扁平形、または板状となるもの」。

②子勾玉の分類

a型式…「背・脇部の子勾玉が一つ一つ独立し、子勾玉は相互に連接していないもの。これは、
　　　素材から子持勾玉をつくる際、子勾玉となるべき部分をあらかじめ個々独立させてつ

くっているものである」。

b型式…「背・脇部の子勾玉が何れかの部分で相互連接しているもの。これは子勾玉をつくる際、子となる部分を大きく山形にまとめてつくり出し、のちにそれを削って子勾玉としたものである。このb型式はとくに背部の子の位置によりさらに二分される。背部に比較的長くつくられた1類と、逆に背のほぼ中央にまとめてつくられた2類とであり、これらをb_1・b_2型式と表記しておく（後略）」。

c型式…「b型式と次のd型式の中間に位置するもので、子の作り方はb型式の1類と類似するが、とくに背部の子勾玉のつくり方において、突起と突起、または勾玉と勾玉との間を親勾玉の身を抉ってつくっているものである」。

d型式…「とくに背部の子勾玉と考えられるものが親勾玉の身より外側に突出しないもの。これは素材から子持勾玉をつくる際、とくに背部の子勾玉になるべき部分を意識して残さず、親勾玉の背をそのまま丸くつくり出し、のちにその親勾玉の背を削って子を表現したもので、ここではあきらかに勾玉という形は勿論のこと、それを背に突出してつけるということさえ全く無視されている。このd型式は子勾玉のつくりよりさらに二分される。親勾玉の背部を大きく幅広くゆるやかに抉った1類と、逆に細かく刻み込んだ2類とであり、これらをd_1・d_2型式と表記しておく」。

　以上、親勾玉を3型式、子勾玉を6型式に分類し、さらに親勾玉の中間型式（Ⅰ・Ⅱ型式、Ⅱ・Ⅲ型式）をも設定し遺漏にそなえた。親勾玉と子勾玉の2つの方向からの分類としては、ほぼ完成の域に達したと思える。なお、刻文を有するものについては、一番古いものにないことから後天的なものとし、一型式に設定するほどの本質的な意味がないとする。この考え方には全く

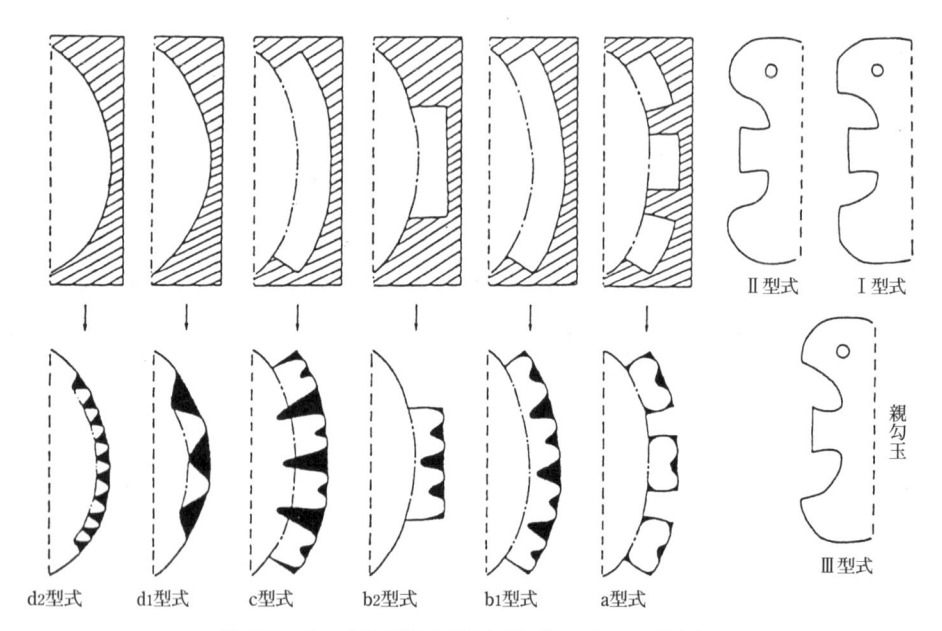

第10図　佐々木分類②の子持勾玉（佐々木 1985より）

同感である。

　次に編年についてはどうであろうか。古墳出土、祭祀遺跡出土（古社地を含む）、集落址出土などの比較的時期の明らかなものを上げて検討した結果、親勾玉ではⅠ・Ⅱ・Ⅲの各型式、子勾玉ではa・b・d型式などが初期の頃から出現していたとみるが、基本的にⅠ→Ⅱ→Ⅲ型式、a→b→c→d型式へと変遷を考え、Ⅰ－a型式を基本型、Ⅱ－a・b・c型式、Ⅲ－b_1型式を発展型、そしてⅡないしⅢ－c・d型式を退化型、Ⅲ－b_2型式を終末型として捉えた。

　この理論整然とした分類でも、大場・佐田と同様に、当初から各型式が出現することは一つの特質としてみることができるのであるが、やはり編年基準は本体のみで分けるべきであって、突起は附属的なものであり形態分類のみに使用し、各型式（例えばⅠ－a型式、Ⅱ－b型式）ごとに変遷を考える必要があることを示しているのではないだろうか。なお、佐々木が子持勾玉の年代決定に取り上げた遺跡は資料（遺構・共伴遺物など）の批判があいまいであり、すべてがすべて容認出来るものではない（奈良・六ノ坪、兵庫・三条岡山例）。これではせっかく伴出遺物から年代を推定する最良の方法を採り入れて、181例もの実例を検証した意味が無くなるのである。子持勾玉祭祀論などが、佐野論考に匹敵する見解であるだけに非常に惜しまれてならない。

　以上、現在までに提案されてきた型式分類を見てみると、多くは突起（子勾玉）を重要視しすぎている傾向があるのである。大場しかり、佐田・佐々木の突起の製作技法から追求する一見合理的な分類についても、かえって混乱を生じている。それは、銅鐸分類に本質・機能ではなく、装飾紋様を第一義的な分類基準としたのと同様な混乱を招いているのである。

　現時点で研究史を総合的にみると、子持勾玉の基本形態を正しく捉えた森分類、それを評価し再編した佐野分類をどうしても取り上げねばならない。そこで第3・4節においては、この分類基準を詳しく検討し、さらに合理的な方法で分類をすすめていきたい。

3　時期決定可能な資料の検討

　さて、ここで伴出遺物から時期決定が可能な資料について、資料批判を行なってみよう。
　管見では、第2表の通り26例が認められ、そのうちに全国的視野で時期決定の考えられる須恵器を共伴しているものも数多くあり、これを中心に検討していきたい。なお、須恵器分類は田辺昭三編年案を使用する〔田辺　1966・1981〕。
　(1)　山開古墳〔平良　1976〕
　昭和50年、京都府教育委員会が長岡京跡7AN7C地区（第63次）で発見した円墳である。対象とする子持勾玉は、周溝内の落ち込み（SX6308）に須恵器および礫などと共に検出されている。調査者は攪乱を認めず、古墳築造時の祭祀に伴う遺構と捉え、両者を共伴遺物と考えている。初期須恵器が古墳周溝から発見された例は、広島県四拾貫小原4号墳などがあり、古式須恵器まで時代を拡げると、周溝内に土坑をつくり中に須恵器などを持つ例（兵庫県笹田古墳・養久山41号墳・タイ山4号墳など）も多い。こうした例からみて確実に古墳築造時かどうかは別にして、一括埋納の遺物と想定して問題ないと考える。

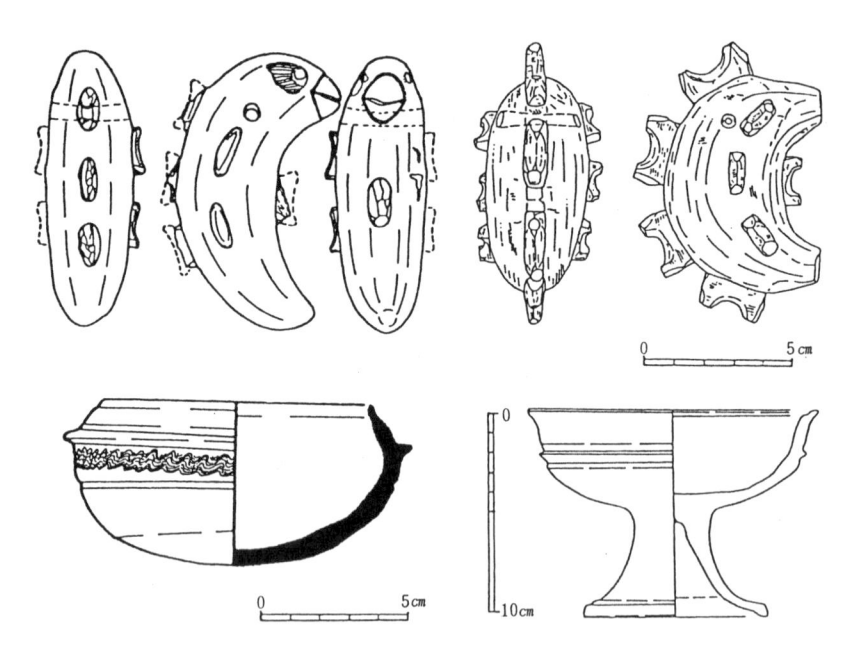

第Ⅱ編　祭祀遺物の分類・編年と研究

第11図　（左）山開古墳出土遺物（平良 1976より）
　　　　（右）向坪Ｂ遺跡出土遺物（茨城県教育財団 1986より）

　須恵器は坏身で、口径9.3cm、器高5.4cmを測る。立ち上がりは短く内傾し、口縁端部を丸くおさめる。受部は短く水平に伸びる。体部は深く丸みをもち、受部下に波状文を巡らし、その下に１条の沈線を有する。調整手法は「内・外面とも底部下半を除き回転ナデ。内底面は不定方向のナデ。外底面は不定方向の軽いヘラケズリ、凹凸が目立つ。」という。これらの特徴からＴＫ73型式に比定する。実年代は５世紀中葉をあてたい。他に同時期と考えられる甕の破片もある。
　子持勾玉は筆者分類のＡ－２類に属し、本体断面（厚みと幅）の比率は0.86、本体反り（長軸短軸）の比率は0.56である。目および口を線刻で表現する動物形でもある。
　（２）　向坪Ｂ遺跡〔茨城県教育財団 1986〕
　昭和57年、一般国道４号バイパス工事の事前調査として茨城県教育財団が発掘した古墳時代の集落址である。子持勾玉は１号住居址からの出土で、伴出遺物は勾玉・臼玉の滑石製模造品・土師器、須恵器などがある。調査者は、須恵器が石製模造品とは出土位置が離れていることから祭祀に使用したものかどうか明らかでないという。しかし、住居址内の出土は１点であり須恵器の使用時期を考えると日常用とは思われず、祭祀の場か保管の場か意見の分かれるところであるが、他遺跡でのあり方からみて、子持勾玉などの石製模造品に伴うものと想定してまず間違いないであろう。
　須恵器は高坏で、坏部口径14.8cm、器高10.7cm、脚部底径9.4cmを測る。坏部は脚基部より緩やかに外反し、中位に突線からなる稜を１条巡らす。口縁端部は外反させて丸く仕上げ、内面端部直下に凹線が走る。脚部は同基部より緩やかに外反し、裾部でさらに広がる。脚端部は若干下方に拡張し丸く仕上げ、上方に鈍い突線が１条走る。調整手法は「口縁部内・外面―横ナデ、体部

内面―指ナデ、外面―ヘラケズリ、脚部・裾部―横ナデ」により仕上げる。全体に土師器的要素の強い土器であるが、形態からＴＫ73型式～ＴＫ216型式古段階に位置づけたい。調査者は土師器を和泉期末にあて5世紀末～6世紀初めとする。しかし、和泉期の実年代比定には問題があり、筆者は須恵器からこの時期を5世紀中葉とみたい。

子持勾玉は筆者分類のＡ－1類に属し、本体断面の比率は0.85、本体反りの比率は0.72である。突起がよく発達した型でもある。

(3) 沖ノ島21号遺跡〔岡崎 1979〕

昭和45年、沖津宮古代祭祀遺跡調査団の第三次第2回調査で明らかになった巨岩上の祭祀遺跡である。巨岩の中央部に長方形の祭壇を設け、子持勾玉は鏡・玉類・鉄製の武器・工具などと共に出土している。一括遺物と認めてよいであろう。祭・葬分化の問題は別にしても、出土品が、5世紀代の古墳副葬品に共通するものと祭祀用遺物の性格を示すものからなっていることは注目されるところである。

調査者は、年代について「前期古墳の副葬品と対応できる奉献品があり、まだ須恵器の出現以前ということでもあり、5世紀中葉以前に比定する。」と報告した。須恵器の出現以前かどうかの問題はあるが、5世紀の中葉頃で大過ないと考えられる。

子持勾玉は筆者分類のＢ－2類に属し、本体断面の比率は0.86、本体反りの比率は0.54である。その他、21号遺跡発見といわれるものが2個あるが、採集遺物ということでここでは取り上げていない。

(4) 福市遺跡吉塚地区〔大村編 1968〕

昭和42年、米子市教育委員会・福市遺跡調査団により明らかにされた弥生時代末から古墳時代の集落址である。子持勾玉は方形プランの23号住居址から出土している。同遺物は出土状況の記載がないため、共伴遺物かどうか定かでないが、埋土中に土師器と若干の須恵器がある。

住居址の年代について、報告者は床面出土の土器がないためか判定を保留しているが、他の住

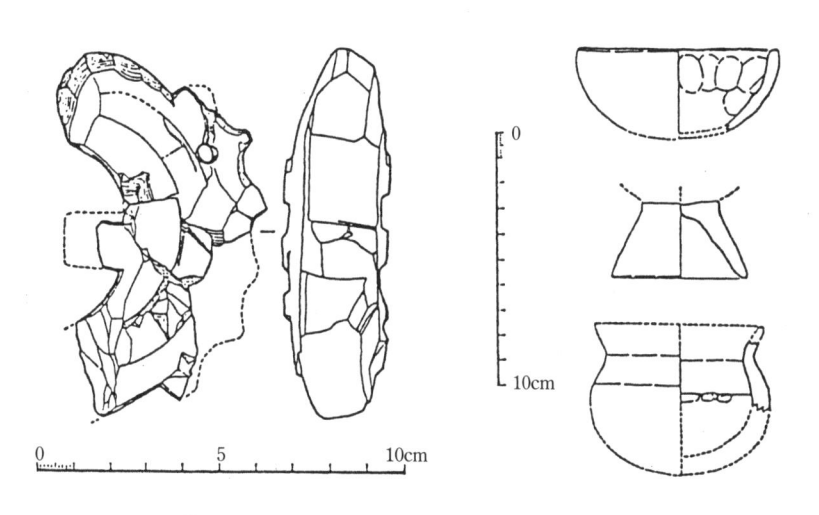

第12図 沖ノ島21号遺跡出土遺物（岡崎 1979より）

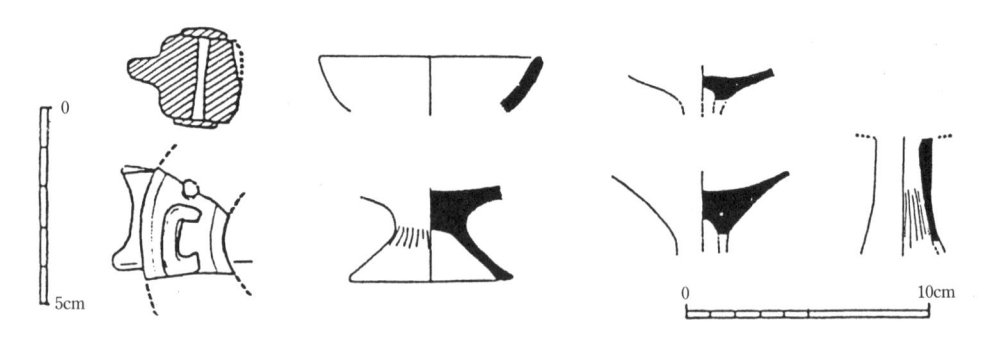

第Ⅱ編　祭祀遺物の分類・編年と研究

第13図　福市遺跡出土遺物（大村編 1968より）

居址の平面形態・方位の比較から吉塚Ⅳ期のものとして捉えることが出来よう。筆者は、これを須恵器の出現直後の5世紀中葉から後葉と考えている。

子持勾玉はB－1類に属し本体断面の比率0.88、本体反りの比率は破片のため不明である。金崎1号古墳・出雲玉作遺跡などと同型式のものである。

(5)　金崎1号古墳〔山本 1960、田辺 1981〕

昭和22年に梅原末治と島根考古学会が調査した全長36mの前方後円墳である。子持勾玉は、竪

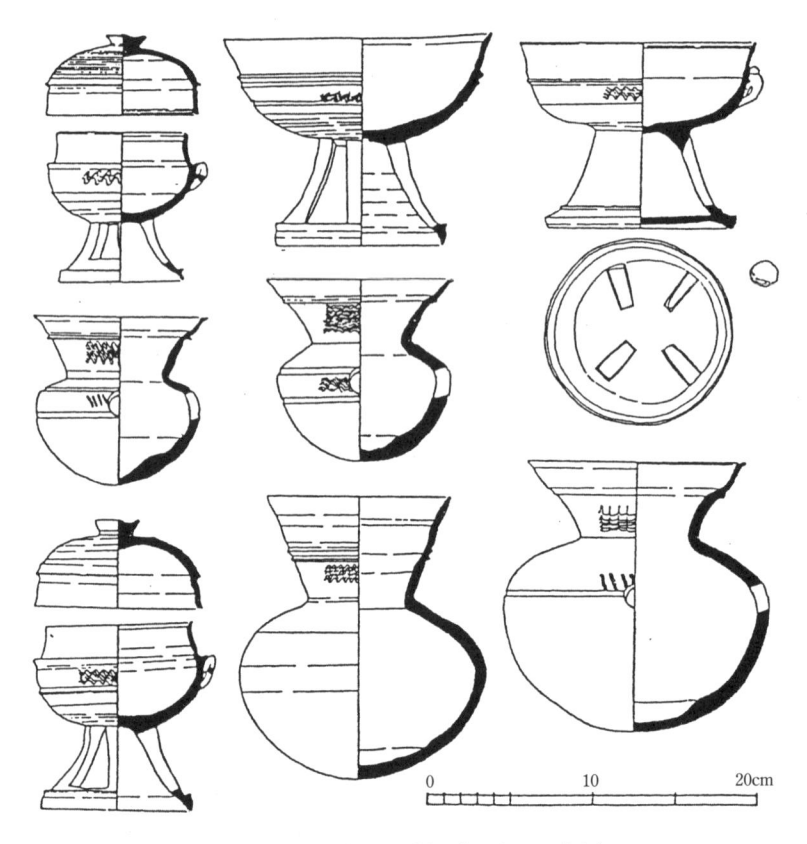

第14図　金崎1号古墳出土遺物（田辺 1981より）

穴式石室から鏡・玉類・鉄器・須恵器などとともに検出されている。

　須恵器は、有蓋高坏－坏部はきわめて深く、口縁部立ち上がりは内傾した後上方にのびる。口縁端部は丸く仕上げるものと段をなすものとに分かれる。また立ち上がりもきわめて高く、受け部はやや上方にのびる。受け部以下は丸みをもった作りである。体部には突線からなる稜を付し、受け部との間に文様帯を構成する。文様帯内には櫛描波状文を巡らし、その上に把手を1個貼付する。脚部は基部より大きく外反し、裾部で段をなす。端部は丸く仕上げる。長台形または三角形の透し窓を3方向にあける。直口壺－器高17.0cmを測る。まだ比較的扁球形の体部に基部の細い頸部を接合したもので、口頸部は直線的に外反し、端部は丸くおさめる。口頸部中央に2条の稜線と粗い櫛描波状文を巡らす。調整手法は、体部に回転ヘラ削りを施す。甕－基部の太い口頸部に、比較的肩の張る体部をもつ。口頸部は段をなして上外方にのび、頸部と口縁部の境には鋭い突線の稜が巡る。

　これらの特徴はTK216型式～TK208型式の範疇にはいるが、地方窯の製品の可能性が高いため新しい様相を重視しTK208型式（新）に併行とみる。5世紀後葉と考えておきたい。

　子持勾玉は筆者分類のB－1類に属し、本体断面の比率は0.71、本体反りの比率は0.61である。他に1点、同様の型のものがある。

　(6)　陶邑・深田遺跡〔大阪府教育委員会 1973〕

　泉北ニュータウン建設などにより発見された遺跡であり、昭和47年民間の開発事業に伴う大阪府教育委員会の事前発掘調査でその内容が明らかになった。子持勾玉は、溝Aから土師器の坩に内蔵された形で、須恵器などとともに出土している。同溝には、臼玉を樽形甕に内包した形での発見もある。

　須恵器は、坏身－立ち上がりは内傾した後直立し、端部は丸く仕上げる。底部は平らである。外底面の調整は、回転を利用した範囲の広いヘラ削りである。坏蓋－口縁端部は坏身同様に丸く仕上げる。天井部は平らで、稜は鋭い。調整は、天井外面の範囲の広い回転ヘラ削り、内面は不定方向のナデである。無蓋高坏－口縁部は高くほぼ直立し、体部には波状文を有する。脚部は緩やかに外反し、端部で段をなす。透し窓は長方形と三角形で四方または三方にみられる。甕－基部の細い口頸部を有し、口頸部は屈曲して上外方にのび、頸部と口縁部の境界には突線の稜が巡る。体部は肩が比較的張りをもつが、体底部は若干丸みを有する。把手付埦－体部外面中央に突線を2条巡らし、波状文を配す。底部は平らで、体部下方はヘラ削り調整により仕上げる。

　以上、須恵器の器種ごとに形態・調整を概観すると、TK216型式からTK208型式の2型式に及ぶと考えられる。報告者の言う5世紀後半をあまり遡らない頃とみて妥当であろう。

　子持勾玉は筆者分類のA－1類、本体断面の比率は0.79、本体反りの比率0.62である。

　(7)　宮内2号古墳〔鈴木 1983、梁木 1987〕

　昭和57年、民間の住宅建設事業に伴い、小山市教育委員会が実施した事前発掘調査で内容の一部が明らかになった直径約36mの円墳である。子持勾玉は、周溝から須恵器・土師器および円筒埴輪片と共に出土している。円筒埴輪片が混在しており築造年代とは別に考えるとしても、山開古墳と同じく一括資料とみてよいであろう。

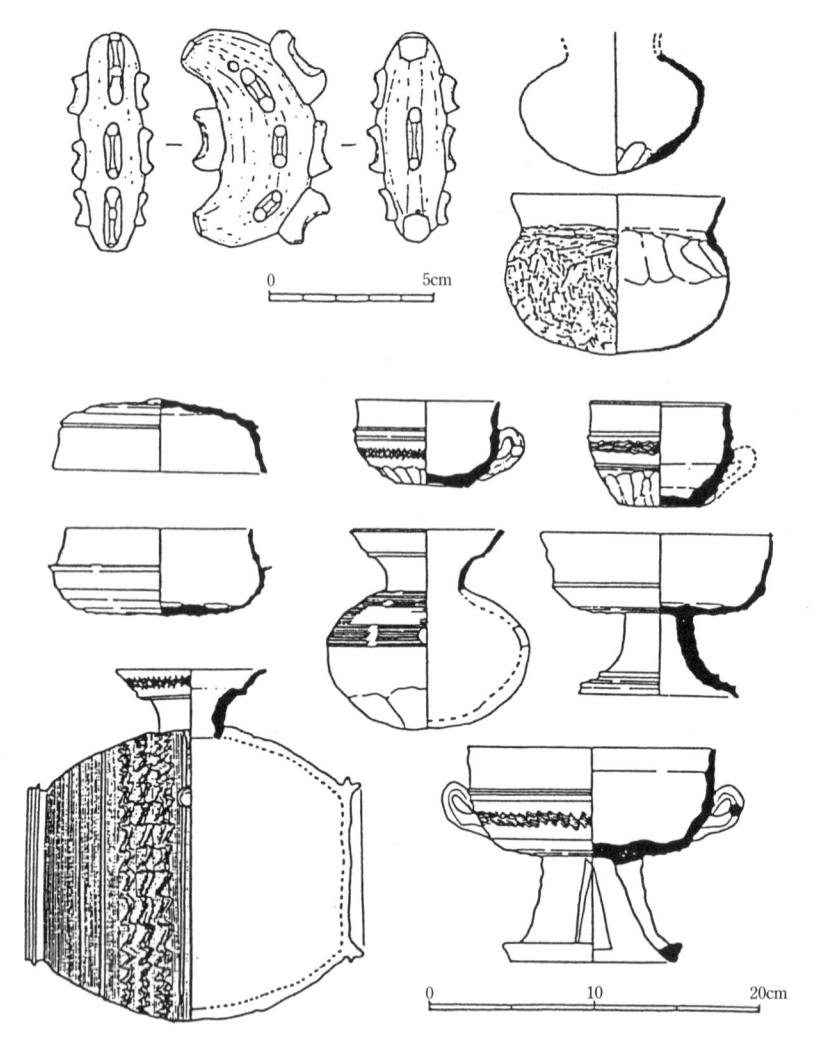

第Ⅱ編　祭祀遺物の分類・編年と研究

第15図　陶邑・深田遺跡出土遺物（大阪府教育委員会 1973より）

　須恵器は甕で、口径11.9cm、器高14.2cmを測る。口頸部は外反して立ち上がり、口縁部で屈曲外反し、口縁端部に至る。屈曲部には稜線が巡り、口縁端部は平坦面をなす。頸部下半には櫛描き波状文を巡らす。体部に比較的肩の張りをみせるが、底部は若干丸みを有し体部上半に最大径を有する。また体部上半には列点文を配す。
　これらの要素からＴＫ208型式の範疇にあると考え、5世紀後葉にあてる。なお、土師器を年報には和泉期後半とするが、筆者は実測図をみるかぎり鬼高Ⅰ式の古段階とみる。
　子持勾玉は筆者の分類のＢ－1類、本体断面の比率は0.82、本体反りの比率0.45である。
　(8)　若宮Ｂ遺跡〔富山県教育委員会 1981・1982・1984〕
　昭和54年、北陸自動車道建設に伴う富山県教育委員会の事前発掘調査で明らかになった古墳時代の集落址である。子持勾玉は、ＳＤ42と呼ぶ自然河道から有孔円板・土師器と共に発見されている。河川内のため確実に一括遺物かどうか問題はあるが、報告書に記載の通り小範囲のまとま

78

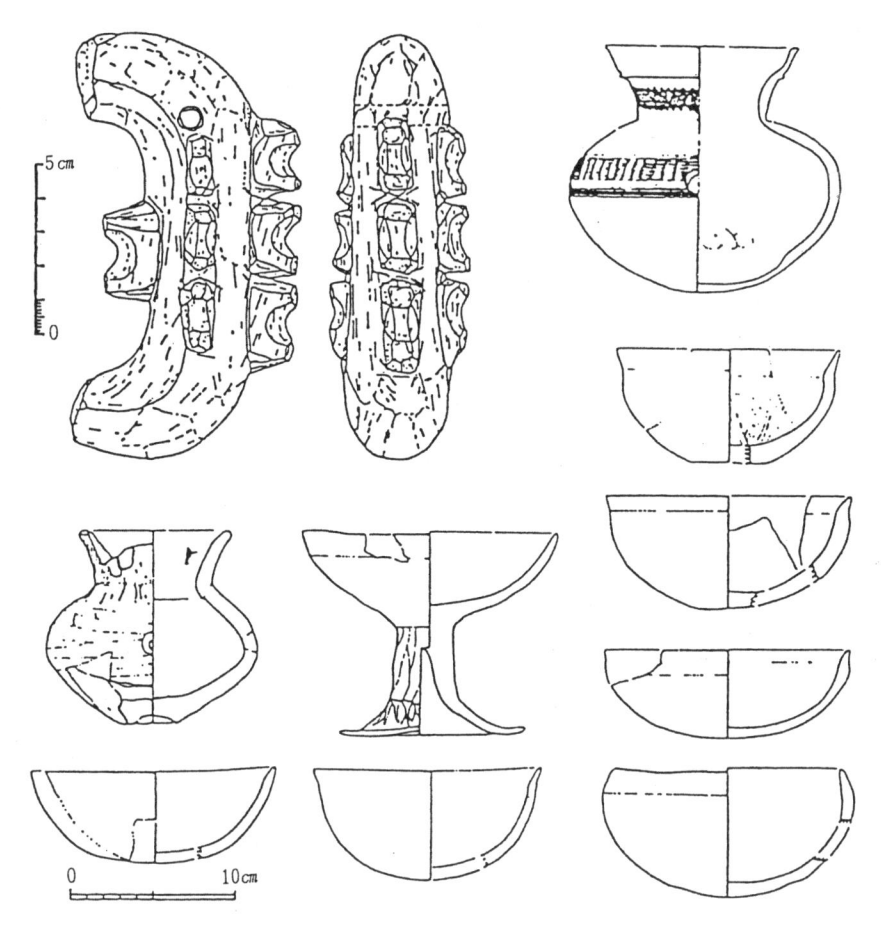

第16図　宮内2号古墳出土遺物（鈴木 1983、梁木 1987より）

りがみられることから共伴遺物として扱う。

　須恵器は同溝内には含まれないが、遺跡内ではⅠ期後半のものが存在する。なお、土師器は当地の第4様式として捉えられ5世紀後葉とする。

　子持勾玉は筆者分類のA-2類に属し、本体断面の比率は0.84、本体反りの比率0.62である。勾玉本体のみ円圏文を施す。さらに、(9)の石川県高田遺跡[(7)]〔橋本 1969〕は祭祀遺構からの出

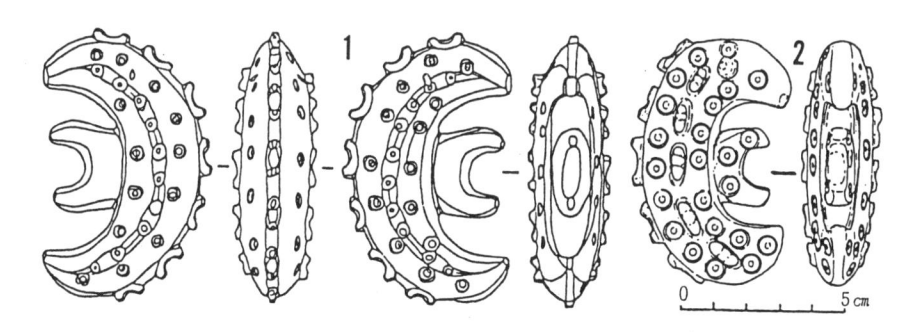

第17図　1. 若宮B（富山県教委 1982より）、2. 高田遺跡出土子持勾玉（四柳 1983より）

第Ⅱ編　祭祀遺物の分類・編年と研究

土であり、ＴＫ47の須恵器と第４様式の土師器を伴う同時期・同系統のものである。

(10) 上滝遺跡〔群馬県教育委員会 1981〕

昭和50・53年、群馬県埋蔵文化財調査事業団が実施した関越自動車道（新潟線）建設に伴う事前発掘調査で明らかになった古墳時代の集落址である。子持勾玉は、１号溝の下層部から須恵器および多量の土師器と共に発見されている。後述する郡家遺跡などと同じく一括遺物とみて、説明を加えたい。

須恵器は高坏脚部片で、脚端径9.0cm、現器高4.9cmを測る。基部から緩やかに外反し、裾でさらに大きく広がる。脚端部は若干下方に拡張し、その上方に１条の突線を巡らす。調整手法は内外面ともに回転ナデと記述がある。これらの様相から、定型化前の時期に比定したいが、榛名ＦＡ層の降下時期の問題と土師器（鬼高Ｉ式期の初源）との関連もあり、遺跡全体の須恵器をみてＴＫ208型式からＴＫ23型式併行期とみる。年代は５世紀後葉としておきたい。

子持勾玉は筆者分類のＡ－２類、本体断面の比率は0.82、本体反りの比率0.54である。

(12) 郡家遺跡〔神戸市教育委員会 1987〕

昭和57年以来の区画整理事業に伴う神戸市教育委員会の事前発掘調査で明らかになった弥生時代から中世にかけての複合集落址である。子持勾玉は、昭和59年の第７次調査で河道から須恵器・土師器とともに発見されている。河道ということで、年報の遺物実測図をみるかぎり各須恵器間には時期幅が考えられるため、一括遺物とするには多少問題もある。当該遺物を調査者はＴＫ23型式～ＴＫ47型式に伴ったものという。

子持勾玉は筆者分類のＡ－２類に属し、本体断面の比率は0.60、本体反りの比率は0.65である。

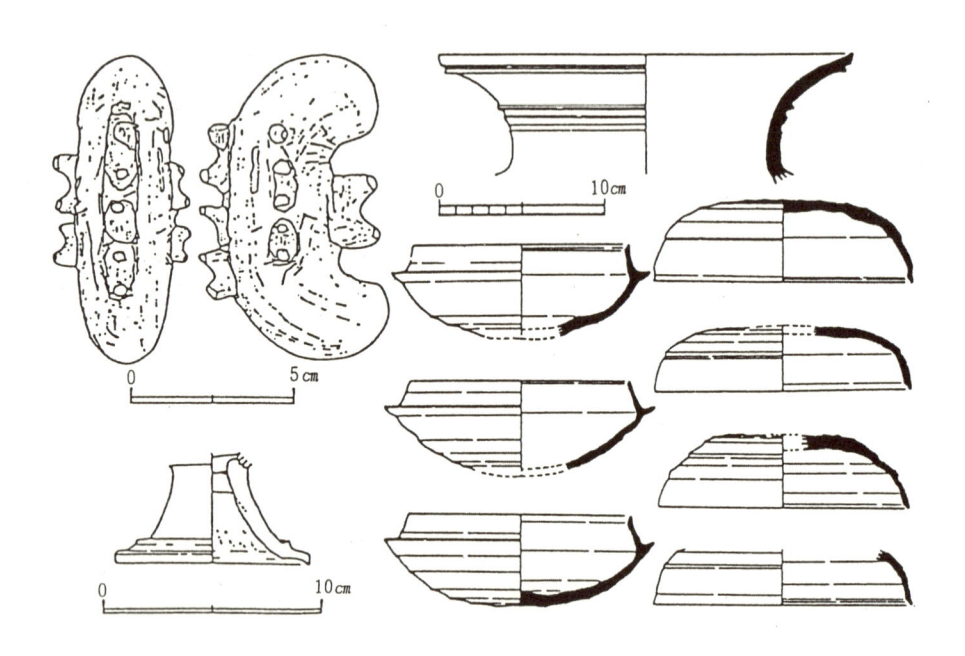

第18図　（左）上滝（群馬県教委 1981より）、（右）郡家遺跡出土遺物（神戸市教委 1987より）

同型のものに（11）の兵庫県雨流遺跡がある⁽⁸⁾。出土状況も大変似通っている。すなわち、集落址端の河道の下層部から、多量の須恵器・土師器と共に検出されているのである。須恵器の時期もＴＫ23型式〜ＴＫ47型式という。5世紀末の年代としておきたい。

　（13）　三ツ寺Ｉ遺跡〔群馬県埋蔵文化財事業団 1981、下城 1986〕

　昭和56年、上越新幹線建設に伴う群馬県埋蔵文化財調査事業団の事前調査で発見され、古墳時代の豪族の館址として全国的に注目を浴びた遺跡である。子持勾玉は、館内部の中央溝に付設された祭祀遺構とみられる石敷遺構（2号）から石製模造品と共に発見されている。また、中央溝にはＩ号石敷遺構から流れ出た状況で須恵器の検出がある。陶邑第Ｉ型式末という。5世紀後半から末というところであろうか。

　子持勾玉は筆者分類のＡ－2類、本体断面の比率は0.76、本体反りの比率0.42である。

　（14）　沖ノ島8号遺跡〔宗像神社復興期成会編 1958〕

　昭和29年、沖ノ島遺跡学術調査団による第一次調査で発見された岩陰遺跡である。子持勾玉は、第2回調査時に鏡・玉類・鉄製の武器・馬具などと共に頭部片を検出し、大島中学校保管のものと接合している。また馬具の出土が注目され、明らかに6世紀前半の古墳副葬品と共通しているのである。なお、同時期と推定される4号遺跡（御金蔵）にも子持勾玉の発見があるが、時期を特定できないため参考資料とする。

　子持勾玉は筆者分類Ｂ－2類に属し、本体断面の比率は0.63、本体反りの比率0.55である。他に8号遺跡採集とするものが1点ある。

　（15）　下石動遺跡〔佐賀県教育委員会 1987〕

　昭和55年、九州横断自動車道建設に伴う佐賀県教育委員会の事前発掘調査で明らかになった弥生時代から中世にかけての集落址である。子持勾玉は、ＳＢ24住居址から土師器と共に出土して

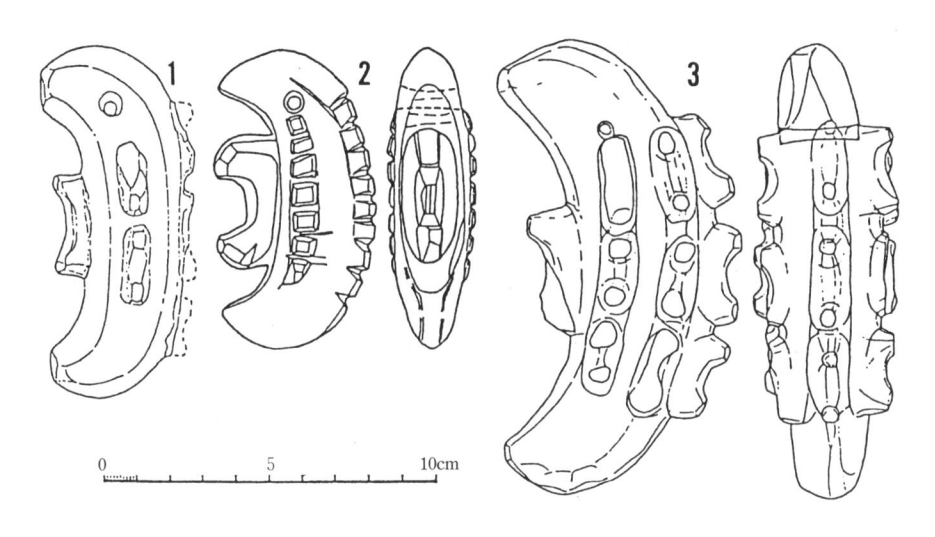

第19図　1．三ツ寺（群馬県埋文事業団 1981より）、2．沖ノ島8号（佐田 1979より）、
　　　　3．下石動遺跡出土子持勾玉（佐賀県教委 1987より）

第Ⅱ編　祭祀遺物の分類・編年と研究

いる。報告書によれば、同時期と考えられる他の住居址で数点の須恵器が検出されている。6世紀前葉としてよいであろう。

　子持勾玉は筆者分類のB-2類、本体断面の比率は0.68、本体反りの比率0.49である。

(16)　伊勢崎・東流通団地遺跡〔群馬県企業局　1982〕

　昭和52・53年の流通団地建設に伴う群馬県企業局の事前発掘調査で明らかになった古墳時代から平安時代に及ぶ集落址である。子持勾玉は、1-11-5住居址から土師器・須恵器と共に出土している。なお、子持勾玉は覆土中の遺物であるが、一括遺物として扱う。

　須恵器は無蓋高坏で、器高16.8㎝、口径17.4㎝、脚部底径9.4㎝を測る。坏部は高くほぼ直立する口縁部と、2条の鈍い突線により区切られる体部からなり、突線下方には波状文を有する。脚部は基部が細く緩やかに外反し、端部で段をなし1条の稜が巡る。スカシ窓は長台形で三方にみられる。他に坏が1点ある。MT15型式～TK10型式の古段階に比定できよう。土師器は鬼高Ⅰ式終末段階というところか。6世紀前葉としてよいであろう。

　子持勾玉は筆者分類のB-1類、本体断面の比率は0.68、本体反りの比率0.53である。

(17)　感田横穴〔上野　1973、佐田　1979〕

　昭和47年、福岡県教育委員会が土取り工事に対応するため緊急発掘調査を行なった遺跡である。子持勾玉は、10・11・12・13号横穴前庭部で須恵器・土師器・鉄製品と共に発見されている。須恵器は無蓋高坏でMT15型式に比定できる。

　時期については、伴出する須恵器から6世紀前葉とする調査者〔上野　1973〕と、福岡県竹並横穴群の共有墓道のあり方から時期を新しくする佐田〔佐田　1979〕の見解がある。筆者は遺構から判断する佐田を支持したい。

　子持勾玉は筆者分類のB-1類に属するが、本体断面の比率は不明である[9]。

(18)　横隈狐塚遺跡〔小郡市教育委員会　1983〕

　昭和57年、住宅建設にかかる造成工事に対応するため小郡市教育委員会が緊急発掘調査を実施し、その内容が明らかになった遺跡である。子持勾玉は、木棺墓から滑石製臼玉・鉄製鋤先と共

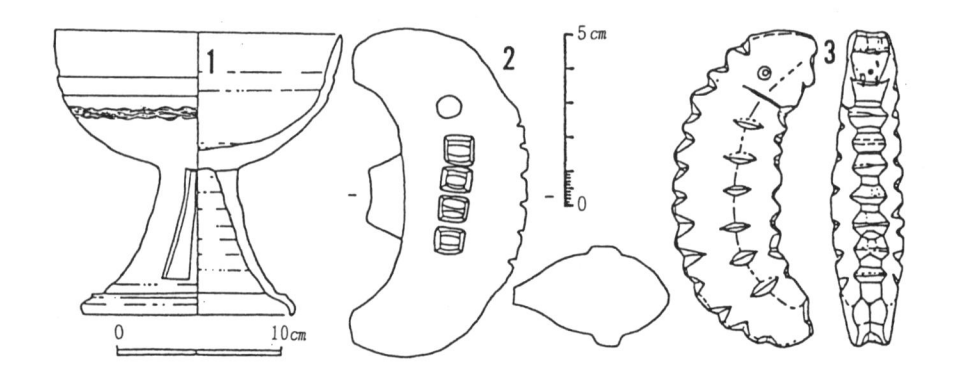

第20図　1・2. 伊勢崎・東流通団地遺跡（群馬県企業局　1982より）、
　　　　3. 横隈狐塚遺跡出土遺物（小郡市教委　1983より）

に出土している。調査者は年代について、361個の滑石製臼玉の埋納を重視し、6世紀に入る前後の時期を想定する。6世紀前半とみて大過ないであろう。

子持勾玉は筆者分類のB－1類、本体断面の比率は0.65、本体反りの比率0.47である。

(19) 長原遺跡〔京嶋 1986〕

昭和50年代後半からの発掘調査により、古墳時代中期から後期にかけての大集落址であることが漸次判明しつつある遺跡である。子持勾玉は、昭和60年から61年の大阪市文化財協会の調査で、溝および井戸の近くから須恵器・土師器と共に各1点ずつ出土している。報告者は、伴出土器より両方とも6世紀前半から中頃に想定する。溝出土の須恵器は、実測図からＭＴ15型式～ＴＫ10型式に比定でき、6世紀前半として妥当と考えるが、子持勾玉は共伴の土馬をみるかぎり6世紀中葉でもよいと推定する。

子持勾玉は筆者分類のＡ－2類に属し、本体断面の比率は0.67、本体反りの比率は0.50、溝出土のものはＡ－1類、本体断面の比率は0.55、本体反りの比率は0.46である。

(20) 土師遺跡〔堺市教育委員会 1976〕

昭和40年代後半からの、土地区画整理事業に伴う発掘調査により明らかになってきた古墳時代から中世にかけての遺跡である。子持勾玉は、昭和50年の堺市教育委員会の調査（68地区）で、

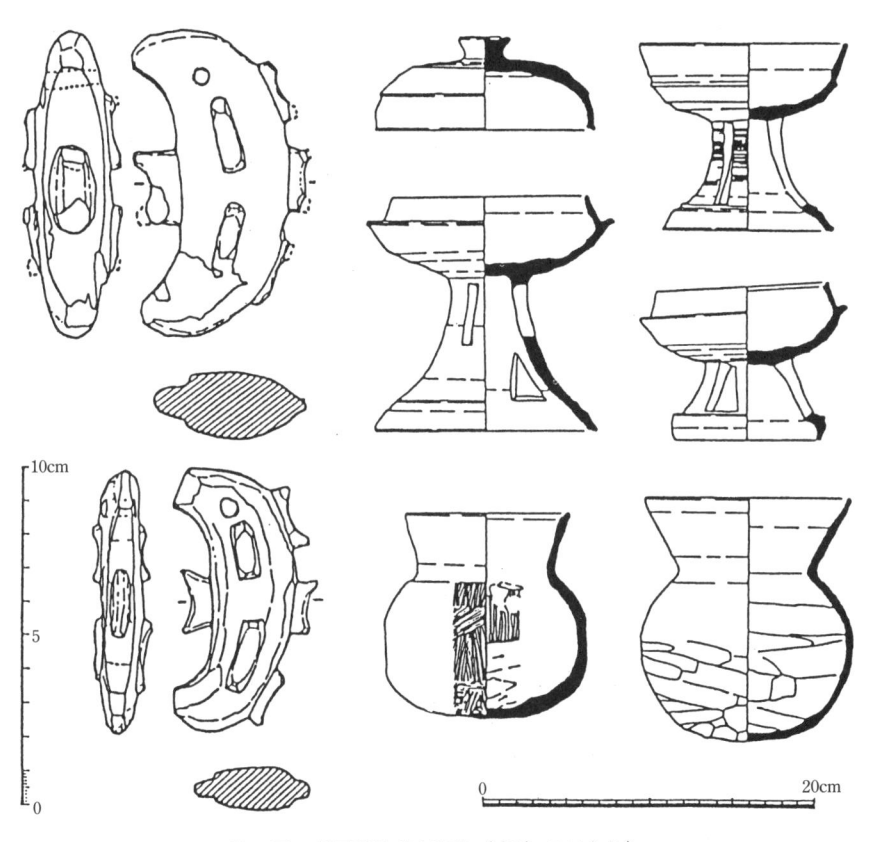

第21図 長原遺跡出土遺物（京嶋 1986より）

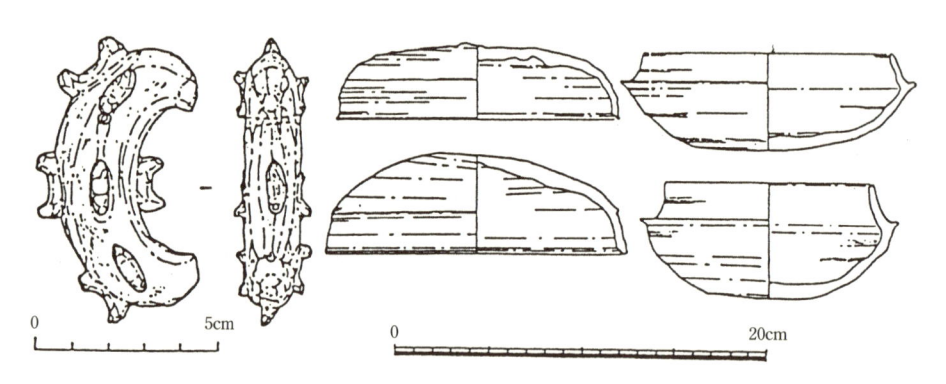

第Ⅱ編　祭祀遺物の分類・編年と研究

第22図　土師遺跡出土遺物（堺市教委 1976より）

建物址6から須恵器・土師器と共に出土している。須恵器はⅡ型式ということであるが、実測図のどの土器に伴うか明らかでないため、詳細な時期は判断できない。ＭＴ15型式が共伴すればよいのだが、一方的には推し測れない。

子持勾玉は筆者分類のＡ－2類、本体断面の比率は0.69、本体反りの比率0.59である。

(21)　舘野遺跡〔群馬大学 1966、山本 1986〕

昭和37・38年、軽石採取事業に伴う群馬大学の緊急発掘調査で明らかになった古墳時代の集落址である。子持勾玉は、祭祀遺構と考えられるＤ・Ｆ地点から各1点ずつ、土師器・須恵器・石製模造品と共に検出している。県史に掲載してあるＤ地点の須恵器は、実測図をみるかぎりそれほど古く思えないが（ＴＫ10型式～ＴＫ43型式か）、土師器は明らかに鬼高Ⅱ式の古段階である。また、ともにＦＰ層直下からの出土であることは、他遺跡の状況から推定し、6世紀中葉以前の

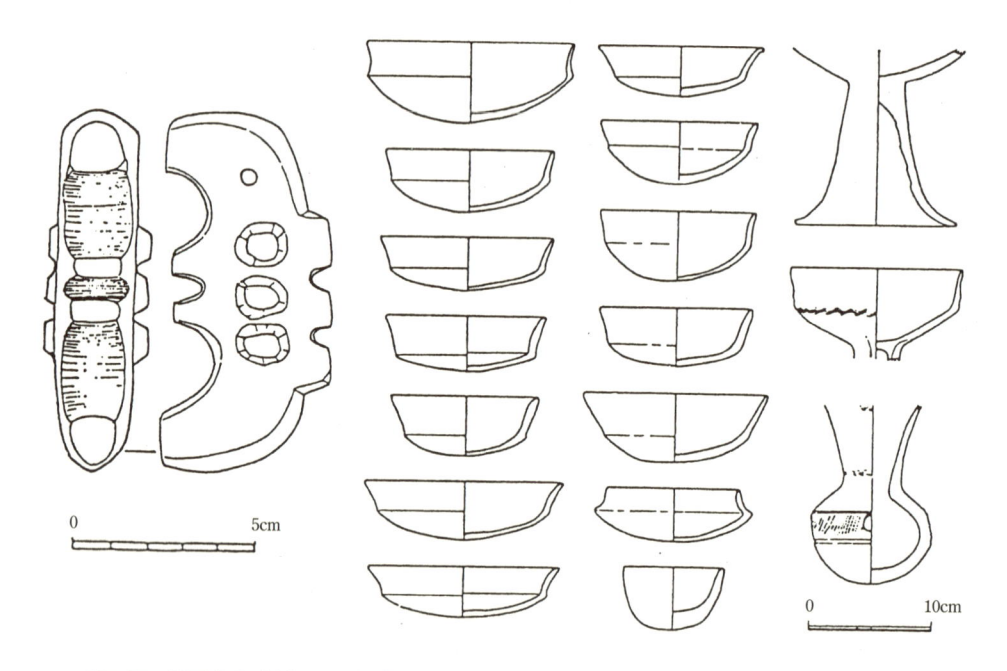

第23図　舘野遺跡（左）Ｆ地点（佐野 1981より）、（右）Ｄ地点出土遺物（山本 1986より）

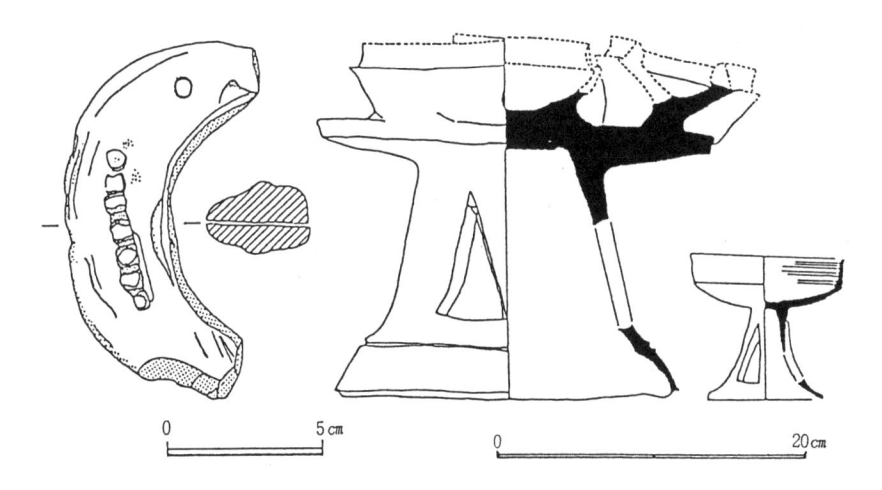

第24図　原之城遺跡出土遺物（伊勢崎市教委 1982より）

時期を裏づけるものであろう。
　F地点の子持勾玉は筆者分類のB－1類に属し、本体断面の比率は0.65、本体反りの比率0.44である。D地点のものもB－1類であるが、実測図がないため比率は明らかでない。
(22)　原之城遺跡〔伊勢崎市教育委員会 1982、中澤 1986〕
　昭和56年、伊勢崎市教育委員会が実施した土地改良工事に伴う事前発掘調査により明らかになった古墳時代の環濠居館址である。子持勾玉は、中溝から須恵器・土師器と共に出土している。須恵器はＴＫ10型式の範疇で考えることができ、土師器も鬼高Ⅱ式が中心をなすことから、6世紀中葉と想定して大過ないであろう。
　子持勾玉は筆者分類のB－2類、本体断面の比率は0.56、本体反りの比率0.55である。
(23)　鳴滝1号古墳〔京都大学 1967〕
　昭和40年、和歌山県教育委員会が県開発公社の宅地造成に伴う事前調査を京都大学に依頼し、

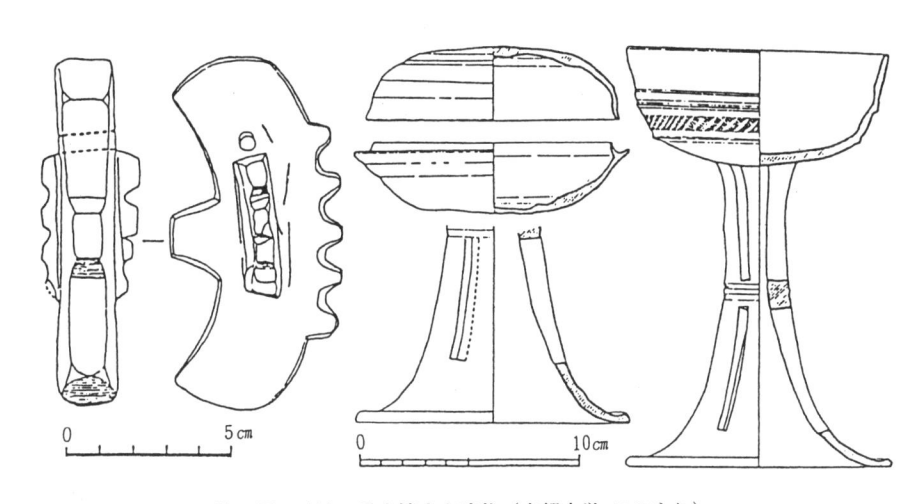

第25図　鳴滝1号古墳出土遺物（京都大学 1967より）

第Ⅱ編　祭祀遺物の分類・編年と研究

発掘された遺跡である。子持勾玉は、横穴式石室石棚下の礫床面から須恵器・玉類・鉄製品など と共に出土している。なお、調査者は礫床上の遺物を出土状況から流れ込みと判断するが、一方、 佐々木幹雄は礫床に朱が検出されたことを重視し、子持勾玉は遺体を安置する聖なる地を鎮める ために置かれたものという見解をとった。墳墓から出土する当該遺物の性格を考えるうえで重要 な指摘であろう。年代は、石棚の構築および遺物から判断して6世紀中頃よりやや下がる時期に 比定される。筆者は須恵器をＴＫ43型式〜ＴＫ209型式の範疇とみるが、盗掘跡があり追葬時の ものも当然含むことが想定されるため、築造時期は遺構などを考慮した調査者の見解に従ってお きたい。

　子持勾玉は筆者分類のＢ－2類、本体断面の比率は0.56、本体反りの比率0.45である。

（24）　山畑22号古墳〔東大阪市教育委員会 1973〕

　明治の頃から知られていた古墳群であるが、昭和26年から開発に伴って20数基が調査されてい る。子持勾玉は、昭和46年に同古墳群の保存・活用と博物館建設に関連して事前調査された22号 古墳玄室中央部からの発見で、須恵器・土師器・馬具などと共に検出されている。第1次埋葬に 伴う須恵器はＴＫ209型式に比定でき[10]、年代は6世紀後葉から7世紀初頭としておきたい。

　子持勾玉は破片であるが筆者分類のＢ－2類に属し、本体断面の比率は0.50である。

（25）　三条岡山遺跡〔村川 1986〕

　昭和35年の造園工事によって発見されており、その後の調査で弥生時代から中世にかけての複 合遺跡ということが明らかになっている。子持勾玉は、昭和58年の宅地開発に伴う事前調査によ り、祭祀遺構から須恵器・土師器・鉄製武器などと共に検出されている。なお、調査者はこの遺 構から鳥居的な構築物があったと想定する。須恵器はＴＫ209型式（新）に比定できる。すなわ ち、6世紀末葉から7世紀初頭の時期が考えられよう。

　子持勾玉は筆者分類のＢ－2類、本体断面の比率は0.49、本体反りの比率0.38である。

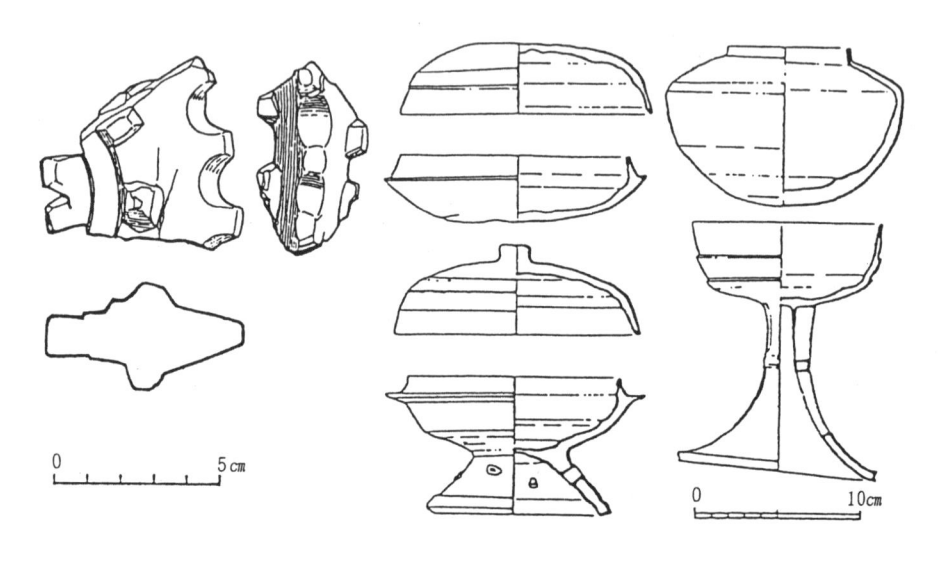

第26図　山畑22号古墳出土遺物（東大阪市教委 1973より）

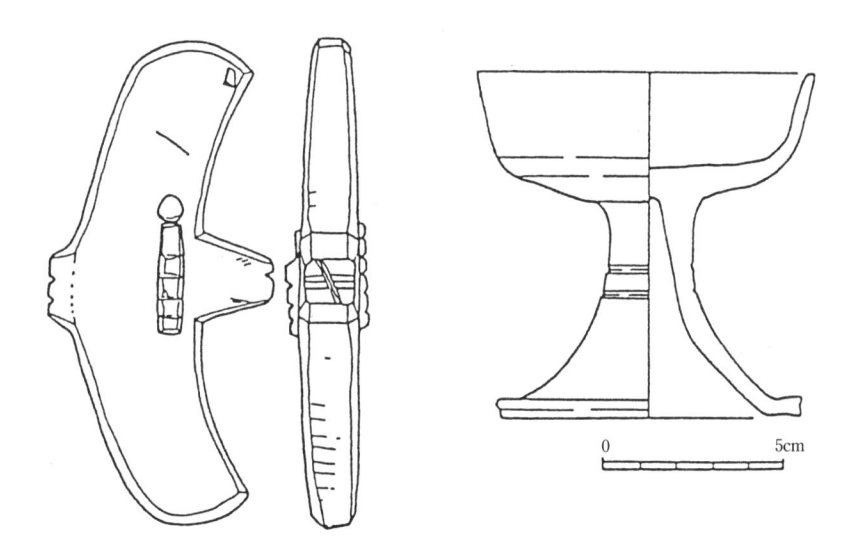

第27図　三条岡山遺跡出土遺物（村川 1986より）

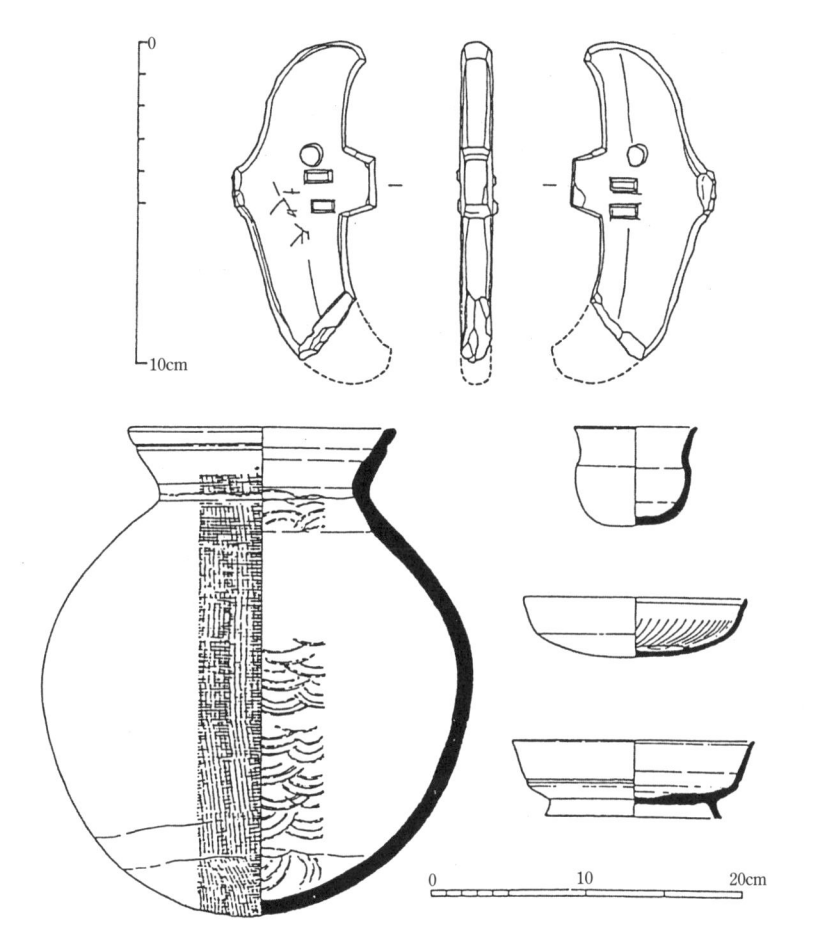

第28図　藤原宮遺跡出土遺物（奈良国立文化財研究所 1978より）

第Ⅱ編　祭祀遺物の分類・編年と研究

(26)　藤原宮遺跡〔奈良国立文化財研究所　1978〕

　子持勾玉は、昭和48年の第8次調査により、6AJG－P地区の井戸SE1300埋土最下層から、須恵器・土師器・刀子などと共に出土している。須恵器は杯BⅢ・甕B，土師器杯CⅡ・壺Bで第Ⅳ期とされる。TK217型式〜MT21型式の間（TK48型式）に位置するのであろう。年代は7世紀後半とする。

　子持勾玉は筆者分類のB－2類に属し、本体断面の比率は0.30、本体反りの比率は0.42である。注目すべきは、片面に線刻で天地の文字を記していることである。

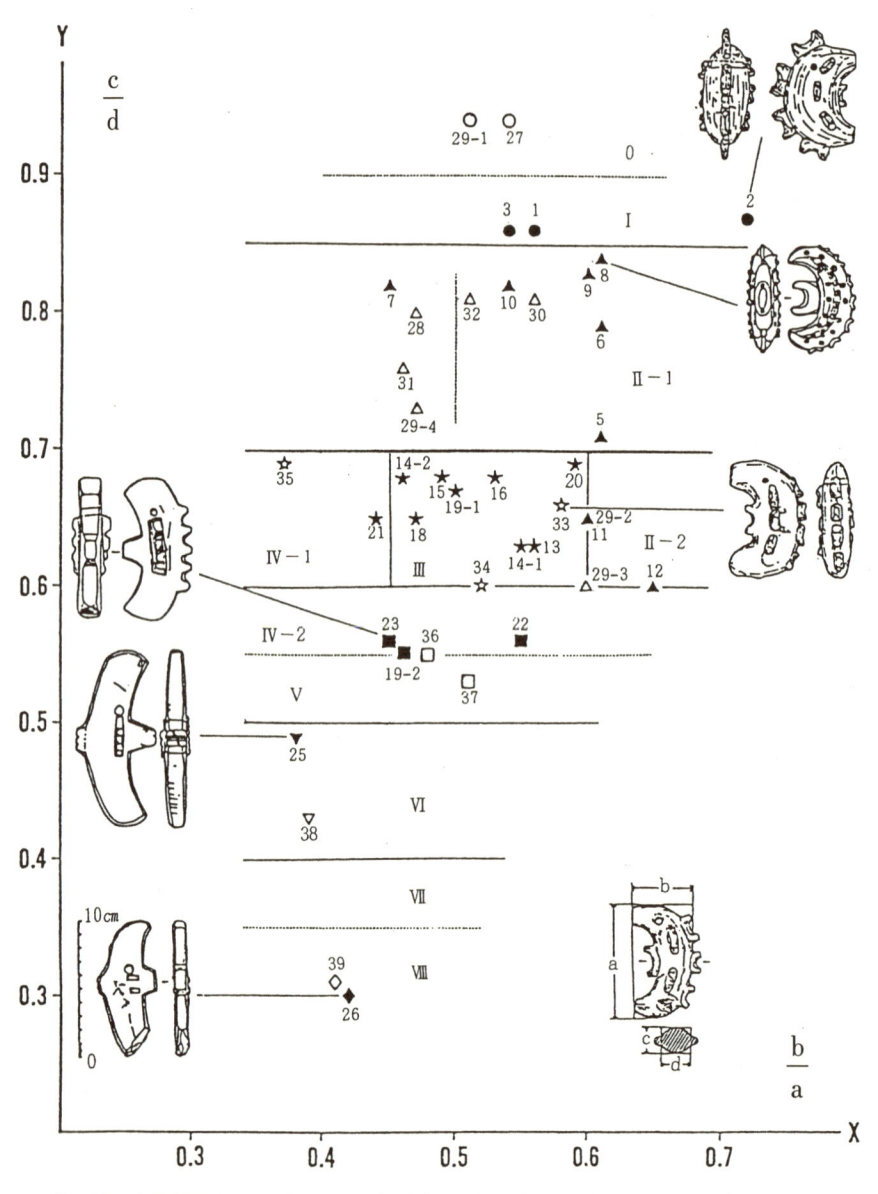

第29図　本体断面比および反り比分布（番号は第2表および本文の番号に一致する）

以上、年代の推定出来る資料を検討し、ほぼ時期の決定が可能となった。
　さて、ここで、時期決定のできた資料を、森・佐野の指摘した年代により断面形態が異なることを重要視して、本体断面（最大幅に対する同断面の厚み）の比率をY軸、本体反り（長軸の長さに対する同短軸の長さ）の比率をX軸としてグラフ化してみよう（第29図）。この図では●は5世紀中葉以前、▲は5世紀後葉、★を6世紀前葉，■を6世紀中葉・後葉、▼7世紀前葉、◆7世紀後葉で表わしている。なお、各印とも白抜きは第2表の参考例を示す。
　この結果、図を一見すれば明らかなように、●・▲と★・■・▼・◆に分離するのである。すなわち、●・▲が上位右に、★・■・▼・◆が下位左になり、さらに各時代ごとの細分も●が上、▲が下、★が上、次いで■、▼、最下が◆と、佐野の指摘の通り古い時代ほど断面円形に近く（断面比率が高い）上位に見事に分かれるのである。
　さらに注目できるのは、本体断面比率が同じであっても本体反りの比率が大きくなれば、古く考えられることである。本体断面比率が0.60～0.69の間にあって本体反りの比率が0.60以上のものに雨流・郡家があるが、これらは5世紀末の年代が与えられ、同じ本体断面比率の範囲にあって本体反りの比率が0.59以下～0.45以上となる下右動・長原は確実に6世紀前葉に位置づけられ、本体反りの比率が0.44以下の館野は6世紀中葉と考えられるのである。また同様に、本体断面の比率0.70～0.85の5世紀後葉のものも、本体反りの比率0.50をもって新・古に分かれる可能性がある。

4　分類試案と型式編年

　子持勾玉の分類については、前述のように種々の試案が発表されているが、ここでは背部の突起（子勾玉）に重点をおいて、佐田・佐々木が示唆した2型式の分類を試みた。このA型とB型の差異は、若干の完成品しか実見できなかったが、佐々木の指摘するように素材から突起を作るときの製作技法の違いによるものであろう。
《A型子持勾玉》
　背部の突起が独立しているもの〔突起独立式〕。大場のA型1類、佐田のⅣ型式、佐々木のⅠ型式にあたる。勾玉本体の断面形は、基本的に円形・楕円形・偏平な形と変化し、また背部の突起は、鰭を思わしめる発達したものから徐々に退化していく。
　これを基本形とし、さらに本体の頭尾両端を平面的に截り落としたものを〈1類〉、逆に両端が鋭角化したものを〈2類〉とする。
《B型子持勾玉》
　背部の突起が連続しているもの〔突起連接式〕。大場のA型2類、佐田のⅠ・Ⅱ・Ⅲ型式、佐々木のⅡ・Ⅲ型式にあたる。勾玉本体の断面形は、A型と同様に円形・楕円形・偏平な形と移っていくが、楕円形の次に、すなわち、6世紀代から板状の断面長方形になり偏平な形へと移行していくのが特徴である。背部の突起は、基本的に波長の長い波形から短い山形になり、その配置も背部の限られた範囲となってくる。また、筆者は背部の突起を勾玉本体を切り込んでつくる型

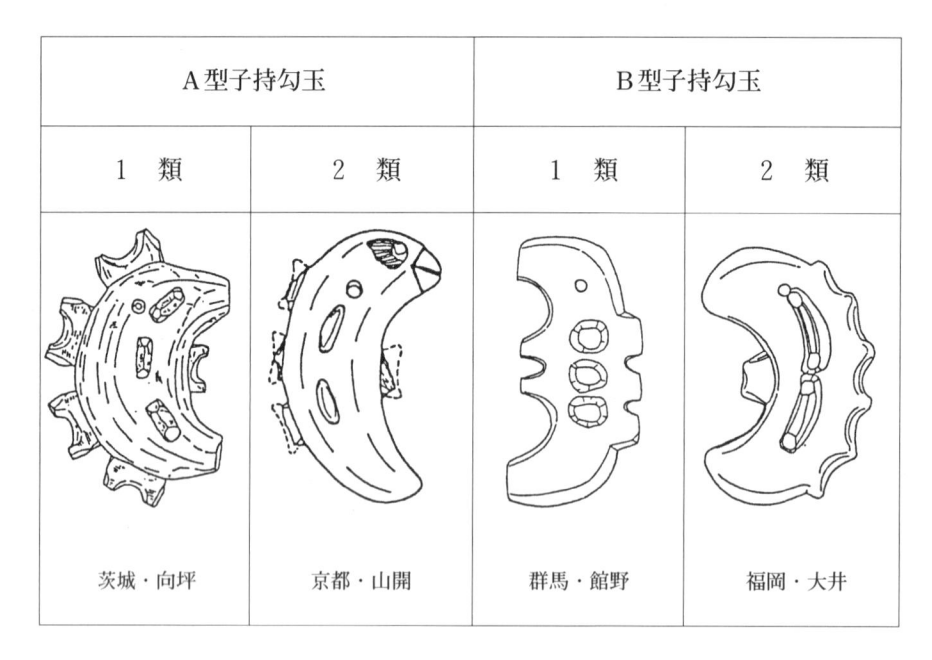

A型子持勾玉		B型子持勾玉	
1 類	2 類	1 類	2 類
茨城・向坪	京都・山開	群馬・館野	福岡・大井

第30図　型式分類図

（佐田Ⅲ型式・佐々木Ⅲ型式）はＢ型の亜流のなかで捉えることができ、この型の廃絶後もＢ型は続くことから新たに型式設定しないでこの型式に含めている。

　これを基本形とし、Ａ型と同様に本体の頭尾両端を平面的に截り落としたものを〈１類〉、逆に両端が鋭角化したものを〈２類〉とする。

　次に型式編年である。ここでは勾玉本体（親勾玉）の変化を重視する。これは、第３節で年代決定の可能な資料から割り出した数値をもとに、本体断面の比率と、本体の反りの比率で分類したものである。

　０型式－断面の比率0.90以上、反りの比率0.50以上あるもの（５世紀前葉？）。
　Ⅰ型式－断面の比率0.85〜0.89、反りの比率0.50以上あるもの（５世紀中葉）。
　Ⅱ－１型式－断面の比率0.70〜0.84、反りの比率0.40以上あるもの（５世紀後葉）。
　　　　２型式－断面の比率0.60〜0.69、反りの比率0.60以上あるもの（５世紀末葉）。
　Ⅲ型式　断面の比率0.60〜0.69、反りの比率0.45以上〜0.59以下のもの（６世紀前葉）。
　Ⅳ－１型式－断面の比率0.60〜0.69、反りの比率0.44以下のもの（６世紀中葉）。
　　　　２型式－断面の比率0.55〜0.59、反りの比率0.59以下のもの（６世紀中葉）。
　Ⅴ型式－断面の比率0.50〜0.54、反りの比率0.59以下のもの（６世紀後葉）。
　Ⅵ型式－断面の比率0.40〜0.49、反りの比率0.50以下のもの（７世紀前葉）。
　Ⅶ型式－断面の比率0.35〜0.39、反りの比率0.50以下のもの（７世紀中葉）。
　Ⅷ型式－断面の比率0.30〜0.34、反りの比率0.50以下のもの（７世紀後葉）。

　以上を組み合わせたものが第１表の変遷案である。呼称はⅠ型式Ａ－１類、Ⅱ型式Ｂ－２類な

第1章　子持勾玉年代考

第1表　子持勾玉編年案

分類	時期	5C 前	中	後	6C 前	中	後	7C 前	中	後
A	1類	27 佐賀・上ノ車	2 兵庫・新井 29-2 鳥取・福積		13 長野・別所原 大阪・島田 19-1 宮崎・赤谷 33	19-2		大阪・土師ノ里		
	2類		1 9	8 30 32	20	36				長野・十三ノ后

第Ⅱ編　祭祀遺物の分類・編年と研究

どというようにしたい。

　問題点および今後の課題は、0型式の設定とⅣ・Ⅴ型式の分離、Ⅶ型式の設定にある。

　0型式は子持勾玉の祖源にかかわる問題であり、型式的に本体断面比率が1に近くなるものがあると想定したこと、そして、関東地方には和泉期の古い土師器と共伴するものがあるらしいことから、西日本にも須恵器出現以前のものが存在するかも知れないこと[11]、すなわち刀子などの石製模造品と同時出現の可能性も考えたことによる。なお、各型式の年代は、須恵器の実年代比定に伴い若干時期の変動があろう[12]。

　Ⅳ・Ⅴ型式の分離については、資料不足のためいかんともしがたく、本体断面比率0.55で分かれるであろう見通しのみ記しておいた。また、Ⅶ型式の設定もこの数値に当てはまるものがない現状では明らかにしがたいが、ここに7世紀中頃のものがくるであろう予測のもとに設けている。新たな資料の発見に期待する。

　ここで、この型式分類法をもとに参考資料を検討してみよう（第29図、第2表）。

(27)　小山Ⅴ地点遺跡〔今里 1969・1980〕

　子持勾玉はA－1類に属し、本体断面の比率0.94、本体反りの比率0.54となり、問題の0型式に比定できる。

　同遺物は、土坑から古式土師器（庄内式～布留式古段階）とともに発見されたという。ただし、層位的に子持勾玉は最上層ということである。混入かどうか疑問はあるものの、5世紀前葉においても問題はないと考えられる。なお、筆者の子持勾玉編年観からいえば上記土師器と共伴し、4世紀代に入ることはまずないと思っている。

(28)　平出遺跡〔大場 1955〕

　子持勾玉はB－1類に属し、本体断面の比率0.80、本体反りの比率0.47となり、Ⅱ型式に比定できる。胴部と背部の突起は円形の退化形式である。

　同遺物は、住居址内の床面より30cm上方から出土したという。床面出土の土師器は、実測図を見るかぎり畿内の布留式新段階・関東の和泉式に比定できる。5世紀前半のものであろう。これ

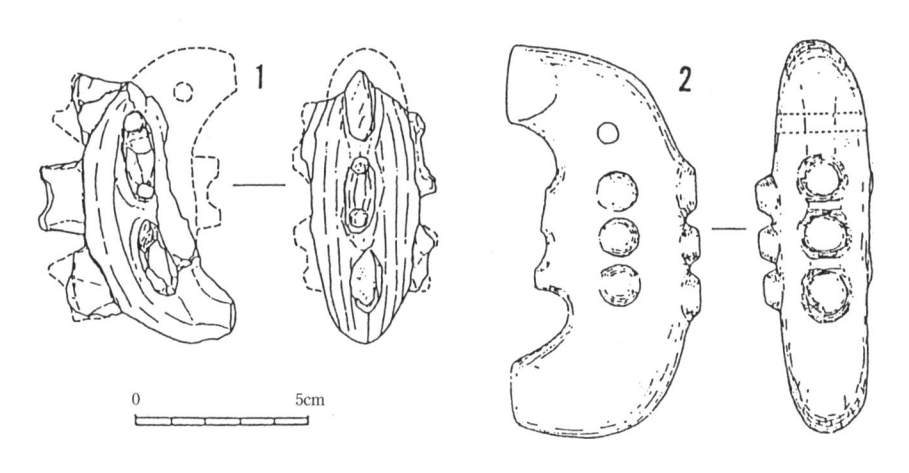

第31図　1. 小山Ⅴ地点（筆者実測）、　2. 平出遺跡出土子持勾玉（大場 1955より）

第Ⅱ編　祭祀遺物の分類・編年と研究

に間違いなければ、当該遺物とは明らかに年代差が認められる。調査者が言うように同一時期とするには問題がのこり、5世紀後葉のものとしておきたい。

(29)　カトンボ山古墳〔森 1953〕

子持勾玉はA－1類2個体、A－2類2個体で、かりに1・2・3・4とすると、1は本体断面比率0.94、本体反りの比率0.51、二個連接のものである。2は同0.65、同0.60で、3は同0.60、同0.60、4は同0.73、同0.47、頭尾に線刻で直弧文を描き、また、線刻で口も表現している。

同遺物は、粘土槨状の主体部から鏡・鉄製品・石製模造品と伴出の発見であったらしい。と言うのは、同古墳は工事で主体部が破壊され、採取した遺物であり、調査時には遺物を検出しえなかったのである。そのためこれらは、正確には一括遺物と言いがたいうらみがある。

調査者は御廟山古墳との関係、および出土遺物の検討から5世紀中頃と推定する。しかし、鉄鏃は長頸式（両刀・片刀を含む）のもののみで占める比較的新しい様相があり、石製模造品の刀子も明らかに新・古が入り混じっており、時代幅もありそうである。とすれば、一括埋納かどうか、白石の指摘した主体部の数〔白石 1985〕も含めて、再度時期検討の必要があろう。

子持勾玉は、筆者の編年観でいえば1が5世紀中葉、2・3が5世紀末、4が5世紀後葉の年代が与えられ、一括埋納でないか、もしくは埋納時期が新しくなるかのどちらかと推察する[13]。

(30)・(32)　湖西線〔田辺編 1973〕・芝遺跡〔桜井市教育委員会 1987〕

前者はA－2類で本体断面の比率0.81、本体反りの比率0.56、後者はA－1類同0.84、同0.51で

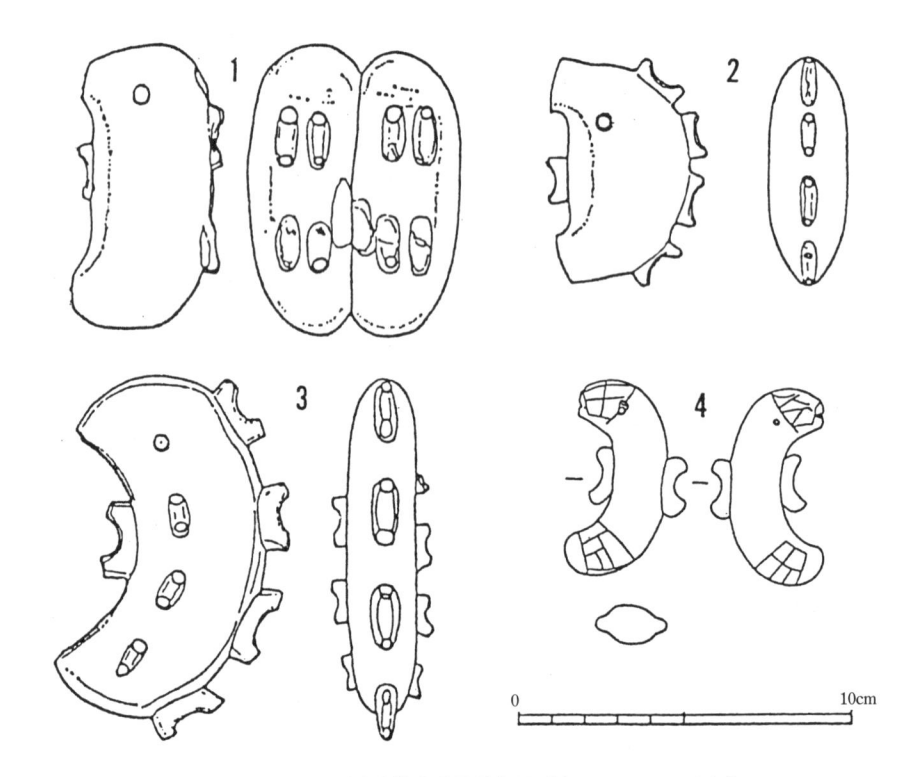

第32図　カトンボ山古墳出土子持勾玉（森 1949・1953より）

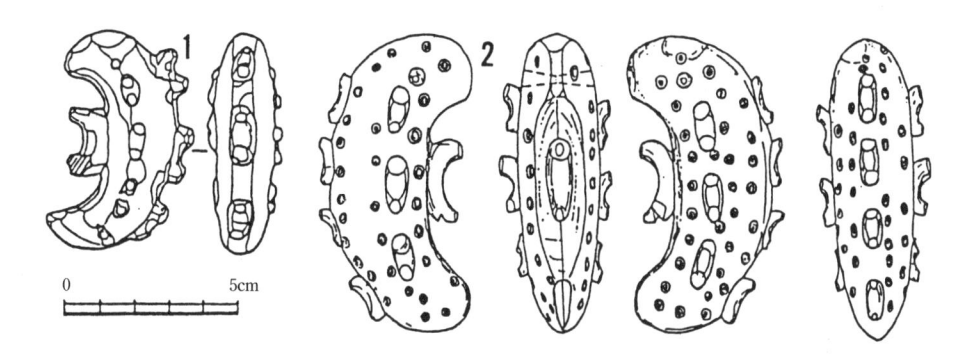

第33図　1. 湖西線（田辺編 1973より）、2. 芝遺跡出土子持勾玉（桜井市教委 1987より）

あり、共にⅡ型式に比定できる。なお、芝のものは体部に円圏文を施している。

　ともに包含層出土の遺物であるが、陶邑Ⅰ期の須恵器などと共伴している。5世紀後葉とみて大過ないと考えられる。

　(31)　大久保古墳〔(財)広島県埋蔵文化財調査センター 1987〕

　子持勾玉はB－2類に属し、本体断面の比率0.76、本体反りの比率0.46となり、Ⅱ型式に比定できる。

　埋葬主体部は2基あり、そのうち南に位置する第1主体部竪穴式石室内の上層部からの出土である。調査者は棺床面が2枚あり、子持勾玉は2次床面の粘土中から発見され、追葬が認められたという。そして、墳丘および第2主体部覆土中の須恵器が2群に分かれることから、古い一群（A）を第1主体部、新しい一群（B）を第2主体部もしくは第1主体部の追葬時のものと推定し、それぞれ5世紀前半・同後半の年代に位置づける。筆者の子持勾玉編年観から言えば非常に都合良い時期となるが、2次床面から人骨が出ているならばともかく、現状では追葬を肯定しがたい。

　では、子持勾玉の年代はどのように考えられるのか。これはおそらく主体部の年代的な位置づけに誤認があるのであろう。第2主体部のほうが墳丘上では主要な位置を占め、しかも、礫床に割竹型木棺を安置すること、そして本来竪穴式石室が存在したことを窺わせる古い様相の幅広い掘り方は、このことを示唆しているといえよう。すなわち、第2主体部が須恵器A群に伴い、第1主体部が同B群に伴うのであろう。第2主体部出土の珠文鏡を、ことさらに新しく考えたことによる誤りと推定される。

　(33)　布留遺跡〔天理大学 1981〕

　子持勾玉はA－1類に属し、本体断面の比率0.66、本体反りの比率0.58となり、Ⅲ型式に比定できる。

　同遺物は、溝内の下層部から古墳時代〜奈良時代の遺物と共に発見されている。概要報告書によれば、この溝は古墳時代中期の掘削という。とすれば遺物から時期の特定はできないが、6世紀前葉でも矛盾はないと考えている。

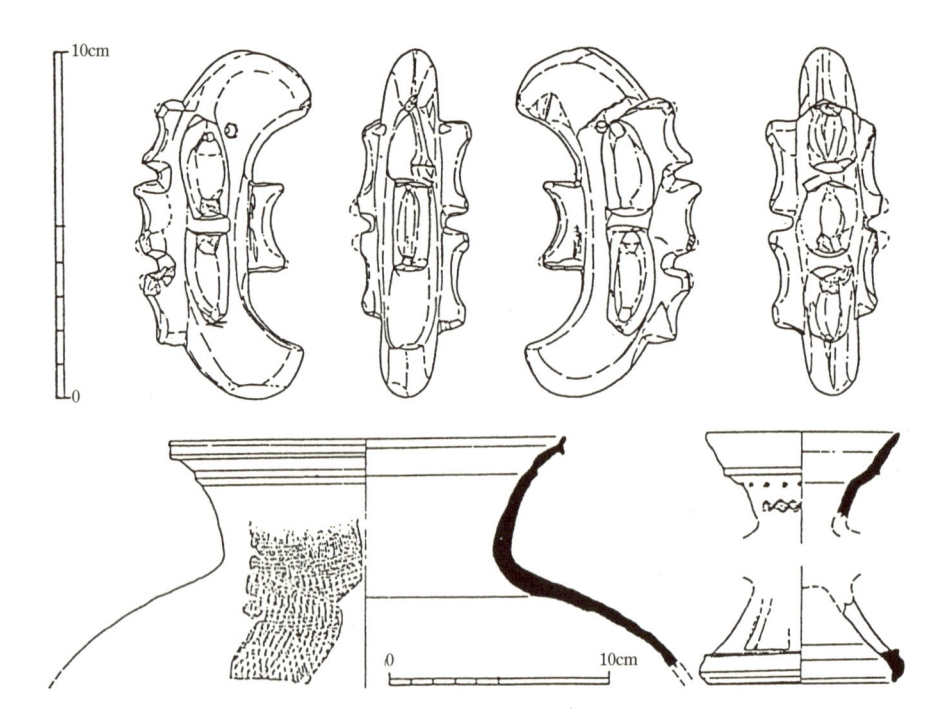

第Ⅱ編　祭祀遺物の分類・編年と研究

第34図　大久保古墳出土遺物（(財)広島県埋文センター1987より）

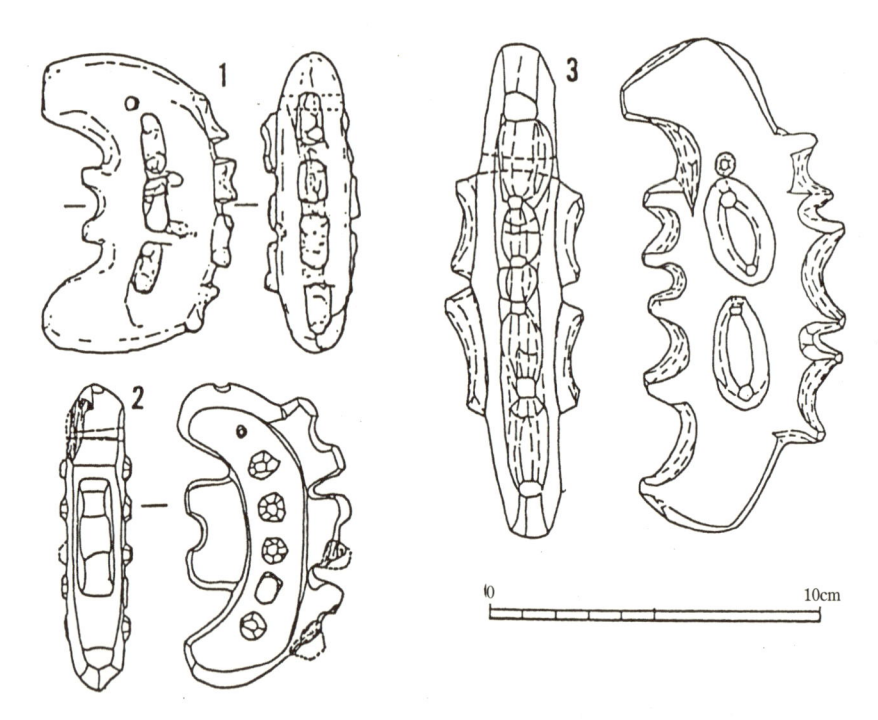

第35図　1. 布留（天理大学 1981より）、2. 裏ノ田（福岡県教委 1977より）、
　　　　3. 石木遺跡出土子持勾玉（佐賀県教委 1976より）

(34)　裏ノ田遺跡〔福岡県教育委員会 1977〕

　子持勾玉はＢ－１類に属し、本体断面の比率0.60、本体反りの比率0.52となり、Ⅲ型式に比定できる。

　竈を持つ住居址内の出土であるが、床面出土は耳環のみで、当該遺物は手捏土器などとともに覆土中の発見であり、調査者は時期決定が困難と考えている。他に子持勾玉は未製品と推定されるものを検出した住居址があり、これを６世紀末としている。また、遺跡全体ではＭＴ15型式併行の６世紀前半の住居が一番古い。このように遺跡全体の時期は、６世紀前半から６世紀末と年代幅があり特定できそうにないが、筆者の子持勾玉編年観でいえば６世紀前葉末に位置づけられる。

(35)　石木遺跡〔佐賀県教育委員会 1976〕

　子持勾玉はＢ－１類に属し、本体断面の比率0.69、本体反りの比率0.37となり、Ⅳ－１型式に比定できる。

　同遺物は、河道内の堰遺構から土師器・須恵器などとともに出土している。年代は古墳時代の中期から後期にかけてとかなり幅があるが、子持勾玉は６世紀中葉に位置づけられよう。

(36)　月若遺跡〔芦屋市教育委員会 1986、森岡 1988〕

　子持勾玉はＡ－２類に属し、本体断面の比率0.55、本体反りの比率0.48となり、Ⅳ－２型式に比定できる。

　同遺物は河道埋没後の上部包含層からの出土である。包含層は下層に６世紀前半、上層に６世紀後半の遺物があり、この境目からの発見という。筆者の子持勾玉編年観からいえば６世紀中葉末に位置づけられる。

(37)　沖ノ島４号遺跡〔宗像神社復興期成会編 1958〕

　子持勾玉はＢ－２類に属し、本体断面の比率0.53、本体反りの比率0.52となり、Ⅴ型式に比定できる。他に破片が１点ある。

　同遺物は二折し、下半部は４号遺跡に、上半部は地下倉庫に保管されていた。当該遺跡は前述のように御金蔵と呼ばれ、近世の遺物まで含まれ、時期を特定できない状況にあったが、最近は初現を８号遺跡と同時期に考えられている。筆者の子持勾玉編年観からいえば６世紀後葉に位置づけられる。

(38)　東神崎遺跡〔是光ほか 1969〕

　子持勾玉はＢ－２類に属し、本体断面の比率0.43、本体反りの比率0.39となり、Ⅵ型式に比定できる。

　採集遺物のため、時期は限定できないが、報告者によれば周囲に須恵器の散布が認められ、古墳時代と平安時代の２時期に分かれるという。前者は、実測図を見るかぎりＴＫ209型式に相当する。子持勾玉は７世紀前葉に位置づけられよう。

(39)　志水遺跡〔熊本県教育委員会 1980〕

　子持勾玉はＢ－２類に属し、本体断面の比率0.31、本体反りの比率0.41となり、Ⅶ型式に比定できる。

当該遺物は、住居址と祭祀遺構とが切り合ったとみられる位置から土師器・須恵器などと共に発見され、調査者はその遺物から時期を推定し、6世紀後半から9世紀前半とした。子持勾玉は、筆者の編年観からいえば7世紀後葉に位置づけられる。

5　まとめ

　以上、年代決定のできる子持勾玉を基本資料に、背部の突起のあり方から型式分類を、本体厚みの比率と本体反りの比率から編年を試みた。この結果、佐野の指摘の通り、断面円形に近いものから楕円形、そして断面長方形に変遷することが証明でき、それぞれの型式に年代を比定することができたのである。
　この一連の作業には、子持勾玉と伴出する須恵器が大きな役割を果たしたが、初期および古式須恵器の共伴する例がかなり存在する事実もわかった。ということは、子持勾玉が全く疑う余地のない祭祀遺跡から出土することから、これら初期および古式須恵器も含めて祭祀儀器であることを裏づけるものである[14]。
　また、同比率型タイプの存在（カトンボ山・雨流・郡家例）は製作地を同じくする問題と考えられ、同一系統の型（福市・金崎1号・出雲玉作例）は一つの地方色とも捉えられる[15]。
　さらに、カトンボ山例が一括遺物であれば製作年代と使用年代に差があることも明らかで、今後も漸次考察が進められるのであろう。今後の研究課題としておきたい。
　最後に、子持勾玉の祖源について若干記して、まとめとしたい。
　今回は伴出遺物の須恵器を補助資料に年代の検討をしてきたため、ＴＫ73型式以前すなわち5世紀前葉に子持勾玉が存在するかどうかは、明らかにできなかった。しかし、その存在の可能性を考慮し、0型式を設定し、小山Ⅴ地点などの候補も示した。筆者は祖源が4世紀後葉にあり、やはり他の滑石製模造品と同様に碧玉製品からの流れや影響と理解している。ここで、注目されるのは梅原末治の報告〔梅原 1965・1971〕である。出土地が不詳とはいえ、碧玉製禽獣勾玉のな

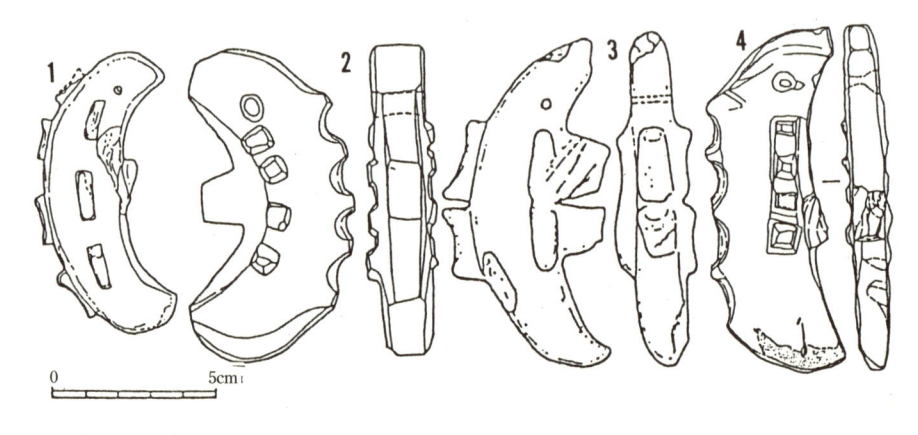

第36図　1. 月若（森岡 1988より）、2. 沖ノ島4号（佐田 1979より）、3. 東神崎
　　　　（是光ほか 1969より）、4. 志水遺跡出土子持勾玉（熊本県教委 1980より）

かに充分その祖型としてたえうるものがあることである。この点からも、今後は、祖型が系統的に変化をとげていく面に注意する必要があろう。それとともに、子持勾玉に対する祭祀儀器としての意識、すなわち、初期の神宝的な、呪術的な古代人の意識も、5世紀から6世紀初頭へ、そして7世紀に移るに従って変わっていくことが、他の祭祀儀器から類推される。関連遺物のもつ古代人の心理的側面の変化を併せ明らかにしていくことが、今日的課題であることもあえて提言しておきたい。

なお、森浩一〔森 1978a・b〕は、倭人が朝鮮に軍事出兵、さらには長期間占領したにもかかわらず倭人系の遺物が少ないことから逆転の発想をし、また子持須恵器などに見られる事実から朝鮮半島に起源を求められた。着想としては興味深いものの、森自身が提示した方法をおしすすめた筆者の分類によると、現在確認されるものはいずれも5世紀後葉から6世紀前葉のものである[16]。同氏の説は、子持勾玉の祖源にまで遡及して検討を加えないかぎり、容認しがたい論といえよう。ただし、朝鮮半島系渡来の人々の影響までも否定するものではない。

註
(1) 後年、弥生時代の恩智遺跡のものは混入と認め、古墳時代中期か後期と訂正している〔森 1978b〕。
(2) 伴出遺物が多く認められる現在、大場を批判することは容易だが、単独出土の多い時期にあってこの考え方は評価出来るものである。
(3) 筆者も両端を截り落とす形態から分類は行なっているが、しかし先端が細く丸みのあるものが初期の頃から存在するのも事実である。
(4) しかし、断面の厚みで言えばⅠ型式に入る波形が存在するという矛盾が出ている。このため筆者は、突起を形態分類にのみ使用し、本体断面の厚みは形態編年に適用している。
(5) ただし、椙山林継とあるのは佐野大和の誤認であろう。
(6) 突起そのものも変化しているのは事実であるが、基本は勾玉本体にあるのである。
(7) 子持勾玉の各比率については第2表の9を参照されたい。
(8) 子持勾玉の各比率については第2表の11を参照されたい。
(9) 木村幾多郎氏および地元教育委員会に所在調査を行なってもらったが、行方不明である。また、実測図も断面形が公表されていないので厚み比率は明らかでない。
(10) 装飾付壺は一時期古くなることが予測され、伝世を考える。
(11) 候補として、東国では実見していないため数値は明らかでないが相模・勝坂遺跡〔椙山 1972〕、西国では播磨・小山Ⅴ地点遺跡が挙げられる。
(12) 須恵器の生産開始実年代は、大きく4世紀末から5世紀初頭に比定する説と、5世紀中葉に比定する説に分かれる。筆者は考え方として、初期須恵器の存続期間を定型化以降と同様に扱わない、すなわち短く考える関川〔関川 1984〕の5世紀中葉説を支持したい。
(13) 古墳の主体部ではないが、兵庫県五色塚古墳(前方後円墳)の西くびれ部から子持勾玉4点の出土が報じられている。古墳は4世紀終末から5世紀初頭にかけての築造であるが、同遺物の完形2点は筆者分類のⅣ-1型式B-2類・Ⅳ-2型式B-2類であり、伴出の須恵器からも6世紀中葉のものと考えている〔神戸市教育委員会 1970〕。
(14) この点については、1973年武蔵伊興遺跡発掘調査のおり、鈴木敏弘・伊藤潔氏からご教示を受け

第Ⅱ編　祭祀遺物の分類・編年と研究

注目してきた。
（15）現在のところ、子持勾玉の工房址と考えられるものに群馬県・八寸城山遺跡、新潟県・田伏玉作遺跡、奈良県・曽我遺跡、大阪府・池島遺跡、島根県・出雲玉造遺跡、福岡県・裏ノ田遺跡などがある。いずれも子持勾玉の分布中心地にあり、各地で製作してきたことを示している。
（16）最近の資料では7例あり、そのうち実測図が提示されている4例について検討を加えれば軍守里（厚み0.73、反り0.43）、月山里（厚み0.63、反り0.48）、晋州市内（厚み0.78、反り0.74）、出土地未詳崇實大博物館所蔵品（厚み0.80、反り0.46）と、筆者分類のⅡ-1型式～Ⅳ-1型式にあたる。また、これは柳田が指摘するように、6世紀前半以降に朝鮮半島において、倭人系遺物が姿を消すことを実証するものである〔金廷鶴 1972、佐田 1979、崔恩珠 1987、柳田 1988〕。

引用文献

芦屋市教育委員会　1986『埋蔵文化財調査メモリアル』80～85　芦屋市文化財調査報告第14集
伊勢崎市教育委員会　1982『原之城遺跡・下吉祥遺跡』大正用水東部土地改良事業に伴う昭和56年度発掘調査報告書
茨城県教育財団　1986「向坪B遺跡」『一般国道4号改築工事地内埋蔵文化財調査報告書』1（総和地区）茨城県教育財団文化財調査報告第38集
今里幾次　1969「播磨弥生式土器の動態－播磨の後期弥生式土器－」『考古学研究』第16巻第1号　p.27～40
今里幾次　1980「播磨弥生式土器の動態－播磨の後期弥生式土器－」『播磨考古学研究』に再録、巻頭写真　p.73～97
上野精志　1973「福岡県感田横穴群の調査」『考古学ジャーナル』No.79　p.10～13
梅原末治　1922「鳥取県下に於ける有史以前の遺跡」『鳥取県史蹟名勝地調査報告』第1冊
梅原末治　1965「上古の禽獣魚形勾玉」『史学』第38巻第1号
梅原末治　1971「上古の禽獣魚形勾玉」「上古の禽獣魚形勾玉の補説」『日本古玉器雑攷』に再録　p.3～88　吉川弘文館
大野雲外　1901「子持曲玉に就いて」『東京人類学会雑誌』188号　p.31～32
大場磐雄　1937「子持勾玉私考」『上代文化』第15輯　國學院大學考古学会
大場磐雄　1943「子持勾玉私考」『神道考古学論攷』に再録　p.502～527
大場磐雄　1942「玉依比売神社の児玉石」『信濃』昭和17年5月号　p.1～15・6月号　p.1～12
大場磐雄　1955『平出』長野県宗賀村古代集落遺跡の総合研究　平出遺跡調査会
大場磐雄　1962「子持勾玉」『武蔵伊興』國學院大學考古学研究報告第二冊
大村雅夫編　1968『福市遺跡』米子市教育委員会・福市遺跡調査団
大阪府教育委員会　1973『陶邑・深田』大阪府文化財調査抄報第2輯
岡崎　敬　1979『宗像沖ノ島』第三次学術調査隊　宗像大社復興期成会
小郡市教育委員会　1983『横隈狐塚遺跡』小郡市文化財調査報告第17集
小野真一　1982『祭祀遺跡』考古学ライブラリー10　ニューサイエンス社
京都大学　1967『和歌山市鳴滝古墳群の調査』和歌山県文化財学術調査報告書第二冊
金　廷鶴　1972『韓国の考古学』p.264　河出書房新社
京嶋　覚　1986「長原遺跡出土の皮袋形瓶・子持勾玉・土馬」『葦火』3号　p.2～3
熊本県教育委員会　1980『興善寺Ⅱ』熊本県文化財調査報告第45集
群馬県企業局　1982『伊勢崎・東流通団地遺跡』

群馬県教育委員会 1981「上滝遺跡」『関越自動車道（新潟線）地域埋蔵文化財発掘調査報告書』第3集　群馬県埋蔵文化財事業団
群馬大学 1966「館野遺跡発掘調査概報」『昭和37・8年度における発掘調査』尾崎研究室調査報告第1輯
群馬県埋蔵文化財事業団 1981『三ツ寺遺跡説明会資料』
神戸市教育委員会 1970『史跡五色塚古墳環境整備事業中間報告Ⅰ』神戸市文化財調査報告13
神戸市教育委員会 1987「郡家遺跡」『神戸市埋蔵文化財年報』昭和59年度　p.138～160
是光吉基ほか 1969「広島県世羅郡東神崎出土の子持勾玉」『考古学ジャーナル』No.34　p.20～21
近藤　正 1972「山陰」『神道考古学講座』第2巻　p.195～210
崔　恩珠 1987「우리나라의 滑石製母子曲玉에 대하여」『三佛金元龍教授停年退任紀念論叢』考古學篇　p.370～379　一志社　ソウル
堺市教育委員会 1976『土師遺跡50年度発掘調査概報』
佐賀県教育委員会 1976『石木遺跡』佐賀県文化財調査報告書第35集
佐賀県教育委員会 1987『下石動遺跡』九州横断自動車道関係埋蔵文化財発掘調査報告書(6)
桜井市教育委員会 1987『芝遺跡大三輪中学校改築にともなう発掘調査報告書』
佐々木幹雄 1982「三輪山及びその周辺出土の子持勾玉」『古代』第71号　p.1～23　早稲田考古学会
佐々木幹雄 1985「子持勾玉私考」『古代探叢』Ⅱ　p.319～352
佐田　茂 1975「九州の祭祀遺跡」『九州考古学の諸問題』p.315～344　福岡考古学研究会
佐田　茂 1979「滑石製子持勾玉」『宗像沖ノ島』第三次学術調査隊　宗像大社復興期成会　p.404～416
佐野大和 1981「子持勾玉」『神道考古学講座』第3巻　p.109～157
下城　正 1986「三ツ寺Ⅰ遺跡」『群馬県史』資料編2原始古代2　p.323～330
白石太一郎 1985「神まつりと古墳の祭祀」『国立歴史民俗博物館研究報告』第7集　p.79～114
鈴木一男 1983「宮内二号墳・宮内北遺跡」『栃木県埋蔵文化財保護行政年報』昭和57年度　p.55～57
椙山林継 1972「関東」『神道考古学講座』第2巻　巻頭図版第2図　p.36
関川尚功 1984「奈良県下の初期須恵器」『考古学論攷』橿原考古学研究所紀要第10冊　p.37～74
高橋健自 1926「埴輪及び装身具」『考古学講座』第1号　雄山閣
高橋健自 1928「勾玉と鈴とに就いて」『考古学雑誌』第18巻第7号　p.1～12
平良泰久 1976「向日市森本町山開古墳とその出土遺物」『京都考古』第19号　p.1～5
田口一郎 1987「上滝遺跡」『東国における古式須恵器をめぐる諸問題』第8回三県シンポジウム　第Ⅰ分冊　p.34～35　北武蔵古代文化研究会ほか
田辺昭三 1966『陶邑古窯址群Ⅰ』平安学園
田辺昭三編 1973『湖西線関係遺跡調査報告書』滋賀県教育委員会
田辺昭三 1981『須恵器大成』p.112　角川書店
天理大学 1981『布留遺跡杣之内木堂方地区発掘調査概要』布留遺跡研究中間報告2
富山県教育委員会 1981「若宮B遺跡」『北陸自動車道調査報告書』遺構編
富山県教育委員会 1982「若宮B遺跡」『北陸自動車道調査報告書』土器・石器編
富山県教育委員会 1984「若宮B遺跡」『北陸自動車道調査報告書』総括編
直良信夫 1929「子持勾玉の研究」『史学』第8巻第3号　p.137～163　三田史学会
中澤貞治 1986「原之城遺跡」『群馬県史』資料編2原始古代2　p.624～635
奈良国立文化財研究所 1978『飛鳥・藤原宮発掘調査報告書Ⅱ』奈良国立文化財研究所学報第31冊

橋本澄夫ほか 1969『石川県羽咋郡富来町高田遺跡調査略報』石川県教育委員会
東大阪市教育委員会 1973『山畑古墳群Ⅰ』東大阪市文化財調査報告書第1冊
(財)広島県埋蔵文化財調査センター 1987「大久保古墳」『山陽自動車道建設に伴う埋蔵文化財調査報告（Ⅳ）』広島県埋蔵文化財調査センター調査報告書55集
福岡県教育委員会 1977「裏ノ田遺跡」『九州縦貫自動車道関係埋蔵文化財調査報告』ⅩⅦ
宗像神社復興期成会編 1958『沖ノ島』吉川弘文館
村川義典 1986「三条岡山遺跡」『兵庫県埋蔵文化財調査年報』昭和58年度 p.51～53
森 浩一 1949「子持勾玉の研究」『古代学研究』No1 p.1～9 学生考古学研究会
森 浩一 1953『カトンボ山古墳の研究』古代學叢刊第一冊 古代學研究会
森 浩一 1978a「古市・百舌鳥古墳群と古墳中期の文化」『大阪府史』第1巻 p.695～696
森 浩一 1978b「須恵器の研究メモ」『考古学の模索』p.193～196 学生社
森岡秀人 1988「古墳時代の芦屋地方（下）」『兵庫県の歴史』第24 p.44～55 兵庫県史編纂専門委員会
柳田康雄 1988「朝鮮半島における日本系遺物」『国際シンポジウム九州における古墳時代と朝鮮半島』p.4～11 九州歴史資料館
梁木 誠 1987「栃木県の古式須恵器－宮内2号墳－」『東国における古式須恵器をめぐる諸問題』第8回三県シンポジウム第1分冊 p.355～356 北武蔵古代文化研究会ほか
山本 清 1960「山陰の須恵器」『島根大学開学十周年記念論集』
山本 清 1971「山陰の須恵器」『山陰古墳文化の研究』に再録 p.316～340
山本良知 1986「館野遺跡」『群馬県史』資料編2原始古代2 p.419～422
四柳嘉章 1983「古墳時代の沙庭と祭具－富来町高田遺跡祭祀遺構の一考察－」『北陸の考古学』第26号 p.423～452

第2表　子持勾玉出土地地名表（管見による時期決定の可能な資料のみ）

番号	遺跡名	所在地	数量	断面比率	反り比率	出土地点	共伴遺物	時期
1	山開古墳	京都府向日市森本町山開	1	0.86	0.56	古墳周溝内	須恵器	5C中
2	向坪B	茨城県古河市久能	1	0.85	0.72	住居址1	須恵器・土師器 石製模造品	5C中
3	沖ノ島21号	福岡県宗像市大島	1	0.86	0.54	祭祀遺構		5C中
4	福市	鳥取県米子市福市	1	0.88	—	住居址23	土師器	5C中～後
5	金崎1号古墳	島根県松江市西川津町	2	0.71 —	0.61 —	竪穴式石室	須恵器ほか	5C中～後
6	陶邑・深田	大阪府堺市大庭寺	1	0.79	0.62	溝A	須恵器・土師器	5C後
7	宮内2号古墳	栃木県小山市粟宮字宮内	1	0.82	0.45	古墳周溝	須恵器・土師器	5C後
8	若宮B	富山県中新川郡立山町	1	0.84	0.62	溝42	土師器・石製模造品	5C後
9	高田	石川県羽咋郡志賀町富来	2	0.83 0.86	0.60 0.56	祭祀遺構 住1付近	須恵器・土師器	5C後
10	上滝	群馬県高崎市上滝町	1	0.82	0.54	溝1	須恵器・土師器	5C後
11	雨流	兵庫県南あわじ市雨流	1	0.65	0.60	河道	須恵器・土師器	5C末～6C初
12	郡家（城ノ前地区）	兵庫県神戸市東灘区御影町・御影中町	1	0.60	0.65	河道2	須恵器・土師器	5C末～6C初
13	三ツ寺I	群馬県高崎市三ツ寺町	1	0.76	0.42	祭祀遺構	石製模造品	5C後～5C末
14	沖ノ島8号	福岡県宗像市大島	2	0.63 0.68	0.55 0.46	祭祀遺構 採集品		6C前
15	下石動	佐賀県神埼郡吉野ヶ里町	1	0.68	0.49	住居址24	土師器	6C前
16	伊勢崎・東流通団地	群馬県伊勢崎市東町	1	0.68	0.53	住居址 1-11-15	須恵器・土師器	6C前
17	感田横穴	福岡県直方市感田栗林	1	—	0.52	横穴前庭部	須恵器	6C前？
18	横隈狐塚	福岡県小郡市横隈	1	0.65	0.47	木棺墓	臼玉	6C前
19	長原	大阪府大阪市平野区長吉長原	2	0.67 0.55	0.50 0.46	井戸付近 溝	須恵器・土師器	6C前～中
20	土師	大阪府堺市百舌鳥陵南町・深井中町・土師町	1	0.69	0.59	住居址6	須恵器・土師器	6C前～中
21	館野	群馬県渋川市中郷	2	0.65 —	0.44 —	祭祀遺構	須恵器・土師器 石製模造品	6C中
22	原之城	群馬県伊勢崎市豊城町	1	0.56	0.55	祭祀遺構	須恵器・土師器 石製模造品	6C中
23	鳴滝1号古墳	和歌山県和歌山市善明寺	1	0.56	0.45	横穴式石室	須恵器・鉄器・馬具	6C中～後
24	山畑22号古墳	大阪府東大阪市上四条町	1	0.50	—	横穴式石室	須恵器・土師器	6C末
25	三条岡山	兵庫県芦屋市三条町	1	0.49	0.38	祭祀遺構	須恵器ほか	6C末～7C初
26	藤原宮	奈良県橿原市縄手町	1	0.30	0.42	井戸	須恵器・土師器	7C後

[参考]

番号	遺跡名	所在地	数量	断面比率	反り比率	出土地点・共伴遺物	時期
27	小山Ⅴ地点	兵庫県姫路市延末	1	0.94	0.54	土坑最上層　土師器	古墳前期
28	平出	長野県塩尻市宗賀平出	1	0.80	0.47	住居址42　土師器	古墳前期
29	カトンボ山古墳	大阪府堺市百舌鳥赤畑町	4	0.94 0.65 0.60 0.73	0.51 0.60 0.60 0.47	主体部?　　鏡・石製模造品 　　　　　　ほか	5C中～後
30	湖西線	滋賀県大津市滋賀里	1	0.81	0.56	包含層　須恵器・土師器	4C～6C
31	大久保古墳	広島県広島市安佐北区	1	0.76	0.46	竪穴式石室　鉄器	5C中～後
32	芝 (大三輪中学校)	奈良県桜井市芝	1	0.84	0.51	包含層　須恵器	5C後～ 6C初
33	布留	奈良県天理市杣之内町	1	0.66	0.58	溝1／C　須恵器・土師器	古墳中期 ～奈良
34	裏ノ田	福岡県太宰府市太宰府	1	0.60	0.52	住居址6　手捏土器	6C前～末
35	石木	佐賀県小城市三日月町	1	0.69	0.37	堰　須恵器・土師器	6C前～末
36	月若	兵庫県芦屋市月若町	1	0.55	0.48	包含層　須恵器・土師器	6C初～後
37	沖ノ島4号	福岡県宗像市大島	2	0.53 ―	0.52 ―	祭祀遺構	5C後～ 6C末
38	東神崎	広島県世羅郡世羅町東神崎	1	0.43	0.39	包含層　須恵器	6C後～ 9C
39	志水	熊本県八代市興善寺町	1	0.31	0.41	住居址と祭祀 遺構の切り合い　須恵器・土師器　土馬ほか	6C後～ 9C前

第2章

木製人形年代考

1 はじめに

　本章は、近年都城跡ほか全国各地の官衙関係遺跡で発見されることの多くなった、奈良・平安時代の木製人形（偏平正面全身像）について、その分類および編年を試みようとするものである。

　歴史時代の人形には、木製・金属製・石製など様々の材質のものが存在する。金子裕之は、木製人形を宮都跡で出土した木製馬形・刀形・斎串などの祭祀具とともに木製模造品の名称で概括した。また、その種類についても『延喜式』の祭料記載と比較し、律令祭祀の内容を示す遺物と論じ、主な用途も大祓などに使用する罪・穢を祓うものと捉えた。さらに、中国の人形とも関連させて、道教思想の影響の下に成立すると考え、日本での初源を天武・持統朝期の7世紀後半であると推定した。

　以後、この考え方は広く学界に受け入れられてきた。しかし、年代については大きく奈良時代と奈良時代末から平安時代前期の2時期に区分するのみで、前記の金子をはじめほかに二、三の分類はあるものの、詳細な時期決定が非常に困難で編年がなされるまでには至っていないのが現状である。その最大の事由は、この種の遺物の大半は河道（溝）内より土器を伴って出土するが、儀式終了後廃棄した時点で、材質の特性により浮いたり沈んだりして新旧のものが入り混じったり、都城域では道路側溝の浚渫も行なわれるため、年代決定の決め手となる伴出遺物（特に土器）との間に年代差が認められることにある。

　そこで、まず研究史から先学の型式分類を紹介し、それぞれの評価批判を通じて、もっとも歴史的に意味のある特徴を抽出した分類を、創出したいと考えている。また、その変遷についても追求して、時期決定に確実性のあるものを各遺跡から採用し、これを分類型式にあてはめて年代を決め、人形編年を確立していきたい。

　なお、木製人形の中には横向全身像や新しい型と考えられる立体像も認められるが、今回はその対象から除外している。

2 研究史と型式分類

1. 発見史

　1940年代以来、祭祀遺跡とその出土遺物の研究を進め、これを神道考古学の名称のもとに体系

化した大場磐雄〔大場 1943・1970〕は、弥生時代以降の祭祀遺物のなかに木剣のごとき木製品が存在することに注目していた。しかし、祭祀遺物の種類として石製品・土製品と金属製品を掲げてはいたものの、まだ木製品を取り上げるには至っていない時期である。当時、人形については木製品の出土がなく、筑前国沖ノ島遺跡の石製模造品中に数例みられるのみであったが、大場はこれが同じ滑石製の馬形などと共伴する事実にすこぶる興味を示していた。後年明らかになる、木製人形に木製馬形などが伴う事を予期していたのであろうか。

　木製人形の研究は、1950年代前半の長野県箕輪遺跡の土地改良事業に伴う発掘調査での発見から始まった。1955年、この遺跡を報告した藤沢宗平〔藤沢 1955〕は、類品の発見に期待するとともに、これを非実用的なもの、所謂「人形」と捉え、参考例に『延喜式』の「人像」「偶人」を掲げた。遺物の性格を見極める、実に卓見であった。年代は、伴出土器から土師器の新しい時期に求められるであろうとした。また、現地を視察した大場磐雄は、後年箕輪遺跡出土の木製人形と馬形の考証を試みた〔大場 1964〕。『延喜式』記載の祭祀に金属製と木製の人形を使用することを挙げて、大祓との関連を指摘しながらも、当該遺跡のものは、沖ノ島遺跡出土の滑石製人形と同様に水神に供献した祭祀具と説く。これは、馬形には祓と別の使用法があると推定したためで、人形のみであればこのような見解にはならなかったであろう。

　1960年代から70年代、藤沢をはじめ学界に待ち望まれた類例の報告が都城遺跡から届いた。まず1961年、奈良国立文化財研究所による平城宮跡第7次調査においてＳＥ311Ａ内から顔を墨で描き、背腹に文字を書く、しかも目と胸には木釘を打った人形が1点出土した。1966年発行の報告書〔奈良国立文化財研究所 1966〕では、呪詛を目的とした遺物と考えて、年代は共伴土器から奈良時代末とする。また1968年には、藤澤一夫〔藤澤 1968〕がこれを使用して「古代の呪咀とその遺物」の論考を起草している。当該遺跡では、その後の平城京第57次調査の左京一条三坊東三坊大路側溝ＳＤ650出土の人形と第122次・第133次調査の壬生門と若犬門の二条大路北側溝ＳＤ1250出土のものが、特に分類・年代を考えるうえで注目されよう。ただし、ＳＤ1250出土の人形は分類が多岐にわたるということから、一般的にみて年代に幅のある可能性が大きい。

　次いで1966年、藤原宮跡において、奈良県教育委員会の第1次調査によってＳＤ105内から顔を墨で描いた人形2点が出土した。報告書〔奈良県教育委員会 1969〕には、目の表現の特徴と伴出の木簡の内容が典薬寮に関係することから、呪禁師が眼病の治癒に用いた可能性を示唆する。年代は同じく伴出の紀年銘木簡から、上限を8世紀初頭とした。なお、後年、奈良国立文化財研究所による第20次調査のＳＤ1901Ａで出土した人形は、わが国最古のものとして知られている[1]。

　1970年、長岡宮跡では京都府教育委員会のＶ地区第2次調査によりＳＤ3100内から、鼻の下に釘を打った痕跡を持つ人形1点が出土した。概要報告書〔京都府教育委員会 1971〕には呪詛に用いたものとする。当該宮跡では、京都府教育委員会調査の左京三条二坊ＳＤ10・51出土の大型の人形と、向日市教育委員会の左京第51次調査〔向日市教育委員会 1981〕によるＳＤ1301内出土のものが分類・年代を考える上で注意される。

　1974年、平安京跡では平安京調査会〔1975〕により左京四条一坊調査時のⅠ号トレンチの第Ⅲ層から手の表現のない人形1点、ＳＤ－3からは同じく手のない人形1点、ＳＥ－7Ａからは胸

部に「秋野方」と墨書した立体人形1点、ＳＥ－1からは人面木札3点を発見した。ほかにも、当該京跡では古代学協会調査による左京八条三坊二町の第2次調査〔平安博物館 1985〕でＳＤ29より出土したものがあり、分類・年代を考えるうえで注目される。

このように、宮都遺跡では漸く類例が増えてきた。また、1969年から海の正倉院と言われる宗像沖ノ島遺跡の第3次調査が開始され、5号遺跡で金属製人形が、1号遺跡では滑石製人形の関連遺物が発見されている。

さらに、1970年～80年代には地方の官衙関係の遺跡でも、周辺部の低湿地まで調査範囲が拡がったことにより、木製祭祀具の発見例が増えた。例えば、静岡県伊場遺跡では、1969年以降の第3～7次の発掘調査により、人形が馬形・斎串などと伴出している。この成果は、『伊場遺跡遺物編1』〔浜松市立郷土博物館 1978〕として報告された。続いて、1977年の兵庫県但馬国分寺跡第5次調査では、目、鼻、口を刻み顔を表現する型の人形が発見された。翌1978年にも、国分寺近くの姫谷遺跡〔加賀見・金子 1980〕から同じく目、鼻、口を刻み顔を表現する形の人形が出土した。1985年には川岸遺跡〔日高町教育委員会 1986〕、翌1986年には深田遺跡・カナゲタ遺跡〔吉識 1988〕と兵庫県豊岡市日高町での発見が相次いでいる。これらは、いずれも但馬国府に関連する遺跡であるが、人形は9世紀代の新しい型のものである。また1983年、山形県俵田遺跡ではＳＭ60祭祀遺構から人面墨書土器・人形・馬形・斎串などが出土した。報告書〔山形県教育委員会 1984〕では、年代を9世紀前葉から中葉と考え、本邦初の祓所の跡と仮定し、その遺構を復元している。さらに、最近では静岡県大谷川治水対策事業関係の神明原・元宮川遺跡の祭祀遺物と兵庫県小野川放水路事業関係の砂入・袴狭遺跡などの祭祀遺物の発見があり、分類・年代を考えていくうえで非常に注目される。

2．研究史

＜第Ⅰ期＞

一方、発見例の増加とともに、これらの成果を使用した分類・編年の研究も始まってきた。

1975年、黒崎直は平城京左京一条三坊の調査報告のまとめ〔黒崎 1975〕に、「奈良時代から平安時代にかけての人形の形態的な変化を適確に明示することはできないが、大雑把な変遷を見通すことは可能である。」とことわりながら、ＳＤ485とＳＤ650Ａ出土のものを検討して、最初の人形分類案を提示した。

これが、第1図の3型式5分類案である。

- Ａ型式　「短冊形の板を加工して人の正面の全身像をあらわす。首部は両側辺から三角形の切欠きをいれてあらわし、頭部を三角形にするもののほか、円頭にするものがある。顔の表現は個体によってことなるが、目・鼻・口・眉を墨で描く。首と足の表現を主とし、手は両側辺からの切込みによって表現し、なかにはこの手を両端から切落して胴部を誇張するものがある」。
  - 1類－「足の表現によってＡ$_1$・Ａ$_2$に区別できる。板の下端の2箇所から切込みをいれ、中央部分を折り取って両脚をつくるもので、股は逆Ｕ字形を呈する」。

2類―「下端の2箇所から内側に向かう斜めの切込みをいれ、逆V字形の股につくる」。
3類―「脚部の加工では人形A_2と変らないが、首の切込みの上方が大きく、倒卵形の顔面を呈する。頭頂は三角形を呈するもののほかに、平頂をなすものがある。また、手をつくらずに胴を誇張したものがある。(中略)墨書きによる顔面の表現には、簡単なものと、口髭や顎髭を描く写実的なものがある」。

B型式 「組合せ人形と称したもので、人の側面形を表現する。頭部から胴部にかけての部分、手部、脚部の3部分からなるが、(中略)その表現は人形Aに比して写実的で、とくに頭部側面形は入念に刻している」。

C型式 「大型の板に人面を描くものでSD650から出土した。破片のため全形をうかがえないが顔面の表現は豊かである。奈良時代における同じ形態のものはしられない。しかし小型であるが、頭部の輪郭を帽子をふくめて写実的に切りぬき(ママ)、正面形や側面形の人形があり、SD650の祖形に相当するのであろう」。

年代・編年については、遺構の検出層位・出土遺物からSD485出土のものを8世紀前半、SD650出土のものを9世紀前半に位置づけ、「SD650には人形Aと人形Bとがある。人形AとしてはA_1がなく、A_2・A_3があるが、多くはSD485に存在しない人形A_3である。」とA型式は$A_1 \rightarrow A_2 \rightarrow A_3$への変遷と、時代が下がるに従って大型化する事を指摘された。

さて、型式分類より検討してみると、3型式のうち今回対象とするA型式の細分には、首部か

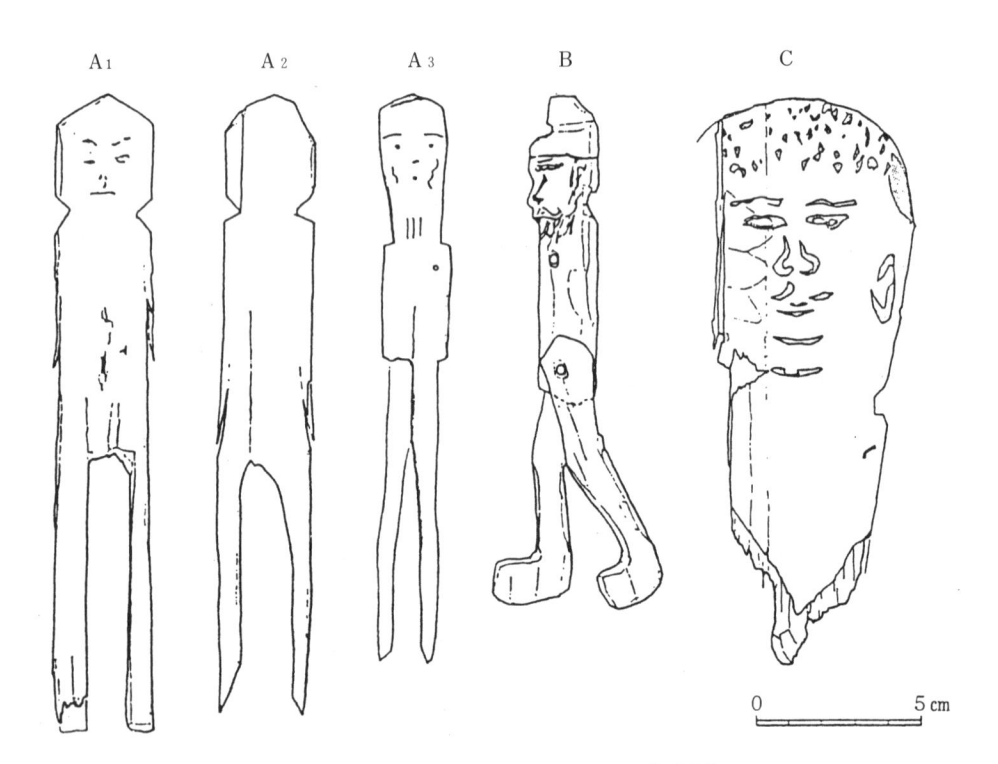

第1図 黒崎分類の人形 (黒崎1975より、一部改訂)

ら肩部への切り込みと脚部の切り込みで区分する方法をとっている。特に、A₃類を設定するにあたっては、A₁類との首部の切り込み角度の変化に注目し、これが時間変化に反映していると考えたのは大いに評価される。私見でも人形の分類基本は製作方法にあると理解しており、首（肩）部の切り込みと手の有無を重要視し、この変化をもってその要件にすべきだと考えている。その点、手の有無に気づく重要な指摘をしながら、分類に活かされなかったのは非常に惜しまれる(2)。なお、現在では脚部の分類（A₁類とA₂類）については形態分類に使用できても、新旧のどちらにも両形態が存在するため、編年の基準にはできないことが明らかとなっている。

　次に年代については、奈良時代と奈良時代末から平安時代初期とに大きく2分されている。ＳＤ485出土のものは、河道の埋没時期から見ても妥当なものであり、A₁とA₂→A₃の変遷もＳＤ650の遺物出土状況から容認できるところである。ただ年代比定に、若干の疑問がある。この時点では平安時代前期以降の人形の実体が不明であったため仕方がないが、ＳＤ650出土の一部のものは後年発見される和歌山県野田地区遺跡の人形のように手を切り欠き、膝・足先を作りだすなど新しい要素が多く、すべてを一括して9世紀前半と考えた点には無理があったようである。

　翌1976年、笠井敏光〔笠井 1976〕は長岡京跡左京三条二坊出土人形と大藪遺跡出土例を扱い、前記の黒崎分類のA₂→A₃の変遷を、この変化こそが「長岡京時代に行われ、旧来の形を残しながらも、新しい形になりつつある状態を示し、それ以前ではA₂

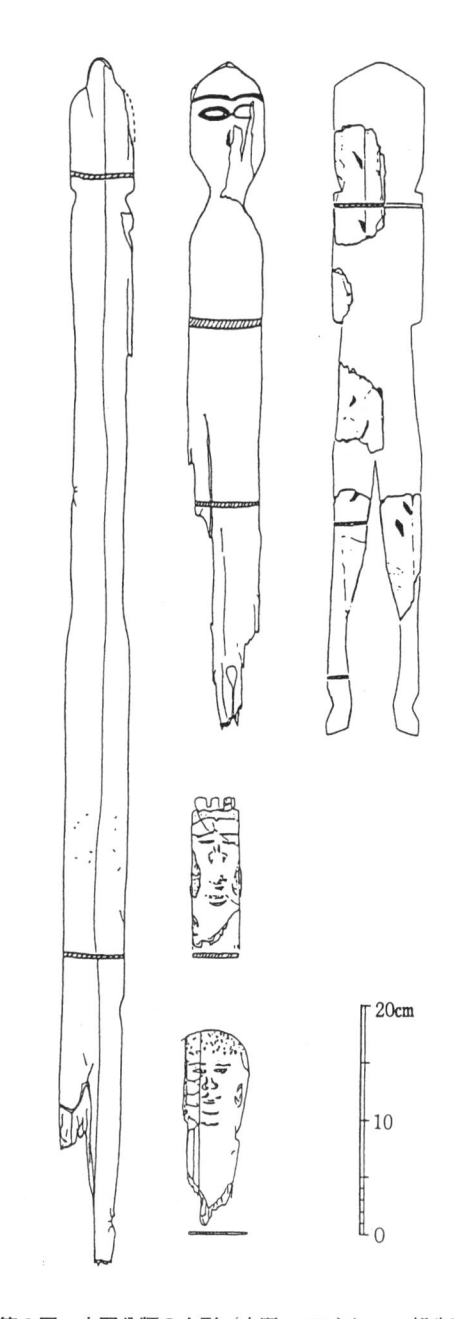

第2図　水野分類の人形（水野 1976より、一部改訂）

形式、それ以降はA₃形式が盛行することがわかった。」と一連の流れを追認した。そして、その時期を長岡京期とした。筆者もこの年代比定には、積極的に賛同したい。

同年、水野正好〔水野 1976〕は長岡京左京三条二坊出土の等身（大形）人形を奈良時代末、平城京左京一条三坊東三坊側溝と大藪遺跡の大形のものを平安時代初期とする前提のもとに（第2図）、「奈良時代に属する大形人形代は顔面をほぼ明確な六角形に作り出すこと、頸は上下両側から斜めに切りこみ二等辺三角形で表現すること、胸部などの高い位置には手を作り出さないことなど極めてはっきりした基準がみられるようである」。そして「平安時代初期に属する大形の人形代を見ると、注目される諸点がみられる。まず顔面を見ると、奈良時代の人形代にみられたような明確な角を具えた六角形の形をとらず頬のそげた、逆言すればはっきりと顔かたちをそなえた形に変化したものが多くなり、時には頬をそがず板素材のまま残し、墨書きで頬のそげを表現する例も誕生する。（中略）この平城京、大藪遺跡の二例にはともに頭頂に髷か櫛かと思われる突起を作り出す点でも共通しており、注目されるのである。（中略）頸部の表現をみると、もはや上下両側から切りこんだ二等辺三角形の表現は姿を消していき、肩を水平に切り、頬のそぎを受けるといった特色ある表現をとる傾向がつよくなり、頸を明確に示さなくなるようである。頸に力点をおかず肩に力点が移った感がつよいが、こうした傾向は通有な小形の規矩の人形代にも共通しており、人形代の世界全体の流れであることが判る。（中略）いま一つ注目される点は上肢の表現である。大藪遺跡、平城京例はともに胸部に上肢を作っており、奈良時代の諸例が胸部に上肢を表現していないのと一つの対照を示している。ただ上肢の表現が、腰の細みをつくりながら胸にいたり、水平に刻みを入れて手を表現した大藪遺跡の大形の人形代の二つの形が見られる。前者は腕の表現が象徴的なものであり、平安時代に入って誕生する表現であるが、後者は奈良時代のそれを踏襲したものである。」と人形の変遷を述べ、文献資料からその意味づけをも披瀝する。さらに、これらの特徴をまとめて「奈良時代に属する長岡京左京三条二坊発見の大形の人形代は眉、目、鼻を墨書した通有な形をとるが、平安時代に属する諸例は、たとえば大藪遺跡の髷を表現するかと思われる円形の突起をもつもの、あるいは平城京左京一条三坊のいがぐり頭の一見僧形を表わしたかのような円頭の資料、また同所発見の頭頂に飾髪をもつ女性なり稚児を表わすかの人形代など極めて特色ある形をもっており、（中略）換言すれば、一定の形を踏襲する傾向が平安時代になると変化し、僧形なり、女子や稚児などといった特定の個性にもとづいて形づくられていくようになるといえるのである。こうした僧形や女子、稚児を写した大形の人形代の展開が密接にこの種の人々と結びついていたことを示しているのであって、非常に広い階層にまで大形の人形代が普及していたことを示しているのである。」と人形の形態からその使用者層に至るまで注目すべき見解を発表している。学ぶべき点が多い。

さて、その変遷からみると平安時代のものについては初期のものばかりではなく若干の年代幅が考えられるが、概ね妥当と思っている。問題は、水野も類品が増加すれば一考の必要があるとしている奈良時代の上肢を作りださないタイプのものが本当に古い型なのかどうかの点である。筆者は兵庫県袴狭遺跡〔兵庫県教育委員会 1991〕の調査例からみて、手の表現のあるもの、胸部または腰部上に斜めの切り込みを入れるもの（これも手の表現と考えている）、そして手のないも

のに変遷すると推定し、これを新しい型と考えている。

　以上までが人形分類研究史の第Ⅰ期（黎明期）と捉えられ、黒崎分類の提唱とその年代比定が中心であった。

＜第Ⅱ期＞

　続く1977年、松下正司〔松下 1977〕は広島県草戸千軒の人形出土例を紹介し、中世のものを加えた場合、先の黒崎分類ではうまく整合しないとして、以下の3分類案（第3図）を発表した。

　Ⅰ類－「正面像」。

　Ⅱ類－「側面像」。

　Ⅲ類－「立体像」の分類である。

　そして、さらに各類を「A－全身像、B－部分像」に分ける。

　年代については、「概して奈良・平安時代にはⅠ類が多くⅡ類も伴なうが、中世になるとⅡ類・Ⅲ類が多くなることがわかる。」という大局的なものであった。

　この分類は、人形を形態別にみた場合、極めて合理的な方法である。まず、平面的なものと立体的なものとに2分し、次に平面的なものを正面像と側面像に区分するのである。そして、内容的には古代から中世を通じての編年観（Ⅰ類からⅡ類、そしてⅢ類に変化すること）を概観した妥当性のあるもので、詳細には各類ごとに変遷を考えていく必要性を示唆した非常に評価できる論説である。この時点で人形分類の大綱は、ほぼ確立したといえよう。筆者もこの考え方を大方において踏襲し、型式分類・編年を各類別ごとに製作技法より押し進めていきたい。

　1979年、沖ノ島遺跡第3次調査の報告書〔岡崎編 1979〕が刊行され、その中で22号遺跡出土の金属製人形が7世紀代、5号遺跡出土の金属製人形が7世紀後半と報告された。1号遺跡出土の

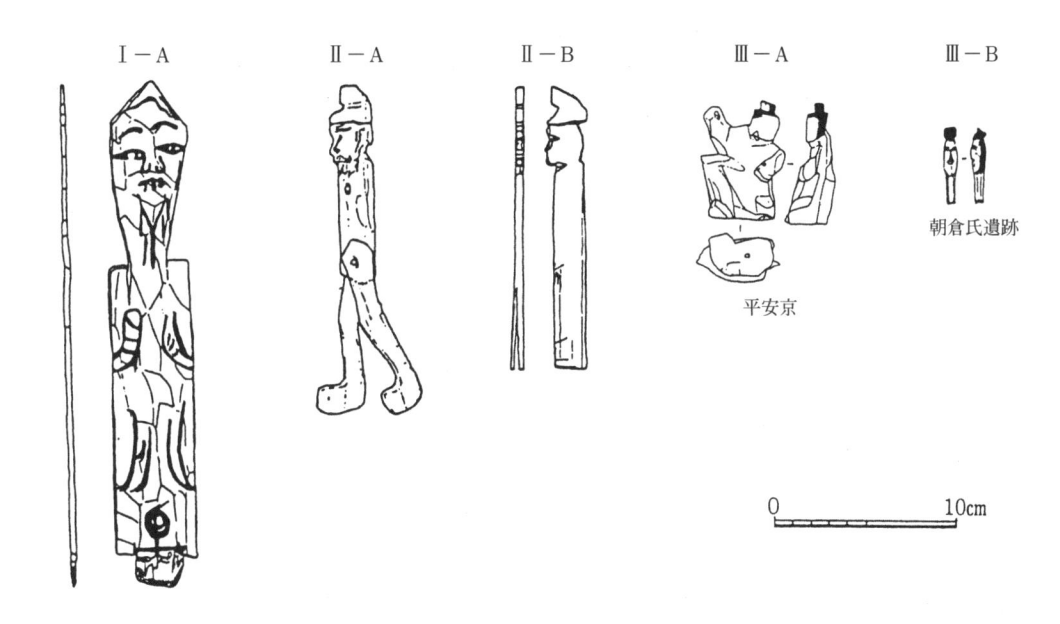

第3図　松下分類の人形（松下 1977より作成）

滑石製人形ついては9世紀代に比定されている。
　これら報告された人形は木製人形の年代を類推する上で重要な影響をもつものであり、詳細に観察すると木製人形に形態が非常によく似ており、その年代が先行するものか同時期のものと考えて間違いないのである。この点に気づいたのは、金子裕之〔金子 1980・1981〕と泉武〔泉 1989〕であった。ただし、私見とは若干その年代観を異にしている。
　1980年、金子は「古代の木製模造品」〔金子 1980〕を発表し、「木製模造品の成立は、その背後に政治的な要素があったと考える。おそらく、天武・持統朝の祭祀政策に関係するかたちで、6世紀以降の伝統にもとづき、あらたに中国系の祭祀具をつけ加え、再編成したのであろう。」と7世紀後半の天武・持統朝以降にみる新しい木製模造品の出現を再編成の所産と提言した。そして、模造品の種類と『延喜式』の祭料記載とを比較した結果、いくつかの共通項目を見いだせることから木製模造品の一部に律令的祭祀の内容が反映しているものと指摘した。人形には棒状の木に顔を刻んだやや立体的なものと、偏平な短冊状の板材を切り欠き全身を表わすものとがあるという。偏平な全身像については、時代や地域によって型式差があると考え、A～Dの4型式6形態（第4図）に分類した。

人形A　「A_1とA_2がある。A_1は短冊状の薄板の一端を削って頭とし、側面を切り欠いて顔と肩を作る。この場合、側面の上下から同角度で切り欠き、肩がいわゆる撫で肩となる。手は側面下方から浅く切りこむ。足は下端部を三角形に切り欠いて作る場合と平行に切りこみ、腰の位置で折って作る場合がある。前者が時期的に古く、一般的である。A_2はA_1とほぼ同じだが、違う点は腰の部位の左右を切り欠くことにある。A_1・

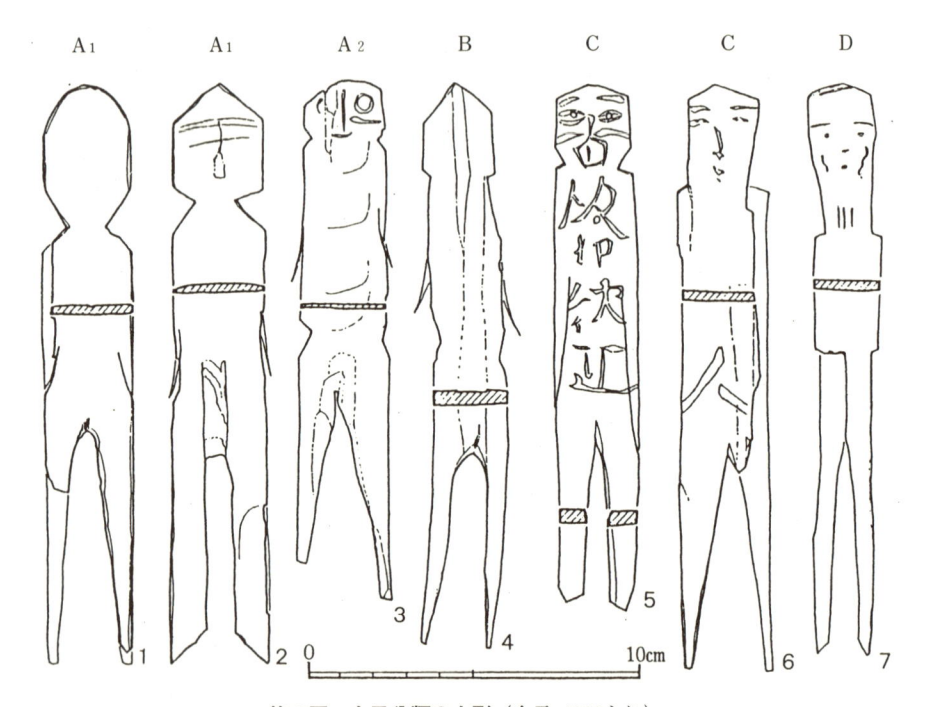

第4図　金子分類の人形（金子 1980より）

　　　　　Ａ₂ともに顔を墨書で表現する例がある。長さは15cmから18cm程度が最も多く、このような小型品のほかに、全長が１ｍを越すとみられる超大型品もある」。

人形Ｂ　「製作方法はＡとほぼ同じだが、肩部の切り欠きの形が違う。顎の部位は水平に切りこみ、肩の下方から大きく切り欠く。腰部の切り欠きの有無によってＢ₁・Ｂ₂に分ける。Ｂ₁・Ｂ₂ともに頭部は圭頭が多いが、ほぼ平らにする例もある。顔は墨書によって表す場合もある」。

人形Ｃ　「製作方法は人形Ａ・Ｂとほぼ同じだが、肩部の切り欠きの形が違う。顔の上方から大きく切り欠き、肩の線を水平にし、いわゆる怒り肩になる。顔は倒卵形に近くなり、より写実的となった。人形Ａ・Ｂのように腰部以下を切り欠く例はない。頭は圭頭や頭頂を平らにすることが多く、円頭は少ない。墨書によって顔を表わす場合は多くが顎鬚を加える。目鼻を刻みこんで表す例が京都府古殿遺跡、長野県箕輪遺跡、兵庫県但馬国分寺跡などにある」。

人形Ｄ　「人形Ｃの手の切りこみを、胸に近い部位で切り欠き、後世の立雛に近い形に作る。頭は圭頭の他、頭頂を平らにする例がある。顔は墨書で写実的に描くものがある。足は下端部を三角形に切り欠く形である。長さ20cm未満の小型品の他に、平城京跡東３坊大路側溝ＳＤ650出土の全長1.13ｍ、幅0.12ｍの超大型品がある」。

　そして、年代・変遷・分布を以下のように述べた。

　「木製人形は７世紀後半の天武・持統朝にＡが出現する。藤原宮跡下層大溝ＳＤ1901Ａの例が最古である。これ以降、藤原宮跡、平城宮・京跡、長岡京跡と、宮都とその周辺を通じてＡ₁→Ｃ→Ｄの変遷をたどる。Ａ₁は８世紀の平城宮・京跡に類例が多い。人形Ｃへの変化は８世紀末にあり、延暦３年（784年）頃に廃絶した平城宮大膳職の井戸ＳＥ311Ａのいわゆる「呪い人形」にその萌芽を認める。福岡県沖の島遺跡の22号・５号遺跡には鉄・金銅製人形がある。報告書では７世紀としているが、型式は「呪い人形」と一致する。人形Ｄは平城京跡東３坊大路側溝ＳＤ650の例によって、９世紀に出現し、人形Ｃと併存することが明らかであり、京都府大薮遺跡や静岡県伊場遺跡からも出土している。人形Ａ₂・Ｂ₂は静岡県伊場遺跡から多数出土した。このうちＡ₂は、８世紀の例が平城宮・京跡にもごく少数あり、平安時代の大薮遺跡には全長１ｍを越す超大型品がある。他方、Ｂ₂の分布はいまのところ伊場遺跡に限られ、８世紀代の平城宮跡と伊場遺跡との間に地域差があった。ただし、人形Ｄが伊場遺跡から出土しており、９世紀代にはこの地域差は解消した可能性がある。なお、福岡県沖の島遺跡には金属製人形のほかに、滑石製人形があり、８・９世紀代の１号遺跡から出土している。肩部や胸部の切り欠きが人形Ｃ・Ｄと共通するものがあり、滑石製品の一部は木製品を模倣して成立した可能性を考えている」。

　これらの考え方は、この後学界の主流となり、人形分類は金子案が広く採用されていくのである。この分類は、松下分類の影響を受けたためか、黒崎分類のＡ型式のみを扱うもので、分類基準はやはり肩部の切り欠きの形態にある。Ａは黒崎のＡ₁・Ａ₂類であり、ＣとＤは黒崎Ａ₃類の細分である。Ｂの設定については評価できるが、この時点では類例が少なく、金子はこの類の編年的な位置づけに相当苦慮している。新しい着眼点としては、腰部の切り欠きを加えたことがあ

第Ⅱ編　祭祀遺物の分類・編年と研究

げられよう。ただ残念なのは、手を切り欠くDを設けながら、平安京跡左京四条一坊や草戸千軒遺跡出土の退化型式と考えられる手を作り出さない類を設定しなかった点である。非常に惜しまれるところである。

次に編年については、A_1→Cへの変化を8世紀末とする。笠井説と同様の見解は理解できるが、Dの出現を9世紀前半と考えた点は黒崎分類同様にやはり無理があろう。

1981年、金子は『神道考古学講座』第3巻の「歴史時代の人形」〔金子 1981〕で、人形の集成と人形祭祀の意義をまとめた。型式編年については、製作技法からその変遷を試みている。

「短冊状にうすくそいだ板材の一端をまるく、あるいは山形に削り、側面は上下から刳りこんで頭や顔・肩を作る。手は側面下方から浅く切りこみ足は下端をV字状に切り欠くか（第5図3・4・6）、平行に切りこみ中央部を折って作る（同図2）。後者の場合は足の形がコの字状になる。時期的な特徴があらわれると考えられるのは今のところ肩の刳りこみと手の作りで、奈良時代は肩の刳りこみが上下からほぼ同じ角度で切りこまれているのに対し（同図1・2）、奈良末以降には肩の線が水平に近く顔は上方から浅い角度で刳りこむ（同図3・4・6）。そのため顔は倒卵形に近くなる。手のつくりは奈良時代のものは切りこみが比較的浅いのに比べ奈良末以降は相対的に深く長くなる。なかでも平城京東三坊大路出土品はこの切りこみを肩に近い部分で外側から切り欠き胴部と脚部の境を明確にしている。これなど後世の立雛に近い形となっているがあるいは奈良末・平安初期でもより新しい様相を示すものかもしれない。この編年が他地域にただちにあてはまるかどうかはこれからの問題である。たとえば伊場遺跡では肩の刳りこみ角度が上述とは逆なもの（同図5）があるし、脚部と胴部境界を明確にしたものがすでに奈良時代から出現しているという。その他の作りでは、頭は三角形・裁頭三角形・楕円形に近い形などがある。顔は無文とするものもあるが細部を表すものが多く、たいていは墨描きであるが、箕輪遺跡の例は先が尖った工具で突いている。通常眉・目・鼻・口を描くが、なかには冠・耳・口髭・顎髭を加えるものがある。髭を描いたものは奈良末以降に多く、男性を示すものであろう。胸や腹などに墨痕を残すものもこの時期に多い。総体的に奈良末・平安初期のものが写実性が強いといえる。

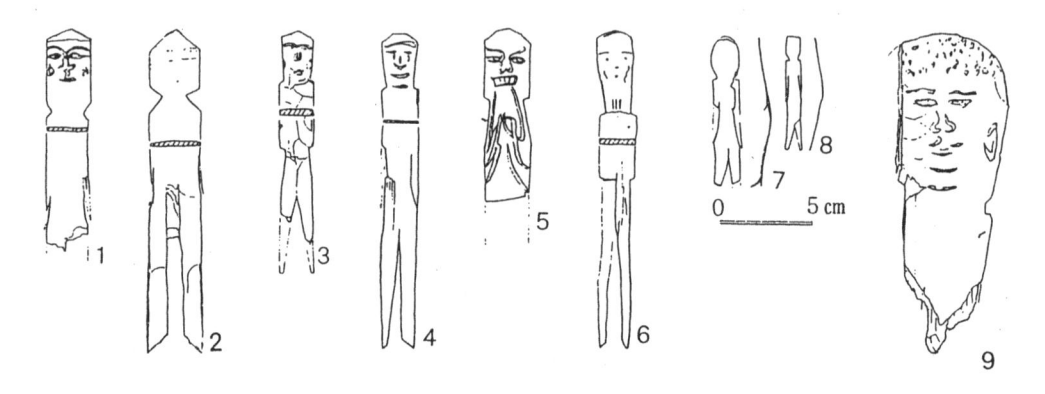

1・2　平城宮跡　3・6・9　平城京東三坊大路側溝　4　長岡京跡
5　伊場遺跡（同調査団原図）　7・8　沖ノ島5号遺跡（同調査団原図）

第5図　金子分類の人形（金子 1981より）

長さは14cmから20cm前後が多く、なかには10cmに満たぬものや30cmを越す例もあるがこのような ものは奈良末・平安初期に多い。」と形態の特徴について概要を述べている。

　人形の年代については、「年代上からはっきりしているのは木製人形で奈良前期に遡る藤原宮跡出土品をはじめとして平安時代初期までの人形が多数発見されている。これは型式的にも製作技法上も斉一性があり、畿内の資料を中心に奈良時代と奈良末・平安初期の二時期に編年されている。木製品ともっとも関係深いのは、沖ノ島遺跡での出土状態から問題はあるものの金属製品である。今後の資料の増加に期待しなければならないが、型式的特徴や沖ノ島遺跡形成の事情からみておそらく木製品の年代と大きく隔たることはないと思われる。」と黒崎分類を紹介し、あわせて沖ノ島遺跡出土品が関わってくることを指摘した。傾聴すべき内容である。なお、『神道考古学講座』第3巻の発行が遅れたため1981年の発表となったが、この執筆時期は「古代の木製模造品」より早い。そのため、人形の編年については、奈良時代と奈良時代末から平安時代初期の2時期とする黒崎分類を踏襲した「古代の木製模造品」の前史といえよう。

　同年、山中章〔山中 1981〕は長岡京跡左京二条二坊六町の発掘調査概要報告にあたり、SD1301出土の人形を以下の2型式6形態に分類した（第6図）。

　人形A　「人形Aは、クビの切り欠きが『く』字形に上下同角度で切られたため、いわゆる撫

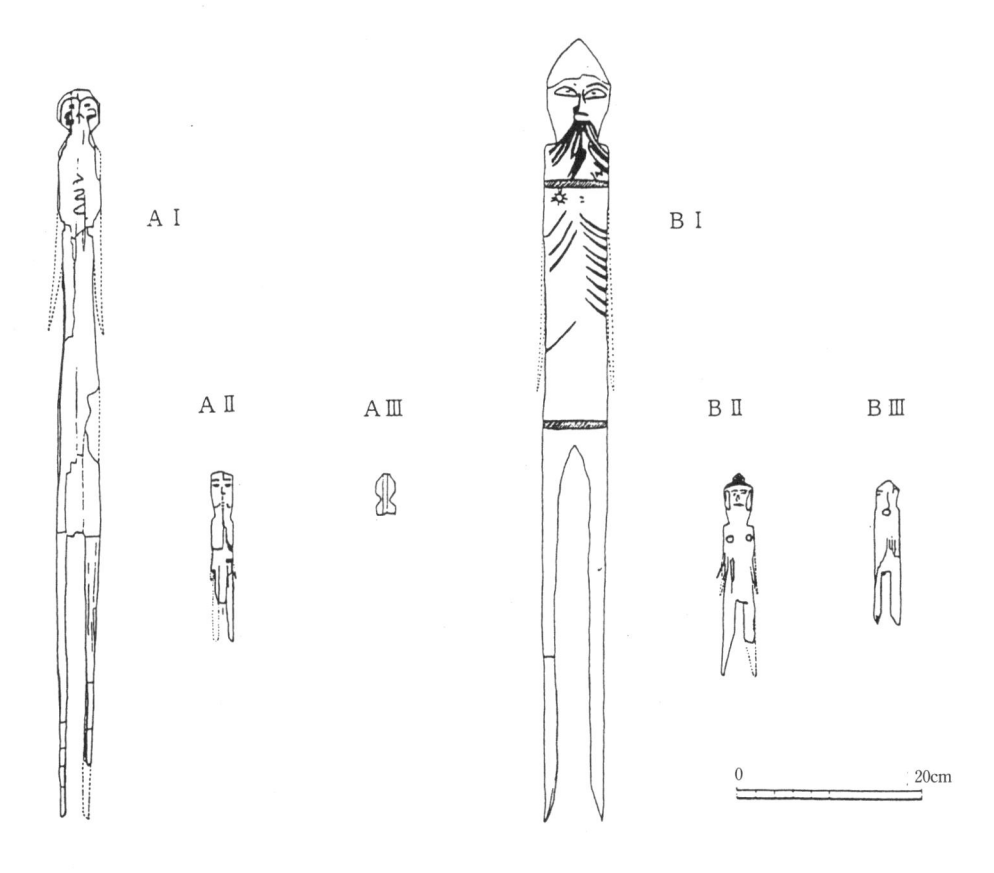

第6図　山中分類の人形（山中 1981より作成）

で肩となるものである。長さによりⅠ・Ⅱ・Ⅲに分けられる」。
（Ⅰ－全長40㎝以上のもの、Ⅱ－全長20～30㎝のもの、Ⅲ－全長19㎝以下のもの）
人形Ｂ　「人形Ｂは、クビの切り欠きが『く』字形に顔の上方から大きく切り欠いたもので、いわゆるいかり肩である。やはり長さによりⅠ・Ⅱ・Ⅲに分けられる」。
（Ⅰ－全長40㎝以上のもの、Ⅱ－全長20～30㎝のもの、Ⅲ－全長19㎝以下のもの）

そして、人形の変遷について溝の上層出土と下層出土に分けて検討し、出土木簡を基準にその年代を決定している。

「溝ＳＤ1301の下層の人形は、Ａタイプ（撫で肩）のものが69％と過半数を占めているに対し、上層の人形はＢタイプ（いかり肩）が75％を占めるという傾向を示している。その上、上層の人形の中のＡタイプのものも大型品に限られるという特徴がある。これはいわゆる『撫で肩』から『いかり肩』への変化の契機が８世紀末にあるという研究成果ともよく合致する。即ち上層溝の堆積し始める延暦八年正月前後を契機として、人形の形態が完全に、『いかり肩』へと変化するのではなかろうか。アタマ・カオ・マタの表現方法に著しい変化が認められない中にあって、クビの変化は極だっている。」という。

同一遺構の上・下層出土の人形を比較検討した結果、黒崎・金子と同様に首（肩）部の切り込みが分類の基準となることを再認識し、撫で肩タイプからいかり肩タイプへの変化時期を延暦８年においた。筆者もその前後と推定している。さらに、人形規格に大きく三つの段階があること、これらを組み合わせて使用することを想定したのは高く評価されよう。

山中分類の問題点は、検討資料の厳密な分類がなされず、Ａタイプとしたものの中にも若干Ｂタイプのものが含まれていることと、首以外に時間的変化を見出せなかったことにあろう[3]。すなわち、後者では上層のものは一気に投棄したものとされるが、新しい形態のものも若干含まれているように考えられるのである。

1982年、和田萃〔和田 1982〕は、人形の製作方法は木簡と共通するところが多いことを指摘し、遺跡の発見例（堺市今池遺跡・泉大津市豊中遺跡）と文献資料から、人形は６世紀中葉頃に出現していた可能性があるという。そして、木簡学と日本古代の道教研究の立場から「古代中国では、木簡、木製の神符（呪符木簡）や人形が五世紀になると、紙、紙の呪符や人形に変化したため、百済や倭国など、周辺諸国家がそれらをどのような形態で受容したか、未詳で推定の域を出ない。しかしながら、祓いに際し、人形を用いてケガレを除去する観念は、古代日本において受容され、木製人形となって出現する。」と、中国での人形の変遷と日本の人形の源流をここに求める重要な指摘を行なった。また平城宮跡出土の例から、「人形は人の穢れをそれに移して祓を行う際に用いるのが一般的であるが、呪禁師によって病気治癒に用いられる場合もあり、さらには人を呪い殺すために使われることもあったのである。一般的な人形から呪いの人形が生まれてくる過程や時期は呪符木簡が木簡から派生する状況と類似しているように思われる。」と人形の機能や用途についての見解も披瀝した。さらに、古代・中世の人形は、夏越の祓や大祓に神社で授与される紙で作った立雛形式の「かたしろ」「人形」に繋がるともいう。

ここで焦点となるのは、日本における人形の初源（中国からどのタイプのものが入ってきたか）

であるが、これについては金子〔金子 1989〕の論考があるのでそこでふれることにする。

　同年、泉武は和田と同様に日本古代における道教の影響とは何かの視点から、『延喜式』をはじめとする文献資料を用いて日本の人形の形状・製作・使用法を整理し、次いでその源流と考えられる中国の文献と中国の考古学資料から人形祭祀の分析を行なった〔泉 1982〕。

　そして、「日本での人形祭儀の成立は天武から文武朝（7世紀後半〜8世紀初）にかけて宮廷儀礼として制度化した可能性が強い。しかし、この時期の人形の性格については明らかにしがたく今後の課題である。ただ奈良時代においてはこれまでの研究ではマジカルな面ばかり強調されており、この点に関してはさらに慎重に取扱わなければならない。そして文献史料では医術部門においても方術部門においても道教祭祀としてその当初から取り入れられていた可能性が強く、この点において人形の祭祀について有力視点を与えてくれる。今回は日本の考古資料については取扱わなかったが、中国では古墳出土例が大半であるのに対して日本ではその例はなく、宮都と地方官衙に多く出土例があり、この点についてきわだった差をみせているのである。」と人形の日中相互間の異質性や日本の人形研究の現状と課題を述べた。極めて、重要な指摘である。

　そして、ここでも人形は中国道教の影響を受けて伝えられたことを明らかにするが、やはり問題は日本での初源を考える場合、どの時代の、どのタイプのものが入ってきたかであろう。泉は漢代から唐代までの考古学資料12例をあげている。これらをみると同一地域出土ではないが、形態上の特徴は腰の部分に切り欠きを入れて上半身・下半身を表現するもの→手足を表現するもの→手足の表現のないものへの変化を辿るようである。金子〔金子 1989〕の論考の部分で改めて詳説したい。

　1983年、黒崎直はＳＤ650の遺物の再検討から、黒崎分類Ａ3の時期を9世紀後半と訂正した〔黒崎 1983〕。他遺跡出土の同形態の人形例から検討してみた場合、肯定できるところである。

　翌1984年、松村恵司〔松村 1984〕は平城宮154次調査ＳＤ3410発見の金属製人形を報告するとともに、これまでの同宮跡出土の遺物を再検討した結果、銅製人形21点、鉄製人形3点が存在したという。「銅製人形は、厚さ0.3mm前後に叩き延ばした銅薄板を、金鋏で幅1cm前後、長さ13.5cm前後の短冊形に切ってつくる。側辺の二ヶ所に左右から三角形の切込みを入れて頭部、胴部、脚部を分け、下端を逆Ｖ字形に切込んで脚を表現するが、木製人形に通有の手の切込みはない。少数ながら目、鼻、口をタガネで表現したものがあり、一部に銀箔を留める例もある。」と銅製人形の形態特徴と銀製人形が実在することを報じた。ＳＤ3410の時期は、8世紀後半から9世紀前半とされる。ここでは、この時期の金属製人形は手の表現が切り欠きであることを重要視すべきだと指摘しておきたい。明らかに年代が古いとされる沖ノ島遺跡出土例は、手を切り込みで表現するのである。

　同年、金子裕之〔金子 1984〕は人形の組合せ方法と七瀬の祓などについて自身の見解を述べ、「天皇の身に災いが及ばぬよう、都城で生じた穢は速やかに他界－宮外・京外・国外－に祓う必要があった。上に述べた、人形をはじめとする祭祀具は、こうした目的のために、律令国家の手によって積極的に導入・普及がはかられたものであろう。律令国家の没落は、こうした祓祭祀の体系をも消滅させることとなった。（中略）さらに、都城の尊厳、国家の尊厳の維持という目的

第Ⅱ編　祭祀遺物の分類・編年と研究

が消滅した結果、祓人形は、その本来の個人の救済、福分の追求という目的に限定されることになった。」と古代から中世への人形祭祀の性格内容の変化を捉えている。なお、同書には古代から中世にかけての全国出土呪術資料を関係者の協力のもとに集成している。また、島田恵子〔島田 1984〕は中部高地出土の人形を紹介し、文献にみえる人形祭祀の機能から遺跡でのそれぞれの性格を検討した。これは、水野正好〔水野 1976〕の分析や方法論の影響を受けたものである。

1985年、奈良国立文化財研究所による『木器集成図録』〔奈良国立文化財研究所 1985〕が刊行された。祭祀具の項において人形は、正面全身人形・側面全身人形・顔形・立体人形に区分している。「正面全身人形は出土数からみるとかなり一般的な遺物であり、時代と地域によって型式差が認められるが、まだ決定的な編年は確立していない。ここではとりあえず、形態と製作技法によってA～C型式にまずわける。」と前置きし、正面全身人形を3型式に分類する（第7図）。

　A型式　「円頭・圭頭・梯形頭などの頭部と肩部とを画するV字形の切欠きをいれ、両側面から切込みをいれて両腕をあらわし、下端の木口から深い切欠きをいれて両足をあらわしたものである」。

　B型式　「手の表現を欠くもので、腰部の両側に三角形の切欠きをいれて胴と脚を区別するものと、切欠きをいれないものとがある」。

　C型式　「A・Bの2型式にぞくさないもので、頸の切欠きのないものや細板状のものである」。「時期的にはA型式からB型式へと変化する」。

次いで、頸部に入れるV字形の切り欠きの形から二つに分ける。

　Ⅰ　「2辺の長さが等しい切欠きで、頬がふくらみ撫で肩の表現となる」。
　Ⅱ　「一辺が長く一辺が短い切欠きで、頬がやせ怒り肩の表現となる」。

「時期的には前者が古い。」とする。

さらに、足を表現する切り欠きからも2分する。

　a　「V字形切込み」
　b　「コ字形切込みをいれて折りとるもの」「前者の出現が早い」という。

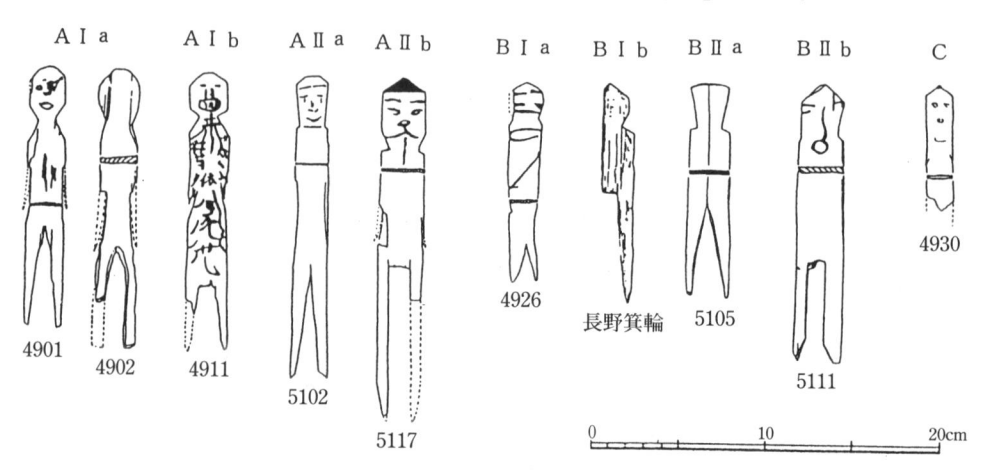

第7図　奈良国立文化財研究所分類の人形（奈良国立文化財研究所 1985より作成）

そして、「丁寧に削って平滑にした表面に墨もしくは刻線で目鼻口を表現することにある。(中略)大きさは7・8世紀では15～18cm程度のものが主である。8世紀末から9世紀の時期になると大型化し(1mを越す超大型品も出現)、斎串の大型化と対応している。なお、材料の樹種を明記しないものはすべてヒノキである」と、その特色や規格とともに樹種の概要を述べている。

この分類は金子分類を改善したと考えられるもので、A・B型式の位置づけは正しく、手のないものを区別したことに大きな意味が認められる。なお、筆者が手の表現とみる腰部の切り欠きは手と考えていない。私見では、人形の新古の分類には、まず手の表現の有無でもって決め、次に頸部からの切り欠きの角度を用いている。その点、Ⅰ・Ⅱの分類のみでは下方からの切り込みの長いもの(金子B)が分類できないという短所があり、上方から長く切り欠くものと下方から長く切り欠くものとを分ける必要があると考えている。

1985年以降、人形の分類や祭祀についての分野では、金子裕之の活躍が顕著で、氏の独壇場と表現できる状況であった。

金子〔金子 1985〕は、平城京から発見される木製模造品・人面墨書土器・模型竈・土馬・金属製品などの祭祀遺物を一括して律令祭祀の内容を示す考古学遺物とした。これが道路側溝から出土する場合、その路上を祭場とした祭祀を対象に、いかなる性格の祭祀なのかを追求してきた。その前提となる律令的祭祀とは、「8世紀初頭に完成した『大宝令』の「神祇式」に規定された国家的祭祀のことを指す。「令」の規定は施行細則である「式」によって実施したのであり、律令的祭祀の具体的内容は10世紀に成立(927年撰進、967年施行)した『延喜式』によって一応知り得る。」とする。そして、結論として「これらの祭祀遺物は律令的祭祀の中でも重要だった大祓に関与したもので、ここでいう祭場とはその祓所と考える。」と指摘し、各所の祭場の分布が平城京といかなる位置関係にあるかということを論じて、七瀬の祓の原型にあたると推測したのである。

また、人形分類について平城宮壬生門跡の調査から「人形の型式でも新知見が得られ、かつて述べた人形の分類も一部修正を要することになった。つまり、従来、平城京跡で一般的な8世紀の人形は、短冊状薄板の一端を頭とし、両側辺の切り欠きで顔と肩を、両側辺下方からの切りこみで手を、下端の三角状の切り欠きで足を、それぞれ作る型式で、ここでも数が多い。しかし、この他に、上述の人形の腰の部位を切り欠く型式がかなりの数あり、肩の形や手の有無などに細かな違いがある。この型式は従来、静岡県伊場遺跡で知られていたが、平城京跡で確認するのは初めてのこと。両型式はこれ以降併存しつつ型式変化したようだ。」と手の有無が分類に有効と考えだしたのをはじめ、腰の切り欠きを最重要視していったのである。

その後金子〔金子 1988a〕は、都城における律令的祭祀が地方にどのように展開したか但馬国府を例に記述し、沖ノ島遺跡出土の人形・馬形・舟形についても都城同様祓に用いたと推定した。

同じく、1988年には『国立歴史民俗博物館研究報告』第7集附編を基本に律令期祭祀遺物の集成〔金子 1988b〕を行なっている。この時点で、木製人形は北は秋田城跡(秋田県)から、南は大宰府跡(福岡県)にわたる全国110余箇所からの報告があった。また、加賀見省一〔加賀見 1988〕は兵庫県日高町内の木製模造品を紹介し、但馬国府との関連で説明する。地方官衙遺跡で

の律令祭祀のあり方に注目したのである。同年、久世康博〔久世1988〕は平安京出土の祭祀遺物を紹介し、10世紀後半になって律令祭祀遺物の出土がみられなくなることをあげて、律令制下の祭祀の変容を論じた。平安京ならではの注目すべき成果である。地方においても、この頃から偏平正面全身人形が極端に少なくなっていくのであろう。

こうした中にあって、文献史学の分野でも日本史研究会の古代史部会が1985年度の大会に、律令制下の〈祭祀〉というテーマを取り上げ、討論を重ねている。考古学を専攻するものにとっても傾聴すべき貴重な意見が多かった〔西宮1986〕。

ここまでを研究史の第Ⅱ期（確立期）として捉えたい。松下の人形に対する正しい認識から再出発し、黒崎の影響を受けた金子の分類が高く評価された時期であった。

＜第Ⅲ期＞

1989年になると、東アジア基層文化研究会が『道教と東アジア』を刊行し、木製人形について注目すべき論考を掲載した。金子裕之の「日本における人形の起源」〔金子1989〕と泉武の「律令祭祀論の一視点」〔泉1989〕である。

金子は、人形の起源を探ることは日本における律令祭祀の形成時期を知ることに繋がるという立場をとった。そして、藤原京のＳＤ1901-Ａより出土した人形を伴出遺物の木簡から年代が確実に判る最古の例とし、天武・持統朝の7世紀後半に祭祀が成立したと考えたのである。しかし、それに反して、近年の静岡県神明原・元宮川遺跡の出土例は6世紀後半から7世紀初頭に遡るとの報告があった。そこで、形態的には新しく捉えられる人形ではあるが、仮に遡るのなら、

「Ａ　律令（的）祭祀、あるいはその先駆的形態がこの頃まで遡る」。

「Ｂ　本来人形は律令祭祀とは別物で、地方にはやく伝わったが、七世紀後半に律令（的）祭祀に取りこまれた、とするものである。」と、一歩譲歩した見解を示すことになった。

筆者も、神明原・元宮川例は平安時代の新しいタイプのものと判断しているが、仮に古く遡るならＢの解釈が妥当と考えている。

また、日本の人形は中国のものと関連し、その影響下に成立したと考えて、中国出土の人形を検討し、その形態を以下のように分類している。

「Ａ　短冊状の板の両側辺を刳りこみ、首と腰をあらわすもの　湖北江陵鳳凰山一六八号例」。

「Ｂ　首や腰だけでなく、頭部や脚部のくりこみなどをあらわすもの　南京人台山一号墓例」。

「Ｃ　棒状品の一端に顔を描くもの　馬王堆一号漢墓例」。

Ａのタイプは、前漢期から10世紀代に至るまで類例を認めている。Ｂのタイプは、Ａよりやや遅れて出現するが、8世紀代まで続いて使用される。Ｃのタイプも古くは前漢期から存在するという。金子が行なった中国出土の人形の形態分類は、泉と同様に貴重な分析成果と評価できるが、筆者は各形態上の特徴を、腰の部分に切り欠きを入れ上半身と下半身を表現するもの→手足を表現するもの→手足の表現のないものへの変化と捉えてみる。

日本の人形で最も一般的なものは、極めてＢに近い形態である。となれば、当初に中国からどのタイプのものが伝わってきたかを検討した場合、最初にＢタイプ、続いてＡタイプだと推測できるのである。あくまで類例からの推定であるが仮にそうであれば、日本の最古のものは手を有

する型のものとなり、続いて手を切り欠きで表現する型、最後は手のない型となるのである[4]。すでに、日本の人形の新古を判断する基準は最初に手の表現の有無で決定しなければならないと述べたが、その理由は実にこの点にあるのである。

次に、古のものをさらに新旧に分類する場合には、黒崎が用いた首から肩への切り欠きが非常に有効となるのである。さて、この分類方法によると金子の憂慮した神明原・元宮川例は、首から肩の切り欠きは古いタイプと認められるのであるが、一方手を切り欠きで表現するものや手の表現のないものなので、これを優先し新しいタイプに類別可能となる。分類する基準を、ここに求めることができるのである。

今後の課題は、金子も指摘したようにいつ頃、どこにおいて、いかなる契機によって馬形や舟などと組合せて使用するようになったかであろう。

さて、泉は前述した金子の「律令祭祀」論にいくつかの疑問を投げかけた。まず、「木製模造品の成立」について、金子のいう遺跡・遺物と古墳時代から7世紀にかけて出土する斎串を再検討した結果、「斎串をはじめとした木製品は、七世紀後半以前にすでに各地で出現しており、祭祀遺物の使用契機は、国家の祭祀政策と別の視点において分析されねばならないと考えられる。（中略）木製模造品の画期についても再検討が必要であろう。」という。続いて「藤原京の祭祀遺物」「平城京の祭祀遺物」「『延喜式』との対応関係」「金属製人形」「墨書人面土器」と明快に順次検討していった。そして、これらのまとめとして重要な提言を行なった。

「いわゆる政治的契機によって七世紀後半に画期があるとされる木製模造品は、その起源の多くが古墳時代後期までさかのぼり、なおかつ、藤原京の廃都後に至っても継続して使用されている。このことは、木製品に代表されるいわゆる祭祀遺物は政治的な変革との関連は希薄であり、別の視点から見直さなければならないであろう」。

「右の事情は奈良時代（平城遷都後）を通じて見ても、中期あたりまでは、祭祀遺物出土地あるいは内容は、藤原京で行われていた祭祀から継続して大きな変化はなく、八世紀後半から九世紀初頭にかけて一挙に増加する。この現象は平城宮と京を問わず同一の傾向にあり、また木製人形や墨書人面土器などの全国的な分布は一様に拡散したことがうかがえる。このような現象は、律令国家の中央での祭祀から地方へという拡大現象を国家主導型で説明することは一義的でありすぎよう。また、地方における律令制の施行の面からみても、官衙の設置は、この流行現象より半世紀は早いことにも注視する必要があろう」。

「『延喜式』に記載された祭具との対応関係は、九世紀初頭を上るものではなく、これによって考古遺物を説明することは慎重でなければならない。八世紀後半から九世紀にかけて奈良時代の祭祀遺物は、質・量ともにピークに達するが、こうした動きが、律令祭祀に強く反映した結果、『延喜式』にも記載されるにいたったとも推量される。いずれにせよ、金子氏の構想された奈良時代の国家祭祀を考古学の遺物によって跡づけるという試みは、再検討しなければならないであろう」。

これらの指摘については正鵠を得たものもあり大いに参考とすべきであるが、筆者の力量不足もあり、ここでは人形の年代決定に重要な「金属製人形」について記された年代論のみ論述して

みたい。

　最初に沖ノ島遺跡出土の滑石製人形を取り上げ、原田大六の編年案から「A類一は頭部に逆三角状の頭髪部を表現し、A類二から三・四にいたるまで細長くなり、側辺に浅く切り込みを入れるタイプに変化している。この型式変化を金属製人形に当てはめてみると、滑石製人形三～四類と、平城宮ＳＤ四九五一などで出土したタイプが共通する要素があるものと考えられる。木製人形についても『木器集成図録』（PL五〇）で示された平城宮出土の五〇〇三や五〇〇四、あるいは和歌山県野田地区出土のものに共通する。A類一に相当する木製品は平城宮ＳＢ七八〇二出土の頭部の形態に共通する。これらに対して沖之島五号遺跡出土の金属製人形は、平城宮ＳＤ二七〇〇で新たに出土した人形と共通して、いずれもA類一よりは人身の各部の表現が明瞭でしっかりしているため、より古い形態を保っているものと考えられる。」という。非常に良く整理された見方であり、その前後関係は正しいと判断できるが、疑問なのは以下の年代比定である。

　「（沖ノ島）一号遺跡では皇朝十二銭の『富寿神宝』が共伴していた。これは弘仁九年（八一八）初鋳の皇朝十二銭のひとつであり、この遺跡の年代的下限を示している。」とするが、これは明らかな誤解である。考古学でよく論議されるとおり、皇朝十二銭は年代的上限をのみ示しているのであり、最近の見解によると佐田茂・弓場紀知〔佐田・弓場 1988〕は１号遺跡を９世紀後半から10世紀初頭と記しているように解釈されるのである。

　次に、「A類一の頭髪状の表現のある人形を木製人形に求めると、平城宮ではＳＫ五三〇三があり、これは平城宮土器編年のⅣ期を主体とする土壙である。（中略）山中章氏によると、これらはB型に属し、冠状のものは溝上層からのみ出土し、上層は延暦八年（七八九）に埋没を始めるようである。このように見ると、（中略）沖之島の滑石製人形は、八世紀後半を上限に設定でき、九世紀初葉を下限に求められよう。」と続ける。しかし、ここにも大きな誤りがある。確かに上限の設定は正しいが、頭髪状あるいは冠状の形態をとる人形は10世紀前後まで明らかに存在するのであって、滑石製人形三～四類に共通するという和歌山県野田例は９世紀末から10世紀前半の年代を示しているのである。結局のところ、その下限は〔佐田・弓場 1988〕の記載どおりで間違いないこととなる。

　さらに、「では、平城宮から出土する金属製人形との年代関係はどうであろうか。二種類の形態が出土したＳＤ二七〇〇では、都が廃絶されるまで長期間機能していた溝のため、出土層位が検討できない現時点では限定的に時期が特定できない。（中略）左京一条三坊大路溝ＳＤ六五〇では、溝は上下二層に区分され、下層は奈良時代末から平安時代初頭にかけて浚渫され、底部には平安初頭の遺物とともに、天長五年（八二八）の紀年銘木簡が出土した。以上のように考えると、宮・京出土の細長いタイプの、簡略化された金属製人形は、八世紀後半から九世紀にかけての時期に比定されよう。」とある。ＳＤ2700のものは確かに時期の特定ができないのであるが、ＳＤ4951のものは前記したように滑石製人形三～四類および和歌山県野田例に共通するならば、９世紀末から10世紀前半の年代なのである。

　おそらく、当初黒崎が時期比定した分類の先入観が強く残り、人形は奈良時代のものあるいは奈良時代末から平安時代初頭のものしか存在しないという印象をもたれ、ＳＤ650出土のものを

黒崎がすでに 9 世紀後半に訂正したのを、十分に御存知ないのであろう。

　1989年、問題となっていた静岡県神明原・元宮川遺跡の報告書が発行された。整理担当者の佐藤達雄〔佐藤 1989〕は従来の分類では当てはまらないものが多いとことわりながら、当該遺跡のすべてのものが網羅されるように、独自の分類を試みている（第 8 図）。しかし、何が重要で、何が新しい要素あるいは古い要素なのかを合理的に把握していないため、編年として生かすことができていない。手の表現のないものと、手を切り欠きで表わすものなどよい視点の分類を設けているのだから、非常に惜しまれる。再検討が待たれるところである。

　1991年、古川登〔古川 1991〕は 6 世紀後半から 7 世紀前半にかけて、井上光貞〔井上 1984〕のいう「律令的祭祀の先駆的形態」が存在した可能性が高いとして、静岡県神明原・元宮川遺跡の遺物を評価した。確かに、斎串・刀形など古墳時代後期後半のものと律令期の祭祀具に共通のものが多いというのは事実である。しかし、人形については現在までに確実に律令祭祀の祓という

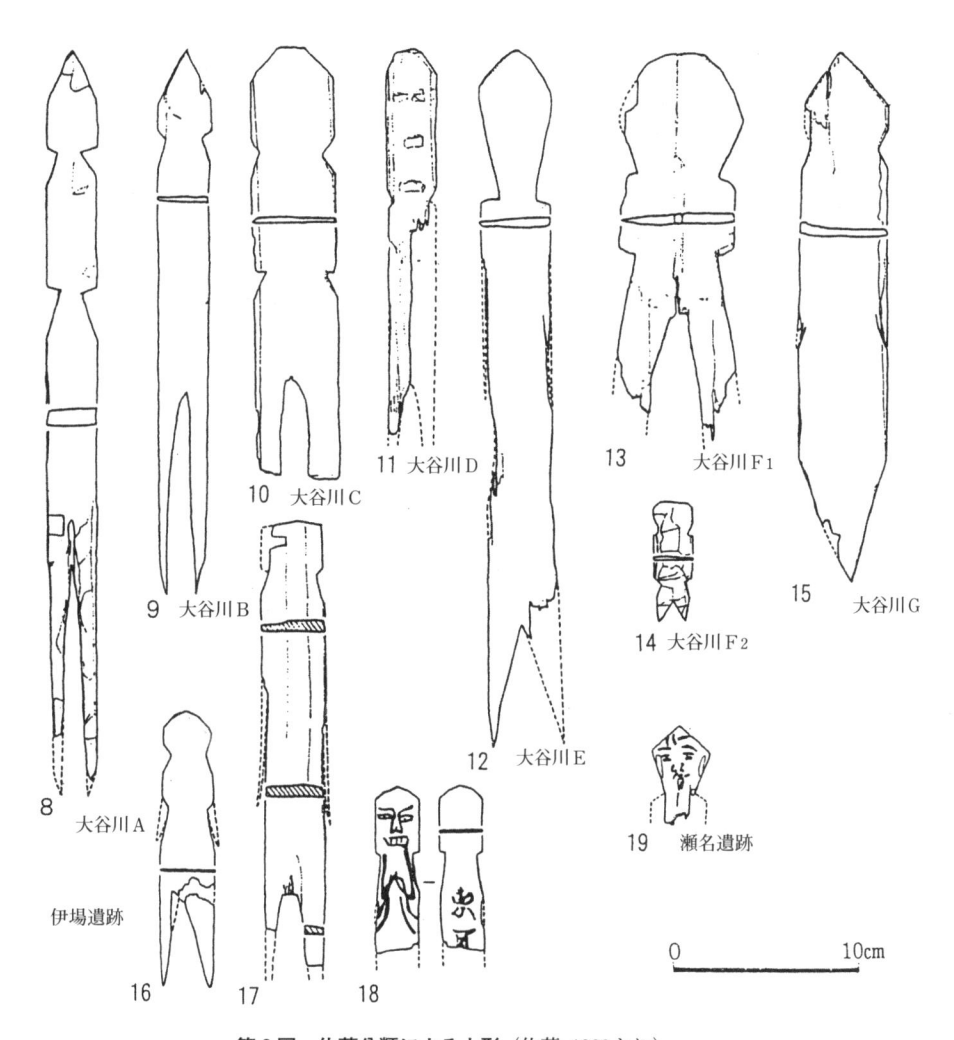

第 8 図　佐藤分類による人形（佐藤 1989より）

第Ⅱ編　祭祀遺物の分類・編年と研究

意味で7世紀後半以前に遡るものが存在しないというのも事実である。特に、神明原・元宮川遺跡の人形は前記したように平安時代以降の可能性が強いと考える。

同年、兵庫県砂入遺跡の調査概要〔渡辺昇 1991〕が発表された。木製祭祀具の出土数は驚くばかりの量である。今後の整理作業に大きな期待がかかる。

1992年になると、金子〔金子 1992〕は平城宮跡発掘調査概報1991年度に、かつて指摘し修正したように改めて人形の編年を発表した（第9図）。

「腰の作りにⅠ・Ⅱの2型式、肩の形にa（なで肩）・b（怒り肩）の2種がある。Ⅰ型は首と足を大きく切り欠き、手は浅い切りこみによって表すもの。（中略）従来の知見ではaがはやくからあり、bは奈良時代後半に出現する」。

「Ⅱ型は、首・足とともに腰の両側辺を大きく切り欠く型。（中略）Ⅱ型の出現は8世紀に下がる。」と述べ、最重要視した腰の部位の切り欠きの有無をもって、2型式に分類したのである。

編年表を見ると、この変遷は極めて妥当な内容を持っていると考えられるが、年代の比定になると一部疑問が残るのである。すなわち、沖ノ島22号遺跡・同5号遺跡・同1号遺跡検出のものと平城宮出土の金属製人形についての位置づけが、先の泉論文のところでも記したように疑義があると考えるが、いかがなものであろうか。

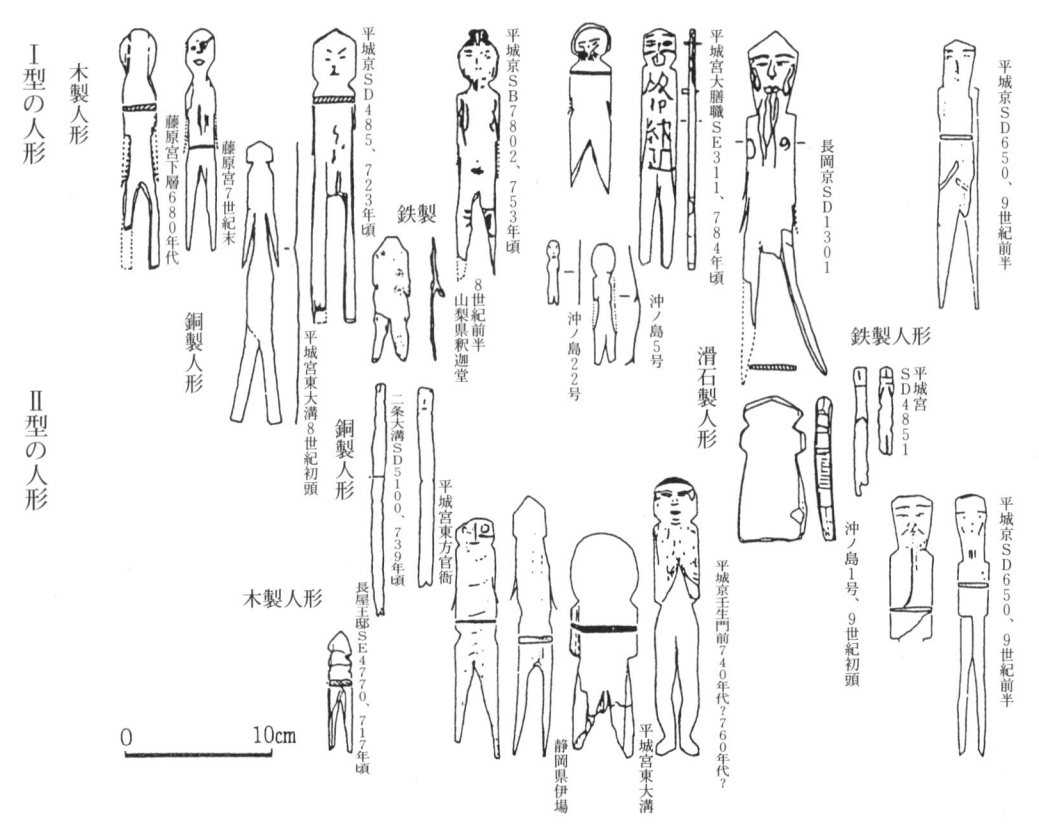

第9図　金子編年による人形（金子 1992より）

次に、人形の編年は腰の部位の切り欠きも有効とみているが、金子の考え方とは若干異なっている。それは、この切り欠きが手を表現していると見ることにあり、これを切り込みによって手を表現したものの後に、そして手のないものの前に位置づけることにある(5)。

近年、律令期の祭祀研究は、日本考古学協会（奈良大学）大会において「国家・政治と宗教の考古学」、第19回古代城柵官衙遺跡検討会（いわき市）において「古代城柵官衙における律令祭祀のあり方」がメインテーマに掲げられるなど、今まさに盛期を迎えているが、今後さらなる充実をめざすためには活発な議論を交わさなければならないと感じている。

これを第Ⅲ期（展開期）と捉え、現在も継続中である。金子の一連の考え方に疑問がもたれ、律令祭祀の起源をはじめ新たな展開が認められた時期である。

3　木製人形の型式分類案

以上、研究史の中で人形分類の基準として取り上げられた要素は、
(1) 頭部（顔）の形態表現〔黒崎分類・金子分類〕
(2) 首部から肩部の切り欠きの変化〔黒崎分類・金子分類・山中分類・奈文研分類・佐藤分類〕
(3) 手の表現の有無〔奈文研分類〕
(4) 腰部の切り込みの有無〔金子分類・佐藤分類〕
(5) 脚部の切り込み形態〔黒崎分類・金子分類・奈文研分類〕
(6) 大きさ〔山中分類〕
などである。これらの中で、編年を行なうために有効な基準は第2節に批評したように (2)・(3)・(4) であろうと考える。

しかし、現在までに発表された型式分類をみると、(2) の首から肩への切り欠きの変化を重要視しすぎている傾向が認められた。このため、この分類を用いると現実に新しい型と考えられる手の表現のない人形（静岡県神明原・元宮川遺跡など）と手を切り欠きで表現する人形（もしくは手がなく腰部に切り欠きを施すもの。静岡県神明原・元宮川、京都府定山、和歌山県野田、兵庫県袴狭遺跡など）までも、首から肩を上下同角度で切り欠くものは古く捉えることになり、大きな混乱を生じているのである。

日本の人形は、金子をはじめ多くの研究者が指摘したように中国のものと関連し、その影響下に成立したと考えられる。この考え方にたつ私見では、最古の人形は手を有する型（切り込みで表現）のものとなり、続いて手を切り欠きで表わす型、最後に手の表現のない型へと変遷していることが理解できるのである。そのことを確認したうえで、型式分類の作業に入りたい。

木製人形は、基本的に頭（顔）部・胴部・手部・足部の四部から成り立っており、各地出土のものを見ると、この中で時間的変化の最も大きいのが手の表現の有無である。次いで、首部から肩部の切り欠きの変化と考えられる。

そこで、日本の人形の新古を判定する基準は、まず (3) の手の表現の有無で捉えなければならない。古いものは切り込みで表現し、続いて切り欠きで表わし、新しいものには手がないので

ある。これを用いた分類が『木器集成図録』の奈良国立文化財研究所分類(6)であり、最初に取り上げる所以である。

そして、次に手を有するものをさらに新旧として分類するために、首から肩への切り欠き形態の変化が効果的なのである。これを使用するのが黒崎分類などであり、この基準も取り入れたい。この変化（撫で肩タイプから怒り肩タイプへ）は、黒崎・笠井・山中らにより長岡京の時期におさえられている。

また、腰部の切り込みの有無についても編年に有効と考えているが、金子の考え方とは若干異なっている。それは、この切り欠きが手を表現していると見ることにある。問題は、普通の人形のように切り込みによって手を表わしたものに、なおかつこれを加える例（静岡県伊場、兵庫県袴狭、愛媛県前川遺跡など）が認められることである。これでは二重に手を持つことになってしまう。そこで、手を有しながらこれを加えるものを、手を切り欠きで表現するものの前に位置づけ、手を切り込みで表わすものから切り欠きで表現するものへの過渡期のものと考えるのである。

なお、脚部の切り込みは逆V字形とコ字形に分かれるが、それぞれ古い段階から新しい段階まで存在し、地域差なのか何なのか明らかにしがたいが、現状では時間差ではなく編年を行なうために取り上げる必要はないと考える。足の形態を使用するならば、手がなくなるのと同様の新しい要素である腿・脛・足先の表現の有無が有効と判断している。

頭の形態は、楕円形から圭頭へと漸次変化しているようであり、その他、大きさは組合せの問題（使用方法）と関わるようである。

これらを活かした分類が、第10図の私案である。

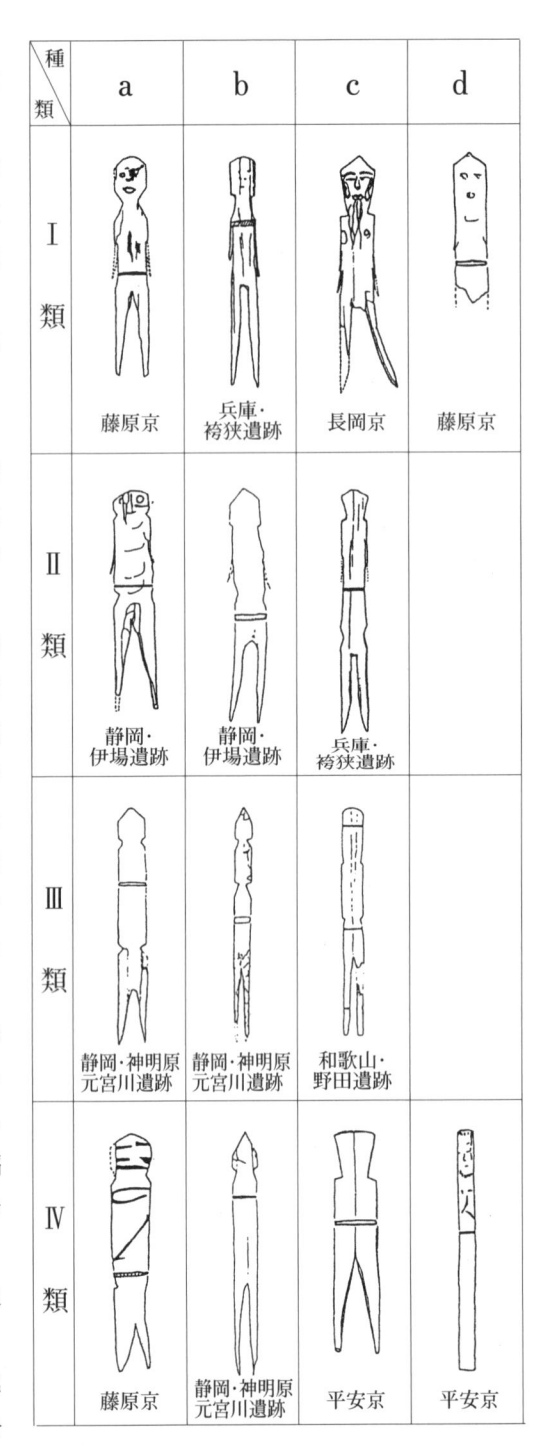

種類	a	b	c	d
Ⅰ類	藤原京	兵庫・袴狭遺跡	長岡京	藤原京
Ⅱ類	静岡・伊場遺跡	静岡・伊場遺跡	兵庫・袴狭遺跡	
Ⅲ類	静岡・神明原元宮川遺跡	静岡・神明原元宮川遺跡	和歌山・野田遺跡	
Ⅳ類	藤原京	静岡・神明原元宮川遺跡	平安京	平安京

第10図　私案分類

まず、手を切り込みで表現するもの（Ⅰ類）、手を切り欠きで表現するもの（Ⅲ類）、Ⅰ類とⅢ類のどちらの手の表現ももつもの（Ⅱ類）、手を表現しないもの（Ⅳ類）の4類形態を人形の大別とする[7]。

次に、注目すべきは首から肩への切り欠き形態の変化であり、これを撫で肩（a種）、下がり肩（b種）、怒り肩（c種）、首なし（d種）の4種に区分したい。

このようにして、4類16型式の分類となるわけである。呼称はⅠ類a型式、Ⅲ類b型式などというようにしたい。

木製人形の全国出土遺跡（地点）は宮都を中心に現在約120箇所程度存在するが、金子裕之の「律令期祭祀遺物集成」〔金子 1991〕から形態の明らかな人形（237点）をこの分類で整理すると、第1表のようになる。

第1表　人形数の型式別分類表

型式	Ⅰ類				Ⅱ類				Ⅲ類				Ⅳ類				合計
	a	b	c	d	a	b	c	d	a	b	c	d	a	b	c	d	
点数	72	7	107	1	2	1	0	0	10	7	8	0	7	5	8	2	237
小計	187				3				25				22				

大半がⅠ類であり、Ⅱ類とⅢ類のd種は現在のところ見当たらない。このことは、Ⅰ類が木製人形の基本形態であることを示しており、これまでの分類が首から肩への変化に重点をおいていたのも一応頷ける。しかし、Ⅲ類とⅣ類が各々約1割を占める現状は、これを含めた分類でないと完全なものとはいえまい。

第4節では、この分類に基づく各類の出土例を紹介し、年代の検討とその編年を考えてみたい。

4　木製人形の年代と変遷

では、先の分類試案による各類各型式の具体例からその年代と変遷をみてみよう。

Ⅰ類a型式（第11図）

①　藤原宮造営に関わる大溝（SD1901A）出土人形〔奈文研飛鳥藤原宮跡発掘調査部 1978〕

昭和52年、藤原宮第20次の調査により、大溝から発見された人形である。

大溝は、藤原宮の中心部を南北に縦貫する水路（SD1901A）で、幅6〜7m、深さ約2mの素掘り溝である。調査の結果、北面中門以南ではこの溝を埋め立てた後、藤原宮の諸施設を建設したことが明らかになった。さらに、紀年銘木簡（壬午・癸未・甲申など）の出土から、上限が天武朝末年頃になることも判明している。

人形の年代は、7世紀後葉のこの時期比定で、最古のものに間違いないと考える。

②　藤原宮内裏東外郭の大溝（SD105）出土人形〔奈良県教育委員会 1969〕

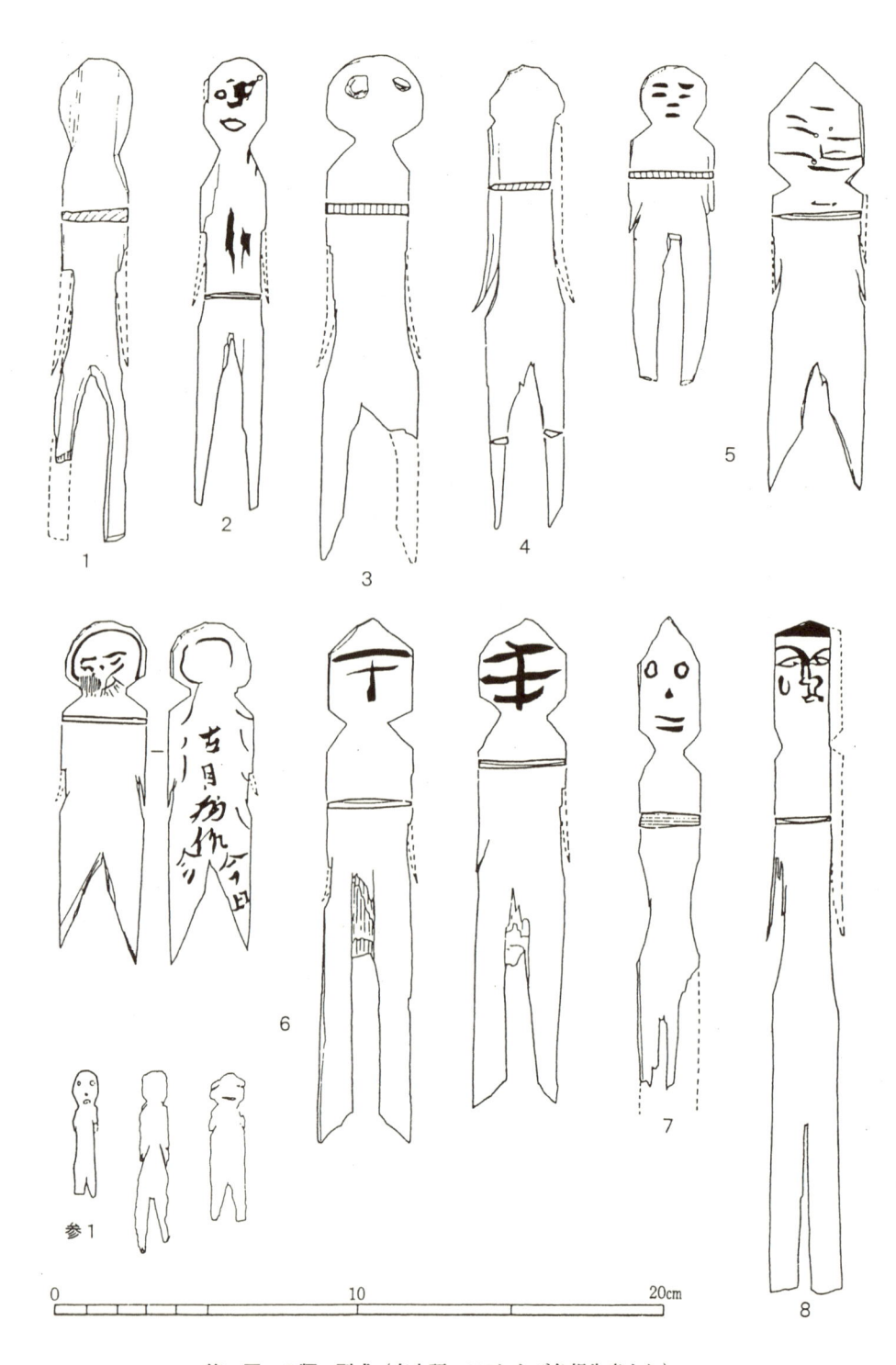

第Ⅱ編　祭祀遺物の分類・編年と研究

第11図　Ⅰ類 a 型式（奈文研 1985および各報告書より）

128

昭和41年、国道165号線バイパス建設に伴う調査により発見された人形である。
　ＳＤ105は内裏東外郭の木塀に沿って南から北へ流れる藤原宮の東大溝で、場所によって異なるが幅約4～5ｍ、深さ0.5～1ｍを測る。堆積土は上・中・下の3層に分かれ、人形と一緒に出土した木簡の大部分は、大宝3年（703）頃の典薬寮関係のものという。
　一部の地区では、上層の堆積土中に平安時代の土器が混入しており注意を要するが、人形はこれら木簡の時期前後と考えて異論ないと思っている。ただし、用途は祓に用いたものではなく、眼病治療の目的で使用された可能性が高い。
　③　藤原宮南面外濠（ＳＤ501）出土人形〔奈文研飛鳥藤原宮跡発掘調査部 1981〕
　昭和55年、藤原宮第29-6次の調査で南面外濠から発見された人形である。
　外濠は藤原宮南面大垣の南約25ｍにある素掘りの東西溝（ＳＤ501）で幅約6ｍ、深さ約1.3ｍを測る。溝の堆積は5つに分層でき、人形は第4層から木簡6点などと共に出土したという。
　この年代は木簡から考えて、7世紀末から8世紀初頭の藤原宮期で問題ないであろう。
　④　平城宮第1次大極殿東外郭の溝（ＳＤ3765）出土人形〔奈良国立文化財研究所 1982〕
　平城宮第27・41次調査により明らかになった、第1次大極殿東外郭の南半部を南北に流れる溝（ＳＤ3765）から出土した人形である。
　溝は素掘りで、幅1.6～2.6ｍ、深さ0.6～1ｍを測り、南方が深く北方が浅い。出土した木簡の紀年銘から和銅年間に存在し、機能した期間は短いという。
　共伴した土器は平城Ⅰ・Ⅱ型式、瓦は藤原宮式・平城宮創建時で押さえることができることからも、人形は8世紀前葉で間違いないと考える。平城宮出土のなかでは、古い時期の人形である。
　⑤　平城宮域東南入隅東面外濠（ＳＤ4951）出土人形〔奈良国立文化財研究所 1980〕
　東一坊大路西側溝、宮域の東面外濠をかねる溝（ＳＤ4951）から出土した人形である。
　概報（第118－8次）によれば、溝は幅3.5ｍ以上、深さ1.2ｍ前後の素掘りで、瓦・土器などが出土している。土器類は平城Ⅴが主体という。
　これに人形が共伴しているのであれば、この型式のものとしては新しい時期（8世紀後葉前後）におさえられよう。なお、第39次の調査ではこの溝から紀年銘木簡（養老・神亀）が出土しており、上限は8世紀前葉頃と推定できることから、この人形も年代を遡ることが考えられる。
　⑥　平城宮内裏外郭東大溝（ＳＤ2700）出土人形〔奈良国立文化財研究所 1984a〕
　平城宮第21・154次調査により明らかになった内裏東外郭築地の東側で、南北に縦貫する通称東大溝（ＳＤ2700）より出土した人形である。
　溝は人頭大の玉石を6～7段に積んで護岸とし、規模は上幅2～2.6ｍ、深さ1.5ｍである。溝の埋土は数層に分かれ、その上下関係は出土した紀年銘木簡により、最上層が奈良末（延暦年間）、中層が奈良中葉から後半（天平勝宝・天平宝字）、下層が奈良前半（天平初年）に比定できるという。
　概報のため個々の人形の出土層位は明記されていないが、それぞれ8世紀前葉から末葉までの年代幅を考えている。
　⑦　平城京左京八条三坊十坪の小路側溝（ＳＤ1155）出土人形〔奈良国立文化財研究所 1976〕
　昭和50年、第93次調査により明らかになった九・十坪の境小路（ＳＦ1160）の南側溝から出土

した人形である。

　ＳＤ1155は幅3.4～3.8ｍ、深さ1.2ｍの素掘りの溝で、西流して堀川（ＳＤ1300）に合流する。伴出遺物には、木簡・木器類と8世紀中葉頃の土器などがあるという。

　人形の時期もこの年代で押さえられる。新しい要素と考えられる頭頂の尖りは、この頃に始まるのであろう。

⑧　平城宮内裏東外郭の井戸（ＳＥ2600）出土人形〔奈文研平城京跡発掘調査部 1965〕

　昭和39年、平城宮第21次調査により、井戸内から発見された人形である。

　ＳＥ2600は内裏東外郭の北側に位置する井戸で、東西2.5ｍ、南北2.3ｍ、深さ3.2ｍの方形掘方内に長方形の板を井籠組にする。内法は1.2ｍを測り、井戸枠は4段分が残る。この遺構は、掘立柱建物との切り合い関係から8世紀後半の時期と捉えられている。

　人形もこの年代で押さえられ、この型の人形としては頭部を尖らせるなど、筆者が新しいと判断する要素が見られる。

（参考例1）　沖ノ島22号遺跡出土金属製人形〔岡崎 1979〕

　沖ノ島遺跡第3次調査で発見された人形である。頭部は楕円形、肩部はなで肩風を呈し、手足は切り込みで作る。顔は、目・鼻・口を打ち込みで表現する。この22号遺跡には、ほかに土器・金属製の紡織具などが出土し、7世紀代という。木製人形に先行するものと捉えたい。

　その他、金属製人形には飛鳥池出土〔奈良国立文化財研究所 1992〕と藤原京右京五条四坊北西坪出土人形〔竹田 1993〕があり、どちらもⅠ類ａ型式で藤原京期（7世紀末～8世紀初頭）のも

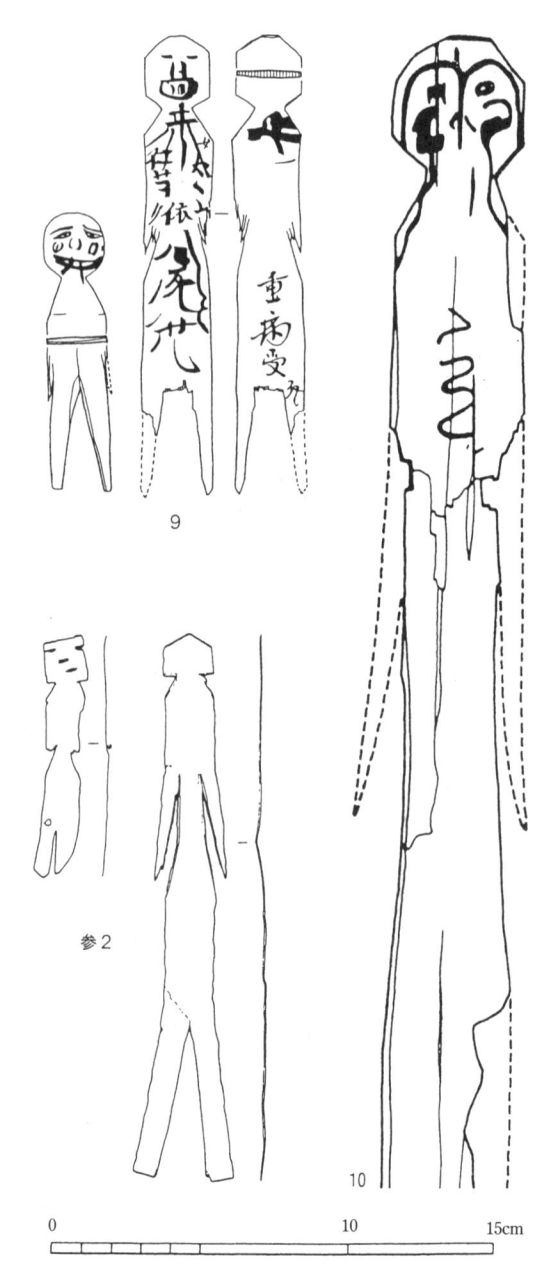

第12図　Ⅰ類ｂ型式（奈文研 1985および各報告書より）

のである。

Ⅰ類ｂ型式（第12図）

⑨　平城宮南面外濠（ＳＤ1250）出土人形〔奈良国立文化財研究所 1981〕

昭和55年、第122次調査により明らかになった壬生門前二条大路北側溝・宮外濠（ＳＤ1250）から出土した人形である。

二条大路北側溝は、壬生門前では３期に大別できる。概報では、木簡の年代や瓦・土器の型式から、Ａ期（幅4.2ｍ、深さ0.9ｍの素掘溝の時期）を和銅年間の造営時に、Ｂ期（門前だけ玉石で護岸した時期）を養老５年頃、Ｃ期（護岸部分を埋め立て陸橋とした時期）を天平宝字年間の改作時にあてている。

人形の年代は、207点もの大量の出土であり、形態もバリエーションがあることから、時期幅をもって８世紀初頭～中葉と考え、特にこの型は８世紀中葉とみる。

なお、同溝でも若犬養門前部のものは、これにつらなる池（ＳＧ10240）が10世紀初頭まで存続していたこともあり、人形はこの時期のものも含まれると捉えている。

⑩　長岡京左京二条二坊六町の中央溝（ＳＤ1301）出土人形〔向日市教育委員会 1981〕

向日市教育委員会が昭和52～55年にかけて実施した、左京第13・22・51次調査により明らかになった溝（ＳＤ1301）から出土した人形である。

ＳＤ1301は、幅４ｍ、深さ0.6ｍの素掘り溝である。溝の堆積は大きく上・下層に２分でき、出土木簡によって各々年代を特定している。

この型の人形は、上層からの発見で延暦８年以降の埋没という。８世紀末葉としておく。なお、Ⅰ類ｃ型式の人形も共伴している。

（参考例２）　平城宮内裏外郭東大溝（ＳＤ2700）出土金属製人形〔奈良国立文化財研究所 1987〕

平城宮第172次調査の東大溝で発見された人形である。頭部は方形と頭の尖った五角形、肩部はなで肩を呈し、手足は切り込みで作る。方形のものは、顔部に目・鼻・口をタガネで線刻し表現する。出土層位の記述がないため年代は特定しかねるが、溝は８世紀の末葉には埋没し、機能しなくなったという。なお、この溝からはⅢ類とする金属製人形も出土している。

Ⅰ類ｃ型式（第13図・14図上）

⑪　平城宮第１次大極殿南面回廊楼閣風建物（ＳＢ7802）出土人形〔奈良国立文化財研究所 1981〕

昭和48年、第77次調査により明らかになった５間×３間の建物（ＳＢ7802）の柱抜取跡から出土した人形である。

同抜取跡からは、天平勝宝５年の紀年銘木簡も出土し、伴出の土器は平城宮土器Ⅳの前半期におくことができるという。

建物の廃絶は、天平勝宝５年（753）以降に近い年代で間違いなく、人形も８世紀中葉以降ということになろう。ただ、気にかかるのは、筆者が新しい要素のひとつと考える耳を作ることがこの時期から始まったのかどうかである。

⑫　平城宮宮内省大膳職の井戸（ＳＥ311Ａ）出土人形〔奈良国立文化財研究所 1966〕

昭和36年、第７次調査により発見された井戸（ＳＥ311Ａ）から出土した人形である。

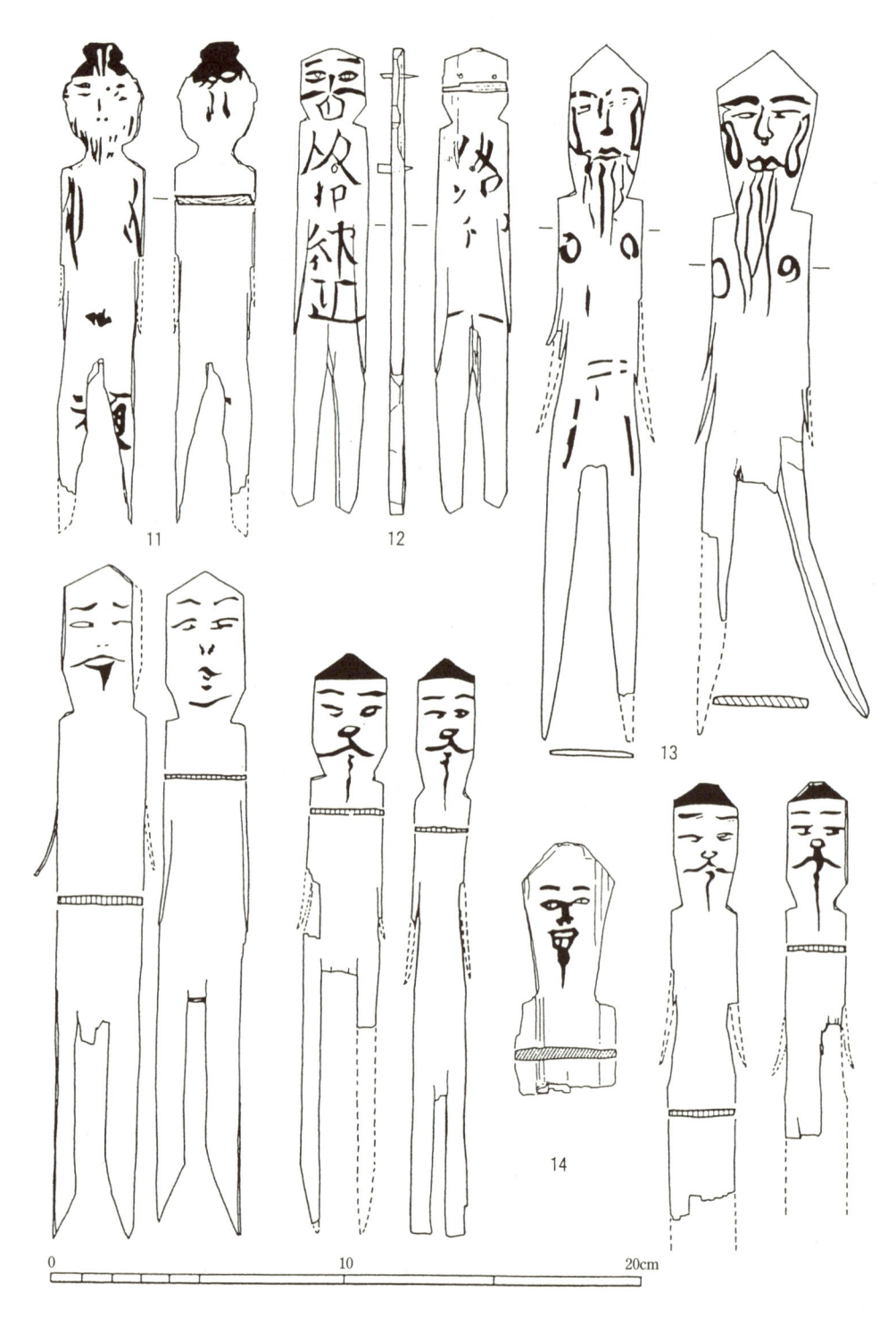

第Ⅱ編　祭祀遺物の分類・編年と研究

第13図　Ⅰ類 c 型式（奈文研 1985および各報告書より）

井戸は一辺7m、深さ4mの方形掘方内に、長さ2.6m、幅0.36mの檜板材を内法2.25mの井籠組にしたものである。井戸底には礫を敷いており、その上面で土師器・須恵器・萬年通寳・神功通寳・木簡などと共に人形を発見している。なお、後に井戸は井戸枠下二段を残し、埋土も下一段の上面まで浚え、ひとまわり小さいものを再構築している。

人形は、墨書で顔を描き、胴部背腹に文字（「坂部秋□〔近か〕」）を書く。さらに、目と胸に木釘を打っており、呪詛を目的としたものと考えられている。

井戸廃棄の年代は、出土土器（平城宮土器Ⅴ）から推定して奈良時代末（780年代）と把握できる。この頃から、この形態が普及するのであろう。

⑬　長岡京左京二条二坊六町の中央溝（SD1301）出土人形〔向日市教育委員会　1981〕

前述⑩と同じく、SD1301の上層で発見された人形である。

伴出した木簡から延暦8年（789）以降の埋没とされ、これら人形の年代は8世紀末葉で押さえられる。

⑭　中久世遺跡溝（SD01）出土人形〔京都市埋蔵文化財研究所　1980〕

昭和52年、京都市埋蔵文化財研究所の行なった調査で、溝（SD01）から発見した人形である。溝は、幅約6m、深さ約0.7mで南流する流路である。土層堆積は、上・下2層に大別できる。

伴出遺物は、土師器・須恵器・緑釉陶器などがあり、土器の年代は大きく9世紀代という。人形は頭頂を山形と台形にするものがあり、首から肩部への切り欠きも顔部から大きく切るものが存在するなど、私見では年代幅があると考えている。9世紀前葉～後葉のものを含んでいると理解したい。

⑮　俵田遺跡SM60祭祀遺構出土人形〔山形県教育委員会　1984〕

昭和58年、山形県教育委員会が実施した調査により、SM60祭祀遺構から出土した人形である。

SM60祭祀遺構は、人面墨書土器・人形・馬形・刀形・斎串などが配置されたままの状況で発見されたことで、非常に注目されたものである。

人形の年代は、伴出した土器から9世紀中葉頃としている。人形は、頭に髻を有し、顔を墨書する。この墨書はこれまでの目・鼻・口・髭だけでなく、顔の外形線、さらに耳まで書き加えるところに特徴がある。新しい要素である。

⑯　鴨遺跡東地区スクモ層出土人形〔高島町・滋賀県教育委員会　1984〕

昭和54年、滋賀県文化財保護協会が調査した官衙跡と推定される遺跡のスクモ層から出土した人形である。

同層からは、貞観15年（873）の紀年銘を含む木簡・木履・斎串などの木製品、須恵器・土師器・緑釉陶器、銅印などが発見されている。

遺跡の年代は、出土土器より9世紀後葉～10世紀前葉と捉えられている。人形の出土点数は明らかでないが、報告書に掲載された写真のものは頭頂を山形にし、首から肩部への切り欠きは顔部から大きく切るものである。人形もこの年代（9世紀後葉）で問題ないと考える。

⑰　定山遺跡DL51区出土人形〔岩滝町教育委員会　1980〕

昭和54年、岩滝町教育委員会が調査した祭祀跡もしくは地方官人の邸宅跡と考えられる遺跡か

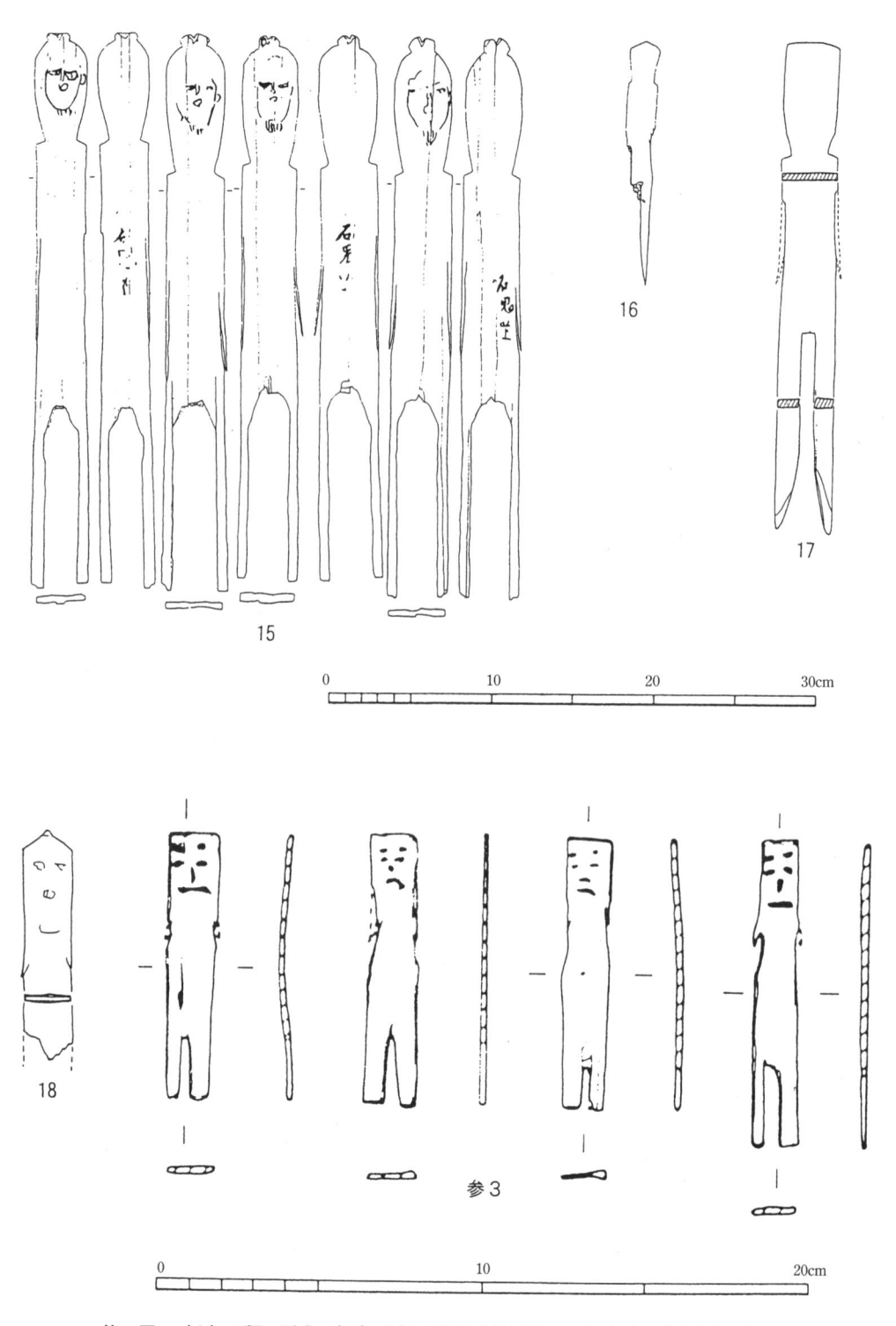

第Ⅱ編　祭祀遺物の分類・編年と研究

第14図　（上）Ⅰ類 c 型式、（下）Ⅰ類 d 型式（奈文研 1985および各報告書より）

ら出土した人形である。

　人形は、DL51区から6点出土している。報告書には、井戸跡出土の土器類と一連の時期のものと捉え、平安中期～後期に位置づけている。しかし、共伴遺物（特に土器）が明らかにされていないので、年代を検討することはできない。なお、〔奈良国立文化財研究所 1985〕では手を切り込みによって作り出す形に推定復元しているため、この形態にいれたが、年代が平安中期以降になるなら、手は切り欠きによって表現するか、もしくは手を有しないタイプになるであろう。掲載図の人形は、切り欠きと考えられよう。

　Ⅰ類ｄ型式（第14図下）
　⑱　藤原宮西面外濠（SD260）出土人形〔奈文研飛鳥藤原宮跡発掘調査部 1982〕
　昭和56年、藤原宮第34次の調査で西面外濠（SD260）から発見された人形である。
　SD260は藤原宮西面大垣の西約20mにある素掘りの南北溝で、幅約10m、深さ約1.5mを測る。濠の堆積土は5層に分層でき、最下層でも藤原宮期から平安前期までの遺物を含んでいるという。また、この濠は10世紀後半まで溝幅も広く、完全に埋没するのは11世紀頃と考えられた。さらに、濠の西北隅では、第36次の調査で13世紀まで存続することも確認されている。
　このような状況では、遺物の使用時期を明らかにするのは難しく、人形の年代も10～13世紀代以降としか認識出来ないのである。なお、私見では古代末と捉えている。
　頭頂は山形にかたどり、顔部は刻線で表現する。

　（参考例3）　草戸千軒町遺跡池（SG2741）出土木製人形〔広島県草戸千軒町遺跡研究所 1985〕
　昭和58年、第32次調査により池（SG2741）から出土した人形7点である。頭頂は直線で、眉・目・鼻・口を墨書する。年代は共伴土器から鎌倉時代という。

　以上、Ⅰ類ａ型式の人形は、②・③・④の例から7世紀後葉～8世紀前葉の年代に、さらに⑦・⑧の例では8世紀中葉～後葉の年代に比定することができた。これらに、⑤・⑥の例も含めて考えると年代に幅があるものの、頭部の形態が楕円形の古い型から、頭部頂が尖る新しい型に変化していることが理解できよう。
　Ⅰ類ｂ型式の人形は、類例が少ないものの古い例の⑨が8世紀中葉に、新しい例の⑩が8世紀末葉の年代に押さえられる。また、静岡県伊場遺跡出土・滋賀県服部遺跡出土のものなどを含めて考えると、8世紀後葉に盛行したと推測できよう。さらに、平城宮内裏外郭東大溝（SD2700）出土のものをみると、このタイプから頭部頂が尖る傾向も認められる。
　Ⅰ類ｃ型式の人形は最古と思われるものが⑪であり、⑫例の時期（奈良時代末）にⅠ類ａ・ｂ型式の人形と入れ替わり使用されるのである。次いで、⑭の9世紀前半に盛期をむかえ、そして⑯例の頃（9世紀後葉）には終末となるのであろう。なお、首から肩部への切り欠きを顔部から大きく切るものと、顔部の墨書に顔の外形線を入れるもの、耳を作り出すものは、年代的に新しい要素と考えられる。
　Ⅰ類ｄ型式の人形は出土例が少なく速断しかねるが、おおよそ10世紀後半～13世紀に出現し、中世に続くのであろう。人形全体からみれば、Ⅲ・Ⅳ類の盛期以降に現われるようである。

第Ⅱ編　祭祀遺物の分類・編年と研究

Ⅱ類 a 型式（第15図左）

⑲　伊場遺跡西部地区大溝出土人形〔浜松市立郷土博物館　1978〕

　昭和44年から同50年に、浜松市教育委員会および伊場遺跡調査団が実施した第3～7次の調査で、官衙跡と考えられる遺跡の大溝ロ区9から出土した人形である。

　大溝は、幅21～22ｍ、深さ約3ｍの規模で古墳時代の前期ないし中期から始まる。埋土は、下よりⅧ層からⅥ層までが古墳時代の堆積で、人形はⅤ層およびⅣ層で出土したという。年代は出土遺物などより、Ⅳ層を9世紀から10世紀とし、Ⅴ層はさらに細分してⅤ1層を8世紀後半から9世紀初頭に、Ⅴ2層を8世紀中葉から後半に、Ⅴ3層を7世紀末から8世紀前半に、Ⅴ4層を7世紀後半に比定している。

　この人形は、頭部を丸くかたどり、顔部は墨書で表現する。Ⅴ1層の発見である。同地区同層には、Ⅰ類 b 型式の人形も出土している。報告書に記載のとおり、8世紀後半から9世紀初頭に押さえたい。

Ⅱ類 b 型式（第15図中）

⑳　伊場遺跡西部地区大溝出土人形〔浜松市立郷土博物館　1978〕

　前記⑲と同じく、大溝Ａ15区ｄで発見された人形である。

　この人形は、頭頂を山形にかたどり、Ⅴ1層の発見である。同地区同層には、Ⅰ類 a 型式の人

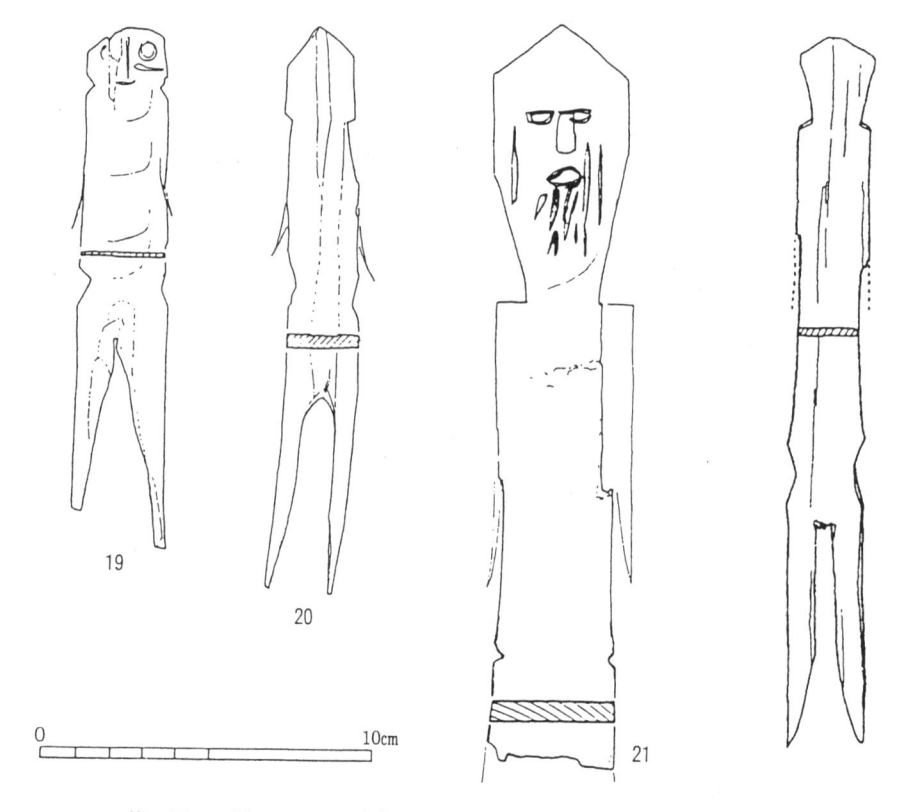

第15図　Ⅱ類 a・b・c 型式の人形（奈文研 1985および各報告書より）

第2章 木製人形年代考

形も出土している。年代は報告書に記載のとおり、8世紀後半から9世紀初頭に押さえたい。

Ⅱ類c型式（第15図右）

㉑ 平城京右京八条一坊西一坊々間大路西側溝（SD920）出土人形〔奈良国立文化財研究所 1984b〕

昭和58年、平城京第149次調査で西一坊々間大路の西側溝（SD920）から出土した人形である。

SD920は、幅5.5～11m、深さ1.5～1.7mを測る。出土遺物には大量の土師器・須恵器のほか、祭祀遺物として鏡・鈴・人面土器・土馬・模型カマド・人形・斎串などがある。溝の堆積は、埋土から3期に大別でき、A期は平城京造営当初のもので、堆積土がない。B期は平城宮土器編年のⅡ・Ⅲ期（730年～750年頃）、C期は奈良時代末から平安時代初期の土器が出土するという。

この溝の出土人形は16点あり、それぞれの年代は出土層位が明記されてないため確定できないが、形態から見る限り、8世紀中葉から9世紀前葉の長期間にわたり使用されたものであろう。特に、当型式の人形はC期の年代であれば異論ないところである。

以上、Ⅱ類の人形は出土例が少なく、古いものは⑲・⑳例のa・b型式で8世紀後葉、新しいものは㉑例のc型式で9世紀前葉というところであろう。兵庫県袴狭遺跡・砂入遺跡にも発見例があり、整理が進めばどの型式の人形と共伴するか明らかにでき、詳細な編年が可能となろう。こうした年代から見ると、この類はⅠ類のa・b型式出現後に腰のくびれを表現することで始まったようである。これに間違いなければ、当初推測した二重に手を持つという考え方は改めねばならない。なお、Ⅱ類d型式は、現在までのところ出土例を確認していない。

Ⅲ類a型式（第16図）

㉒ 平城京東堀川（SD1300）出土人形〔奈良国立文化財研究所 1983〕

昭和57年、平城京左京九条三坊十坪の調査で東堀川（SD1300）から出土した人形である。

SD1300は幅約11m、深さ1.3mの素掘り溝である。埋土は数層に分かれるが、最下層からも平安時代初頭の土器が出土するなど、整合性はないという。出土遺物は多量の土師器・須恵器のほか、祭祀遺物として鈴・人面土器・土馬・模型カマド・人形・斎串などがある。土器の年代は、8世紀後半から9世紀前葉と長期間にわたるものである。また、奈良市教育委員会が調査した左京八条三坊十一坪の北辺〔奈良市教育委員会 1984〕では、饒益神宝（初鋳859年）が出土し、この堀川の廃絶の時期がさらに新しく9世紀後半となってきた。

この人形は、大型で頭部を丸くつくり、顔部は墨書する。腰部の切り欠きは、手の切り込みが失われたととれなくもないが、報告書のとおり切り欠きとしてⅢ類に入れる。年代は、奈良市調査例を参考に9世紀中葉としておきたい。

㉓ 野田地区遺跡溝（SD6）出土人形〔和歌山県教育委員会 1981〕

昭和55年、（社）和歌山県文化財研究会が調査した野田地区遺跡の溝（SD6）から出土した人形である。なお、なぜか本報告〔和歌山県教育委員会 1985〕では溝7（上層）の出土となっているが、本文をみている限り誤りと判断できるため、本論では概報のとおり溝6で扱う。

SD6は幅3.5m、深さ0.6mの素掘り溝である。出土遺物は、須恵器・土師器と斎串・曲物などの木製品がある。年代は、平安時代前期～中期という。

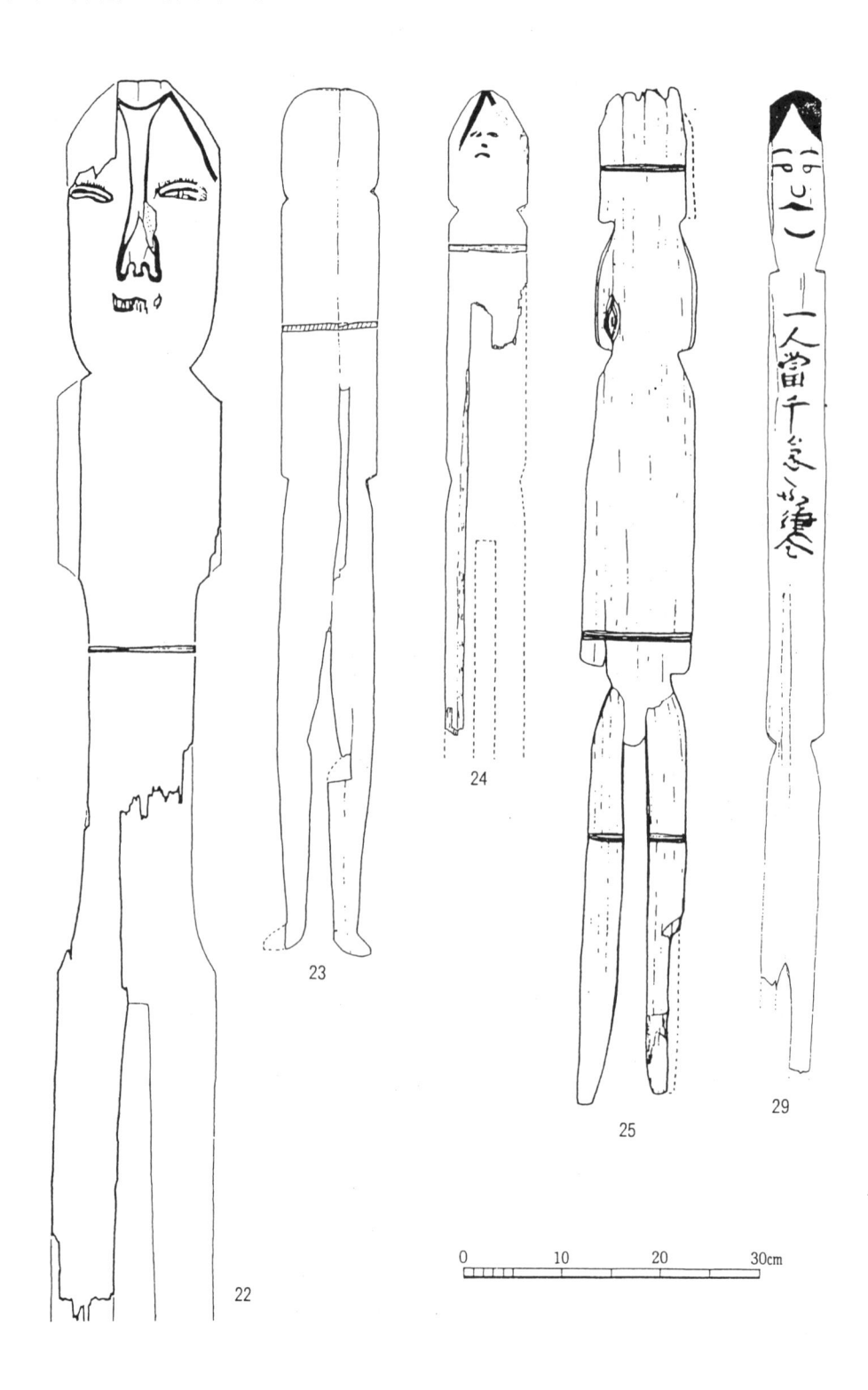

第Ⅱ編　祭祀遺物の分類・編年と研究

第16図　Ⅲ類a・b・c型式の人形（奈文研1985および各報告書より）

この人形は、大型で頭部を丸くかたどり、特徴は脚にある。すなわち、腿・膨ら脛・爪先を表現するのである。従来の首から肩部への切り欠きによる編年では、古く考えられたものである。

私見では、出土土器より9世紀末〜10世紀前半に押さえたい。同溝内には、Ⅲ類c型式の人形もある。

㉔　定山遺跡DL51区出土人形〔岩滝町教育委員会 1980〕

前記⑰と同じく、DL51区で発見された人形である。

この人形は、大型で頭頂を山形気味につくり、顔部は墨書する。脚部は欠損しているため、つくりが不明である。年代は、報告書のとおり平安中期〜後期に捉えたい。

Ⅲ類b型式（第16図）

㉕　稲成遺跡自然流路（SD1）出土人形〔(財)和歌山県文化財センター 1990〕

平成元年、(財)和歌山県文化財センターが実施した稲成遺跡の自然流路（SD1）から出土した人形である。

SD1は幅4.5〜7.0m、深さ0.4〜0.9mの素掘り溝である。出土遺物は、弥生土器・須恵器・土師器・黒色土器と斎串・横槌などの木製品がある。木製品の年代は、平安時代中期という。

概報に掲載の土器より10世紀後葉〜11世紀前葉と考える。

この人形は大型で、特徴は胴部の切り欠きの数と位置にある。すなわち、胴部の上半部と下端部の2箇所に入れるのである。これを見れば、上半部のものは手の表現の可能性が高く、下端部のものは腰部のくびれの表現と思われ、胴部と脚部を区分するものであろう。今後、Ⅲ類は胴部の切り欠きの位置で手の有無を判断し、細分する必要も感じている。

Ⅲ類c型式（第16図右・第17図）

㉖　平城京左京一条三坊大路東側溝（SD650）出土人形〔奈良国立文化財研究所 1975〕

昭和44年、平城京57次調査により左京一条三坊大路の東側溝（SD650）から出土した人形である。

SD650は、新旧2時期のものが上下に重なった溝である。下層の溝は幅2.5m前後、深さ1.1m内外の素掘り溝、上層の溝は幅2m前後、深さ0.5〜0.9mで下層溝の埋没後に掘り開いたものという。人形は、下層溝の発見である。共伴遺物には土器・陶器・瓦・木器などがあり、下層溝は天長5年（828）の告知札が存在することから平安時代初期の遺構とされ、上層溝は9世紀末から10世紀初頭と比定されている。

黒崎直は、報告書にこの型の人形をA型式3類として分類し、年代を9世紀前半とした。なお、後〔黒崎 1983〕に9世紀後半頃の遺構に伴うものと訂正している。おそらく、土器編年を新しく見直されたのであろう。私見でも、この型の人形には新しくみる年代の方が適切と判断している。ただし、これは溝の終末の時期を言っているのであって、始まりが奈良時代であり、奈良時代の遺物を含んでいても問題はないと考える。

㉗　杉垣内遺跡A地区井戸（SE24）出土人形〔三重県教育委員会 1989〕

昭和61年、三重県教育委員会が調査した杉垣内遺跡A地区井戸内（SE24）から出土した人形である。

第Ⅱ編　祭祀遺物の分類・編年と研究

　ＳＥ24は径2.6〜3.06ｍ、深さ1.5ｍの不正な楕円形掘方内に、東西に横板、南北に縦板を組み合わせた特異な井戸である。横板は４段分が遺存し、井戸底には礫を敷いている。人形は斎串と共に埋土の上層から出土したという。年代は、平安時代前期としている。

　人形は、頭頂を低い台形にかたどり、顔部を墨書する。調査者は、この人形は井戸の廃棄に伴うものと推測している。井戸内出土の土器類は、９世紀中葉頃であろう。とすれば、廃棄年代は９世紀中〜後葉の可能性が大であり、人形も９世紀後半の年代と考えたい。また、この型の大型のものが、前記平城京左京一条三坊大路東側溝（ＳＤ650）に存在することも参考となる。

㉘　野田地区遺跡溝（ＳＤ６）出土人形〔和歌山県教育委員会1985〕

　前記㉓と同じ遺跡の溝６の下層溝７から出土した人形である。

　ＳＤ７は幅３ｍ、深さ0.9ｍの素掘り溝である。出土遺物には、須恵器・土師器と斎串・馬形・曲物などの木製品がある。溝７の年代は、出土土器より９世紀代という。

　この人形は、頭頂を山形にかたどり、脚部に爪先をつくりだす。人形の年代は、９世紀代後半に押さえたい。

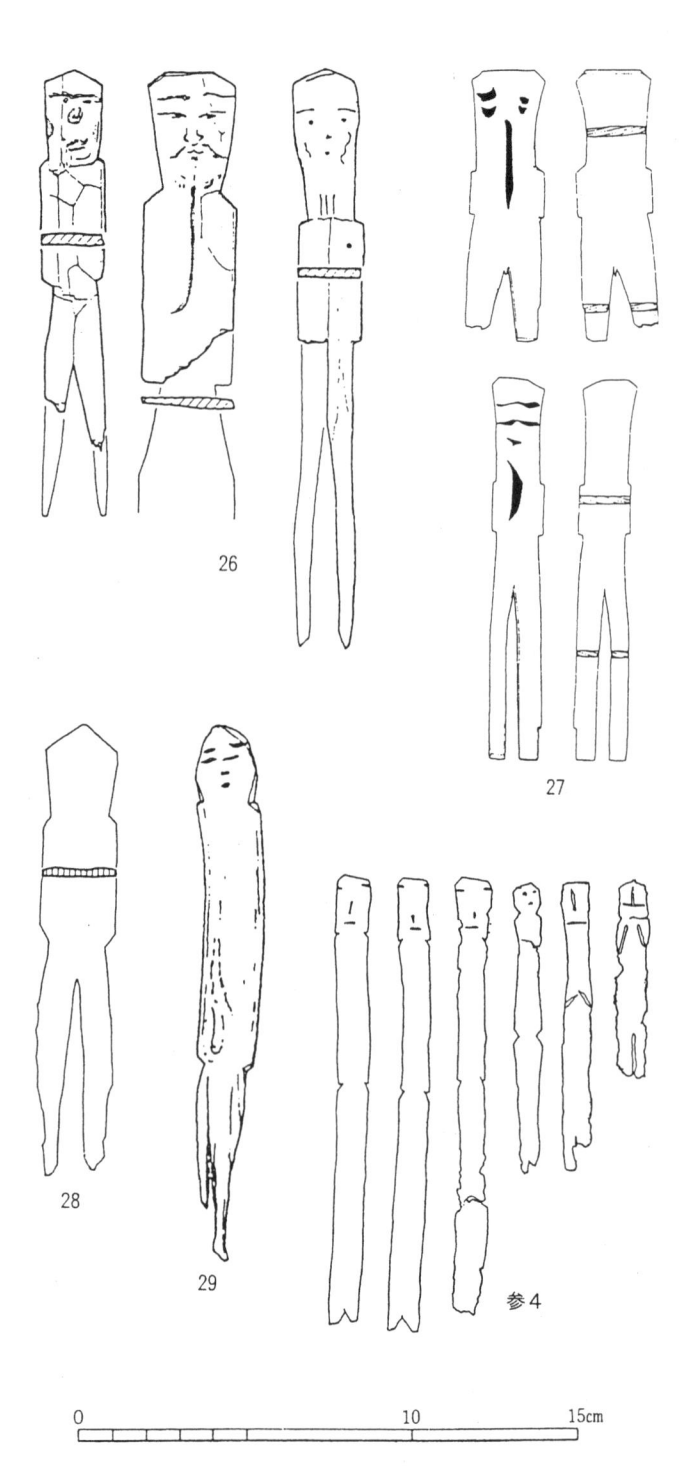

第17図　Ⅲ類ｃ型式（奈文研 1985および各報告書より）

㉙　袴狭遺跡B－3地点出土人形〔兵庫県教育委員会 1991〕

　平成3年、兵庫県教育委員会が調査した官衙関係の遺跡B－3地点の水田層から出土した人形である。

　律令期の水田は大きく分けて奈良時代1面、平安時代2面の3時期がある。

　これらの人形は最上層の水田から棒状の斎串と共に発見されたもので、大型のものは胴部に「一人當千急々如律令」の墨書がある。小型のものは（大型のものも）足先まで作り出すという特徴がある。年代については、同層の水田に延喜6年（906）の紀年木簡を含み、10世紀前半とすることが可能であろう。前記㉓の野田地区遺跡SD6に、同形態のものがある。

（参考例4）　平城宮・京内出土金属製人形〔松村 1984〕

　東南隅SD3410、小子門西SD4951、左京一条三坊大路側溝SD650などに発見例がある。

　SD4951の年代は、8世紀後半から9世紀前半と考えられ、Ⅲ・Ⅳ類の金属製人形も出土している。SD650の時期は、前記でみたように終末を9世紀後半と捉えてよいであろう。

　金属製人形が、木製人形に先行あるいは並行する事例である。

　以上、Ⅲ類の人形は、a型式が古く㉒例のように9世紀中葉頃に出現する。次いで、b・c型式が9世紀後葉に認められるのである。人形全体でみると、この類はⅠ類c型式の終わりに現われたようである。終末は平安時代後期と考えるが、地域によっては中世にも続いているのである。

Ⅳ類a型式（第18図）

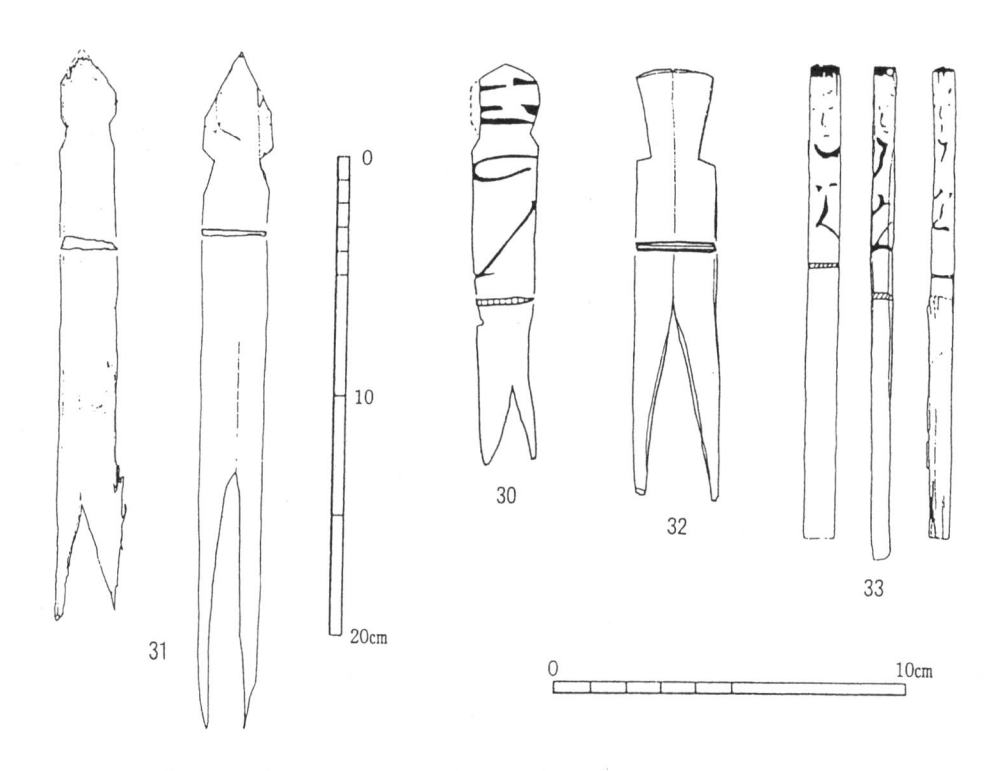

第18図　Ⅳ類a・b・c・d型式の人形（奈文研 1985および各報告書より）

㉚　藤原宮西面外濠（SD260）出土人形〔奈文研飛鳥藤原宮跡発掘調査部 1982〕

　前記⑱と同じ、藤原宮西南隅の調査（第34次）において西面外濠（SD260）で発見された人形である。

　人形の年代は、出土層位が明らかでないため確定できないが、最上層の10世紀後半頃としておきたい。なお、同濠からはⅢ類c型式の人形も出土しており、9世紀代まで遡る可能性もある。

Ⅳ類b型式（第18図）

㉛　神明原・元宮川遺跡出土人形〔静岡県埋蔵文化財調査研究所 1989〕

　昭和58・59・60年、静岡県埋蔵文化財調査研究所が実施した古墳時代～中世にかけての河道から出土した人形である。

　木製人形が出土した地区（SR313・56）では、共伴する土器類が6～7世紀に位置づけられ、8世紀まで下がるものは見当たらないという。調査担当者・整理担当者はこの事実を重要視するとともに、形態分類からも類例のないタイプとし、9世紀以前の地域差の中で理解しようとする。

　当該遺跡にはⅢ類の人形も多く存在し、私見では、最近発見されているⅢ類出土の遺跡例に照らし9世紀中葉～後葉に位置づけたい。

Ⅳ類c型式（第18図）

㉜　平安京左京四条一坊五・六町Ⅰトレンチ第3層出土人形〔平安京調査会 1975〕

　昭和49年、平安京調査会が実施した壬生車庫跡地の第Ⅰトレンチ包含層第3層から出土した人形である。

　第3層は、土師器・須恵器・黒色土器・緑釉土器・灰釉土器など、平安時代（平安Ⅱ期）の土器を多量に含むという。

　人形の年代は、9世紀後半から10世紀初めとして押さえておきたい。

Ⅳ類d型式（第18図）

㉝　平安京左京四条一坊五・六町Ⅰトレンチ井戸（SE01）出土人形〔平安京調査会 1975〕

　同上の調査時に、井戸（SE01）から出土した人形である。なお、調査担当者は人面木札と呼称している。

　SE01は一辺95cm、深さ約85cmの掘り方をもつ方形縦板組の井戸である。井戸枠は一辺約0.6mを測り、各辺幅15～20cmの板を5～7枚並べる。内側には上下2段の横桟を組む。井戸の埋土は大きく3層に分かれ、人形は中層から土師器・木器などと共に出土している。

　人形は薄い柾目の板で、顔部に頭・眉・目・鼻・顎髭と胸部に文字を墨書する。なお、首部とともに足部の切り欠きもない。

　井戸廃棄の年代は、出土土器から平安時代末の頃という。人形も、この時期で捉えたい。

　以上、少数の例ではあるが、Ⅳ類の人形の出現はd型式以外9世紀後葉前後に押さえることができよう。Ⅲ類とは同時期の使用である。そして、10世紀代に中心があり、その終末は中世にかかるものと推定される。なお、d型式は12世紀代に現われるようである。

第2章 木製人形年代考

第2表 木製人形が持つ要素の比較表

No.	人形出土の遺跡とその遺構	府県名	手部の切り込み		腰・手部の切り欠き		頭頂部の形態			肩部の切り欠き				共伴遺物の年代
			有	無	有	無	丸	山	ほか	a	b	c	d	
①	藤原宮SD—1901A	奈良県	○			○	○			○				7世紀後葉
②	藤原宮SD—105	奈良県	○			○	○			○				8世紀初頭
③	藤原宮SD—501	奈良県	○			○	○			○				8世紀初頭
④	平城宮SD—3765	奈良県	○			○	○			○				8世紀前葉
⑤	平城宮SD—4951	奈良県	○			○	○	○		○				8世紀前～後葉
⑥	平城宮SD—2700	奈良県	○			○	○			○				8世紀前～後葉
⑦	平城宮SD—1155	奈良県	○			○	○			○				8世紀中葉
⑧	平城京SE—2600	奈良県	○			○		○		○				8世紀後半
⑨	平城宮SD—1250	奈良県	○			○	○					○		8世紀中葉
⑩	長岡京SD—1301	京都府	○			○	○					○		8世紀末葉
⑪	平城宮SB—7802	奈良県	○			○			○			○		8世紀末葉?
⑫	平城宮SE—311A	奈良県	○			○		○				○		8世紀後葉
⑬	長岡京SD—1301	京都府	○			○		○				○		8世紀末葉
⑭	中久世SD—01	京都府	○			○	○	○		○				9世紀前～後葉
⑮	俵田SM—60	山形県	○			○			○	○				9世紀中葉
⑯	鴨東地区スクモ層	滋賀県	○			○		○		○				9世紀後葉
⑰	定山DL51区	京都府		○	○				○			○		10～12世紀
⑱	藤原宮SD—260	奈良県	○			○		○					○	10～13世紀
⑲	伊場西部地区大溝	静岡県	○		○		○			○				8世紀後半
⑳	伊場西部地区大溝	静岡県	○		○			○			○			8世紀後半
㉑	平城京SD—920	奈良県	○		○			○				○		9世紀前葉
㉒	平城京SD—1300	奈良県		○	○		○			○				9世紀中葉
㉓	野田SD—6	和歌山県		○	○		○			○				10世紀前半
㉔	定山DL51区	京都府		○	○		○			○				10～12世紀
㉕	稲成SD—1	和歌山県		○	○		○				○			10世紀後葉
㉖	平城京SD—650	奈良県		○	○			○	○			○		9世紀中～後葉
㉗	杉垣内A地区井戸	三重県		○	○			○				○		9世紀中～後葉
㉘	野田SD—6	和歌山県		○	○			○				○		9世紀後半
㉙	袴狭B—3水田層	兵庫県		○	○		○					○		10世紀前半
㉚	藤原宮SD—260	奈良県		○		○		○		○				10世紀代
㉛	神明原・元宮川	静岡県		○	○		○				○			9世紀中～後葉
㉜	平安左京四条一坊	京都府		○	○				○			○		9世紀後半
㉝	平安左京四条一坊	京都府		○	○				○				○	12世紀後半

第Ⅱ編　祭祀遺物の分類・編年と研究

第3表　木製人形編年表

	Ⅰ類 a	Ⅰ類 b	Ⅰ類 c	Ⅰ類 d	Ⅱ類 a	Ⅱ類 b	Ⅱ類 c	Ⅱ類 d	Ⅲ類 a	Ⅲ類 b	Ⅲ類 c	Ⅲ類 d	Ⅳ類 a	Ⅳ類 b	Ⅳ類 c	Ⅳ類 d
7C 後																
8C 前	｜															
8C 中	｜	｜			｜	｜										
8C 後			｜				｜									
9C 前			┊					｜	｜	｜	｜		┊	｜	｜	
9C 中			┊						｜	｜	｜		┊	｜	｜	
9C 後			┊	｜					｜	｜	｜		┊	｜	｜	
10C 前				｜					┊	┊	┊		┊	｜	｜	
10C 中				｜					┊	┊	┊		┊	｜	｜	
10C 後									┊	┊	┊		┊	｜	｜	

型式／類	a	b	c	d	型式／類	a	b	c	d
Ⅰ類	藤原京	兵庫・袴狭遺跡	長岡京	藤原京	Ⅲ類	静岡・神明原元宮川遺跡	静岡・神明原元宮川遺跡	和歌山・野田遺跡	
Ⅱ類	静岡・伊場遺跡	静岡・伊場遺跡	兵庫・袴狭遺跡		Ⅳ類	藤原京	静岡・神明原元宮川遺跡	平安京	平安京

144

5 おわりに

　前記のように、人形の特徴を抽出して型式設定をし、それぞれの年代を各遺跡での出土状況から追求することによって、先に検討したその変遷過程を跡づけることができた。それをまとめたのが第2表である。しかし、編年試案（第3表）は型式学的な操作に基づくものであり、遺構での出土状況と若干異なるところも認められる。

　人形の基本形態となるのは、現在までの出土量をみても明らかに発見例数の多いⅠ類である。

　筆者は木製人形の起源について、国内弥生時代の木偶・古墳時代の土製人形の流れの中で生まれたものではなく、中国のものと関連して、その伝来品を原型とし律令祭祀の中に取り込んだという立場をとっている。現在の資料による限り、最古のものは藤原宮で使用されたⅠ類a型式のものであり、この宮から全国の官衙関係の遺跡に広がっていったと考えるのである。その時期は、国家として律令法体系により統治組織と政治的編成を定めた7世紀後半であろうと推測している（追記②参照）。

　次いで、人形の変遷は、基本としてⅠ類→Ⅱ類→Ⅲ類・Ⅳ類の順になると考えた。Ⅰ類・Ⅱ類とⅢ類・Ⅳ類の前後関係は、型式学的にも認められるものであろう。問題はⅠ類とⅡ類の関係である。仮に、Ⅱ類が一番古い形態とすれば当然藤原宮で発見されなければならないが、いまだその出土例はなくかえって静岡伊場遺跡・兵庫袴狭遺跡など地方に多く見受けられる。このことは、初源ではなく後出を意味し、Ⅰ類とⅢ類の間に位置づけることを正当化する。

　細かくみると、まず手を有し、撫で肩で頭部は楕円形のⅠ類a型式がある。次いで、撫で肩が強くなり頭頂が尖り始めるⅠ類b型式がある。8世紀の中葉である。この頃、腰部にくびれを持つⅡ類a・b型式が出現するのであろう。さらに、Ⅰ・Ⅱ類の怒り肩のc型式が現われる。この年代を、長岡京の時期と推定しており、これを人形編年第一の画期とみる。そして、Ⅰ・Ⅱ類c型式の終末期にあたる9世紀中葉頃には、東北秋田城まで分布が拡がっているのである。これに前後して、手を持たない、あるいは持っても切り欠きで表現するⅢ類・Ⅳ類が登場する。人形編年第二の画期である。この類型の盛行期は10世紀代であり以後衰退するが、一部のものは中世へと続いている。

　また、基本的に各類ともⅠ類と同じく首から肩への切り欠きは撫で肩を呈するものが古く、新しくなるほど怒り肩になり、これを型式化したa・b・c・dの順に変遷するようである。

　このように、人形編年ではⅠ類c型式の始まりとⅢ・Ⅳ類の出現に、第一の画期（律令祭祀の変質）と第二の画期（その解体）をみることができる。その要因は、今後に期したい。

註
（1）新聞報道では、滋賀県長浜市神宮寺遺跡の川跡より6世紀後半から7世紀初めの人形・斎串などが発見されたという（平成4年8月25日の朝刊各紙）。また、奈良県橿原市藤原京跡では下ツ道の東側溝より7世紀末の木製人形・斎串・銅製人形・鈴・鏡などが発見されている（同年7月17日

の朝刊各紙）。筆者は、これらを各市教育委員会の御配慮で実見させて戴いた。検分の結果、神宮寺遺跡の人形は形態的に古い型のものであることは間違いないが川跡出土遺物の整理が完了しないとこの時期まで遡るかどうか明らかでないし、現在一番古いと考えられる同じ型が100年もの間変化しないのも理解しがたい。藤原京跡の人形も古いものは7世紀末の時期でよいと推察するが、形態にバラエティーがありすべて同一時期とは考え難い。

（2）手のないものをA4類として設定すべきであったろう。
（3）長岡京出土の人形だけを見ていれば無理もないが、新しい要素となる手のない型式を設定されなかった点などが上げられる。
（4）金子裕之は中国の古いAタイプにこだわり、日本でも腰部に切り欠きのあるものを古いと考えている。
（5）その根拠は、平城宮壬生門跡二条大路北側溝出土の人形の中に、腰の部位の切り欠きの続きに墨書で手を表現しているものがあることによる。
（6）ただし、この分類では腰部の切り欠きを手の表現と捉えず、手がないと認識する。
（7）なお、Ⅲ類は切り欠きの位置（胸部または腰部）、大きく切り欠くものと小さい切り欠きなどで細分することができ、将来手を表現したものと腰部のくびれに区分することが可能となろう。そうなれば、Ⅱ類は過渡期のものではなく、手を切り込みでもち、胴部と脚部を区分する形態ということになる。

引用文献

泉　武　1982「人形祭祀の基礎的考察」『考古学論攷』第8冊　橿原考古学研究所
泉　武　1989「律令祭祀論の一視点」『道教と東アジア』人文書院
井上光貞　1984「古代沖ノ島の祭祀」『日本古代の王権と祭祀』東京大学出版会
岩滝町教育委員会　1980『定山遺跡』第2次発掘調査報告書
大場磐雄　1943『神道考古学論攷』葦牙書房
大場磐雄　1964「上伊那郡箕輪町発見の祭祀遺物」『伊那路』8－1
大場磐雄　1970『祭祀遺跡－神道考古学の基礎的研究－』角川書店
岡崎　敬編　1979『宗像沖ノ島』第三次沖ノ島学術調査隊　宗像大社復興期成会
加賀見省一・金子裕之　1980「特異な木製模造品を出土した兵庫県姫谷遺跡」『月刊文化財』202号
加賀見省一　1988「但馬国府と祓所」『高井悌三郎先生喜寿記念論集　歴史学と考古学』
笠井敏光　1976「平安時代の木製人形について－長岡京跡・大藪遺跡出土例を中心に－」『京都考古』第20号　京都考古刊行会
金子裕之　1980「古代の木製模造品」『奈良国立文化財研究所研究論集』Ⅵ
金子裕之　1981「歴史時代の人形」『神道考古学講座』第3巻　雄山閣
金子裕之　1984「人形－古代・中世のひとがた－」『中世の呪術資料』第4回中世遺跡研究集会
金子裕之　1985「平城京と祭場」『国立歴史民俗博物館研究報告』第7集
金子裕之　1988a「都城と祭祀」『古代を考える　沖ノ島と古代祭祀』吉川弘文館
金子裕之編　1988b『律令期祭祀遺物集成』律令祭祀研究会
金子裕之　1989「日本における人形の起源」『道教と東アジア』人文書院
金子裕之　1991「律令期祭祀遺物集成」『律令制祭祀論考』塙書房に1988bを再録する。
金子裕之　1992「長屋王邸および二条大路の木製品（その2）」『平城宮跡発掘調査部発掘調査概報』1991年度

京都市埋蔵文化財研究所 1980「人形・ケズリカケ」『平安京跡発掘資料選』
京都府教育委員会 1971「長岡宮跡昭和44年度発掘調査概要」『埋蔵文化財発掘調査概報』
久世康博 1988「平安京跡の祭祀資料の検討」『考古学論集』第2集　考古学を学ぶ会
黒崎 直 1975「Ⅵ章F．木製品」『平城宮発掘調査報告』Ⅵ　奈良国立文化財研究所
黒崎 直 1983「古代の信仰」『季刊考古学』第2号　雄山閣
佐田 茂・弓場紀知 1988「沖ノ島祭祀の変遷」『古代を考える　沖ノ島と古代祭祀』吉川弘文館
佐藤達雄 1989「Ⅳ章第1節3．人形木製品」『大谷川』Ⅳ　静岡県埋蔵文化財調査研究所調査報告第20集
静岡県埋蔵文化財調査研究所 1989『大谷川』Ⅳ　静岡県埋蔵文化財調査研究所調査報告20
島田恵子 1984「中部高地の人形祭祀」『中部高地の考古学』Ⅲ　八幡一郎先生頌寿記念論文集　長野県考古学会
高島町・滋賀県教育委員会 1984『鴨遺跡』高島町歴史民俗叢書第2輯
竹田政敬 1993「藤原京右京五条四坊」『平成4年度奈良県内市町村埋蔵文化財発掘調査報告会　資料』
奈良国立文化財研究所 1966「木製品・金属製品」『平城宮発掘調査報告』Ⅳ
奈良国立文化財研究所 1975『平城宮発掘調査報告』Ⅵ　奈良国立文化財研究所学報第23冊
奈良国立文化財研究所 1976『平城京左京八条三坊発掘調査概報』奈良県
奈良国立文化財研究所 1980「平城京の調査」『平城京跡発掘調査部発掘調査概報』昭和54年度
奈良国立文化財研究所 1981「壬生門（第122次）の調査」『奈良国立文化財研究所年報』昭和55年度
奈良国立文化財研究所 1982『平城宮発掘調査報告』Ⅸ　奈良国立文化財研究所学報第40冊
奈良国立文化財研究所 1983『平城宮東堀川』
奈良国立文化財研究所 1984a「第二次大極殿院・内裏東方官衙の調査第154次」『平城京跡発掘調査部発掘調査概報』昭和58年度
奈良国立文化財研究所 1984b『平城京右京八条一坊十一坪発掘調査報告』
奈良国立文化財研究所 1985「遺物解説　祭祀具」『木器集成図録』近畿古代編　奈良文化財研究所史料第27冊
奈良国立文化財研究所 1987「内裏東方東大溝地区の調査第172次」『平城京跡発掘調査部発掘調査概報』昭和61年度
奈良国立文化財研究所 1992「飛鳥池遺跡の調査（飛鳥寺1991-1次調査）」『飛鳥・藤原宮発掘調査概報』22
奈文研飛鳥藤原宮跡発掘調査部 1978「藤原宮第20次（大極殿北方）の調査」『飛鳥・藤原宮発掘調査概報』8
奈文研飛鳥藤原宮跡発掘調査部 1981「藤原宮南面大垣の調査（第29-6次ほか）」『飛鳥・藤原宮発掘調査概報』11
奈文研飛鳥藤原宮跡発掘調査部 1982「藤原宮西南隅の調査（第34次）」『飛鳥・藤原宮発掘調概報』12
奈文研平城京跡発掘調査部 1965　「昭和39年度平城宮跡発掘調査概要」『奈良国立文化財研究所年報』1965
奈良県教育委員会 1969『藤原宮－国道165号線バイパスに伴う宮域調査－』奈良県史跡名勝天然記念物調査報告　第25冊
奈良市教育委員会 1984『平城京東市跡推定地の調査Ⅱ』第4次発掘調査概報
西宮秀紀 1986「律令制国家の〈祭祀〉構造とその歴史的特質」『日本史研究』283　日本史研究会
浜松市立郷土博物館 1978『伊場遺跡　遺物編1』伊場遺跡発掘調査報告書第3冊　浜松市教育委員会

日高町教育委員会 1986『川岸遺跡発掘調査概報』日高町文化財調査報告書 第7集
兵庫県教育委員会 1991『平成3年度 袴狭遺跡遺物説明会資料』
広島県草戸千軒町遺跡研究所 1985『草戸千軒町遺跡－第32次発掘調査概要－』
藤沢宗平 1955「長野県上伊那郡箕輪遺跡について」『信濃』第7巻2号 信濃郷土研究会
藤澤一夫 1968「古代の呪咀とその遺物」『帝塚山考古学』№1 帝塚山考古学研究所
古川 登 1991「古墳時代後期後半の祭祀について」『福井考古学会会誌』第9号 福井考古学会
平安京調査会 1975『平安京跡発掘調査報告－左京四条一坊－』
平安博物館 1985『平安京左京八条三坊二町－第2次調査－』平安京跡研究調査報告 第16輯
松下正司 1977「中世の人形」『考古論集－慶祝松崎寿和先生六十三歳論文集－』
松村恵司 1984「平城宮出土金属製人形」『奈良国立文化財研究所年報』1984年
三重県教育委員会 1989「松阪市深長町杉垣内遺跡」『昭和61年度農業基盤整備事業地域埋蔵文化財発掘調査報告』Ⅰ 三重県埋蔵文化財調査報告79
水野正好 1976「等身の人形代」『京都考古』第21号 京都考古刊行会
向日市教育委員会 1981「長岡京跡左京第51次～左京二条二坊六町～発掘調査概要」『向日市埋蔵文化財調査報告書』第7集
山形県教育委員会 1984『俵田遺跡第2次発掘調査報告書』山形県埋蔵文化財調査報告書 第77集
山中 章 1981「4 出土木製品」「長岡京跡左京第51次～左京二条二坊六町～発掘調査概要」『向日市埋蔵文化財調査報告書』第7集
吉識雅仁 1988「但馬国府推定地（八丁路説）」『兵庫県埋蔵文化財調査年報』昭和60年度 兵庫県教育委員会
和歌山県教育委員会 1981「野田地区遺跡」『野田・藤並地区遺跡発掘調査概報』
和歌山県教育委員会 1985「野田地区遺跡」『野田・藤並地区遺跡発掘調査報告書』
和歌山県文化財センター 1990『稲成遺跡発掘調査概報』
和田 萃 1982「呪符木簡の系譜」『木簡研究』第4号 木簡学会
渡辺 昇 1991「兵庫県出石郡出石町砂入遺跡」『日本考古学年報』42 1989年度 日本考古学協会

追記①
　脱稿後、長野県埋蔵文化財センターの寺内隆夫・宮島義和両氏の御好意により、千曲市屋代遺跡の人形をはじめとする木製祭祀具を実見させていただいた。当該遺跡の資料は、紀年木簡の共伴関係から年代を特定できるようである。公表されれば筆者の各型式の年代比定も若干修正の必要があろう。特に、Ⅱ類a型式の始まりはⅠ類a型式と同時期の可能性もでてきた。正式報告を待ちたい。
追記②
　藤原宮で発見された頭が楕円形のⅠ類a型式は最古の型式なのであるが、年代については、同型式のものが前期難波宮内裏西方官衙地域の調査で出土し、7世紀中葉まで遡ることになった。
　佐藤 隆「難波宮期の遺構と遺物」『難波宮址の研究』第十一 （財）大阪市文化財協会 2000年

第3章

小型土製馬形年代考

1　はじめに

　小型土製馬形とは、これまで土馬または陶馬と呼ばれてきた古墳時代から奈良・平安時代の馬の形を模した小さな土製品を指している。

　土馬の型式分類と編年の研究は、1975年までに発表された大場磐雄・前田豊邦・泉森皎・小笠原好彦らの論考により進められ、ほぼ完成したかに見えた。しかし、その後行政発掘調査の増加に伴い全国の官衙関係の遺跡、須恵器の窯跡、さらに古墳時代の集落跡からの発見例が増えてくると、律令期における地方の出土品がこうした分類に整合しないこと、そして古墳時代の土馬が従来の分類のみでは不十分だということも明らかになってきたのである。

　そこで、本章では小型土製馬形の新たな分類を試み、編年の検討を行なってみようと思う。まず、研究史において先学の型式分類を紹介し、それぞれの評価批判を通じて、最も形質的特徴を抽出した分類を創出したい。次いで、分類型式の中に当てはまる出土状況の明らかなものを、伴出遺物から年代を決めて、編年を行なうものである。なお、土製馬形にはその代表格として古墳時代の馬形埴輪が存在している。私見では土馬や陶馬もこれからの連続もしくは派生を考えているが、今回は対象から除外するため土製馬形に小型を附した。

2　型式分類の研究史

　小型土製馬形への興味や関心は、古く江戸時代に遡る。以下、明治・大正時代までを前史として扱い、昭和時代以降の研究をⅠ期からⅣ期に分けて記述する。

＜前史＞

　小型土製馬形を初めて記録したのは藤貞幹の『集古図』(1789年) であり、ここでは瓦馬・瓦犬の名称で呼ばれていた。その後、滝沢馬琴をはじめとする好事家達の集会記

第1図　土馬集成図（松浦 1882より）

録『耽奇漫録』(1825年)にも登場し、金森得水の『本朝陶器攷證』や大和普賢院の『珍蔵玉石図』にも紹介がある。

次いで、明治時代に入ると、松浦武四郎の『撥雲餘興』第二集〔松浦 1882〕に土馬の名称で、大和出土の5体が図示（第1図）されている。

江戸・明治時代の時期は、埴輪馬を含めて古代土馬・古瓦馬などと呼ばれていた。珍品としての遺物の扱いではあるが、これらについて寸法を測り作図するなど、丁寧な記録を残したことは相応の評価をすべきであろう。

そして、大正時代になって山中笑が「繪馬と土馬の關係」〔山中 1915〕を発表する。山中は「此等は埴輪馬と繪馬額との間過渡期のものとも見るべきなり」と埴輪馬から土馬、そして絵馬へと変遷する可能性を示唆した。埴輪馬から絵馬への連続性は明らかでないものの、おおよそ土馬の年代は古墳時代後期から平安時代であり、それぞれの存続時期が重なることは間違いのない事実である。

また、この頃から『考古學雜誌』や『歴史と地理』などの学会誌に、小川榮一〔小川 1914〕・中山平次郎〔1914〕・梅原末治〔1914〕らの小型土製馬形の資料紹介が始まっている。しかし、資料点数の少なさもあり、当然のことながら分類・編年の研究には至っていない。なお、梅原報告の「河内國発見の土馬（古市遺跡・東京国立博物館蔵）」は馬具などの装飾から、土馬の最古段階に位置づけられる重要なものである。

＜第Ⅰ期＞

昭和時代に入ると、大場磐雄が「上代祭祀址と其の遺物に就いて」〔大場 1930〕を発表し、"祭祀遺物"の概念を確定すると共に、土馬・子持勾玉などの類をこれに含めた。また、後藤守一は『考古学講座』〔後藤 1930〕に「後世神社に神馬を奉納するとか、絵馬を掲げるといふ風習などに関係あるものとすべきであらう」と、その性格について山中と同様の見解を採った。

次いで、大場は「上代馬形遺物に就いて」〔大場 1937〕に当時知られる約50箇所の資料を収集し、土馬に関する本格的な論考を公表したのである。

馬形遺物には土製・石製・木製などが存在する。「しかし質料から直ちに該品の内容に影響する根本的な要素を発見することは困難である。（中略）次に必ず考慮に上るものはこの形態上の分類である。第一に明かに馬と見られるものと、馬か否か不明であるが一種の獣類と見られるものとの二者である。」とその形態から二つに分類を行なった。なお、後者の一部は後に小林行雄が「土製支脚」と認定している。

次に「確實に馬を模したものゝ中にも二型式が存する。それは馬具を着装した飾馬と、然らざる裸馬とである。然しこの區別は製作上の精粗に基づくもので、精巧に作られたものは何れも飾馬であり、粗造品は簡略としたので裸馬となつたとも見ることが出来よう。」と馬具の有無に着目し、飾馬と裸馬の二つの形式に分ける分類を試みた。さらに、これを精から粗への変遷と捉えたのである。最初の土馬分類というだけでなく、精から粗への把握は実に高く評価できるものであった。

また、年代観については「原史時代以降であることは言ふ迄もなく、更に或ものは歴史時代に

入つて居ようと思考する。」と大局ながら適正な判断であった。さらに、土馬を以って絵馬の起源と説かれる点について、土馬と絵馬は併行的に存在し発達したと述べている。

この後、日本国は第二次世界大戦に突入し、考古学をはじめ学問ができる環境ではなくなった不幸な時期である。こうした状況の中、大場磐雄の『神道考古學論攷』〔大場 1943〕と清野謙次の『日本人種論変遷史』〔清野 1944〕の刊行は評価されるものであった。特に、小型土製馬形について大場は前記論文を再録し、清野は江戸時代から昭和初期までの研究を学史として概観したのである。

以上、昭和時代の戦前までが分類研究史の第Ⅰ期（黎明期）と捉えられ、祭祀遺跡とその出土遺物の研究を進め、これを神道考古学として体系化した大場磐雄によって、飾馬と裸馬に分ける最初の分類が行なわれたのである。

＜第Ⅱ期＞

戦後の小型土製馬形研究は、昭和30年代に入る土井實の「大和土製馬考」〔土井 1955〕まで注目されるものが認められない。考古学の他分野（古墳出土の鏡など）と比較すれば、寂しい限りである。

土井は大和地方出土の土馬を集成すると共に、その表現方法から下記の3種類に分類した。

第一類　「（前略）比較的小形のもの多く騎坐も明らかに表われず，わずかに扁平の部分を作る程度のものである。顔は三ケ月形に土をかためてつけたものや，頬かむり式に薄く伸ばした粘土を顔にまきつけたもので，（中略）この種の土馬は土も精選されず小石混りで焼成度の高くないものが多い」。

第二類　「（前略）鞍の両橋部を背上に突起せしめ騎坐の部分を凹めたものがあつて，頭部の手法も精巧で両眼・鼻孔・口を表示しタテガミの部分を意識的に表現したものが多く見出される。此種土馬は全姿も比較的生馬によく似て作られている（後略）」。

第三類　「土質も精選され焼成は比較的堅緻でその中には須恵質を思わせるものがある。姿態も大きく頭部にはいわゆる頬かむり式顔部を巻きつけずに，直接頭部より作り出されたものがある。（中略）例えば奈良公園出土のもの，大安寺出土のもの，奈良高校出土のものがこれに属する」。

この分類は顔部の形態、そして騎坐の有無などで捉える試みであり、裸馬に近い素朴な形式の大和出土土馬の特徴を非常によく理解したものである。ただし、「こうした類別は、粗より精への發展的過程として勿論そこに時代差というものが考えられるが、むしろ大きい要素は製作者の問題ではないか」と、この違いを年代的な差より工人の差と考えたため、発達段階を大場とは逆に粗より精へと把握し、実際問題としては時間軸に沿った整理配列（第三類→第二類→第一類）とならなかった点が惜しまれる。

年代については、他地域と同様に考えて奈良時代前後より平安時代頃に置いている。現在の都城型（大場の橿原式、金子の大和型）の土馬に関する限り妥当なものであった。なお、古墳出土のものを検討することにより、古墳時代にまで遡る可能性を指摘し、埴輪馬に近い形態の飾馬に注目したのは、小型土製馬形の発生を考える上で重要な視点であった。

151

また、1958年原田大六は『沖ノ島』〔原田 1958〕の調査報告書に、同遺跡出土の滑石製馬形を小型品で粗末な点が土製馬形と一致すると指摘した。滑石製馬形は土製馬形に見られる四肢の表現がないこと、偏平な石板を加工して側面観のみで表現することが特徴で、後年発見される木製馬形と同様の形態をとるが、ここでも飾馬と裸馬の2類に分ける考え方を示した。そして、各々を4形式に細分し、写実的なものから抽象化したものに変遷すると捉えたのである。なお、年代は古墳時代後期に属する8号遺跡より新しい時代のものと考え、奈良時代以降に下る土馬と同様に扱った。

1964年、鹿児島県伊佐郡菱刈町の岡野遺跡において、土製人形と小型土製裸馬が組み合わさる形で発見された。火葬墓に伴うもので、奈良時代頃とされる。同町内では、以前にも同様の遺物が発見されており、土馬の使用方法として注目すべき地域である〔新東 1978〕。

さて、昭和40年代に入ると大場磐雄が「上代馬形遺物再考」〔大場 1966〕に、この時点で約130箇所に増加した資料をあらためて集成し直すと共に、再度分類と出土遺跡の検討を行ない、馬形祭祀について考察を進めている。

最初に「作られた物質から土製・石製・鉄製・板製の四種に分けたい」と、まず材質から土製・石製・鉄製・板（木）製に分類した。多方面の祭祀遺物に精通した大場ならではの考え方であるが、土製品は立体的であり、木・石製品は側面形を平面的に模したという形態の違いがある。さらに「土製品の中には、その焼成によって狭義の土製と陶製の二種に分けられる。（中略）しかし製作の精粗が必ずしも土製と陶製の区別とも一致していない。そこで私は一括して土馬としておいた。」とする。土師質と須恵質に分類は可能であるが、形態上に確かな相違はないという重要な指摘である。なお、平城京出土の土馬に須恵質のものがないということは、祭祀内容によって使い分けている可能性もあり、分類とは別に区別が必要であろうと考える。

次に、「大別して『飾馬』と『裸馬』の二形式に分けられる」と、大きく形状から飾馬と裸馬に2分類した。さらに、「飾馬とは鞍・鐙や面繋・尻繋および手綱等を着装した状態を示したもので、子細に見ればその中にも精粗があって、鞍のみ示したものや、手綱ばかりしか認められぬものもあるが、（後略）」と、飾馬を皆具式と簡略式の二つの形式に細分する。「次に裸馬式を見る。これにも二形式があって、一は馬よりも犬に近い表現で、顔が三か月状となり、四脚は無造作に張り、尾も同様、一見古拙で愛すべき形状を示すもの、（中略）私はこれが大和橿原辺に最も多いので、『橿原式』と仮称している。（中略）その二は、各地から発見される土製獣形品で、明らかに馬と確認できるものもあるが、四足獣であることは明らかであるが、はたして馬か否か判定に苦しむものもある。」と、裸馬も橿原式と土獣式の2形式に分けたのである（第1表）。

第1表　大場分類の馬形祭祀

1 土製	A 飾馬	a 皆具式	2 石製	A 飾馬	3 鉄製	A 飾馬	4 板製	A 飾馬
		b 簡略式						
	B 裸馬	a 橿原式		B 裸馬		B 裸馬		B 裸馬
		b 土獣式						

第3章 小型土製馬形年代考

　分類基準は、前稿と同じ飾馬と裸馬の2形式を基本に、土馬をそれぞれ細分している。飾馬については、要点を押さえたものと評価出来るが、裸馬は一地域の特定時期のもの（律令期の畿内）と獣形品だけを取り上げたため、土井分類と同じく時間軸と空間軸に沿った整理配列とはなっていないのである。

　また、「私の先の論考では、本来が飾馬であり、裸馬は簡略化されたものであると述べているが、はたしてそうであろうか、（中略）結局は祭儀の内容により、または神の嘉納の種類によって、必ずしも一定していなかったとすべきではあるまいか。」と飾馬と裸馬の2形式が存在する点について、これまでの飾馬から裸馬への変遷とする時間差でなく祭祀の内容により異なったと見る見解に変化した。現時点では、小型土製馬形も初源期の段階からこの2種が確認できるのである。理に適った解釈であり、筆者も分類に当たっては飾馬と裸馬に分け、それぞれについての変遷（写実から簡略へ）を考えることにしたい。なお、気に掛かるのは都城型の鞍馬が徐々に裸馬へと変化すること、そして木製馬形の場合は逆の裸馬から飾馬に変遷した可能性が高いことである（木製も同時存在であればよかったのであるが、現時点では裸馬が古式となる）。

　年代については、総体として「馬形遺物の盛行した年代は古墳時代末期から平安時代ごろまでとなる」と位置づけ、それぞれ土馬は奈良時代前期頃から、滑石製品は福岡県沖ノ島遺跡を古墳時代末にそして埼玉県西別府遺跡のものを奈良時代、鉄馬を奈良から平安時代とした。なお、土馬を古墳時代にまで遡らせなかったのは、古墳出土とされたものの大半が奈良時代以降の形態のものであり、確実に古墳の主体部など副葬品としての明らかな例がなく、これらを後世の墓前祭と捉えたのである。古墳出土品をむやみに同時代のものと考えない、優れた眼力でもあった。

　次いで1968年、前田豊邦が「土製馬に関する試論」〔前田 1968〕として、大場と同様に須恵質・土師質の区別をしないで、以下の形態と写実性に着目する4分類案（第2表）を提示した。

A類　「馬具として、面繋、胸繋、尻繋、轡、手綱、鞍、鐙などが粘土の紐や板を貼付手法によって着装されるもの」。
B類　「馬具として、鞍のみが粘土の板の貼付手法によって着装されているが、他の馬具、たとえば手綱や尻繋などが線描き手法で表現されているもの」。
C類　「馬具として、鞍のみしか認められないもの」。
D類　「馬具としては、何等認められない裸馬」。

さらに、「各類とも1類に比較するとやや抽象化されているものを2類とした」。

　この分類の基本も馬具の有無にあり、飾馬の場合は大場分類以上に主要な観点を具体的に採り上げ、細分（飾馬A・B類、鞍馬C類）したものとして評価できよう。ただし、前田自身も主観的

第2表　前田分類の土馬

A 類	A1類　兵庫県・森尾（旧神美村）例	B 類	B1類　香川・上高瀬例
	A2類　静岡・大沢窯例		B2類
C 類	C1類　奈良・富雄例	D 類	D1類　京都・海士例
	C2類		D2類

と述べたように、各類を二つに分ける基準はあいまいで、筆者としてはD類以外にその必要性が認められないのである。

年代については、A2類に当たる静岡県大沢窯跡例を7世紀後葉と押さえ、A1類はこれより遡る。また、C・D類は奈良時代の遺構から発見されることが多く、古墳出土のものを築造当初のものか後世のものとするかの判定は困難と捉える大局的なものであった。編年的には飾馬から裸馬の流れであり、各類とも精から粗に変遷を考える。なお、その発生については出土場所の検討から、一元的なものとは考えられないと推測した。

1971年、小田富士雄は「古代形代馬考」〔小田 1971〕に九州地方の土馬と沖ノ島祭祀遺跡の石製馬形を紹介し、「神の好み給う乗物を奉献することによって、神を慰め、神助を賜らんとする願望を込めた物であったと考えるべきであろう。それは生馬の奉献の簡略化として後続的に発生したものではなく、六世紀後半代にさかのぼって行なわれる所以のものであった。」と古代祭祀に占める馬形の性格を考察し、九州地方の出土資料（福岡県向野窯跡）からは6世紀後半まで遡れることを提示した。

また、小田は土馬の詳細な分類を試みなかったが、「須恵質、土師質の土質による分類のほかに、形態的な相違が指摘できる。先ず大別して裸馬と鞍、手綱、革帯などを付した飾馬とに分けられる。」と、飾馬と裸馬、そして須恵質・土師質に大別する。次いで、肥後地方の土師質土馬を肥後形式と仮称し、鞍上に何かが乗っていたと指摘した。注目できるのは、豊前の新資料（苅田町新津出土）の製作技法である。これは、後に木村泰彦が評価する古式の土馬に多く認められた円棒を胴の芯にして粘土を巻きつけ、最後に芯を抜き取る技法であった。

さらに、滑石製馬形についても「大別して鞍をつけた飾馬と裸馬の二形式に分けられることはこれまでと変わらない。（中略）両形式とも写実的なものから省略形へという経過をたどる」と述べた。土製馬形の編年にも、相通じるものがある。なお、年代は第3次調査の第1号遺跡に大量の馬形品を発見したことから、8世紀以降9世紀代に限定されると修正した。これにより、大場磐雄と原田大六の年代観は変更を余儀なくされたのだが、近年では群馬県長根羽田倉遺跡に6世紀後半から7世紀前半代のものが出土している。律令期に入って出現するという木製馬形の年代を追い越し、土製馬形の初現時期に近づいたのである（なお、大阪府長原遺跡には5世紀末の頭・胴部のみの立体的な木製馬形がある）。

この後、小田は真野和夫と連名で「土馬」〔小田・真野 1981〕論を発表した（書籍の発行年ではなく執筆時の年代を優先し、ここに掲載する）。

形態分類は、飾馬と裸馬の二つに分け以下のようにまとめた。

A飾馬　「1　面繋・胸繋・尻繋・轡・手綱・鞍・鐙などの馬具を、粘土貼付手法によって着装したもの。
　　　　2　手綱・面繋などは線描きによって表現し、粘土貼付手法との併用が行われたもの。
　　　　3　馬具としては貼付手法による簡単なつくりの鞍のみしかもたないもの」。
B裸馬　「細分するにたる共通した形態上の特徴を見出すことはできない。（中略）『橿原型』
　　　（中略）の特殊な形態のほかに、写実的な馬の表現をした裸馬もたくさん存在するこ

第 3 章　小型土製馬形年代考

とも忘れるべきではない」。

　内容的には前田分類と大差なく、裸馬の細分も行なっていない。しかし、古い（写実的）タイプの裸馬が存在することを指摘した点は大きく評価できるのである。なお、年代については触れていない。

　1972年、大場磐雄の責任編集による『神道考古学講座』の刊行が始まった。この第2巻に、近藤正〔近藤 1972〕が山陰の土馬を「土師質飾馬・陶質飾馬・陶質裸馬」に分類した。各型式の詳細な年代は示さなかったが、6世紀後半に始まると指摘している。この点、山陰地域では飾馬と裸馬が共に、6世紀後半に存在することが注目できよう。

　1975年（昭和50年代）、藤原宮の土馬を報告した泉森皎が「大和の土馬」〔泉森 1975〕に、確実な遺構からの出土品とこれに伴出した遺物の整理から形式分類および編年が可能と考え、奈良県内の出土例をもとに以下の2種6類に分類（第2図）する方法を提示した。

　まず第Ⅰ類として装鞍馬、第Ⅱ類として裸馬の2種に大別し、それぞれ以下のA・Bの2形式とA〜Dの4形式に細分する。

　　第Ⅰ−A類　藤原宮東北隅出土例を代表とし、鞍・立髪・手綱・面繋を表現する。前額部・耳・立髪・鞍は粘土を貼り付ける。両眼と鼻孔は竹管、手綱・面繋は線刻で表現する。年代は、藤原宮造営直前と考える。
　　　−B類　飛鳥坐神社下層出土例を代表とし、面繋・尻繋の箆描表現がなくなる。鞍・前額部・耳は粘土を貼り付ける。眼と鼻孔は竹管で表現する。年代は、藤原宮〜平城遷都直後とみられる。
　　第Ⅱ−A類　藤原宮西南隅ＳＤ223出

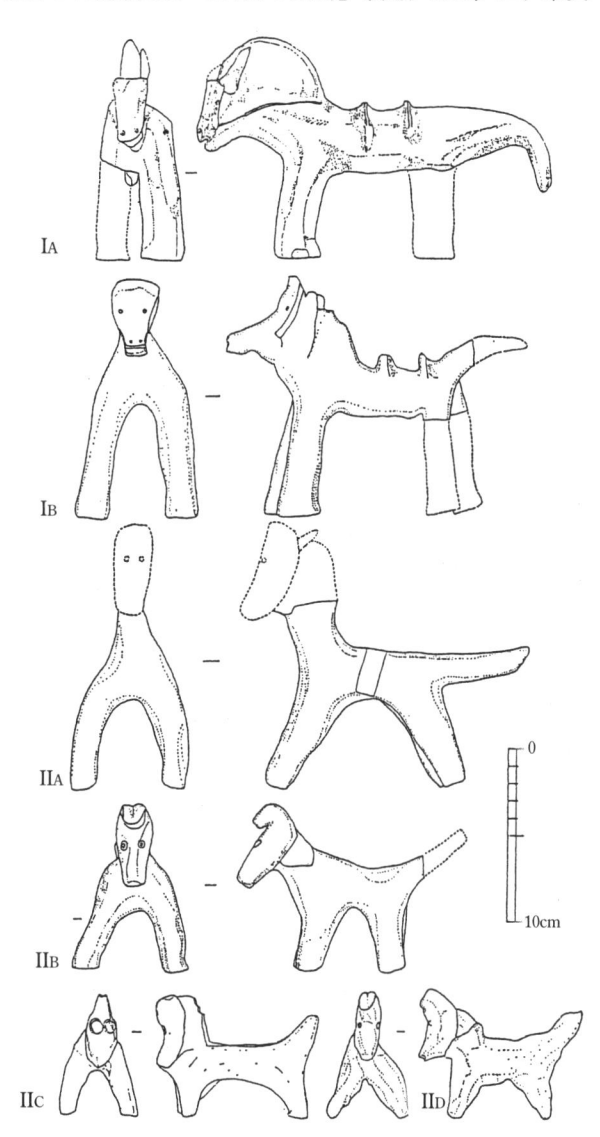

第2図　泉森分類の土馬（泉森 1975より）

155

　　　　　土例を代表とする。馬具をつけていない裸馬で、脚はすんなり伸び、尻尾は斜め
　　　　　上にまっすぐ延びて、首・脚・尾は同一の粘土塊から引き延して作り出されてい
　　　　　る。額面は円形の粘土板を折りまげて、首の部分にはさみこむように作っている。
　　　　　年代は、奈良時代前半期の形態と考えられる。
　　－B類　奈良市西九条町出土例を代表とする。第Ⅱ－A類より小型化してくるが、額面の
　　　　　作り方は同じである。尻尾は細くて短く、斜め上方へ伸びている。頸部の側面に
　　　　　粘土で耳を表わし、眼は竹管を押して表現するが、鼻孔はみられない。年代は奈
　　　　　良時代の中頃と推定するが、第Ⅱ－A類と共存の可能性もある。
　　－C類　橿原遺跡九号井戸出土例を代表とする。製作技法は第Ⅱ－B類と共通するが、立
　　　　　髪・耳・額面の表現にくずれが目立つ。脚や尻尾も短くなる。年代は奈良時代後
　　　　　半～末頃と考えられる。
　　－D類　平城宮大膳職の井戸出土例を代表とする。製作技法は第Ⅱ－B・C類と共通する
　　　　　が、小型化が進み、額面はくずれてきている。年代は、平安時代初頭と考えられる。
　分類の基準は、やはり大場・前田分類と同じ馬具の有無である。これを、さらに一歩押し進め
頭部や顔面などの製作技法を観察し、裸馬を細分したことが評価できる。編年は装鞍馬から裸馬
の流れである。
　年代については概ね妥当と言えるが、奈良県内出土品を資料としたため、古墳時代の土馬を予
想しながら出現を7世紀後半で止め、もう一形式古いものを設定しなかった点が惜しまれてなら
ない。
　同年、平城京左京一条三坊出土の土馬を報告した小笠原好彦は「土馬考」〔小笠原1975〕に基
礎作業として地域ごとの形式編年を進めることが有効と考え、過去多くの資料がある畿内とその
周辺の出土例を対象に2段階10形式の分類（第3図）を提唱し、変遷の方向を示した。
　第Ⅰ段階　馬具を表現する段階である。粘土紐を貼付するものと、沈線によって描くものとが
　　　　　ある。顔面、頭部も細かに表現される。一般に大型で丁寧なつくりのものが多く、
　　　　　A～C形式の三つに細分される。
　　A形式　馬具を粘土紐のみで表わすものである。馬具として面繋、胸繋、尻繋、手綱、鞍、
　　　　　泥障（ママ）、鐙などが表現されるが、一つの個体に馬具のすべてがつけられるとは限らな
　　　　　い（代表例として、梅原報告の羽曳野市誉田例を挙げた）。前田分類ではA類にあたる。
　　B形式　粘土紐と沈線とを併用して馬具を表現するものである。馬具は鞍のみ粘土紐で表現
　　　　　し、面繋、手綱は線刻する（藤原宮出土例を挙げる）。前田のB類・泉森の第Ⅰ－A
　　　　　類にあたる。
　　C形式　馬具の表現が粘土を貼りつけた鞍に限られるものである。前田のC類。
　第Ⅱ段階　馬具が省略された、裸馬の段階のものである。頭部の先端はV字形をなし、顔面の
　　　　　表現も省略化され、同時に小型化の過程をたどる。D～J形式の7つに細分される。
　　D形式　C形式から、鞍の表現をとった形態である。尻尾は垂れ、顔面では口を欠くものが
　　　　　ある。

156

第3章　小型土製馬形年代考

E形式　粘土を折りまげて断面U字形の胴部をつくり、胴部の一部を凹ませて脚をつける。
　　　D形式に較べて脚部がわずかに短めになり、尻尾をつきあげる。顔面では、鼻孔が
　　　省略され、眼のみを表現する。
F形式　E形式が小型化したものである。頸部が短めになり、脚部も太めで短くなる。
G形式　E形式に較べてさらに小型化し、頸部・脚部ともに短くなり、尻尾も太く短くつき

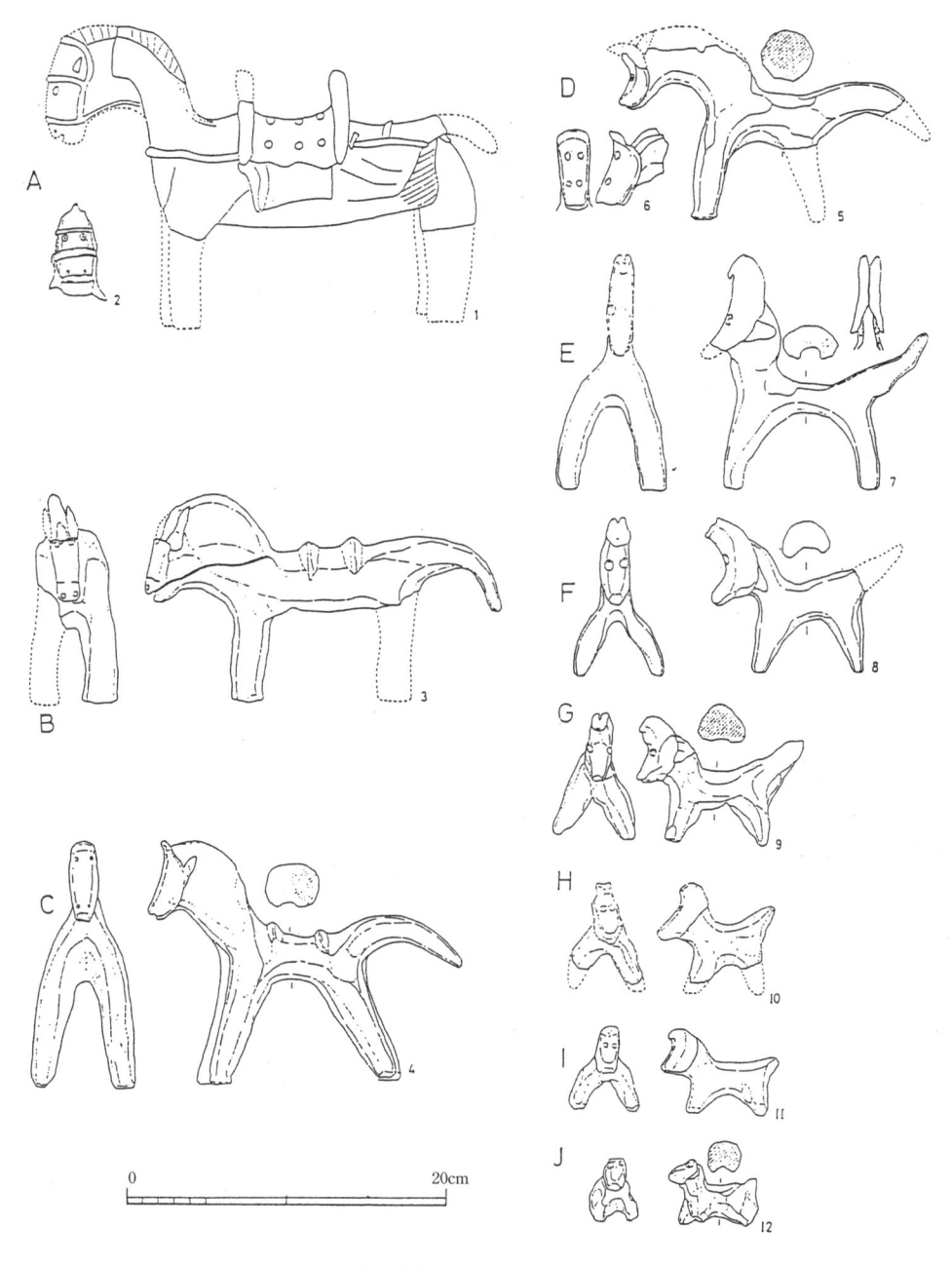

第3図　小笠原分類の土馬（小笠原 1975より）

あげる。顔面部の耳は、短く幅広い。表面をなでただけで仕上げる。
- H形式　G形式よりも一回り小型化。頸部・脚部・尻尾ともに短くなる。顔面部では耳の表現が省略される。
- I形式　H形式をさらに小型化したもので、製作手法は変わらない。
- J形式　極端に小型化したものである。

そして、実年代は泉森と同様に出土遺構の伴出遺物を考慮して、以下のように述べた。
- 第Ⅰ段階のB形式は、藤原宮の造営年代に実年代の1点を求めることができる。
- C形式は、平城京造営のごく当初の古い様式に伴い、その年代は710年を中心とした一定幅が推測される。
- A形式は年代のきめ手を欠くが、形式変遷からみて7世紀後半およびそれ以前の年代が想定され、5世紀後半頃まで遡る可能性がある。
- 第Ⅱ段階のD形式は、720年～730年代を推測しておきたい。
- E形式は、740年～760年代が想定される。
- F形式は実年代を知る例はないが、E形式とG形式の中間的な位置にあることから、奈良時代末の780年頃を中心に想定したい。
- G形式は、長岡京遷都後の9世紀前半とみてよい。
- J形式は10世紀前半とみられることから、その間のH・I形式は9世紀の中頃・9世紀末と考えて大きな誤りはないであろう。

分類・編年と年代観も概ね肯定でき、馬具を装着した飾馬から8世紀中葉には裸馬に変化するとした。特に、律令期の裸馬（橿原式）の細分はその到達点として評価できる。しかし、A形式（古墳時代）はあらゆる馬具装飾を含んだものであり、細分の必要性があること、そしてC形式以降のものは、泉森分類と同様都城域にしか適用できない点など、注意が必要である。さらに、この分類でも古墳時代の裸馬、そして畿外の律令期のものをどう位置づけるかが課題となる。やはり、小笠原自身が指摘したようにこの分類は畿内対応のものであり、地域ごとの編年を作るしかないのであろうか。

また、初源について「我国での馬による祈雨祭祀の採用時期は、下出氏が指摘しているように、中国漢土の儀礼の移入であることや、A形式の土馬の年代を考慮すれば、おそらく畿内では帰化人によって将来されたとみてよく、五世紀段階まで遡るであろう。土馬による祭祀も、それからそうへだたない時期からなされたものと推測される」と祭祀の性格と共に渡来人に関して注目すべき発言をしている。

この発言から間もなく、1979年に重要な発見として大阪府四條畷市の奈良井遺跡で、犠牲獣とされる馬遺体と共に土製人形と小型土製裸馬が出土している。年代は5世紀の後半から6世紀初めで、馬飼集団の水神祭祀とされている〔野島1984〕。土馬の初源、そして人形とセットになるという祭祀内容を考える上でも注目すべきものであった。

ここまでを研究史の第Ⅱ期（発展期）として捉えたい。Ⅰ期で大場の創出した飾馬と裸馬に分ける分類方法を、大場自身が再構成し、これを前田が取り入れたのである。さらに、泉森・小笠

原が細分し、橿原式(後の大和型、現在の都城型)を中心とする型式分類が学界の主流となっていった。

しかし、この型式の鞍馬から裸馬へという変遷があまりにもスムーズであったため、すべてのものが飾馬から裸馬へという流れに陥ってしまったのである。

<第Ⅲ期>

1980年、木村泰彦は長岡京跡右京第26次調査報告のまとめに「今里遺跡出土の土馬について」〔木村 1980〕を発表し、同遺跡出土の2例は泉森分類のⅠ-Ａ類より古くなり小笠原分類のＡ形式に当たるとして、以下のような特徴を抽出した。

「上限は、少なくとも6世紀後半まで遡るであろう事。胴部形成時に心棒を使用し、その痕跡の残るものがある事。ハケメを使用した調整を行なう事。腹部に穿孔されたものがあり、祭祀の際に後のものとはやや異なった使用法がなされたらしい事。かなりのバリエーションを有する事」。

そして、これら初期段階の土馬が藤原宮期に至ってほぼ定型化すると捉え、「馬具を備え、様々な形態を有する段階」・「馬具を備え定型化する段階」・「裸馬の段階」の3段階の変遷を設定した。

これらの特徴は古墳時代の土製馬形を細分する上で間違いなく重要な要素であり、飾馬から裸馬への的確な段階設定と共に評価できるが、この時点では小田・真野が示した古い段階の裸馬に注意されなかったのが惜しまれる。

1981年、広江耕史が「出雲の土馬」〔広江 1981〕に島根県内のものを集成した。須恵質の裸馬が多く、大井古窯址群のように生産地を明らかにできるのが特徴となっている。なお、年代決定には小笠原分類を使用しているが、この地域でも年代幅の広すぎる第Ⅰ段階Ａ形式には難点があるようだ。

同年、大橋信弥も「近江出土の土製馬について」〔大橋 1981〕に地元出土のものを集成し、小笠原分類の第Ⅰ段階に対して近江の出土例から、以下のような問題点を指摘した。

「まず注意されるのは、製作者の関心として馬具の表現だけでなく、その各部の表現にかなりの関心がはらわれていることである。すなわち、耳・目・口・立髪をはじめ尻尾・体毛なども丁寧に表現しているのである」。

「第二に、そのほとんどの胴部構造が中空であることが注目される。これは第一点とも関連して、埴輪馬の伝統をうけ、写実的な表現をとろうとするものであろう」。

「そして第三に、近江出土の土馬がいずれも第一段階に比定されるものでありながら、形態・表現手法において、それぞれ特徴的なあり方を示している点が注意される」。

そして、第Ⅰ段階(古式土馬)と第Ⅱ段階(奈良時代の土馬)の形態的な違いである写実性を取り入れた形式分類が必要と、地域的な観点からの見直しを迫った。同感である。ただし、第Ⅰ段階のものが埴輪馬からの影響なのか、朝鮮半島の影響を受けた装飾付須恵器からなのかは明らかでない。

1982年になって、さらに同様の見解が越前からも発せられた。村上吉郎は「土馬祭祀と漢神信

仰」〔村上 1982〕に北陸道のものを集成した結果、従来の「写実的なものから簡略化されたものへ・飾馬から裸馬へ」の型式分類には、地方のものを当てはめても有効とはならないと結論づけた。

そして、分類の要素として四脚のつけ方（3種）や胴部断面の形態の変化（2種）・表面整形（2種）・焼成などを掲げたのである。

確かに、指摘のあった脚のつけ方や胴部断面の形態変化は、大橋の言う古式のタイプに胴部を中空にしたものが多く認められることからも、分類と編年研究に役立ちそうである。

続く1983年、黒崎直は「古代の信仰」〔黒崎 1983〕に土馬の変遷として、「古い形式の土馬は、粘土紐や沈線によって馬具を忠実に表わす『飾馬』であって、（中略）新しい型式の土馬は、馬というよりも犬に近い作りで、当然、馬具をもたない『裸馬』である。（中略）基本的に『飾馬』から『裸馬』へ、大型品から小型品へである。年代の明確な最古の土馬は、奈良県藤原宮跡から出土したもの（後略）」と、律令祭祀開始期にあたる天武・持統朝の7世紀末頃を境として大量に出現し、系譜はそれ以前に遡るものと自身の見解を簡潔に取りまとめた。課題は、やはり都城型を使用しない地域での変遷と、古墳時代の土馬の祖源である。

同年、水野正好も「馬・馬・馬—その語りの考古学」〔水野 1983〕の中で、土馬の世界について「前代、各地では胴の太い馬体、写実的な馬首と馬面、鞍や装具で美しい飾り馬として実際の馬を彷彿させる姿形で造形されていた土馬が、突如その姿を代え都城・国府・郡衙といった国家の行政機構を中心に新たな土馬—馬形が誕生してくるのである」と、古墳時代の生き馬を模した土馬から定型化する土馬を律令制祭祀の中で捉え、その性格を大祓に求めるという優れた見解を披瀝したのである。

さらに同年、静岡県静岡市の神明原・元宮川遺跡では、旧河道内より古墳時代後期から奈良・平安時代の土馬が大量に発見されたという報道があった。年代幅が認められるものの、土製人形とセットで使用されたものがあり、非常に注目される資料である。

翌1984年、前年に緊急調査された福島県本宮町天王壇古墳の報告書〔山崎 1984〕が刊行された。土馬は、小型であり粘土の塊を捏ねて造ったものとして紹介されているが、形態的には埴輪馬に近い。鳥形埴輪などと共伴し、年代的（5世紀後半）にも土馬の祖源と考えられるものである。

同年、巽淳一郎が『平城京右京八条一坊十一坪』の報告書〔巽 1984〕に、8世紀初頭から9世紀前半までの時期に当たるSD920出土の土馬をⅠからⅦの7型式に分類した。大和（都城）型土馬でありここでは各型式の特徴を記述しないが、製作手順が復元され、長岡京の時期を境に2分できるという点が注目できよう。これは、木製祭祀具である人形の首から肩への切り欠きが、長岡京期になで肩から怒り肩に変化するのと同様の展開なのである。また、Ⅰ型式（8世紀初頭の段階）に都城型土馬への定型化が窺えるというのである。

1985（昭和60）年、国立歴史民俗博物館研究報告の第7集『共同研究古代の祭祀と信仰』が発行され、金子裕之は「平城京と祭場」〔金子 1985〕に、土馬の初源は古墳時代に遡るようであり「こうした初期の土馬と、8世紀に平城京において展開する土馬（大和型と仮称）の祖型である藤原宮跡下層溝SD1901A出土の土馬との系譜関係は、かならずしも明らかでない。」と、古墳時

第3章　小型土製馬形年代考

代の土馬から定型化した律令期のものへの連続性について明言しなかった。前記した水野の性格づけが影響し、古墳時代のものまでも祓とするのに迷ったということであろうか。なお、附篇に全国出土祭祀遺物の集成がなされている。研究者には、何とも重宝な文献である。

　1986年、木村泰彦は「乙訓出土の土馬集成」〔木村 1986〕に前述の考え方を再整理し、飾馬・裸馬に捉われない、定型化した類とその前後の類に分ける3分類案を提示した（第4図）。

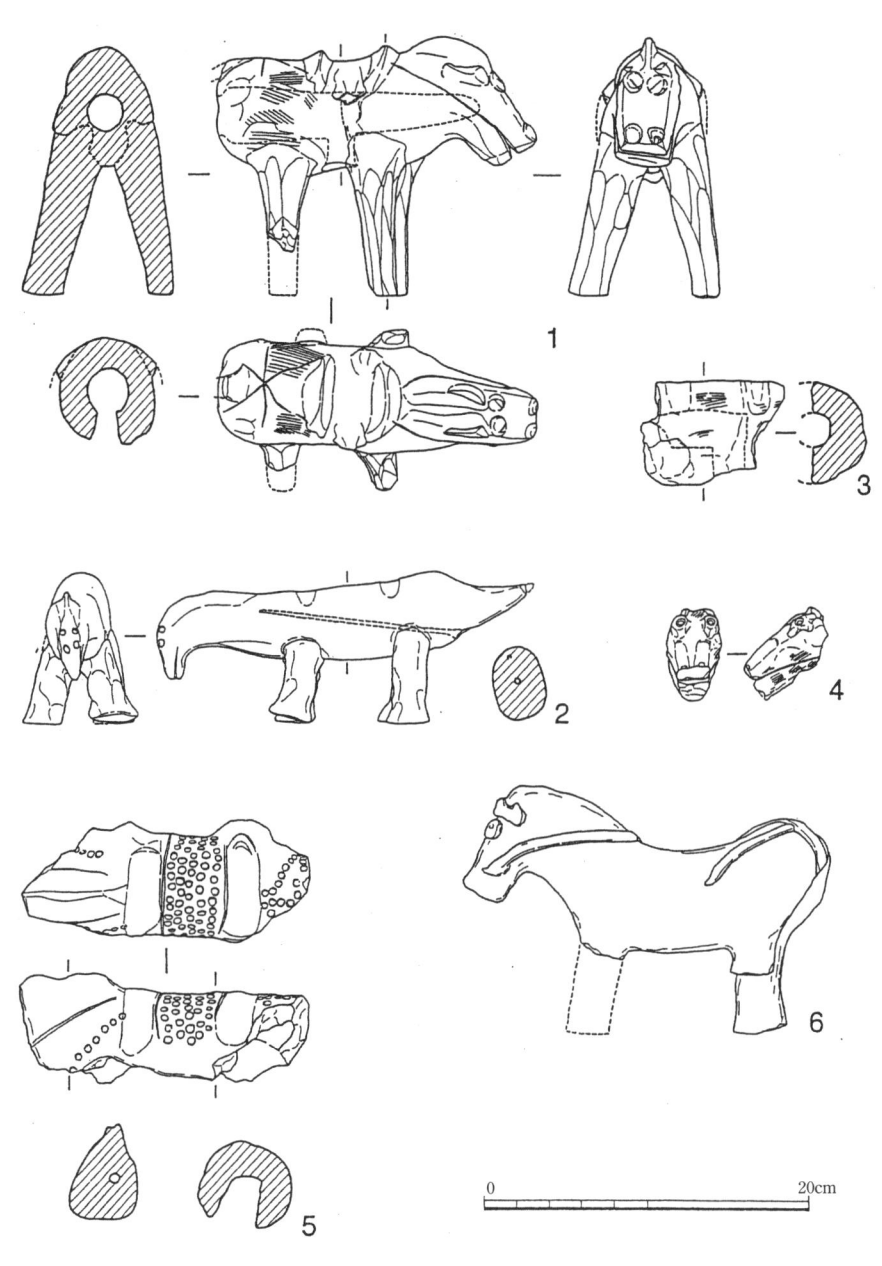

第4図　木村分類A類の土馬（木村 1986より）

A類－「形態的に様々なバリエーションを有し、基本的には馬具装着をするものをいうが、中に裸馬をも含んでいる。小笠原氏のA形式に相当する（後略）」。

B類－「馬具を備え定形化する段階のもので、小笠原氏のB・C形式にあたる。ここにいう定形化とは藤原宮下層ＳＣ140出土土馬に代表される土馬の形態の統一を指す（大和型）（後略）」。

C類－「粘土紐による鞍の表現を行わないもので、小笠原氏のD～J形式にあたる。（中略）しかし初期のものには背中に明らかに鞍の痕跡であるナデによる凹みが残されており、（中略）さらに墨書による馬具の表現が見られる（後略）」。

そして、各類の形態・成形・調整・焼成の特徴を示した。A類については、一次調整に刷毛目を施す。首を低く前方に伸ばす。棒状のものを芯にして成形し、抜き取り後中空となるなどを挙げている。

年代は、A類を5世紀後半まで遡る可能性を含めつつ概ね6世紀後半～7世紀末までに求め、B類を8世紀初頭とした。

B類の出現を黒崎・水野や金子と同様に新たな祭祀形態への移行と把握した点、そしてA類の裸馬の存在とC類での墨書飾馬の確認が大いに評価できよう。また、様々なバリエーションを有するとしたA類の特徴は、今後古墳時代のものを細分するにあたっての重要な要素と考えられる。なお、A類→B類→C類（飾馬から裸馬）の流れで考えるなら、A類に裸馬を含めるのは疑問である。裸馬に古いものが存在するなら、裸馬のみの変遷を考える必要があろう。

同年、馬の博物館（根岸競馬記念公苑）において「特別展古代文化・馬形の謎」〔馬の博物館 1986〕が開催された。土馬については「各地の土馬には時代がくだっても古墳時代の作例を彷彿とさせるような形のものが残っており、（中略）ごく大まかに飾り馬から裸馬へ、写実的なものから形式化したものへの展開が予想される」と捉え、現時点での明確な形式変遷は辿りづらいと結んだ。なお、山陰や東海地域には窯跡出土のものが多くあり、地域ごとのまとまりも指摘された。そして、展示図録には全国の「馬形出土地表」を集成している。

1988年、錦織慶樹は薦沢遺跡・別所遺跡報告書〔錦織 1988〕の執筆にあたり、土馬の大小に注目して4式に分ける案を提示した。

Ⅰ式　大型のもの（胴部の長さ12～13㎝）。

Ⅱ式　中型のもの（胴部の長さ8～11㎝）、さらに飾馬・裸馬あるいは性別の有無でa～c類に細分する。

Ⅲ式　Ⅱ式を一回り小型化したもの（胴部の長さ6～7㎝）、さらに飾馬・裸馬と性別の有無でa～d類に細分する。

Ⅳ式　Ⅲ式をさらに小型化したもの（3.5～5.5㎝）、さらに飾馬と裸馬のa・b類に分ける。

遺跡（地域）の状況に合わせ、大型品から小型品への流れを時間軸（年代差）として把握する山陰型分類と言える。年代はⅠ式が6世紀後半を遡ることはないとし、Ⅱ式を6世紀末～7世紀前半、Ⅲ式は7世紀前半以降、Ⅳ式は9世紀までの時期と想定した。また、祭祀内容と関わるのか雌雄性別表現の多いこともこの地域の特徴として挙げられ、分類にも取り込まれている。

こうした中で、小型（新しいもの）の中に飾馬が存在することを指摘した点や、形態差の少ない裸馬を大小の数値で編年した点は大いに評価できるのであるが、各式に飾馬と裸馬が存在するならば、まず飾馬と裸馬に分けるべきでなかったかと考える。さらに、大きさにこだわりすぎると寺ノ脇遺跡やタテチョウ遺跡出土の土馬が共伴土器類より古くなってしまうのである。

　また同年、神明原・元宮川遺跡（『大谷川Ⅲ』遺物編）の報告書〔寺田1988〕が刊行された。土馬は形状・手法・大きさなどにより、A～Eの5式に分類（大きさはこの順で小型化していく）している。伴出した土器を根拠に、最も古いと考えられるA類（写実的なもの）は6世紀末葉。B類（胴部がそのまま頭部に連続するもの）は7世紀前半代に現われ、後半代に盛行する。C類（胴部断面が縦長の楕円形で、四肢がハの字状につくもの）・D類（頭を頂点に、四肢が二等辺三角形状を呈すもの）はB類とE類の中間に位置し、およそ奈良時代の範疇に収まる。E類（三角柱状の土の塊）を8世紀以降と推測されている。共伴の土器から考えれば妥当とも思うが、これらの土器が河道出土のため原位置を保っているのか検証が必要となろう。

　ここまでが、研究史の第Ⅲ期（展開期）である。主流であった泉森・小笠原分類に対して、各地域からの批判・疑問の声が起こったのである。古墳時代として確実な小型土製馬形が発見されたこと。そして、初源を考える上で重要な埴輪と共伴した土馬の発見。さらに、律令期に入ったにも拘らず木製模造と異なり、全国各地に定型化した都城のものが拡がらなかったため、畿外地域での発見例（古墳時代の型式が残る）が増加すれば、畿内地域（大和・都城型）を中心にした小笠原分類などでは収まらないものが見られたのも、当然といえば当然の成行きであった。

　こうした視点から生まれたのが飾馬・裸馬に捉われない木村分類であり、大きさを基本に山陰地域の編年を考えた錦織分類であった。

　また、この期の特徴として定型化（大和・都城型）の出現を、黒崎や水野さらに金子が木製模造品と併せ律令制祭祀形態への移行と把握した点が挙げられる。課題は、木製模造品と異なって、何故この型の土馬が全国に波及しなかったかである。

＜第Ⅳ期＞

　1991年、金子裕之は「律令期祭祀遺物集成」〔金子1991〕の中で、「土馬は古墳時代の後期に出現し、福島県天王壇古墳では埴輪馬と共にある。」と初源について、埴輪馬からの流れも示唆した。天王壇のものを埴輪に含めるか小型土製馬形とするか議論の分かれるところであるが、飾馬はいずれにしても森浩一〔森1974〕以来指摘されてきた埴輪馬の影響を受けているのは間違いないところであろう。

　さらに、「古墳時代の土馬は、地方によって作り方に違いがある。そのひとつが、胴体を中空に作るもの。（中略）鞍は粘土貼つけにより、手綱や、面繋、尻繋などは、陰刻と円形竹管文などにより表現することが多い。こうした古墳時代以来の技法は、地方によっては律令期にも認めうる。」と古墳時代の土馬の特徴を示し、あらためて地方では律令期に入っても古墳時代の型式が残ると捉えた。

　また、「8世紀初頭の平城京において、顔の側面形を三日月形に作る大和型の土馬が出現し、土馬の製作方法・形態は大きく変化した。7世紀末、藤原京時代の尻尾を垂らした土馬の伝統は

8世紀初頭にも遺存するが、8世紀中葉以降には尻尾をピンとはね上げるようになり、作り方も粘土板を折り曲げ、脚などを引き出すため、胴体の断面が逆U字形を呈する。この後、次第に小型化、9世紀の中葉には犬形と見紛らわすほどになり、10世紀前半を境に消滅するらしい。大和型土馬は、平城京・長岡京・平安京を中心に分布し、（中略）古代都城の所在地を外れるとその出土遺跡・数は極端に減る。（中略）なお、各地の系統は十分に解明できていないが、北陸や、山陰－特に島根－、九州地方などは独特の様相を呈す。」と大和型を中心に、現時点での地域的な律令期の様相を的確に取りまとめた。

1996年、巽淳一郎〔巽 1996a〕は金子のいう大和型土馬を「都城型」と名称変更し、『まじないの世界Ⅱ』〔巽 1996b〕の執筆に当りこれらを小笠原分類に準じて飾馬から裸馬、そして大型品から小型品へといった時間軸の流れに置いた。また、古墳時代のものについて一概に論じられないが「大型で胴が長く、体長に比し体高が低く、頸も短く頭を高くもたげた例は少ない」と形態的な特徴を抽出している。

金子と同様に分類案は提示しなかったが、古墳時代のもの（特徴）についての指摘は実に的を射たものである。古墳時代の型式を設定する上で、取り上げたい。

同年、神明原・元宮川遺跡と同じ静岡県西畑屋遺跡で、7世紀前半～8世紀前半にかけての河川跡から大量の土馬が出土した。ここでも、一部の馬形は人形とセットになると報告〔太田 1999〕されている。

さらに、2000年になって柴田睦は静岡県恒武西宮・西浦遺跡の報告書〔柴田 2000〕に、当該地域の土馬のモデルとなったのは、同遺跡からも出土している尻尾を跳ね上げた形態の陶馬と考えた。正鵠を射た素晴らしい着眼点である。これで、神明原・元宮川遺跡などの土馬は型式学的に律令期のものと判断できよう。

ここまでが、西暦2000年までの状況である。金子による全国の集成が行なわれ、古墳時代の形態的特徴は押さえられた。しかし、初源期と律令期の畿外を含めた全国的な型式分類はいまだ提示されていない。律令期に入っても、古墳時代の型式が残る地域が多いのであれば、地域ごとの分類・編年を作るしかないのであろうか。第Ⅲ期で課題となったこと（畿内中心史観）がいまだ解決されず、第Ⅳ期（停滞期）は現在も継続中である。

こうした中、初源の問題では馬形埴輪とは別に、小笠原の指摘した渡来人（馬飼集団・朝鮮半島の装飾付須恵器など）の影響も大きいのであろうか。土製人形とセットで出現した裸馬である奈良井遺跡などの古墳時代例は、こうした可能性が高いことを感じさせる。なお、私見では裸馬の写実的なもの（兵庫県東有年・沖田遺跡など）は生き馬を模したものと捉え、埴輪や装飾付須恵器の影響でもないと考えている。

さらに、沖ノ島遺跡で広く周知された石製馬形の初源が、群馬県長根羽田倉遺跡出土品〔鹿沼 1990〕から古墳時代後期（6世紀末～7世紀前半）に遡ることが明らかになった。古墳時代の土製馬形の影響が考えられ、律令制祭祀の先駆けとも捉えられる。また、木製馬形にも古墳時代の立体馬形が発見され（大阪府長原遺跡〔絹川 1998〕）、かつて大場が示したように、土製馬形だけではなく石製・木製馬形を含めた馬形遺物全体で捉える必要性も見えてきたのである。

3　小型土製馬形の型式分類案

さて、研究史の中で土製馬形分類の基準として取り上げられた要素は、
① 馬具（鞍・杏葉など）の有無と表現方法〔大場分類・前田分類など〕
② 土師質と須恵質〔小田分類・近藤分類〕
③ 頭部と顔面などの製作技法〔土井分類・泉森分類・小笠原分類など〕
④ 大きさ（胴部の長さと最大径）〔錦織分類〕
⑤ 胴部の作り（中空・尻部からの抜取穴）〔小田分類・大橋視点など〕
⑥ 頭を低く前方に伸ばす（頭をもたげない）〔木村分類・巽視点など〕
⑦ 表面整形の技法〔木村分類・村上分類など〕
⑧ 四脚のつけ方〔村上分類〕
などである。研究史で見てきたように、これらは②を除いて、編年を行なうための有効な要素であることは間違いのないところである。

筆者も基本は、①の馬具の有無とその表現方法を用いて分けてみる。しかし、村上・錦織らも指摘したように必ずしも飾馬から裸馬への変遷のみではない。大場の指摘にもあるように、時間差だけでなく祭祀内容により異なった可能性も高い。そのため、飾馬は飾馬、裸馬は裸馬とそれぞれの変遷を考えなければいけないのである。そして、細分には⑥・⑦の馬本体の形態と表面整形技法を使用する。これらを活かして作り上げた分類が、第5図の試案である。

まず、馬形を馬具の有無から飾馬（Ⅰ類）と裸馬（Ⅲ類）に大別する。なお、これまでの研究は杏葉などの装飾具がなくても飾馬とする傾向が見られた。そこで、本書では混乱を避けるために、名称を飾馬・鞍馬（Ⅱ類）・裸馬と第3表のように機能から定義しておきたい。

第3表　馬形遺物の名称と馬具の関係

名称		飾馬	鞍馬	裸馬
機能	代表的馬具	持つ○	持たない×	
制御	轡・手綱	○	○	○・×
安定	鞍・鐙	○	○	×
装飾	杏葉など	○	×	×

次に、馬本体の形態および整形技法と馬具類の詳細な表現方法の違いを用いて、各類ごとに第1型式から第4型式の四つの段階を設定する。さらに、律令期の畿外を考慮し、各類に地域色の強い第5型式を設ける。

Ⅰ類　第1型式　形態は頭を軽く持ち上げ、大型で胴部の長いものが多い。埴輪からの影響で生まれる。胴部は中空に作り、断面は円形を呈す。表面はナデ調整、一部刷毛目を施す。耳・立髪は粘土を貼りつけ、目・鼻は棒状工具で穿ち、口をヘラ状工具で刻む。さらに、立髪に線刻を施すものもある。
　　　　　　　馬具類は面繋・胸繋・尻繋と鞍・障泥および鐙、手綱などを粘土紐などで貼りつける。なお、古いものは、鞍を前輪・後輪とも直立（垂直鞍）につけ、新しくなると後輪が斜め（傾斜鞍）になるものが現われる。これを用いて、

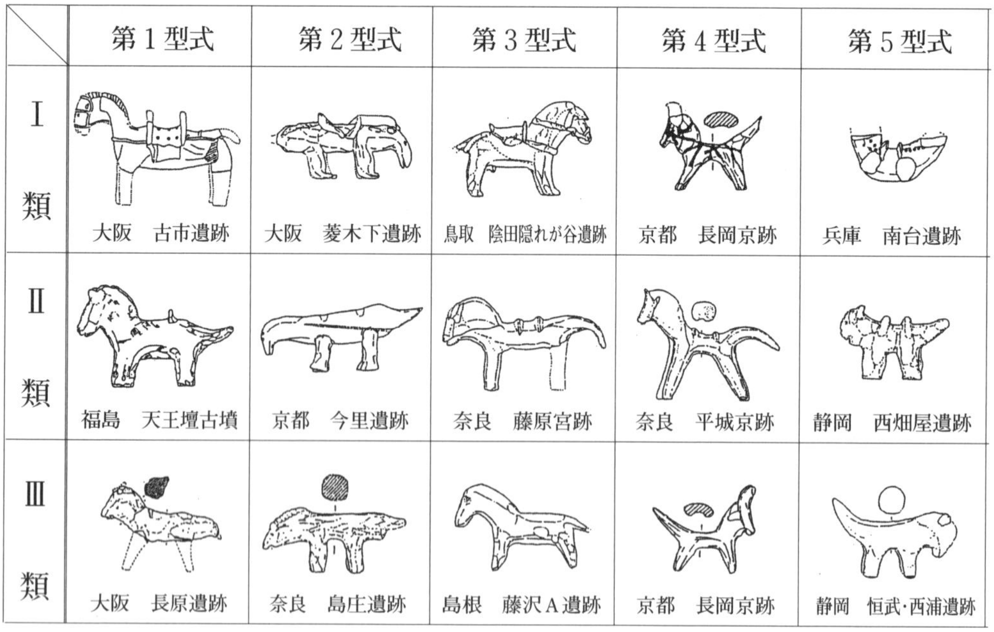

第Ⅱ編 祭祀遺物の分類・編年と研究

	第1型式	第2型式	第3型式	第4型式	第5型式
Ⅰ類	大阪 古市遺跡	大阪 菱木下遺跡	鳥取 陰田隠れが谷遺跡	京都 長岡京跡	兵庫 南台遺跡
Ⅱ類	福島 天王壇古墳	京都 今里遺跡	奈良 藤原宮跡	奈良 平城京跡	静岡 西畑屋遺跡
Ⅲ類	大阪 長原遺跡	奈良 島庄遺跡	島根 藤沢A遺跡	京都 長岡京跡	静岡 恒武・西浦遺跡

第5図 試案型式分類図

さらにa型とb型に細分することも可能である。典型例は、大阪府陶邑大庭寺遺跡や同古市遺跡（梅原末治報告）出土品。

第2型式 形態は、頭を持ち上げず真横に伸ばしたもの（頭部の位置が胴部の高さとほぼ同じ）。胴部は中実と中空のものがあり、断面は円形を呈す。調整などは第1型式と同様である。

馬具類は、年代が新しくなるに従い障泥・鐙が粘土の貼りつけからヘラ描きに変わり、途中からは省略される。また、鞍も後輪が斜めになる傾斜鞍が増え、垂直鞍との比率は半々か。さらに、面繋・胸繋・尻繋および手綱が粘土紐の貼りつけから、随時ヘラによる線刻もしくは竹管刺突による表現に変わる。典型例は大阪府菱木下遺跡、同森の宮遺跡出土品。

第3型式 第1型式と同様に頭を持ち上げた形態で、新しくなると若干小型化する。胴部は中実と中空に作るものがあり、断面は円形から縦長の楕円形となる。

面繋・胸繋・尻繋および手綱の表現は粘土紐を使用するものから、徐々に竹管刺突やヘラ描きによる線刻に変わる。垂直鞍と傾斜鞍の比率は半々であるが、直立につけるものの前輪と後輪を横断する断面形態は短い（低い）U字形となる。なお、稀に鞍までもヘラ描きのものがある。第1型式との大きな違いは、馬具の表現方法を除くと表面の調整がヘラケズリかナデのみで、古い7世紀代のものにしか刷毛目が見られない。典型例は大阪府島上郡衙遺跡、奈良県調子丸古墳、鳥取県陰田隠れが谷遺跡、滋賀県北桜南遺跡出土品。

第4型式　都城型と呼称されたものの中に、形態上は裸馬であるが、墨書で鞍などの馬具を表現したものがある。これを飾馬と捉える。典型例は、京都府長岡京遺跡出土品。

第5型式　第2型式と第3型式の中間的な様相を示すもの。

　　　　胴部を湾曲させ、尻尾を上方に跳ね上げた形態が特徴となる。断面は縦長の楕円形を呈す。陶馬が多い。

　　　　馬具類の表現は粘土紐を貼りつけるものと、竹管刺突もしくはヘラ描きによるものがある。典型例は、兵庫県南台遺跡や静岡県古見大沢1号窯跡出土品。

II類　第1型式　形態は頭を持ち上げ、体長に比較し脚部が短く太い。

　　　　胴部は中実と中空に作るものがあり、断面は円形を呈す。表面はナデ調整、一部刷毛目を施す。耳・立髪は粘土を貼りつけ、目・鼻は棒状工具で穿ち、口をヘラで刻む。

　　　　面繋・手綱は粘土紐の貼りつけ。鞍は前輪・後輪とも直立する垂直鞍である。典型例は福島県天王壇古墳出土品。

第2型式　形態的に、頭を上げず真横に伸ばしたもの（頭と尻尾が同じ高さになる）。

　　　　胴部は形成時に使用した芯棒跡が残るなど、中空となるものが多い。断面は円形、もしくは縦長の楕円形を呈す。古い時期のものは、刷毛目調整を施している。

　　　　面繋・手綱はヘラ描き。鞍は、垂直鞍と傾斜鞍が半々である。なお、垂直鞍も前輪と後輪を横断する断面形態は短い（低い）U字形となる。典型例は、京都府今里遺跡出土品。

第3型式　頭を軽く持ち上げた形態で、第1型式よりも若干小型化する。

　　　　胴部は中実作りで、尻尾を長く下げる。断面は、円形から縦長の楕円形となる。

　　　　面繋・手綱はヘラ描き。鞍は、垂直鞍と傾斜鞍が半々であるが、垂直鞍は第2型式と同様に前輪と後輪を横断する断面形態が短い（低い）U字形になる。典型例は、奈良県藤原宮・京跡や三重県斎宮跡出土品。

第4型式　都城型と呼ばれたものの中で、鞍が残るもの。

　　　　棒状の粘土塊から、頸と尻尾をつまみ出す。胴部断面は横長の長楕円形、もしくは隅丸長方形となる。脚は別の粘土棒を差し込み、長く伸ばす。頸の上には、顔部の粘土板を挟みこむように載せる。顔面は三日月形、尻尾は長くて垂れ下がるもの（a型）が古く、跳ね上がるもの（b型）は新しい要素である。表面は丁寧なナデ調整を施す。

　　　　鞍は、背の部分にわずかな粘土を貼りつけて前輪と後輪を表現する。また、単に鞍部分を窪ませただけのものもある。典型例は、奈良県平城京跡出土品。

第5型式　第2型式と第3型式の中間的な様相を示すもの。I類第5型式の影響で生まれ、一部、人形とセットになる地域色の強い型である。

粗雑な作りで、頭と尻尾が同じ高さになる形態が多い。胴部の断面は、縦長の楕円形を呈す。典型例は静岡県神明原・元宮川遺跡、同西畑屋遺跡出土品。

Ⅲ類　第1型式　頭を持ち上げた形態、稚拙な作りの小型馬である。渡来系の人々の製作か。胴部は中実作りで、断面は円形を呈す。表面はナデ調整を施す。立髪は体部から引き伸し、耳は粘土を貼りつける。目・鼻は棒状工具で穿っている。典型例は大阪府奈良井遺跡、同長原遺跡出土品。

　　　第2型式　頭を持ち上げず、真横に伸ばしたもの。Ⅰ類・Ⅱ類の第2型式の影響で生まれる。胴部は中空のものと中実があり、断面は円形を呈す。生き馬のような肉感を持ち、表面は丁寧なナデ調整、古い時期のものは刷毛目が残る。手綱を線刻で表現するものもある。典型例は滋賀県和田遺跡、奈良県島庄遺跡、富山県小杉丸山遺跡、福岡県大宰府跡出土品。

　　　第3型式　頭を軽く持ち上げた形態。生き馬を模したと考えられ、馬の特徴をよく捉えている。

　　　　　　　耳は粘土を貼りつけ、立髪は頸部からつまみ出す。目・鼻は棒状工具で刺突、口はヘラ状工具で切る。胴部断面は、円形から縦長の楕円形となる。表面はナデ調整。古い時期のものは刷毛目が残り、胴部が中空である。また、一部には性別表現を施したものが見られる。なお、新しくなると顔の鼻孔や口の表現が見られなくなる。典型例は島根県薦沢A遺跡、大阪府宰相山遺跡、島根県才ノ峠遺跡出土品。

　　　第4型式　都城型の鞍を持たないもの。

　　　　　　　板状の粘土を逆U字形に折り曲げ、四脚・尻尾・頸をつまみ出す。胴部断面は厚板の蒲鉾形を呈し、腹部側が窪む。頸の上に、顔部の粘土板を挟みこむように載せる。顔部は三日月形で、尻尾は斜め上に伸びる（b型）。目は竹管で表現するが、鼻孔と口は徐々に見られなくなる。Ⅱ類第4型式より頸部・四脚が短くなり、さらに新しくなると共に小型化する。表面はナデ調整。典型例は，奈良県前川遺跡、京都府長岡京跡、平安京跡出土品。

　　　第5型式　Ⅱ類の第5型式と同形態で、鞍を持たないもの。Ⅰ類第5型式の影響で生まれ、一部、人形とセットと考えられる地域色の強い型である。

　　　　　　　粗雑な作りで、頭と尻尾が同じ高さになる形態が多い。胴部断面は、円形から縦長の楕円形となる。顔部に、目・鼻・耳などの表現がないもの（新しい要素）も出てくる。なお、年代が新しくなると第4型式の新しいもの（平城京・平安京出土の小犬型）と似た形態に変わる。典型例は静岡県恒武・西浦遺跡、同神明原・元宮川遺跡、同西畑屋遺跡出土品。

以上、3類15型式の分類になるのである。

4　各類典型例の年代比定と型式変遷

　では、第3節で設定した分類試案による各類各型式の遺跡出土の具体例から、その年代と変遷を見てみよう。なお、年代基準となる須恵器と土師器は田辺昭三〔田辺 1981〕編年、もしくは西弘海〔西 1986〕編年を使用する。

　各類とも基本的な年代変遷は、第1型式→第2型式→第3型式→第4型式（都城型）と考えられる。さらに、畿外の大半の地域では第4型式の時期（律令期）に第2型式および第3型式が変形しながら続いているのである。その典型例として、遠江地域のものを取り上げ第5型式とした。そして、Ⅲ類の第1型式を除き、時間軸は馬本体の「写実的」なものから「簡略化」されたものへの変化である。

Ⅰ類第1型式（第6図）
　①　陶邑・大庭寺遺跡（396-OS）出土〔冨加見 1993〕
　平成2年、近畿自動車道松原すさみ線（海南線改称）建設に伴う(財)大阪府埋蔵文化財協会の調査で、流路（溝）から発見されたものである。
　396-OSは調査区中央から解析谷に向かって流れ込む自然流路で、古墳時代から奈良時代の須恵器・土師器と共に出土している。この内、須恵器はTK23型式からMT15型式にかけてのものが多い。最下層には、初期須恵器も出土している。
　土馬はどの須恵器に伴うのか特定し難いが、胴部に残る馬具（垂直鞍・輪鐙）の表現方法から考えて、量が多い5世紀後葉から6世紀前葉に押さえておく。大阪府古市遺跡出土のものと同様、埴輪からの影響を受けた土馬の最古型式と捉えている。

　②　高茶屋大垣内遺跡（SH52）出土〔田中 2003〕
　平成9年、県立高茶屋病院整備事業に伴う三重県埋蔵文化財センターの調査で、竪穴住居（SH52）から発見された頭部から頸部にかけてのみの破損品である。
　SH52は東半分が破壊された東西長約5mの方形竪穴住居跡で、土馬は覆土上層から土師器・須恵器と共に出土している。これら須恵器の年代は、MT15型式に相当する。なお、この住居跡は粘土塊が発見されるなど、土師器工房址の可能性が高い。土馬の年代は、須恵器と同じ6世紀前葉でよいと考える。

Ⅰ類第2型式（第6図）
　③　菱木下遺跡（SD07）出土〔橋本 1985〕
　昭和59年、府道松原泉大津線の建設に伴う大阪府教育委員会の調査で、溝跡（SD07）から発見されたものである。
　SD07は谷状地形の上部に沿って半円形に巡る溝跡で、土馬はこの上層から口縁部を打ち欠いた甑など多量の須恵器と共に出土している。なお、この溝は水田灌漑用の水路と考えられている。
　これら溝出土の須恵器は、TK43型式〜TK209型式に相当しよう。土馬も、6世紀後葉頃と捉えたい。

第Ⅱ編　祭祀遺物の分類・編年と研究

第6図　Ⅰ類第1・2・3型式の土馬（各遺跡報告書より）

170

④　森の宮遺跡（第Ⅲ層）出土〔佐藤 1994〕

　平成5年、地下鉄森ノ宮駅舎の建築に伴う(財)大阪市文化財協会の調査で、第Ⅲ層から発見されたものである。

　第Ⅲ層は古代猫間川の堆積砂層で、土馬はこの層から多量の土師器・須恵器と共に出土している。須恵器の年代は、TK217型式～MT21型式に相当する。

　土馬の形態は頭を持ち上げず、頸も短く真横に伸ばすことから古く考えて、7世紀の中葉に押さえておく。前期難波宮の祭祀遺物（律令祭祀の先行形態）と捉える。

⑤　住吉宮町遺跡（ＳＤ05）出土〔神戸市教育委員会 1997〕

　平成8年、神戸市教育委員会が行なった阪神・淡路大震災の復興に伴う共同住宅建設の調査で、溝跡（ＳＤ05）から発見されたものである。

　ＳＤ05は第2遺構面で見つかった自然流路跡で、土馬は多量の土師器・須恵器と共に出土している。

　須恵器の年代は、TK46型式～TK48型式に相当する。土馬は、7世紀後葉と捉えておく。

Ⅰ類第3型式（第6図）

⑥　田井野遺跡（ＳＨ01）出土〔柏原 1996〕

　平成2年、山陽自動車道の建設に伴って兵庫県教育委員会が行なった調査で、竪穴住居跡（ＳＨ01）から発見されたものである。

　ＳＨ01は竈を敷設する南北7.36ｍ×東西6.68ｍの竪穴住居跡で、主柱穴横の浅いピットから土馬が、そして須恵器・土師器が床面から出土している。

　床面出土の須恵器は、TK209型式に相当する。土馬は脚部を欠損するも、この時期（6世紀末から7世紀初頭）で問題のないものである。なお、頭の位置や尻尾の形態は第2型式に近いものがある。

⑦　陰田隠れが谷遺跡（炭溜4）出土〔(財)米子市教育文化事業団 1998〕

　平成2年、一般国道180号道路改良工事（米子バイパス）に伴う米子市教育委員会の調査で、2区3テラスの炭溜4から発見された陶馬である。

　炭溜4は竪穴住居跡の窪地を利用した祭祀遺構で、須恵器・土師器と共に土馬が2点（雌雄を表現）出土している。

　これら須恵器は陰田7期の特徴を持ち、TK217型式に相当する。陶馬の年代は、馬具類がすべて粘土紐で表現される古いタイプであることを考え併せ、7世紀中葉としておく。

⑧　北桜南遺跡（ＳＤ01）出土〔森 1985〕

　昭和59年、北桜地域のほ場整備に先立つ旧野洲町教育委員会の調査で、Ｂ地区の溝（ＳＤ01）から発見されたものである。

　ＳＤ01は中央付近で幅1.2ｍ、深さ0.6ｍの南北に流れる溝である。この最下層から土馬が出土しており、中～上層には須恵器・土師器が見つかっている。

　これらの須恵器は、TK46型式～TK48型式・飛鳥のⅣに相当する。土馬は形態が藤原京のものに近く、7世紀後葉と押さえて問題のないものである。

第Ⅱ編　祭祀遺物の分類・編年と研究

Ⅰ類第4型式（第7図）

⑨　長岡京跡（第8274次）出土〔國下 1984〕

昭和58年、住宅建設に伴う向日市教育委員会の立会調査で、溝（SD827401）から発見されたものである。馬具類を表現したと考えられる墨線が、顔部・体部に描かれている。

溝幅は0.6～0.7m、深さは0.2mを測る。町割の溝と考えられ、土馬は土師器・須恵器と共に出土している。平城宮編年のⅣ・TK7型式である。

土馬の年代は小笠原分類のE形式にあたるが、長岡京遷都後の8世紀後葉に押さえたい。

Ⅰ類第5型式（第7図）

⑩　南台遺跡（B地区包含層）出土〔渡辺 1988〕

昭和56年、青野ダム建設に伴う兵庫県教育委員会の発掘調査で、B地区の包含層中から発見された須恵質のものである。

遺構の時期や包含層出土の須恵器は、主にTK46型式～TK48型式・飛鳥編年のⅣに相当する。

土馬の年代も、7世紀後葉に押さえておきたい。

⑪　古見大沢1号窯跡（焚口西側の落ち込み部）出土〔山村 1966〕

昭和33年、それまで旧湖西町の窯跡の分布調査をしていた静岡大学教育学部浜松分校歴史学研究部と湖西町教育委員会による学術調査で、1号窯跡焚口西側の落ち込み上部から発見されたものである。

1号窯跡は3基確認した窯の中では最も新しく、第Ⅴ群土器（平城宮編年Ⅲに相当する）を出土している。なお、発見当時の年代観では7世紀後葉とされ、前田豊邦らはこの年代で考えていた。

土馬（須恵質）はこの1号窯に伴うもので、8世紀中葉に押さえておきたい。この他にも、同形態の飾馬が数点見つかっている。

以上、Ⅰ類は第1型式が5世紀の中葉から後葉の時期に出現し（埴輪の影響）、6世紀の後葉まで続く。このa型（垂直鞍）と共に、b型（傾斜鞍）が6世紀中葉から始まる。次いで、第2型式が6世紀中葉から7世紀後葉まで続いている。古い時期は、垂直鞍と傾斜鞍が併存する。さらに、第1型式の流れを引く第3型式は、写実的なⅢ類第3型式（初期のもの）の影響を受けながら6世紀後葉から8世紀末まで継続する（なお、基本的に鞍・馬具共粘土紐の貼りつけで表現するのは7世紀後葉まで、大沢は例外と捉える）。特に、畿外では平安時代初頭まで長期間見られる。

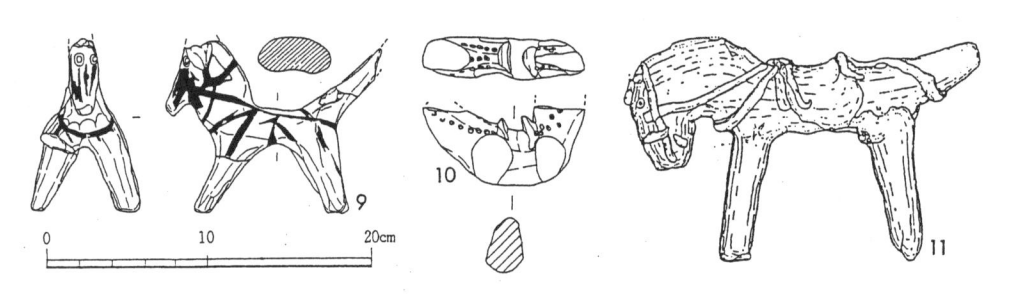

第7図　Ⅰ類第4・5型式の土馬（各遺跡報告書より）

また、特異な第5型式（地域型）は陶質のものが多く、7世紀後葉から8世紀中葉までの畿外の窯業地域に見られ、これらがⅡ類・Ⅲ類の第5型式の出現に繋がる。ここまで（第1・2・3・5型式）が、基本的に鞍を粘土紐の貼りつけで表現する型である。なお、第3型式の終末には鞍まで線刻したもの（岐阜県稲田山13号窯出土品など）も登場する。

　馬具類を墨書表現する第4型式（都城型）は長岡京期、8世紀後葉に都城域にのみ出土する。

Ⅱ類第1型式（第8図）

　⑫　天王壇古墳（周濠）出土〔山崎 1984〕

　昭和57年、私道付替えなどの工事中に埴輪片が発見され本宮町教育委員会の緊急調査で、古墳周濠内から発見されたものである。

　出土位置は帆立貝式古墳造り出し部直下の周濠であり、動物埴輪と共に2点が見つかっている。その他、土師器・須恵器や円筒埴輪・形象埴輪があり、これらの年代は須恵器がTK23型式～TK47型式に相当すると考えられる。

　土馬の年代も埴輪と同様に古墳の築造時期と考えられ、5世紀の後葉に押さえておきたい。

Ⅱ類第2型式（第8図）

　⑬　今里遺跡（第5層）出土〔木村 1980〕

　昭和53年、外環状線工事に伴う京都府教育委員会の長岡京跡（右京第12次）の調査で、第5層から発見されたものである。

　第5層は、長岡京の時期より古い古墳時代の遺物包含層である。そのため、遺跡名称も今里遺跡とされたようである。土馬はこの層の最上層から、須恵器・土師器と共に出土している。

　これら須恵器の年代は陶邑Ⅰ期（TK23型式）のものからⅡ期前半（MT15型式）とⅡ期後半（TK43型式）のものまでであるが、土馬は最上層の発見ということから6世紀後葉に捉えておきたい。なお、同遺跡（右京第26次）の調査でもＳＤ1288の溝内（古墳時代後期）から、第Ⅰ類第2型式のものが出土している。

Ⅱ類第3型式（第8図）

　⑭　藤原宮跡（東北隅）出土〔泉森 1969〕

　昭和42年、奈良県教育委員会が調査主体となった国道165号線バイパスに伴う藤原宮跡の宮域調査（第3次調査）で、東北隅から発見したものである。

　宮域の外濠にあたる南北溝ＳＤ170の周辺（廊状遺構ＳＣ140を作るために整地したとみられる小溝ほか）からも、同型式のもの4点が出土している。特に、小溝には藤原宮Ⅰａ形式の須恵器が含まれており、藤原宮造営直前と考えられる。

　土馬の年代は鞍の作りに若干相違があるものの、すべて7世紀後葉と捉えておきたい。同京跡出土で、奈良国立文化財研究所所蔵品〔馬の博物館 1986〕にも同形態のものがある。なお、これらは都城型（第4型式）の原形になったのであるが、畿内周辺の三重県天王平遺跡出土品や香川県下川津遺跡出土品などの新しい時期のⅠ類第3型式にも影響を及ぼしていると考えられる。

　⑮　斎宮跡（古里遺跡Ｂ地区）出土〔三重県教育委員会 1972、斎宮歴史博物館 1989〕

　昭和46年、民間会社の団地造成に伴う三重県教育委員会の発掘調査で、Ｂ地区の黒褐色包含層

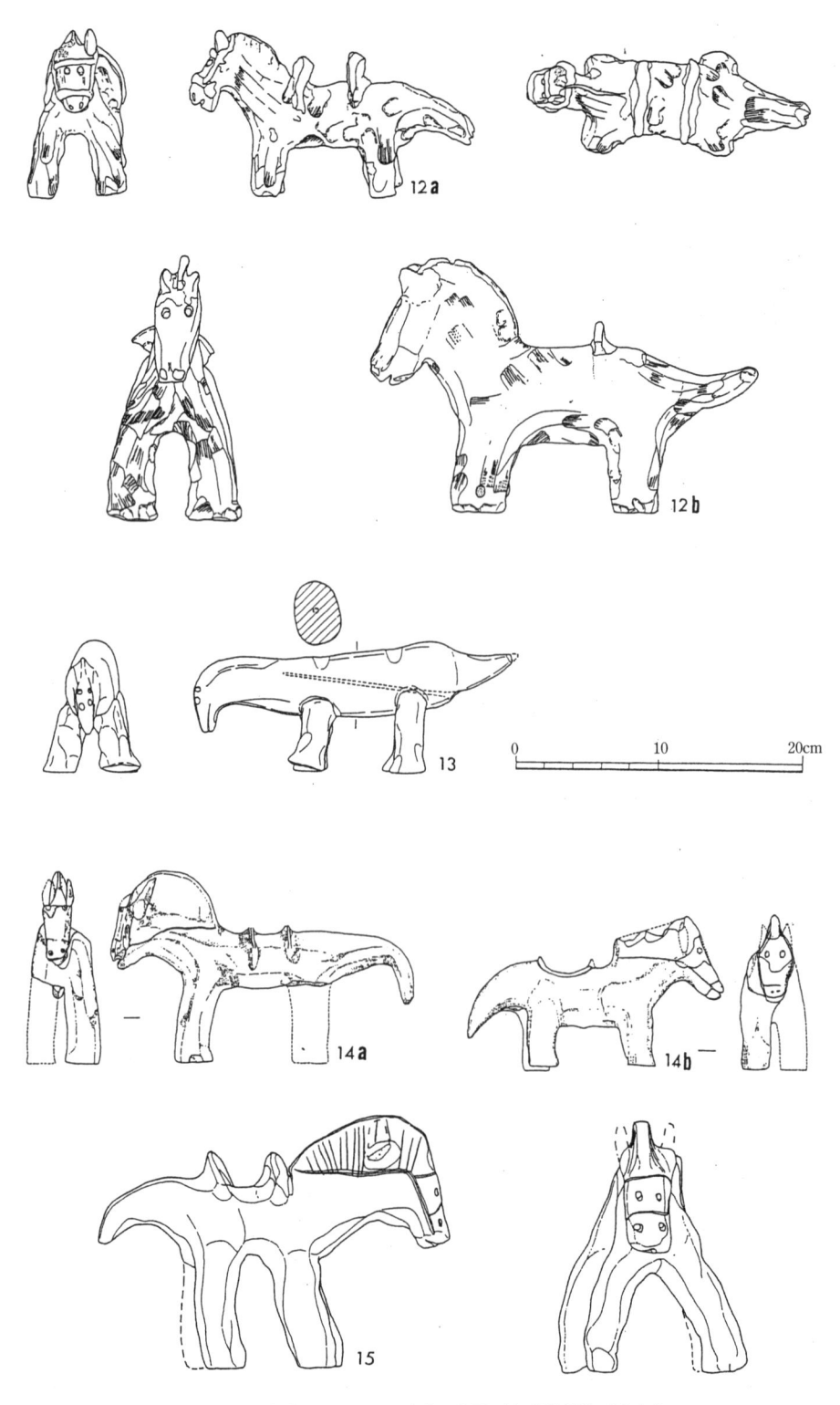

第Ⅱ編　祭祀遺物の分類・編年と研究

第8図　Ⅱ類第1・2・3型式の土馬（各遺跡報告書より）

中から発見されている。

　包含層中には土師器・須恵器・瓦などの遺物があるが、年代的には奈良時代と鎌倉・室町時代の中世のものが大半を占める。この型式の土馬は2点が出土し、さらにⅠ類第Ⅱ型式のものが大溝からと、C地区からも2点見つかっている。

　土馬の年代は共伴土器から概ね奈良時代と考えるが、形態は藤原宮のものと同様であり、7世紀後葉から8世紀前葉の古い時期に押さえられる。

Ⅱ類第4型式（第9図）

　⑯　平城宮跡（SD485）出土〔小笠原 1974〕

　昭和44年、国道24号線バイパスに伴う奈良国立文化財研究所の調査（平城宮左京一条三坊十五・十六坪）で溝（SD485）から発見されたものである。

　SD485は第2次整地面から検出され、第3次整地の段階では完全に埋め立てられている。出土遺物には土師器・須恵器（平城宮編年Ⅱ）のほか、紀年木簡（和銅6年、霊亀3年、養老7年）があり、奈良時代初期の遺構であることがわかる。この尾が下に伸びる土馬（a型）の年代は、8世紀前葉で捉えておきたい。なお、同溝からは鞍のない同形態の土馬（Ⅲ類第4型式）も見つかっている。

　⑰　平城京跡（SD920）出土〔巽 1984〕

　昭和58年、大和郡山市の焼却場建設に伴う奈良国立文化財研究所の調査（平城京右京八条一坊十一坪）で、溝（SD920）の第3層から発見されたものである。

　SD920は西一坊々間大路（SF910）の西側溝で、埋土の状況から概ね3時期に分けることができる。

　A期は平城京造営当初の溝で、B期は平城宮編年Ⅱ・Ⅲの土器が出土した。C期は8世紀後葉から9世紀前半と考えられる。

　この尾が水平に伸び先端が上を向く土馬（b型）の年代は、出土層位からB期平城宮編年Ⅲの8世紀中葉と捉える。なお、同溝内には小笠原分類のC型式からH型式までの土馬80体以上が含まれている。

Ⅱ類第5型式（第9図）

　⑱　西畑屋遺跡（土器集積2）出土〔太田 1999〕

　平成9年、都市計画道路の建設に伴う(財)浜松市文化協会の調査で、西調査区の土器集積2から発見したものである。

　土器集積2は河川内の南岸に近い位置で、河川に並行して帯状に連なる土器類の集積遺構である。須恵器壺類と土馬2点、土製人形2点、少し離れて土師器小碗類と須恵器甕が出土している。土器類は、平城宮編年Ⅲに相当する。

　鞍の表現に粘土紐を貼りつけたこの土馬の年代は、共伴の土器から8世紀中葉に押さえたい。その他、集積5では胴部を摘み出して鞍を表現するもの（型式学的には貼りつけるものより新しい）が多く見られる。神明原・元宮川遺跡SR312出土の鞍を持つものもこれと同形態であり、8世紀中葉以降の年代ということになろうか。この位置づけで問題ないと考えるが、あくまで神明

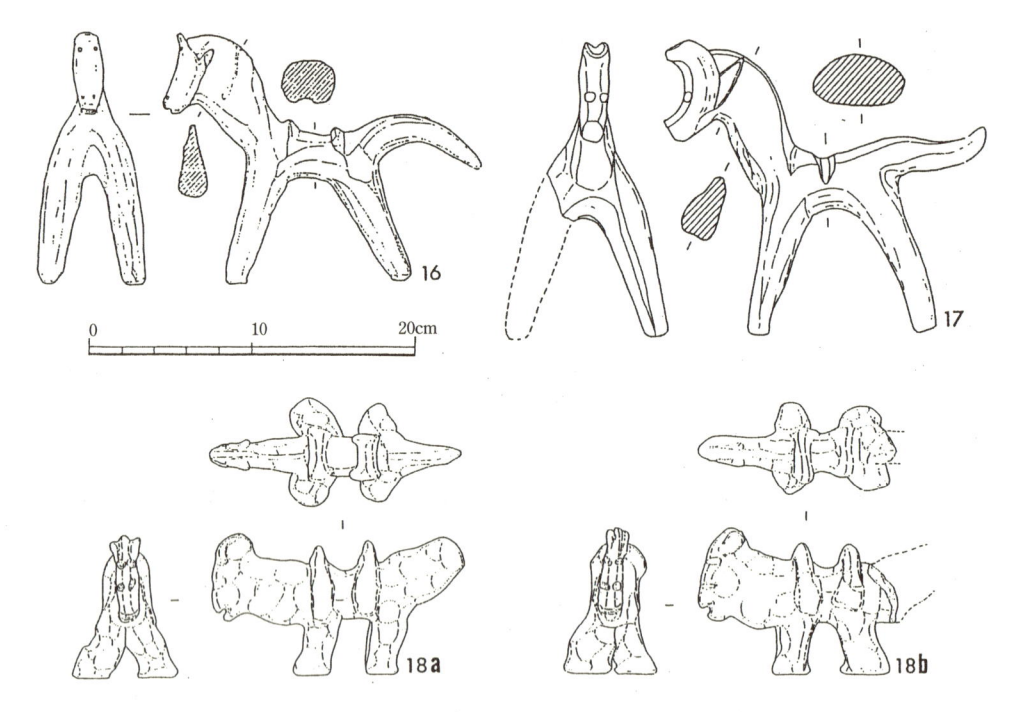

第Ⅱ編　祭祀遺物の分類・編年と研究

第9図　Ⅱ類第4・5型式の土馬（各遺跡報告書より）

原・元宮川遺跡などのA類は6世紀末とするならば、鳥取県クズマ遺跡などのⅢ類第1型式に入る可能性がないではない。なお8世紀中葉以降、遠江地域に土馬が盛行するのは『續日本紀』巻第廿四〔黒板 1984〕天平寶字6年3月に記載のある旱天の被害が著しかったためと推測している。

以上、Ⅱ類は第1型式が5世紀の後葉に出現し（埴輪の影響）、6世紀後葉まで続く。次いで、第2型式が6世紀後葉から7世紀後葉まで見られる。また、第1型式の流れを継ぐ第3型式（藤原京跡出土の都城型の起源を含む）が、7世紀後葉から8世紀前葉に出土している。

次に、都城型と呼ばれる第4型式は、8世紀前葉から中葉末まで認められる。なお、この型は8世紀後葉以降も裸馬として継続するのであるが、筆者の分類試案では鞍を持たないで尻尾を跳ね上げる長岡京期以降のものは、Ⅲ類（裸馬）の第4型式に遷ることになる。製作技法が大きく変化することも、類を替えた理由の一つである。

一方、第5型式は古墳時代の型式（第2型式）が旱天被害に対応するためか残った畿外の地域（現状では遠江）で、8世紀前葉から9世紀前葉まで見られる。

Ⅲ類第1型式（第10図）

⑲　奈良井遺跡（祭祀遺構）出土〔野島 1984、根鈴 1997〕

昭和54年、市立市民総合センター建設に伴う四條畷市教育委員会の調査で、祭祀遺構をとりまく溝内から出土したものである。

祭祀遺構は一辺約40mのテラス（このうち半分のみ調査）で、これをとりまく最大幅約5m、深さ約1〜1.5mの溝内には、馬歯・馬骨合わせて6頭以上の馬が埋葬され、製塩土器・須恵器・土師器・韓式土器や土製人形と共に発見されている。須恵器の年代は、TK47型式〜MT15型式で

ある。

　土馬の年代は、須恵器から6世紀初頭頃に押さえたい。馬飼い集団（渡来人）の製作と考えられる。

　⑳　長原遺跡（ＳＤ52）出土〔京嶋 1993〕

　昭和60年、土地区画整理事業に伴って(財)大阪市文化財協会が行なった発掘調査で、溝（ＳＤ52）から発見されたものである。

　溝は集落内の谷の斜面にあり最大幅2.5ｍ、深さ0.3〜0.4ｍを測る。この溝の西側から、須恵器・土師器と共に出土している。同溝東側では、子持勾玉も見つかっている。須恵器は、MT15型式〜TK10型式である。

　土馬の年代は、須恵器の新しい時期の6世紀中葉に押さえたい。また、これに近い形態の土馬が、馬形埴輪を作っている埼玉県割山埴輪窯跡の第5号粘土採掘坑〔大和 1981〕からも出土している。

Ⅲ類第2型式（第10図）

　㉑　芝崎遺跡（ＳＤ1002）出土〔別府 2007〕

　平成7年、一般国道175号の拡幅改良工事に伴う兵庫県教育委員会の発掘調査で、1区の溝（ＳＤ1002）から発見されたものである。

　ＳＤ1002は東西に流れる幅約1ｍ、深さ約0.2ｍの溝で、西端では古墳時代（6世紀後半）の竪穴住居跡の北側を囲むように湾曲している。共伴遺物には土師器・須恵器・飯蛸壺などがあり、6世紀後葉から7世紀前葉と少し年代幅を持つと考えられる。

　土馬は一部刷毛目を残し、体部のみならず脚部も中空を呈することなど埴輪馬に近い様相を示す。年代は6世紀後葉の古い時期に押さえたいが、当初埴輪馬の立髪の先端に着ける棒状突起の変形と考えた折り曲げる板状の突起が都城型の原形に似る。やはり、新しい7世紀前葉なのか微妙なところである。

　㉒　和田遺跡（ＳＤ2）出土〔野洲町教育委員会 1980、大橋1981〕

　昭和54年、宅地造成に伴う旧野洲町教育委員会の調査で、溝（ＳＤ2）から発見されたものである。

　ＳＤ2は集落の縁辺部に掘削された幅約2ｍ、深さ約80cmの人工的な水路である。土馬は7世紀前半代の須恵器・土師器を大量に含む、中層と下層からバラバラの状態で出土している。なお、この溝は8世紀初頭には完全に埋没していたと考えられる。

　土馬の年代は、出土土器と同じ7世紀前葉から中葉に押さえておく。刷毛目を持つことから、古く考えても問題のないところであろう。

　㉓　大宰府跡（ＳＫ2960）出土〔九州歴史資料館 1987〕

　昭和61年、九州歴史資料館が実施した政庁跡後背地の調査で、土坑（ＳＫ2960）から発見された須恵質のものである。

　ＳＫ2960は井戸の掘方に似た上面径2.6ｍ、深さ1.8ｍの大きさである。土馬は、この底部から少量の須恵器（TK46型式・飛鳥編年Ⅳ）と共に出土している。政庁第Ⅰ期の遺構である。

　土馬の年代は、出土土器に併せ7世紀後葉と捉えておく。

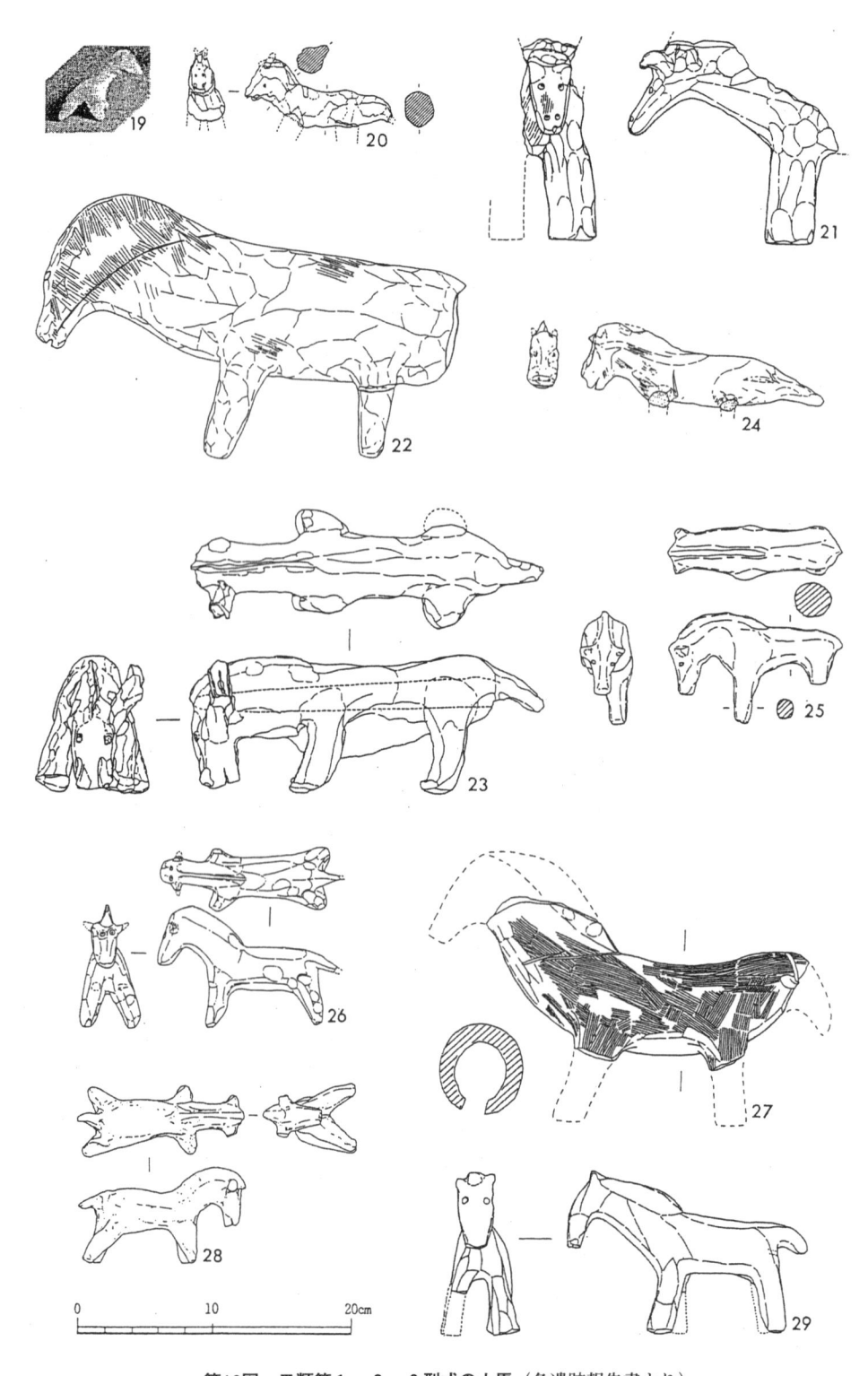

第Ⅱ編 祭祀遺物の分類・編年と研究

第10図 Ⅲ類第1・2・3型式の土馬（各遺跡報告書より）

㉔　小杉丸山遺跡（旧小杉流通業務団地内21遺跡106号穴）出土〔岸本 1984〕

　昭和58年、小杉流通団地の造成に伴う富山県埋蔵文化財センターの調査で、106号穴から発見された須恵質のものである。なお、この遺跡は調査後に国指定史跡となり、保存整備されている。

　106号穴は粘土採掘坑と考えられ、長径2.3m×短径1.0mの大きさである。土馬はこの底部から少し浮いた状況で、若干の瓦・土師器片と共に出土している。年代的には、飛鳥編年ⅡとⅢの間に相当する。

　土馬の年代も7世紀中葉と考えておきたい。奈良県島庄遺跡20次調査出土品も、形態的・年代的にこれと近いものである。

Ⅲ類第3型式 （第10図）

㉕　東有年・沖田遺跡（SH03）出土〔赤穂市教育委員会 1990〕

　平成元年、ほ場整備工事に係わる赤穂市教育委員会の事前調査で、竪穴住居跡3号から発見されたものである。なお、頭を下げているが第2型式の真横に伸ばすものとは異なるため、この型に入れる。

　3号竪穴住居跡は竈を持つ一辺約7mの方形住居であるが、およそ半分が調査範囲外にあるため正確な規模は不明である。この床面から、土師器・須恵器と共に出土している。須恵器は、TK10型式の新段階（MT85型式）に相当する。

　土馬の年代は、出土土器と同じ6世紀の後葉に捉えておく。生き馬を模した肉感的な形態の馬である。

㉖　薦沢A遺跡（SI02）出土〔錦織 1988〕

　昭和59年、中国電力株式会社の北松江変電所新設工事に伴う松江市教育委員会の調査で、竪穴住居跡（SI02）から発見された須恵質のものである。

　SI02は一辺約6mの隅丸方形住居と推測されるが、残存状況が悪いため正確でない。この床面から、土師器・須恵器と共に出土している。須恵器は、高広遺跡編年のⅠA期からⅡA期（TK43型式からTK209型式併行）である。

　土馬の年代は、これら土器と同じ6世紀末から7世紀前葉に押さえておきたい。なお、薦沢A・B遺跡では総数38点もの土馬（飾馬を含む）が出土している。

㉗　宰相山遺跡（道路側溝）出土〔積山 1998〕

　平成8年、真田山公園市営プールの建替えに伴う(財)大阪市文化財協会の調査で、溝（道路側溝）から発見されたものである。

　溝は谷の方向と関係なく一直線に造られた道路跡の側溝で、前期難波京の方形土地区画の痕跡と考えられている。土馬は多量の土器や木製品と共に出土し、土器類は前期難波宮の時代7世紀後半とされているが、詳細は明らかでない。

　土馬の年代は、7世紀中葉の新しい頃に押さえておきたい（体部に刷毛目を残すなど、Ⅱ類第3型式の藤原宮出土のものより明らかに古く、頭部が欠けているものの都城型の先駆けといえよう）。

㉘　才ノ峠遺跡（包含層）出土〔広江 1983〕

　昭和55年、国道9号線バイパス建設に伴う島根県教育委員会の発掘調査で、水田部下層（黒褐

色土層）の包含層中から発見された須恵質のものである。

　包含層中の遺物には、須恵器や土師器と共に土製模造品（手捏土器・土鈴・鏡・土玉など）、石製模造品そして木製模造品と桃の種子があり、祭祀遺跡と考えられている。須恵器の年代は、7世紀から8世紀後半にかかるものが混在している。

　土馬の年代は明確にし難いが、同じ包含層中に鞍を有しその他の馬具類を竹管の刺突で表現するⅠ類第Ⅲ型式のものを含むことから、7世紀後葉から8世紀前葉に考えたい。同県内には土馬の生産址（7世紀末）として知られる大井窯跡群があり、タテチョウ遺跡や寺ノ脇遺跡出土の裸馬も同時期のものと考えられる。

　㉙　各務寒洞2号窯跡（灰原）出土〔渡辺 1996〕

　昭和58年、ゴルフ場のコース変更工事に伴う各務原市埋蔵文化財調査センターの事前調査で、2号窯跡灰原から発見された須恵質のものである。なお、顔部には鼻の表現が認められない。

　灰原出土の須恵器は、美濃須衛窯編年のⅣ期第3小期の終わりからⅤ期第1小期の初め（TK7型式〜MT83併行）と考えられている。

　土馬の年代は、8世紀末から9世紀初頭に押さえたい。同灰原には、同型式のものがほかに3点ある。

Ⅲ類第4型式（第11図）

　㉚　前川遺跡（井戸2）出土〔黒崎 1974〕

　昭和47年、前川筋河川局部改良工事に伴う奈良国立文化財研究所の緊急調査（平城京朱雀大路）で、井戸2から発見されたものである。

　井戸2の大きさは一辺約80cmの方形で、現存の深さは2.2mを測る。土馬は、多量の土師器と共に出土している。土器類は、平城宮編年のⅢである。

　土馬の年代は、8世紀の中葉で問題ないと考える。この井戸からは2点が出土し、1点には鼻孔の表現がない。同型式でも、新しい兆候である。なお、祭祀の主体者について宮内と宮外では異なり、前川遺跡例は民間の祭祀という考え方がある〔臼杵 1997〕。

　㉛　長岡京跡右京第689次（ＳＸ68905）出土〔山口 2002〕

　平成13年、（財）向日市埋蔵文化財センターが行なった遺跡の範囲確認調査で、ＳＸ68905から発見されたもの（47個体の出土があり、19点が図化）である。

　ＳＸ68905は流路が幅2mほどの小川になった時、土馬やミニチュア竈・鍋が集中する4m×1mの範囲である。土馬は、土師器の壺（祭祀用）やミニ竈・鍋、そして若干の須恵器と共に出土している。土器類は、平城宮編年のⅥに相当する。

　土馬の年代は、一括8世紀後葉（長岡京期）に押さえる。なお、尻尾は斜め上方に真っ直ぐに伸びるものと、全体に少し湾曲するものとがある。

Ⅲ類第5型式（第11図）

　㉜　恒武・西浦遺跡（北区ＳＲ30）出土〔柴田 2000〕

　平成9年、浜松環状線道路改良工事に伴って(財)静岡県埋蔵文化財調査研究所が実施した調査で、自然流路（ＳＲ30）から出土したものである。

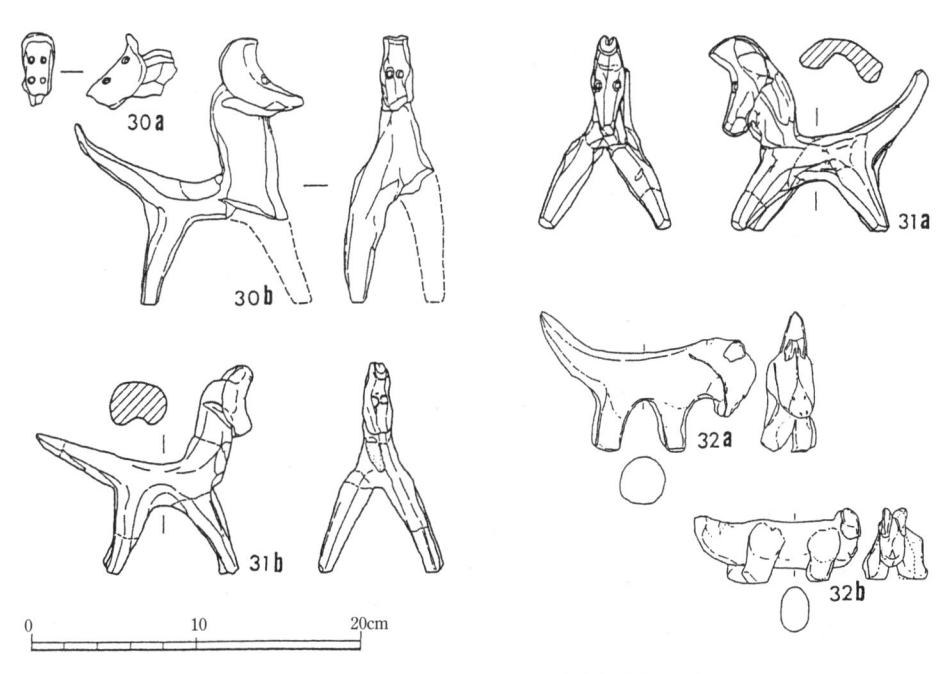

第11図　Ⅲ類第4・5型式の土馬（各遺跡報告書より）

　ＳＲ30は幅約11ｍの河道で、この最下層から土師器・須恵器と共に7点（内1点は須恵質）が発見されている。土器類は、平城宮編年のⅢに相当する。須恵質の土馬の年代を、8世紀中葉に押さえておく。さらに、別地点の上層からも土馬（9世紀前葉か）がまとまって出土している。
　以上、Ⅲ類は第1型式が5世紀後葉から6世紀初頭に現われ（渡来系の集落で生まれ、装飾付須恵器の馬に近いもの）、7世紀前葉（鳥取県谷畑遺跡や同イガミ松遺跡、同クズマ遺跡は厳密に言えば鞍を持ちⅡ類になる）まで続く。次いで、第2型式がⅠ類・Ⅱ類の第2型式の影響で生まれ、6世紀後葉から7世紀後葉まで存在する。第3型式は生き馬を模したものが6世紀後葉から8世紀末まで継続し、特に畿外では平安時代の初頭まで長期間続いている。
　また、第4型式（都城型）はⅡ類の第4型式の直後（8世紀中葉）から、9世紀後葉ないし10世紀前葉まで継続する。
　一方、第5型式はⅡ類の第5型式と同じ地域で、この影響を受け、8世紀中葉から10世紀前葉に見られる。なお、最後は都城型（第4型式）と同形態をとり終焉となる。

5　おわりに

　これまで、律令期の都城型と呼称されるものしか明確な変遷が辿れなかった土製馬形を、馬具類の有無で三つに分類し、それぞれの類を5型式に分けて検討してみた。
　その結果、古墳時代中期に登場した小型土製馬形には埴輪の影響で生まれた飾馬（Ⅰ類）と鞍馬（Ⅱ類）、そして生き馬を模した裸馬（Ⅲ類）の二系統があることが明らかになった。さらに、

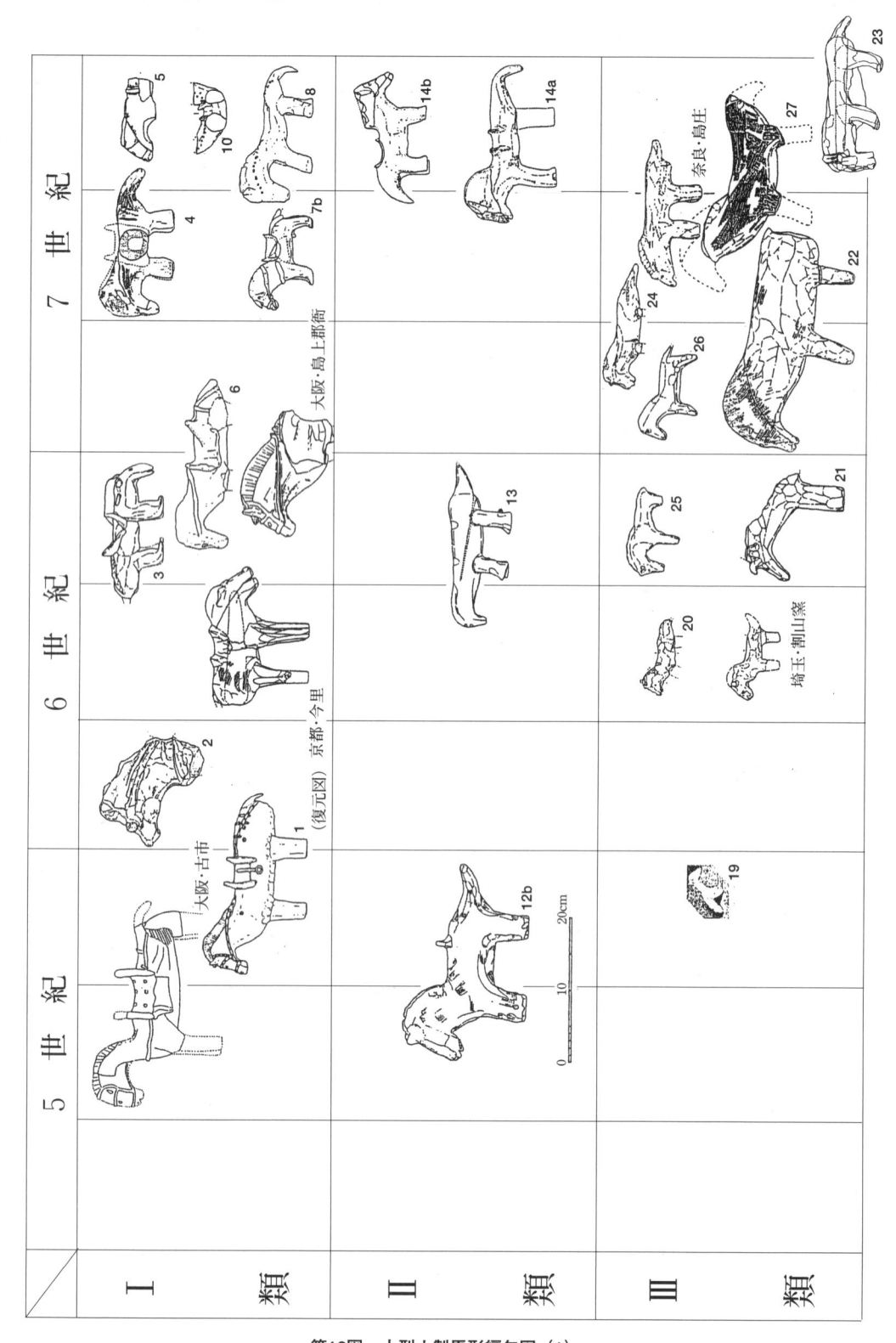

第Ⅱ編　祭祀遺物の分類・編年と研究

第12図　小型土製馬形編年図（1）

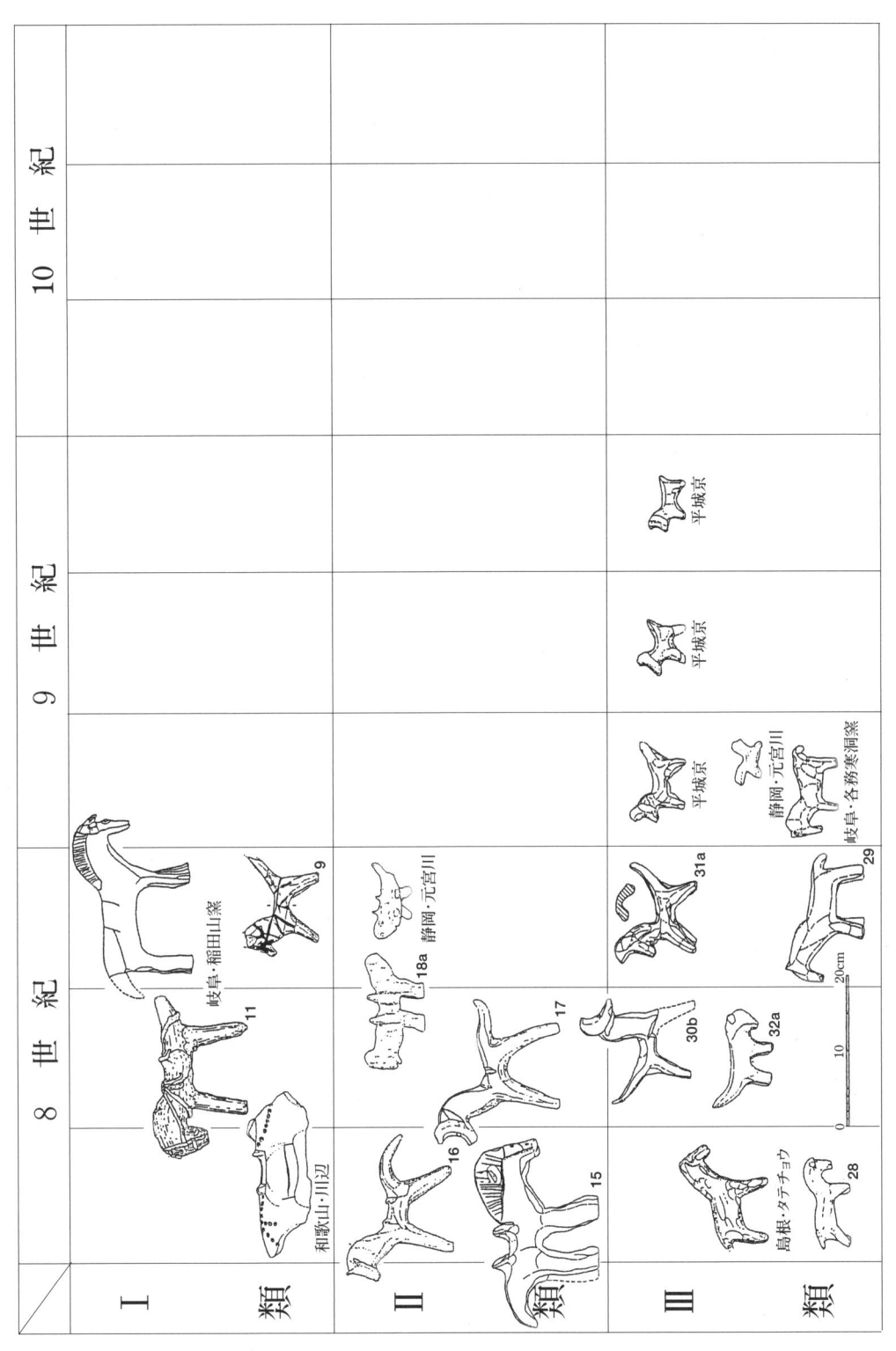

第3章 小型土製馬形年代考

第12図 小型土製馬形編年図（2）

第Ⅱ編　祭祀遺物の分類・編年と研究

第4表　小型土製馬形編年・変遷表

	Ⅰ類					Ⅱ類					Ⅲ類				
	1型	2型	3型	4型	5型	1型	2型	3型	4型	5型	1型	2型	3型	4型	5型
5世紀															
6世紀															
7世紀															
8世紀															
9世紀															
10世紀															

Ⅰ類　・第1型式――――第3型式――――第4型式
　　　　　　　第2型式――――第5型式
Ⅱ類　・第1型式――――第3型式――第4型式
　　　　　　　第2型式　　　　　　第5型式
Ⅲ類　・第1型式
　　　　　　　第2型式　　　　第4型式
　　　　　　　　　・第3型式　　第5型式

------- 影響
――― 連続

184

裸馬には奈良井遺跡など扱いに苦慮した小型粗製の簡素な作りのもの（第１型式、渡来系の人々が製作か）と、これに直接繋がらない肉感溢れた写実的なもの（第３型式）があることもわかった。

　次いで、当初目的の一つであった都城域（畿内）外での律令期の形態は、それぞれの地域で各類とも第３型式が継続することを明らかにできた。さらに、年代比定が大きく流動的でその帰属が混乱していた遠江地域の土馬類は、畿内周辺と東海地域の窯業遺跡においてⅠ類第２型式と第３型式の影響を受けた古墳時代の様相を残すⅠ類第５型式が生まれたことを契機に、これが奈良時代中葉に入って神明原・元宮川遺跡などの祭祀遺跡に持ち込まれ、Ⅱ類・Ⅲ類の第５型式として盛行する状況が確認できたのである。そして、これには遠江地域の旱天被害の大きかったことが原因と推測した。なお、編年試案（第12図、第４表）は型式学的な操作に基づいており、遺構での出土状況と若干異なるところも認められる。

　また、この副産物としてⅡ類・Ⅲ類の第５型式が遠江の木製馬形（伊場遺跡、神明原・元宮川遺跡出土品のうち尻尾を跳ね上げる型式）にも影響を与えていたことが明らかになった。全国的な共通性を見出せないとされた畿外出土の土製馬形も都城型は分布拡大しなかったが、律令制祭祀の中ではそれぞれの地域で基本的な統一が図られていたようだ。旧国単位程度の中で変遷を辿っていけるなら、さらに連続性が見えると確信する。木製馬形・石製馬形との関連もあり、各地の祭祀遺物研究者に期待したい。

引用文献

赤穂市教育委員会　1990『東有年・沖田遺跡現地説明会資料』赤穂市教育委員会
臼杵　勲　1997「第Ⅵ章４Ｂ　出土土器から見た奈良時代の祭祀」『平城京左京七条一坊十五・十六坪発掘調査報告』奈良国立文化財研究所学報第56冊　奈良国立文化財研究所
梅原末治　1914「河内國發見の土馬」『考古學雑誌』第４巻第12号　考古學會
泉森　皎　1969「第Ⅴ章４　その他の遺物」『藤原宮』奈良県史跡名勝天然記念物調査報告第25冊　奈良県教育委員会
泉森　皎　1975「大和の土馬」『橿原考古学研究所論集』創立35周年記念　吉川弘文館
馬の博物館　1986『特別展古代文化・馬形の謎』展示図録　根岸競馬記念公苑学芸部
太田好治　1999『西畑屋遺跡1999　発掘調査報告書』浜松市博物館・浜松市文化協会
大場磐雄　1930「上代祭祀址と其の遺物に就いて」『考古學雑誌』第20巻第８号　考古學會
大場磐雄　1937「上代馬形遺物に就いて」『考古學雑誌』第27巻第４号　考古學會
大場磐雄　1943『神道考古學論攷』葦牙書房
大場磐雄　1966「上代馬形遺物再考」『國學院雑誌』第67巻第１号　國學院大學文学部
大橋信弥　1981「近江出土の土製馬について」『滋賀考古学論叢』第１集　滋賀考古学論叢刊行会
小笠原好彦　1974「Ⅳ章３　土製品」『平城宮発掘調査報告Ⅳ』平城京左京一条三坊　奈良国立文化財研究所学報第23冊
小笠原好彦　1975「土馬考」『物質文化』25　物質文化研究会
小川榮一　1914「美濃國發見土馬に於て」『考古學雑誌』第４巻第８号　考古學會
小田富士雄　1971「古代形代馬考」『史淵』105・106合輯号　九州大学文学部
小田富士雄・真野和夫　1981「土馬」『神道考古学講座』第３巻　雄山閣
柏原正民　1996「第５章２　遺物のまとめ」『田井野遺跡』兵庫県文化財調査報告第154冊　兵庫県教育

委員会
鹿沼栄輔　1990「第4章5　祭祀について」『長根羽田倉遺跡』(財)群馬県埋蔵文化財調査事業団調査報告第99集
金子裕之　1985「平城京と祭場」『国立歴史民俗博物館研究報告』第7集　国立歴史民俗博物館
金子裕之　1991「律令期祭祀遺物集成」『律令制祭祀論考』塙書房
岸本雅敏　1984「№21遺跡遺物」『小杉流通業務団地内遺跡群』第6次緊急発掘調査概要　富山県教育委員会
絹川一徳　1998「古墳時代の木製祭祀具」『大阪市文化財情報　葦火』75号　(財)大阪市文化財協会
木村泰彦　1980「4(6) 今里遺跡出土の土馬について」『埋蔵文化財発掘調査概報』第2分冊　京都府教育委員会
木村泰彦　1986「乙訓出土の土馬集成」『長岡京古文化論叢』中山修一先生古稀記念事業会
九州歴史資料館　1987「Ⅱ章4　102次調査」『大宰府史跡』昭和61年度発掘調査概報　九州歴史資料館
京嶋　覚　1993「第2章1　長原遺跡西地区の調査」『長原・瓜破遺跡発掘調査報告Ⅴ』(財)大阪市文化財協会
清野謙次　1944『日本人種論変遷史』小山書店
國下多美樹　1984「長岡京跡第8274次立会調査概要」『向日市埋蔵文化財調査報告書』第11集　向日市教育委員会
黒板勝美編　1984『續日本紀』後篇　新訂増補国史大系普及版　吉川弘文館
黒崎　直　1974「Ⅱ章　前川遺跡発掘調査」『平城京朱雀大路発掘調査報告』奈良市
黒崎　直　1983「古代の信仰」『季刊考古学』第2号　雄山閣
神戸市教育委員会　1997『住吉宮町遺跡（第23次調査）現地説明会資料』神戸市教育委員会
後藤守一　1930「石製品」『考古学講座』第29巻　雄山閣
近藤　正　1972「山陰」『神道考古学講座』第2巻　雄山閣
斎宮歴史博物館　1989「Ⅳ章　特殊遺物概要」『斎宮跡発掘資料選』斎宮歴史博物館
佐藤　隆　1994「森の宮遺跡の土馬と人面土器」『大阪市文化財情報　葦火』48号　(財)大阪市文化財協会
柴田　睦　2000『恒武西宮・西浦遺跡』静岡県埋蔵文化財調査研究所調査報告第120集　(財)静岡県埋蔵文化財調査研究所
新東晃一　1978「南九州における人形・馬形土製品の祭祀形態」『古代文化』第30巻第2号　(財)古代學協會
積山　洋　1998「飛鳥時代の難波京の一角」『大阪市文化財情報　葦火』76号　(財)大阪市文化財協会
巽　淳一郎　1984「Ⅲ1B　祭祀用土器・土製品」『平城京右京八条一坊十一坪発掘調査報告書』奈良国立文化財研究所
巽　淳一郎　1996a「煮炊具の生産と供給」『古代の土器研究—律令的土器様式の西・東4　煮炊具—』古代の土器研究会
巽　淳一郎　1996b「馬形代」『まじないの世界Ⅱ』日本の美術　第361号　至文堂
田中久生　2003「ⅢE・H・I・J区の調査結果」『高茶屋大垣内遺跡（第3・4次）』三重県埋蔵文化財センター
田辺昭三　1981『須恵器大成』角川書店
寺田甲子郎　1988「Ⅳ-2-2　馬形土製品」『大谷川Ⅲ（遺物編）』静岡県埋蔵文化財調査研究所調査報告第13集　(財)静岡県埋蔵文化財調査研究所

土井　實　1955「大和土製馬考」『古代學』第4巻第2号　古代學協會
中山平次郎　1914「筑前國發見の土馬」『考古學雜誌』第4巻第12号　考古學會
西　弘海　1986『土器様式の成立と展開』真陽社
錦織慶樹　1988「Ⅳ章2　土馬について」『薦沢Ａ遺跡・薦沢Ｂ遺跡・別所遺跡発掘調査報告書』松江市教育委員会
根鈴輝雄　1997「4．奈良井遺跡」『特別展まつりの造形─古代形代の世界─』展示図録　倉吉博物館
野島　稔　1984「河内の馬飼」『万葉集の考古学』筑摩書房
橋本高明　1985『菱木下遺跡発掘調査概要・Ⅰ』大阪府教育委員会
原田大六　1958「第三章七　滑石製品」『沖ノ島』宗像神社復興期成会
広江耕史　1981「出雲の土馬」『えとのす』第16号　新日本教育図書
広江耕史　1983「Ⅴ　才ノ峠遺跡」『国道9号線バイパス建設予定地内埋蔵文化財発掘調査報告書Ⅳ』島根県教育委員会
冨加見泰彦　1993「第3章2　Ⅰ区Ｃの調査成果」『陶邑・大庭寺遺跡Ⅲ』（財）大阪府埋蔵文化財協会調査報告書第75輯
別府洋二　2007「第7章2　土馬について」『福中城跡・芝崎遺跡』兵庫県文化財調査報告第318冊　兵庫県教育委員会
前田豊邦　1968「土製馬に関する試論」『古代学研究』第53号　古代學研究會
松浦武四郎　1882『撥雲餘興』第二集
三重県教育委員会　1972『古里遺跡発掘調査概報Ａ地区・Ｂ地区』三重県教育委員会
水野正好　1983「馬・馬・馬―その語りの考古学」『文化財学報』第2集　奈良大学文化財学科
村上吉郎　1982「土馬祭祀と漢神信仰」『石川考古学研究会々誌』第25号　石川考古学研究会
森　浩一　1974「考古学と馬」『日本古代文化の探求　馬』社会思想社
森　隆　1985「北桜南遺跡」『野洲町内遺跡群発掘調査概要』昭和59年度　野洲町教育委員会
野洲町教育委員会　1980『和田遺跡現地説明会資料』野洲町教育委員会
山口　均　2002「8．長岡京跡右京第689次－仮称古城遺跡」『長岡京跡ほか』向日市埋蔵文化財調査報告書第54集
山崎義夫　1984『天王壇古墳』本宮町文化財調査報告書第8集　本宮町教育委員会
大和　修　1981「Ⅲ3（4）土馬」『割山遺跡』深谷市割山遺跡調査会
山中　笑　1915「繪馬と土馬の關係」『人類學雜誌』第30巻第2号　東京人類學會
山村　宏　1966「陶質馬形土製品」『大沢・川尻古窯跡調査報告書』遠江考古学会
米子市教育文化事業団　1998「陰田隠れが谷遺跡」『萱原・奥陰田Ⅱ』（財）米子市教育文化事業団文化財発掘調査報告書24
渡辺　昇　1988「第3章6　南台遺跡」『青野ダム建設に伴う発掘調査報告書（2）』兵庫県文化財調査報告書第62冊　兵庫県教育委員会
渡辺博人　1996「第3章5　2号窯址灰原出土遺物」『各務寒洞窯址群発掘調査報告書』各務原市教育委員会

187

第4章

三輪山麓出土の子持勾玉祭祀とその歴史的背景

1　はじめに

　奈良盆地の東南部、桜井市街地の北東方向に位置する三輪山は円錐形の秀麗な山容（神奈備形）を呈し、古来よりその山容を仰ぐ地域（ヤマト）の人々に神が籠られる処として崇拝されてきた聖なる山（三輪山を御神体として大物主神を祀る大神神社）なのである。現在の三輪山神域には、山頂から山麓にかけて残る幾多の磐座（奥津磐座・中津磐座・辺津磐座など）、そして三ツ鳥居の奥（神庫）に拡がる禁足地が残されている。

　さて、古墳時代の三輪山を対象とした祭場範囲は、三輪の水垣内と呼称される三輪山西麓の巻向川と初瀬川に挟まれた三角域が想定でき（第1図、第6図）、この祭祀を最も特徴づける遺物が、禁足地などから出土した滑石製の子持勾玉と陶邑産の須恵器である。

第1図　巻向川と初瀬川合流地点から見た三輪山

子持勾玉については、かつて型式分類と年代比定を試みた〔大平 1989〕。その後、種々批判〔森 1990、古賀・佐田 2003など〕も頂戴しているが、子持勾玉と三輪山祭祀の先学である佐々木幹雄の勇気づけもあり、この方法を踏襲し三輪山麓および周辺出土のものを年代比定してみよう。併せて、三輪山祭祀の歴史的背景も探ってみたい。

2　子持勾玉の型式分類案

　子持勾玉とは大型の弧状を呈した勾玉形の本体（親勾玉）に、突起物（子勾玉）を胴部（腹部と背部および脇部）に付帯するものである。名称の特徴である子勾玉（突起）の部分は、独立したもの（勾玉形）と連続したもの（突起形）があり、独立したものには発達したものから退化したものまで存在し、連続したものにも波長の長い山形突起で範囲の広いものから波長の短い山形突起で範囲の狭いものまで認められる。

　当然、これらの変化も年代差を示すものと捉えられるが、型式分類の研究史を繙くと親勾玉の胴部截断面形態で編年していくのが正当な方法と判断できよう。この点、石製模造品の勾玉が断面の丸みのあるものから偏平な形態に変化していくことが参考となろう。親勾玉截断面の形態は円形、楕円形、そして厚板状の長方形、偏平な長方形のものがあり、変遷はこの順序で徐々に偏平化していったと考えられる。また、親勾玉の反りは年代が新しくなるほど、小さくなるようである。

　そこで、私案の分類法（第2図）は、親勾玉の胴部截断面の厚み比率と弓形（反り）の比率を数字化して組み合わせ、これに年代の明らかなものを当てはめて型式編年としたのである。

　0型式　　－断面の比率0.90以上、反りの比率0.50以上あるもの（5世紀前葉？）。
　Ⅰ型式　　－断面の比率0.85〜0.89、反りの比率0.50以上あるもの（5世紀中葉）。
　Ⅱ－1型式－断面の比率0.70〜0.84、反りの比率0.40以上あるもの（5世紀後葉）。
　　－2型式－断面の比率0.60〜0.69、反りの比率0.60以上あるもの（5世紀末葉）。
　Ⅲ型式　　－断面の比率0.60〜0.69、反りの比率0.45〜0.59のもの（6世紀前葉）。
　Ⅳ－1型式－断面の比率0.60〜0.69、反りの比率0.44以下のもの（6世紀中葉）。
　　－2型式－断面の比率0.55〜0.59、反りの比率0.59以下のもの（6世紀中葉）。

第1表　三輪山麓出土子持勾玉の断面厚み比率と反り比率

No.	出土地点名称	厚み比率	反り比率	私案分類	No.	出土地点名称	厚み比率	反り比率	私案分類
①	禁足地1	0.39	0.57	VII　7中	⑤	山ノ神	0.63	—	III　6前
②	禁足地2	0.42	—	VI　7前	⑥	茅原源水	0.60	—	III　6前
③	禁足地3	0.53	0.52	V　6後	⑦	芝（1次）	0.84	0.51	II-1　5後
④	三ツ鳥居	0.59	—	IV2　6中	⑧	芝原（3次）	0.81	0.51	II-1　5後

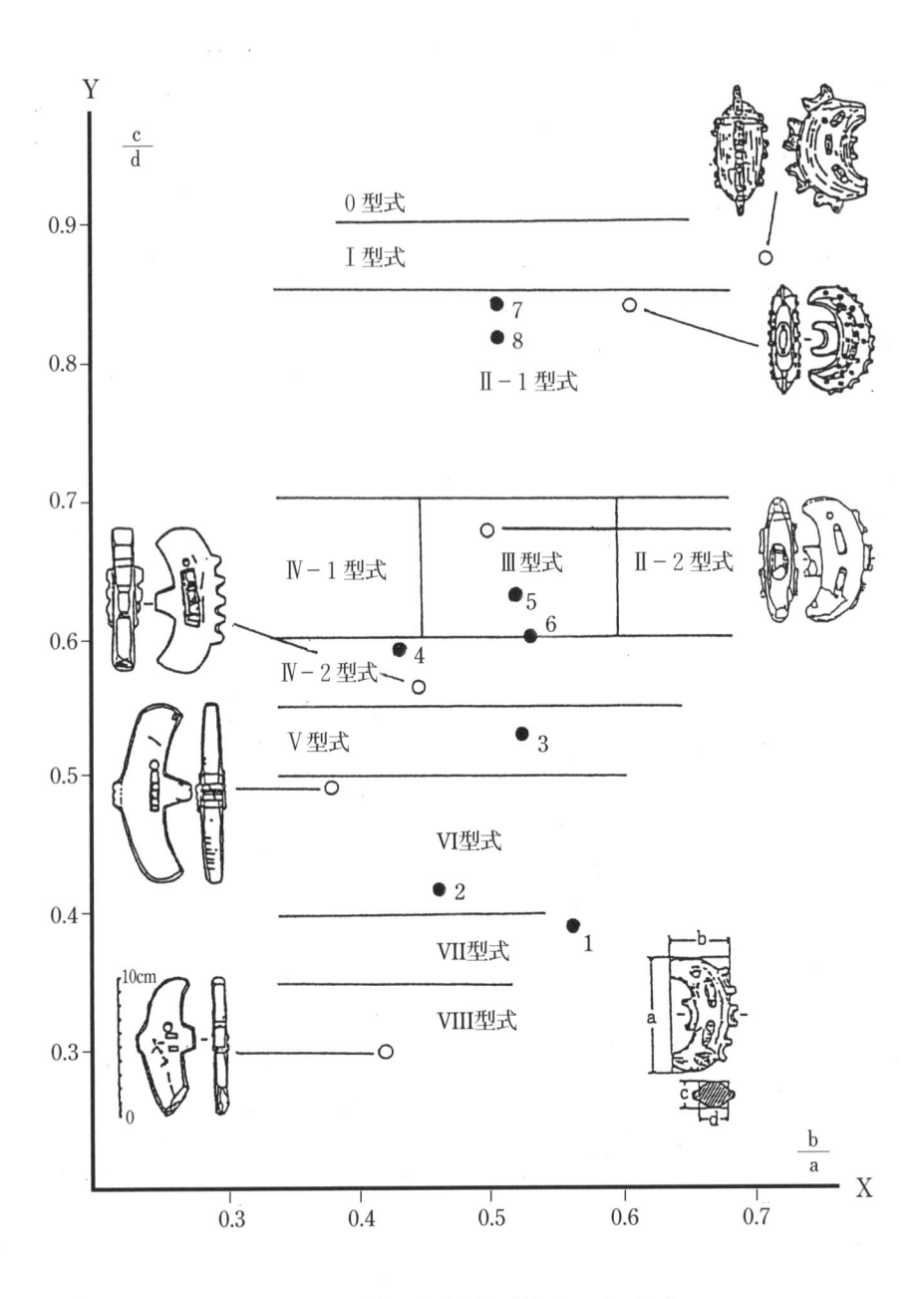

第Ⅱ編　祭祀遺物の分類・編年と研究

第2図　子持勾玉私案分類（〔大平1989〕より）

Ⅴ型式　　―断面の比率0.50〜0.54、反りの比率0.59以下のもの（6世紀後葉）。
Ⅵ型式　　―断面の比率0.40〜0.49、反りの比率0.50以下のもの（7世紀前葉）。
Ⅶ型式　　―断面の比率0.35〜0.39、反りの比率0.50以下のもの（7世紀中葉）。
Ⅷ型式　　―断面の比率0.30〜0.34、反りの比率0.50以下のもの（7世紀後葉）。

　なお、実年代についてはⅠ型式を須恵器の出現時期と捉え、5世紀中葉を設定したため、これが古くなるのであれば当然0・Ⅰ型式とⅡ－1・2型式までは遡る必要があると考えている。

3　三輪山麓および周辺出土の子持勾玉

　三輪山麓（三輪山西麓の巻向川と初瀬川に挟まれた水垣内）からは、所在の明らかなものとして8例（第1表、第3・4図参照）、そして所在の不明なもの9例（8例は大神神社禁足地出土、1例が巻向川と初瀬川の合流点付近出土〔寺沢 1984〕）と確認できる。以下、明らかなものについて前記の分類法で1例ごとに年代を比定していきたい。

　①　大神神社禁足地1　桜井市三輪・禁足地南縁〔岡 1963、寺沢 1984〕
　1961（昭和36）年、大神神社防災用配水管敷設工事中の発見である。出土地点は拝殿から東南約20mのオオミワ谷左岸の北斜面で、神宝社裏方にあたる。共伴関係は明らかでないが、かなり大形の臼玉が散乱していたということである。
　本品は滑石製の完形品で、全長10.5cmを測る。形状は本体の両端が尖り、背部の突起（子勾玉）は中央にまとまった連続式である。突起の数は背に4個、腹に1個、脇部にそれぞれ3個を有している。本体胴部截断面の形態は、偏平な長方形を呈している。筆者分類では、Ⅶ型式（7世紀中葉）に当たる。禁足地内出土品の一番新しい型式であり、奈良県内ではこの後に藤原宮出土品がつづき、子持勾玉を採用する祭祀も終了する。

　②　大神神社禁足地2　桜井市三輪・禁足地南縁〔岡 1963、寺沢 1984〕
　1961年、前記のものと同じ工事中に、ほぼ同地点から出土したものである。
　当該遺物は滑石製で頭部が欠けており、現存長10.9cmを測る。形状は尾部が尖り、背部・両脇部の突起は中央に比較的数多く連続する波長の短いタイプである。突起の数は背に6個、腹に1個、両脇部に5個を有している。なお、背部の突起は本体を少し削りこむ形で製作している。本体胴部截断面の形態は長方形を呈し、筆者分類ではⅥ型式（7世紀前葉）となる。

　③　大神神社禁足地3　桜井市三輪・禁足地南縁〔寺沢 1984〕
　1983（昭和58）年、防災施設配水管取替工事中の不時発見である。出土地点は拝殿から東南東100mのオオミワ谷右岸の禁足地南縁部分である。
　本品も滑石製の完形品で、全長10.7cmを測る。形状は本体の両端が尖り、背部・両脇部の突起は中央にまとまった波長の短い連続式である。突起の数は背に6個、腹に1個、両脇部に5個を有している。なお、背部の突起は本体を削りこむ形で製作している。本体胴部截断面の形態は長方形を呈し、筆者分類ではⅤ型式（6世紀後葉）に当たる。なお、調査担当者の寺沢薫はこれを6世紀前半と考えている。

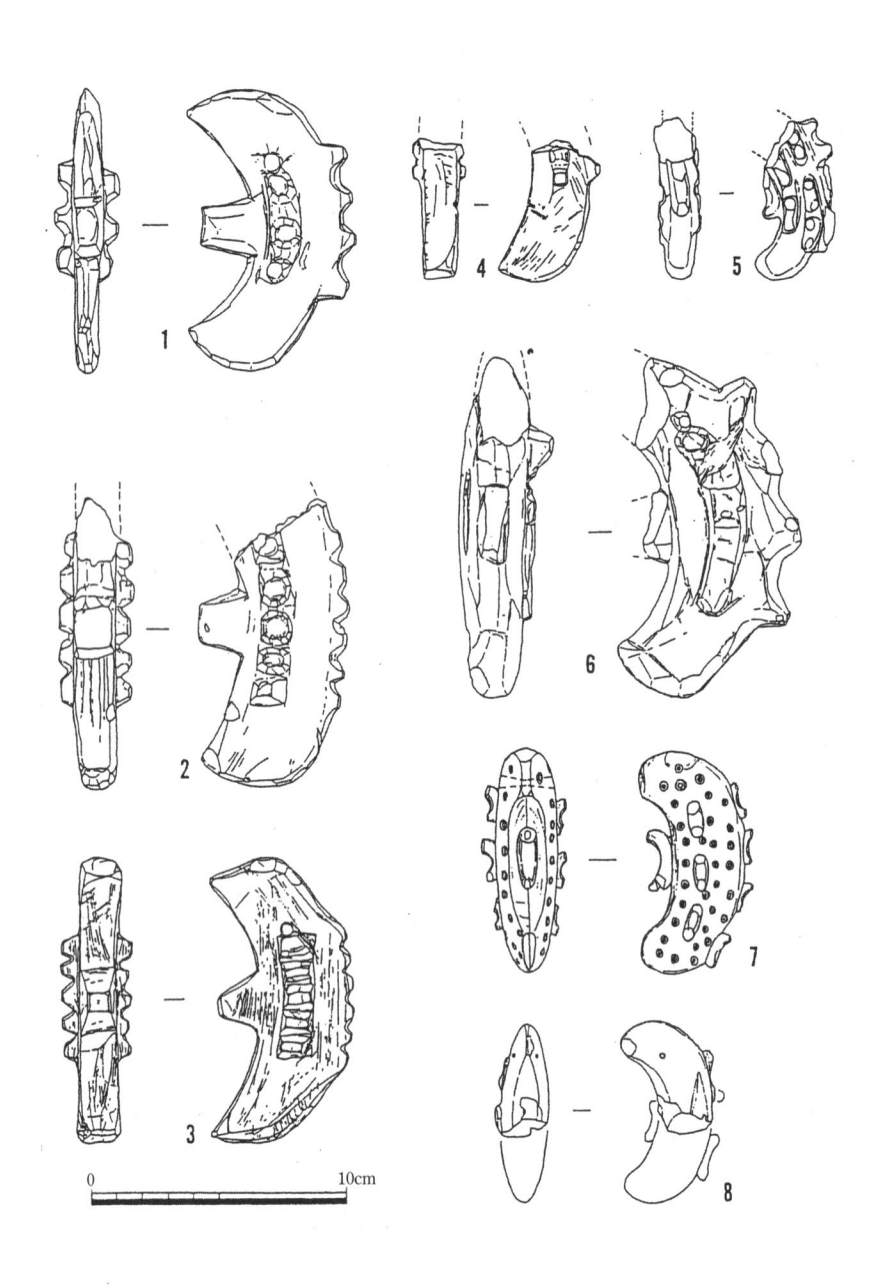

第Ⅱ編　祭祀遺物の分類・編年と研究

0　　　　　10cm

第3図　三輪山麓出土の子持勾玉実測図（各引用文献より）

192

第4章　三輪山麓出土の子持勾玉祭祀とその歴史的背景

共伴遺物は明らかでないが、ごく近くの工事地点の再立会により布留式の甕や、子持勾玉と同時期に考えてよい須恵器の甕が採集されている。寺沢はこれら遺物を禁足地からの二次堆積物と捉え、禁足地での祭祀開始年代を布留式（4世紀中頃）まで遡ると報告された。三輪山祭祀を考える上で、注目すべき調査であった。

④　大神神社三ツ鳥居下　桜井市三輪・三ツ鳥居〔日名子ほか 1960、寺沢 1984〕

1958（昭和33）年、禁足地の西端、拝殿奥にある重要文化財三ツ鳥居の解体修理工事中に、東北隅の敷石下から単独で発見されたものである。

当該遺物は滑石製で本体上半部が欠けており、現存長5.4cmを測る。形状は尾部が尖り、背部・脇部の突起の一部が残存している。本体胴部截断面の形態は、厚板状の長方形を呈している。筆者分類では、Ⅳ－2型式（6世紀中葉）となる。

⑤　山ノ神遺跡　桜井市馬場字山ノ神〔樋口 1928・1972・1975、寺沢 1984〕

1918（大正7）年、狭井神社の北東、狭井川沿いに神社から約300m入った神体山の舌状扇状地の一部を、蜜柑山に開墾しようとして発見されたものである。子持勾玉は巨石（磐座）周辺から小形素文鏡、碧玉製勾玉、水晶製勾玉、剣形鉄製品、そして大量の滑石製模造品（勾玉・管玉・臼玉・有孔円板・剣形品など）と高坏・竪臼・竪杵・杓・匙・案などの形を模した土製模造品と共に出土した。須恵器は確認されていないが、各遺物の出土状況がよくわからないため、古墳時代の祭祀遺跡としては明らかに新（滑石製模造品・土製模造品など）と旧（小形素文鏡・剣形鉄製品など）のものが入り混じった様相になっている。

本品は滑石製で頭部が欠けており、現存長6.0cmを測る。形状は全体にまだ丸みを残し、子勾玉もまだ独立式といえよう。なお、背部の子は中央部にまとまる。子の数は背に3個、腹に1個、両脇部に2列5個を有している。本体胴部截断面の形態は、長楕円形を呈している。筆者分類ではⅢ型式（6世紀前葉）に当たり、土製模造品が伴うかどうかは明らかにし難いが、滑石製模造品は勾玉（断面形板状のもの）などの形態を見ると共伴でも問題ないと考える。なお、筆者は山ノ神遺跡磐座祭祀の開始時期を、小形素文鏡と剣形鉄製品・碧玉製勾玉など古い遺物の年代観から4世紀後半と捉えている。

⑥　茅原・源水　桜井市茅原字源水箕倉山〔土井 1941、寺沢 1984〕

1941（昭和16）年、皇紀2600年記念の神武天皇聖跡碑への道路取付工事中に、箕倉山麓の狭井川北岸の河畔で不時発見したものである。したがって、出土状況をはじめ伴出遺物も明らかではない。

当該遺物は滑石製で頭部の先端が欠けており、現存長12.8cmを測る。形状は全体にまだ丸みを残すが、背部の子勾玉（突起）は波長の長い連続式である。突起の数は背に4個、腹に1個、そして両脇部には不明確ながら4個を有していたものと考えられる。本体胴部截断面の形態は長楕円形を呈し、筆者分類のⅢ型式（6世紀前葉）となる。

⑦　芝（大三輪中学校）　桜井市芝字廻り塚〔清水 1987〕

1984（昭和59）年、三輪山西麓の扇状地に立地する芝遺跡の東端から、市立大三輪中学校の校舎改築に伴う事前調査により発見された。子持勾玉は遺構に伴うのではなく、古式の須恵器など

193

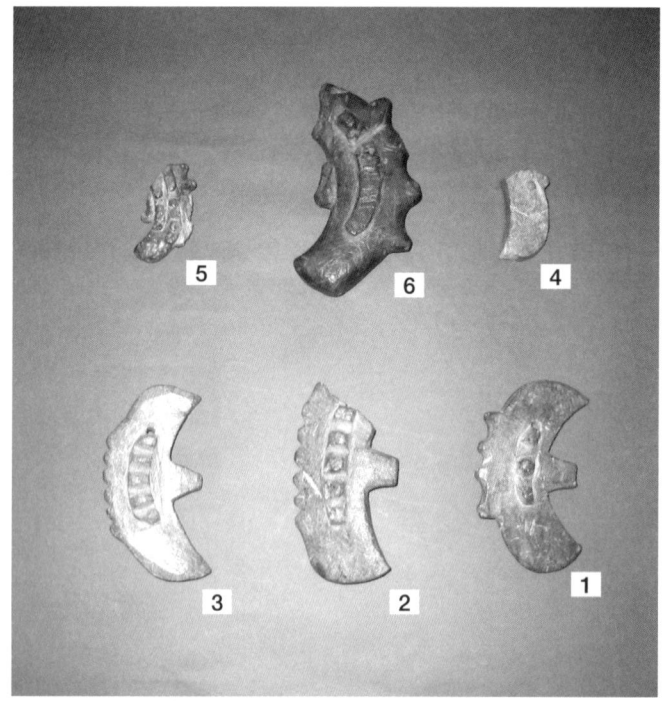

第Ⅱ編　祭祀遺物の分類・編年と研究

第4図　大神神社所蔵子持勾玉写真

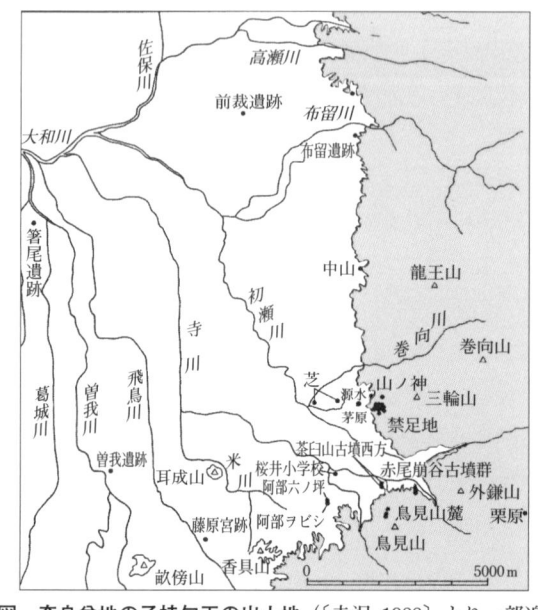

第5図　奈良盆地の子持勾玉の出土地〔寺沢 1988〕より一部追加）

を包含する層からの出土であった。
　本品は滑石製の完形品で、全長8.1cmを測る。形状は頭尾とも丸みを持ち、子勾玉は独立式である。子の数は背に４個、腹に１個、両脇部に３個を有している。本体胴部截断面の形態は、楕円形を呈している。筆者分類では、Ⅱ－１型式（５世紀後葉）に当たる。現在のところ、三輪山麓出土品では最古型式のものであり、本体部分に61個の円圏文を施しているのが特徴である。
　なお、この遺跡では５世紀代の柵で囲まれた水田遺構も検出され、調査担当者の清水真一はこの特異な水田を旧地名である岩田から、大神神社（三輪山祭祀）の神饌田（祝田）ではないかと考えられている。その可能性は、極めて高いと言えよう。
　⑧茅原遺跡（第３次調査）　桜井市芝字丸太・廻り塚〔橋本 1994〕
　1991（平成３）年、芝字丸太・廻り塚地区の圃場整備事業に先立つ調査で出土したものである。遺構には古墳時代中期の掘立柱建物跡と井戸を確認しているが、残念ながら子持勾玉は遺構に伴うものではないという。
　当該遺物は滑石製で胴部の下半が欠けており、現存長4.5cmを測る。形状は丸みを持ち、子勾玉は独立式である。子の数は現状で背に１個、腹部に１個、脇部は片側にのみ２個を有している。本体胴部截断面の形態は、楕円形を呈している。筆者分類では、Ⅱ－１型式（５世紀後葉）に当たる。
　以上、現段階で三輪山出土の子持勾玉を単純に年代順および出土位置から見ていくと、子持勾玉の出現は最古型式（福岡県沖ノ島21号遺跡、兵庫県小山遺跡Ⅴ地点、京都府山開古墳出土品）より一型式遅れ、最初（５世紀後葉）は三輪山に対して少し離れた集落から遥拝する位置の芝周辺で祭祀が執り行なわれている。次いで、６世紀前葉になると山麓に位置する馬場・茅原（磐座祭祀）で行なわれる。そして、６世紀中葉以降には、現在の禁足地である三ツ鳥居奥の限られた範囲を祭場とし、途切れることなく７世紀中葉まで実修されたと理解できるのである。前記した寺沢薫も、三輪山麓の祭祀遺跡・遺物を概観してこうした祭場の変遷を指摘〔寺沢 1988〕している。
　次に、周辺にあたる外山・桜井・阿部・栗原地域にも、最近の赤尾崩谷古墳群出土の２例〔橋本 2005〕を含め11例（うち鳥見山麓の３例と栗原の１例が不明〔清水 1986〕）があるので、これを見てみよう。特に、栗原以外の各遺跡は三輪山の山容を視野に収めうる地点に位置している（第５図）。
　この中では、一番古いのが⑨旧桜井小学校出土〔梅原 1922、後藤 1930〕のものであろう。後藤守一の図（平面図のみ）でしか判断出来ないのであるが、本体断面は楕円形と見えるものの、背の子勾玉が連接する形態は最古型式のⅠ型式と考えられず、Ⅱ型式かⅢ型式であろう。次いで、⑩桜井茶臼山古墳西濠出土１〔小島 1963〕、⑪安倍寺遺跡ヲビシ地区〔清水 1986〕がⅢ型式（６世紀前葉）のものと捉える。そして、Ⅴ型式（６世紀後葉）の⑫阿部六ノ坪遺跡〔関川 1983〕・⑬赤尾崩谷古墳群出土１、Ⅵ型式（７世紀前葉）の⑭茶臼山古墳西濠出土２〔千賀 1977〕・⑮赤尾崩谷古墳群出土２へと続くようである。筆者の課題は、⑬⑮が同一の土坑から出土しているにも関わらず年代差を認めることである（共伴の須恵器は６世紀後半である）。
　いずれにしても、年代は最古のものが見当たらず、形態的には背の子勾玉が連続する型式で、

6世紀代以降のものは三輪山麓のものと基本的に同タイプ（トビが羽根を拡げ大空を飛んでいる形態）である。問題は、祭祀の対象として桜井茶臼山古墳西濠や赤尾崩谷古墳群のように、明らかに古墳の築造時期とも異なる古墳出土のものをどう考えるかであろう。筆者は墳墓に関わる祖先祭祀的なものと捉え、三輪山を対象にした祭祀とは考えない。地元の豪族安倍氏〔塚口 2003〕が、6世紀前葉以降に茶臼山古墳の被葬者を自分達の祖先として祀ったものであろう。また、旧桜井小学校出土品も発見地が初瀬川流域とは別の水系に属することから、三輪山を対象とした祭祀に含めない。なお、千賀久はこれらを墳墓関係もしくは鳥見山が対象にされた可能性もあると指摘〔千賀 1977〕している。

　子持勾玉は、これまで単独で発見されることが多かった。しかし、最近の発掘調査例は単独で祭祀に使用するものでないことを教えてくれる。例えば、大半が石製模造品や須恵器と共伴するのである。また、その出土地は大きく集落・古墳・祭祀遺跡に分別される。集落や祭祀遺跡の場合は、出土地点が祭祀の場もしくは祭祀使用後の廃棄場所となろう。対象は、各地域の山神・磐神・水神などの自然神に関わるものが多い。なお、島嶼や海岸部に立地する場合は、宗像沖ノ島遺跡をはじめ海上交通、航行の安全に関わるものと捉えてよい。一方、古墳の場合では、副葬品ならば「鎮魂儀礼」となり、墳丘や周濠出土のものは築造時期より新しいものが多く、祖先祭祀を含む「古墳祭祀」となろう。

　三輪山麓において、子持勾玉の年代と祭場の範囲が明らかになると、5世紀後葉に出現する事実（ちなみに、生産遺跡である曽我遺跡出土の子持勾玉もⅡ－1型式5世紀後葉）は、単にヤマトの自然神・土地神を祭るだけではなく、王権との関係が見えてくる。佐々木幹雄〔佐々木 1980、1986〕、和田萃〔和田 1985〕、寺沢知子〔寺沢 2004〕らが指摘するように、ヤマト王権の第2次東国進出（東国経営の北進時期）に際し、磯城での祭祀遺物（⑦芝遺跡と⑧茅原遺跡出土の子持勾玉）として特に注目しなければならない。そして、伊勢からは海上ルート沿い（伊勢→尾張・三河→駿河→相模→下野→常陸）に古いタイプの子持勾玉祭祀が波及していることが窺えるのである。

　また、最古期のものは河内から朝鮮半島進出の際に、西への拠点集落もしくは墳墓、そして最終拠点の沖ノ島遺跡で使用しているのである。最近、佐田茂は腹の子が山形ないし台形となるものを三輪型と呼称し、この型が三輪山麓と沖ノ島にのみ複数存在することをもって、ヤマト王権直轄の祭祀が行なわれた根拠と考えた〔佐田 2006〕。発想は素晴らしいが、三輪山には現在のところ5世紀代のこの型が未発見である。なお、東国経営に関しては第1次進出に際しても、後の東山道ルートないし東海道ルートを利用した剣形品・有孔円板など石製模造品祭祀の波及・拡散があった〔椙山 1965〕。

4　三輪山祭祀の変遷とその画期

　ここで、三輪山祭祀の成立と変遷について子持勾玉だけでなく、山麓および水垣内に所在する祭祀遺跡全体から考えてみよう。橋本輝彦によれば、山頂・中腹に所在する磐座群を含めて26遺跡〔橋本 2002〕が確認されているのである（第6図）。

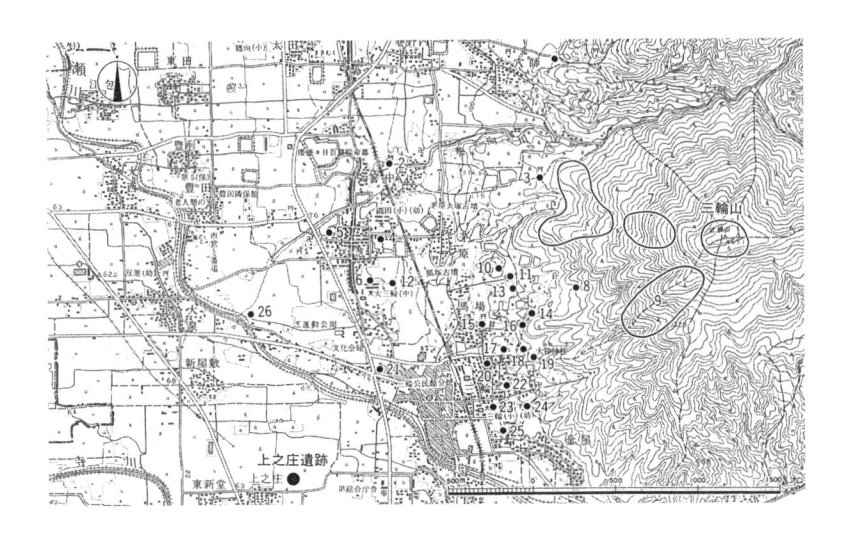

第4章　三輪山麓出土の子持勾玉祭祀とその歴史的背景

番号	所在地・名称	祭祀関係遺物
1	桜井市穴師 カタヤシキ	滑石製模造品（臼玉）
2	桜井市箸中 国津神社付近	有孔石製品　土製模造品（高坏） 土師器　須恵器
3	桜井市三輪 檜原神社付近	〔磐座〕土製模造品（盤　高坏など） 土師器
4	桜井市芝 織田小学校付近	滑石製模造品（臼玉）
5	桜井市芝 九日社境内	〔磐座〕陰陽石
6	桜井市芝 大三輪中学校内	子持勾玉　土師器　須恵器 水田跡（神饌田か？）
7	桜井市三輪 オーカミ谷磐座群	〔磐座〕奥津磐座　中津磐座 辺津磐座
8	桜井市三輪 山ノ神遺跡	〔特座〕小型素文鏡3　滑石製勾玉5　水晶製勾玉1　滑石製模造品（子持勾玉1　勾玉100余　管玉100余　数百個の有孔円板　無数の臼玉　数百個の剣形）土製模造品（高坏　盤　坏　臼　杵　匙　箕　案　円板）須恵器鉄片（剣形鉄製品か？）など
9	桜井市三輪 禁足地裏磐座群	〔磐座〕
10	桜井市茅原 箕倉山祭祀遺跡	土製模造品（高坏）石製模造品 （臼玉）土馬
11	桜井市茅原 源水・堀田	子持勾玉
12	桜井市茅原 丸田・廻り塚	子持勾玉
13	桜井市三輪 奥垣内祭祀遺跡	〔磐座〕滑石製模造品（双孔円板　臼玉）土製模造品（高坏など）陶質土器　須恵器　土師器
14	桜井市三輪 鏡池周辺	土師器　須恵器
15	桜井市三輪 若宮社境内	〔磐座〕滑石製模造品（臼玉） 須恵器
16	桜井市三輪 磐座神社境内	〔磐座〕
17	桜井市三輪 祓戸神社境内	〔磐座〕
18	桜井市三輪 大神神社三ツ鳥居下	子持勾玉
19	桜井市三輪 禁足地	〔磐座〕子持勾玉　滑石製模造品 （勾玉　臼玉など）土師器　須恵器
20	桜井市三輪 二ノ鳥居付近	〔磐座？〕子持器台　製塩土器 土師器　須恵器
21	桜井市三輪 綱越神社境内	〔磐座〕
22	桜井市三輪 素盞嗚神社境内	〔磐座〕滑石製模造品（勾玉　管玉） 土師器
23	桜井市三輪 三輪小学校付近	土製模造品　滑石製模造品（臼玉　臼玉など）土師器　須恵器
24	桜井市金屋 志貴御県坐神社内	〔磐座〕
25	桜井市金屋 天理教敷島大教会付近	滑石製模造品（勾玉　臼玉　有孔円板）
26	桜井市芝 初瀬川・巻向川合 流地点付近	子持勾玉

第6図　三輪山麓の祭祀遺跡と上之庄遺跡（〔橋本 2002〕より一部修正）

まず、三輪山を対象とした祭祀は子持勾玉以前にどこまで遡れるのだろうか。

その資料が、1965年の温泉地開発により、奥垣内遺跡（狭井神社西方社有地・狭井神社下開墾地）〔樋口1972・1975〕から巨石（磐座）に伴って、滑石製模造品や須恵器と共に発見された4世紀末〜5世紀初めの土師器や新羅系陶質土器である。そして、前記した山ノ神遺跡出土の小形素文鏡、碧玉製勾玉や水晶製勾玉、剣形鉄製品である。これらの遺物は、明らかに4世紀後半から5世紀前半の年代に位置づけられる。また、江戸時代（藤井貞幹の『集古図』、木内石亭の『雲根志』）に禁足地や大神神社周辺から出土したとされる車輪石や琴柱形石製品がある。こうした事実を含め、石野博信は桜井市上之庄遺跡出土の玉造関連遺物（4世紀後半）を重視する〔石野2001、橋本2002〕。さらに、寺沢薫が調査した前記大神神社境内第2次調査発見の布留式（4世紀中頃）の土師器（禁足地からの2次堆積物）が存在するのである。

これ以前については、筆者は磐座祭祀や山神祭祀は弥生時代まで遡ると捉えているが、いかんせん三輪山祭祀遺跡にはこれを物語る資料が見当たらない。単に弥生時代の土器や石器が出土するだけでなく、祭祀遺構や祭祀遺物を伴うことが必要なのである。山中の磐座祭祀遺跡または山麓から、銅鐸など弥生時代の青銅器が出土しないと無理であろう。なお、寺沢薫や橋本輝彦は、纒向遺跡の動態や3〜4世紀の前期古墳が三輪の地を回避して造営されたことから、間接的とはいえ三輪の水垣内が古墳時代の初めから聖なる地として意識されていたとも推測している。

これらを総合すると、三輪山型祭祀は以下のように考えられよう。

第一段階（4世紀中葉〜5世紀前半）、祭場は三輪の水垣内全域。

①祭祀の初源は、車輪石・琴柱形など石製品を祭祀具とした4世紀中葉頃まで遡る可能性が極めて高く、この時期が成立期と考えてほぼ間違いないところであろう。沖ノ島遺跡の祭祀の始まりと同時期であることに注目したい。これが、第1の画期である。

②次いで、4世紀の後半からは、滑石製勾玉・管玉など剣・玉・鏡を模造したいわゆる石製模造品も祭祀具として登場するのであろう（この点、前記したように平成8年の上之庄遺跡第4次調査の車輪石を始めとする玉造関連遺物が大いに参考となる〔橋本2002〕）。

③そして、5世紀の中葉段階には最古型式の子持勾玉と須恵器が見当たらないことから、断絶とは言わないまでも空白期間があったことが想定されよう。

第二段階（5世紀後葉〜6世紀前葉）、祭場は三輪の水垣内から山麓部に遷祀。

④5世紀後葉になると、これまでの石製模造品に加え奥垣内遺跡に見られる新たに須恵器を祭器としたり、芝遺跡のように子持勾玉を取り入れたりして、祭祀が再編される。山ノ神遺跡では土製模造品・手捏土器も出現している。そして、三輪遺跡の第8次調査では子持器台や多数の須恵器と共に製塩土器が出土する。周辺に存在する巨石から、調査担当者は磐座祭祀と考えている〔橋本1994〕。これが、第2の画期である。なお、祭場の範囲は5世紀代は第一段階と同様であるが、6世紀前葉には山麓部に遷る。

第三段階（6世紀中葉〜7世紀中葉）、祭場は禁足地内。

⑤6世紀の中葉からは、石製模造品は臼玉と子持勾玉のみとなり、主に須恵器・土製模造品・手捏土器が使用される。祭場も、大神神社禁足地内に限定されてくる。これが第3の画期で

ある。
第四段階（7世紀後葉～）、祭場は禁足地内の御主殿跡。
　⑥7世紀後葉頃からは、禁足地内の御主殿跡と称する長方形土壇において祭祀が執り行なわれる。出土遺物が極めて少ないため明らかにし難いが、須恵器と共に律令制木製祭祀具なども存在したであろう。なお、石製模造品の使用は第三段階で終了している。
　このように祭場の変遷と祭祀遺物の組合せが明らかになり、そして佐々木幹雄の指摘した祭器である須恵器の年代および産地比定〔佐々木 1975・1979〕を確認すると、改めて三輪山祭祀における5世紀後半以降の隆盛（第2の画期、ヤマト王権との関わり）が注目され、中でも陶邑産須恵器を巡る三輪君の祖となるオホタタネコ（大田田根子）伝承が大きくクローズアップされてくるのである。

5　三輪山祭祀画期の歴史的背景

『記・紀』の崇神天皇紀5年、6年、7年、8年の条〔小島ほか 1994〕に見える大田田根子伝承の要点は以下のとおりである。
　①飢饉・疫病が起こり、人民の半ばが死亡し、あるいは流亡離散し、背くものもあった。その勢いは皇徳をもってしても治まらなかった。
　②そこで、天皇は神浅茅原にて亀卜された。この時、倭国の内にいる大物主神が叔母の倭迹迹日百襲姫命に乗り移って、我を敬い祭れば平穏になると言う。そこで、教えに従って祭ったが、効果はなかった。
　③さらに、沐浴斎戒して祈願すると、夢枕に大物主神が現われ、我が子の大田田根子に我を祭らせたならば平穏になり、海外の国々も帰伏すると言う。
　④次いで、三人の臣下が天皇のもとにやってきて同じような夢を見たと報告する。さらに、市磯長尾市に倭大国魂神を祭らせれば、必ず天下は太平になるだろうと加えて奏上した。
　⑤天皇は大田田根子を茅渟県陶邑（古事記では河内美努村）で探し出し、神浅茅原へ迎えた。出自を尋ねると、父は大物主神、母は陶津耳の娘で活玉依姫と答える。
　⑥物部連の祖伊香色雄に命じて、物部の人々が作った祭具を使い、大田田根子は大物主神、市磯長尾市は倭大国魂神のそれぞれ先祖の神を祭る神主とされた。
　⑦さらに、別に八十万の神々を祭り、天社・国社と神地・神戸を定められた。
　⑧こうして疫病が途絶え、国内は平穏を取り戻し、五穀が稔り百姓も豊饒となった。
　⑨次に、高橋邑の活日を大神の掌酒とした。
　「この神酒は　わが神酒ならず　倭なす　大物主の　醸し神酒　幾久　幾久」
　⑩大田田根子は三輪君らの始祖である。
　ここには、三輪山祭祀の断絶（大物主神の祟り）とヤマト王権による復興、そして三輪氏による祭祀の継承が描かれているのである。
　この断絶・復興・継承時期を、佐々木幹雄は三輪山出土須恵器の検討から、欠落を認める6世

紀前半の頃（欽明朝）とした〔佐々木 1980・1986〕。一方、寺沢薫は須恵器を祭祀に使用して以降、祭祀の断絶はないと捉え、陶邑に須恵器生産が定着し、その生産品が地方に搬入される5世紀後半（雄略朝）がこの伝承の原像と考えた〔寺沢 1988〕。また、清水真一は三輪山信仰がいつまで遡るのかと言う森浩一の疑問に答える形で、纒向遺跡の土坑祭祀を三輪山祭祀の初源と捉えた。次いで、筆者の言う三輪山型祭祀の第一段階に当たる上之庄玉作遺跡の発見から、三輪山祭祀の変化による大量の玉製品の需要をこの大田田根子伝承に結びつける〔清水 1998〕。さらに、水野正好は大和における大物主神（三輪山）の出雲性を主張し、纒向遺跡を崇神朝の祭政施設（磯城瑞籬宮、官営の大市、神館、神庭、斎館、社務館など）の一連遺跡と捉える。大田田根子伝承もこの時期と考え、陶邑で発見されたのは母方の家にあったからとし、現在も地名の残る「太田」に出自する出雲氏の一人であると言う〔水野 1991・1997〕。この中では佐々木と寺沢が、断絶の時期は異なるものの陶邑産の須恵器を三輪山祭祀に取り入れた事実を重視するのである。

筆者は、先の三輪山祭祀の変遷で見たように、第二段階から第三段階にかけて子持勾玉も時期的な欠落がないことから、祭祀を再編し子持勾玉が使用された段階（5世紀後葉）を復興期と捉えている。

第2の画期で注意すべきは、三輪と和泉（河内）との関係〔森 2001〕、そして墳墓を河内に造営した雄略大王の泊瀬朝倉宮伝承地（発掘調査によって、脇本遺跡と朝倉遺跡に掘立柱建物跡や石組溝を発見している）が三輪山南麓に所在することである（白石太一郎は大和・河内は同一の政治的領域と考える〔白石 2000〕）。さらに、大田田根子伝承が雄略朝のことを示しているならば、この王権が三輪山祭祀の主体者である可能性は極めて高い。そして、その性格はヤマト王権の第2次東国進出（東国経営の北進）に関わるものと捉えるべきなのである。

次に、弓場紀知は三輪山麓山ノ神遺跡の性格（遺物内容）について、考古学的手法のみで沖ノ島祭祀遺跡の遺物と比較し、国家祭祀とは関わりのない農耕祭祀との説〔弓場 1999〕を提示された。しかし、この遺跡の遺物は、最初にも記したように明らかに新旧の遺物が混じり、廃棄時のものを取り纏めたのならこの状況は有り得るが、使用時での組合せとは考えられないものである。舶載品や仿製品の銅鏡はないものの、遺跡のあり方は沖ノ島17・18号遺跡などの岩上祭祀に近いし、小形素文鏡は21号遺跡にも出土しているのである。大神神社周辺ではこれまでに車輪石も出土〔樋口 1972〕しており、発見の経緯を考えると鏡鑑類が持ち出された可能性もあり得る。なお、山ノ神遺跡を6世紀前半の一括と見れば、古墳副葬品に存在する馬具関係や須恵器が認められないのは事実である。

また、弓場は三輪山麓奥垣内遺跡を須恵器生産に関わる人々の祭祀とも認識された。ならば、この時期に陶邑の須恵器生産を間接的かつ最終的に掌握していたのはヤマト王権ではないのか。いずれにしても、この説は再検討が必要であろう。

大田田根子を祖とする三輪氏の居住地は、茅原遺跡第3次調査地（掘立柱建物群と井戸を発見）一帯の微高地が想定されよう。これが正しければ、芝遺跡や茅原遺跡の子持勾玉は三輪山を対象とした集落内祭祀と捉えられる。また、三輪氏の墳墓にはツヅロ塚古墳（5世紀後半）や、毘沙門塚古墳（6世紀前半）などが相当するのである。

第3の画期は欽明朝の頃であり、それまでの王権が執行した三輪山祭祀を三輪君が肩代り出来るまでに抬頭してきたことを物語るものであろう。ただし、この期の祭祀の性格は東国進出の守護神的なものではなく、王権そのものを象徴する聖なる山としての崇拝である。三輪氏の居館は、大神神社摂社大直禰子神社（若宮社）下層で発見された遺構がこれに当たると考えられる。その奥津城が、馬塚古墳（6世紀後半）や狐塚古墳（6世紀末～7世紀初頭）などである。
　最後に第1の画期、三輪山祭祀の成立期についても推考してみよう。
　清水真一は、3世紀に成立した纏向遺跡の土坑祭祀を三輪山祭祀の初源と指摘〔清水 1998〕するのである。
　たしかに、纏向遺跡が成立してからは、三輪の水垣内に居住地と墳墓が営まれることはなかった。古墳時代の初めから水垣内は聖なる地としての規制が働いていたのであろう。近年、纏向型祭祀の辻土坑を鈴木敏弘が「地的宗儀」から「天的宗儀」への変革（大和での磐座祭祀の始まり）と捉える見解〔鈴木 1994〕を提示しているが、問題は三輪山祭祀（磐座祭祀）と前段階の纏向遺跡の土坑祭祀がどう関係したのかであろう。年代的には纏向遺跡の廃絶と三輪山祭祀の開始期はほぼ一致しているものの、石野博信の命名した纏向型祭祀（湧水点に達するまで穴を掘り、時にはその隣接地に建物を建てる。穴の中に廃棄された容器・煮沸具・盛付具・焼木・水鳥形木製品・舟形木製品・箕・籠・竪杵・稲籾・機織具などの遺物群から推測したマツリの内容は、稲籾を脱穀し、炊飯し、盛つけ、儀礼の後共食する過程が考えられる〔石野 1977・1983〕）は纏向遺跡で始まったものではなく、藤田三郎は弥生時代中期後半の唐古・鍵遺跡まで遡る〔藤田 1983〕としている。とすれば、三輪山祭祀の初源はさらに遡ることになり、同時代の山麓に位置する芝遺跡にこの遺構が存在しなければ、山麓を離れた唐古・鍵遺跡の祭祀遺構は三輪山を対象としたものと考えるには無理があろう。また、小池香津江も纏向遺跡の土坑祭祀と三輪山祭祀の間には断絶があると捉えている〔小池 1997〕。
　次に、比田井克仁も纏向遺跡の土坑祭祀を「磐境」の最古例、三輪山祭祀を「磐座」の始まり〔比田井 2005〕とし、纏向型を三輪山の外観を対象とした山の外で行なわれる祭祀、三輪山型を山中に踏み込み山全体と磐座を対象とした祭祀と指摘した。筆者は辻土坑の一部に存在した自然石は湧水を汲み上げるための足場と捉え、磐座・磐境と考えること自体に疑問を感じる。纏向集落の人々が三輪山を王権のシンボルと認識していたとしても、必ずしも辻土坑祭祀が三輪山を対象としたものにはならないと考える。なお、纏向祭祀は都宮と一体になった居住区内の祭場であり、注意すべきはこれよりも後に続く木製導水施設の祭祀であろう。
　さて、先に記した『日本書紀』崇神天皇紀6年の条（①と②の間）には前段があった。
「これより先に、天照大神・倭大国魂の二神を、同じように天皇の御殿の内にお祭りしていた。ところが、その二神の神威を恐れて、二神と共に住まわれることに不安があった。そこで、天照大神を豊鋤入姫命に託して、倭の笠縫邑に祭り、そして堅固な神域を立てた。また、日本大国魂神を渟名城入姫命に託して祭らせた。しかし、渟名城入姫命は髪が抜け落ち身体が瘦せ細って、祭ることができなかった。」と言うのである。
　寺沢薫は、纏向遺跡での祭祀がこの天照大神と倭大国魂の並祀に象徴され、別祀が三輪山祭祀

の始まりを意味することを指摘〔寺沢 1988〕した。蓋し、卓見である。遅れて、水野正好もこの点を強調する〔水野 1991〕。

　三輪の地に別祀したとされる二柱の神は、いずれも三輪山麓を祭場として祀られた三輪山の神であったと捉えられるのである。恐らくこれらが王家の祖神となるオホヒルメを原像とした天津神太陽神（檜原神社）と、出雲に繋がる国津神オオナムチの原形となる土地神（狭井神社）であろう。ここ三輪山には王権の最高守護神である太陽神と、地域守護神である土地神の二柱を祀っていたのである。そして、この神々の祭祀に、古墳に副葬された腕輪形石製品・滑石製模造品を使用し始めるのである。筆者はこれを以って、三輪山型祭祀の始まり（国見儀礼を含む）と捉えている。また、この祭祀実修者の墳墓が、初めて水垣内に築かれた茅原大墓（5世紀前半）であろう。

　そして、5世紀後葉の雄略朝になり第2の画期との関わりでは、宮中で王権の始祖神タカミムスヒを祀り始めると、三輪山麓で女性祭主（豊鍬入姫命）によって祀られていた太陽神（天照大神）は倭姫をつけられ、三輪から伊勢の地に遷祀したと考えられる〔山尾 2003〕。山尾幸久によれば、祭主の機能が「后」と「斎王」に分化する契機である。もう一方の神はオホモノヌシ（ヤマト王権の祟り神であり、王権の軍神）となり、三輪君の前身（大田田根子）が奉仕するのもこの時代のことと考えられる。

　このように、ヤマト王権は大物主や倭大国魂というレベルの神々の上に立つ神話を徐々に構築しながら、地域の土地神を押さえ、律令国家への道程を邁進してきたのである。しかし、5世紀の後半から末の雄略朝でも、『日本書紀』雄略天皇7年の条（三諸山の神）や『古事記』雄略天皇の条（葛城の一言主神）に見られるように、完全に地域の土地神を配下に治める段階には至っていなかったのである。

引用文献

石野博信　1977「四・五世紀の祭祀形態と王権の伸張」『ヒストリア』第75号　大阪歴史学会
石野博信　1983「連載講座古墳時代史2．祭祀と王権」『季刊考古学』第2号　雄山閣
石野博信　2001「大和・纒向遺跡と三輪山信仰」『大美和』創刊100号記念特集号　大神神社
梅原末治　1922「本邦各地発見子持勾玉集成図」『鳥取県史蹟名勝地調査報告』第1冊　鳥取県
大平　茂　1989「子持勾玉年代考」『古文化談叢』第21集　九州古文化研究会
岡　幸二郎　1963「桜井市三輪大三輪神社禁足地出土子持勾玉」『奈良県文化財調査報告書』第6集　奈良県教育委員会
小池香津江　1997「三輪山周辺の祭祀遺跡」『神奈備　大神　三輪明神』三輪山文化研究会編　東方出版
古賀寿子・佐田　茂　2003「九州出土の子持勾玉」『研究論文集』第8集第1号　佐賀大学文化教育学部
小島俊次　1963「大和桜井市外山出土の子持勾玉」『古代学研究』第35号　古代学研究会
小島憲之ほか　1994『日本書紀①』新編日本古典文学全集2　小学館
後藤守一　1930「石製品」『考古学講座』国史講習会・雄山閣
佐々木幹雄　1975「三輪と陶邑」『大神神社史』大神神社
佐々木幹雄　1979「三輪山出土の須恵器」『古代』第66号　早稲田大学考古学会
佐々木幹雄　1980「三輪山祭祀の歴史的背景」『古代探叢』瀧口宏先生古稀記念考古学論集　早稲田大

　　　　　　　学出版部
佐々木幹雄 1986「三輪山及びその周辺出土の子持勾玉」『大美和』第71号　大神神社
佐田　茂 2006「三輪山周辺と沖ノ島出土の子持勾玉」『喜谷美宣先生古稀記念論集』同刊行会
清水真一 1986「研究ノート奈良県内出土の子持勾玉」『安倍寺遺跡ヲビシ地区発掘調査報告書』桜井
　　　　　　市教育委員会
清水真一 1987『芝遺跡大三輪中学校改築にともなう発掘調査報告書』桜井市教育委員会
清水真一 1998「三輪山祭祀と考古学」『古代探求』中央公論社
白石太一郎 2000「古市古墳群の成立とヤマト王権の原領域」『古墳と古墳群の研究』塙書房
椙山林継 1965「古代祭祀遺跡の分布私考」『上代文化』第35輯　國學院大學考古学会
鈴木敏弘 1994「集落内祭祀の出現（Ⅱ）」『和考研究』Ⅰ　和考研究会
関川尚功 1983「桜井市阿部六ノ坪遺跡」『奈良県遺跡調査概報』1982年度（第1分冊）橿原考古学研
　　　　　　究所
千賀　久 1977「桜井市茶臼山古墳西側出土の子持勾玉」『青陵』№33　橿原考古学研究所
塚口義信 2003「初期ヤマト政権と桜井茶臼山古墳・メスリ山古墳の被葬者」『三輪山の古代史』学生社
寺沢　薫 1984『大神神社境内地発掘調査報告書』大神神社
寺沢　薫 1988「三輪山の祭祀遺跡とそのマツリ」『大神と石上』筑摩書房
寺沢知子 2004「王権の祭祀とマツリ」『考古資料大観』第10巻　小学館
土井　実 1941「子持勾玉の新例」『大和志』第8巻8号
橋本輝彦 1994「近年の調査成果から見た三輪山祭祀・三輪氏について」『大美和』第91号　大神神社
橋本輝彦 2002「三輪山麓の玉造遺跡」『東アジアの古代文化』113号　大和書房
橋本輝彦 2005「三輪山周辺出土の子持勾玉の新例」『大美和』第108号　大神神社
樋口清之 1928「奈良県三輪町山ノ神遺跡研究」『考古学雑誌』第18巻第10・12号　考古学会
樋口清之 1972「三輪山」『神道考古学講座』第5巻　雄山閣
樋口清之 1975「神体山信仰の考古学的背景」『大神神社史』大神神社
比田井克仁 2005「東日本における磐座祭祀の淵源」『古代』第118号　早稲田大学考古学会
日名子元雄ほか 1960『重要文化財大神神社拝殿および三ツ鳥居修理工事報告』奈良県教育委員会
藤田三郎 1983「弥生時代の土坑について」『田原本の歴史』1　田原本町
水野正好 1991「『三輪山』の考古学」『大美和』第80号　大神神社
水野正好 1997「大神神社成立前後史」『神奈備 大神 三輪明神』三輪山文化研究会編　東方出版
森　浩一 2001「三輪と和泉」『大美和』創刊100号記念特集号　大神神社
森　泰通 1990「上ノ段遺跡採集の子持勾玉について」『三河考古』第3号　三河考古刊行会
山尾幸久 2003「ヤマト王権の完成と王権による倭人種族の統合」『古代王権の原像』学生社
弓場紀知 1999「三輪と石上の祭祀遺跡」『古代を考える　山辺の道』吉川弘文館
義江彰夫 1993「『記紀』の神々と戦うもうひとつの神々」『神道を知る本』別冊宝島ＥＸ　宝島社
和田　萃 1985「三輪山祭祀の再検討」『研究報告』第7集　国立歴史民俗博物館
参考文献　　　『三輪山の考古学』、『三輪山の神々』、『三輪山の古代史』学生社　2003年

第Ⅲ編　兵庫県内祭祀遺跡・祭祀遺物の研究

第Ⅲ編　兵庫県内祭祀遺跡・祭祀遺物の研究

　第Ⅲ編『兵庫県内祭祀遺跡・祭祀遺物の研究』は、筆者のフィールドである「兵庫県」内の祭祀遺跡と祭祀遺物に関する研究を掲載した。播磨国のものを3本、但馬国のものは2本、そして県下全域を対象としたもの1本である。

　第1章「播磨地域の古墳時代」は石製模造品を取り上げ、その分布が市川下流域（飾磨郡）と明石川下流域（明石郡）に集中すること、そして東播磨の内陸部（賀茂郡）にも多数出土することが確認できた。その時期は飾磨郡と賀茂郡が5世紀前葉～後葉、明石郡が5世紀末葉～6世紀中葉である。さらに、各地域の中期古墳の内容を併せ検討すると、畿内政権との従属関係が飾磨郡と賀茂郡は5世紀後葉、明石郡が6世紀前葉と考えられ、それぞれ針間国造、針間鴨国造、明石国造の三つの勢力に相当するものと捉えた。

　第2章「播磨国の祭祀遺跡」は主に土製模造品を取り上げ、相生市丸山窯跡から出土した鍬（鋤）先形土製模造品を『播磨国風土記』に記載のある佐比の祀りに対比させ、こうした各種土製模造品は荒ぶる神への鎮魂や開拓にあたっての土地神への捧げものと捉えた。すなわち、祀る神々の性格や祭る集団の生業形態により献供品が異なっていたのであろう。

　また、『播磨国風土記』は折口信夫の言う「前代を貽した風土記」が特色であり、祭祀・信仰関係の記事が特に注目されている。播磨を対象に祭祀考古学を実践する筆者には、欠くことのできない古典なのである。

　第3章「マツリとマジナイの考古学」は第1章の石製模造品と第2章の土製模造品に、播磨地域出土の縄文時代の土偶・石棒から室町時代の経塚までを加え、筆者の考える祭祀考古学を通史としてまとめた講演録である。

　第4章「但馬地域の古墳時代」は、但馬に残る「天日槍伝承」を朝鮮半島系の遺物と遺構から捉え直したものである。遺物では、4世紀代の袴狭遺跡出土の船団絵画板と入佐山3号墳出土の砂鉄が注目でき、遺構では5世紀末から6世紀初頭の須恵器生産・鉄器生産と竪穴系横口式石室の導入がある。これらの時期が、渡来系の人たちの移り住んだ画期と認められよう。袴狭遺跡から発見された木簡・墨書土器にみえる秦氏は、これらの子孫である可能性が極めて高い。

　第5章「但馬国の律令時代」は、文献に残る二つの但馬国府の所在地を旧日高町と旧出石町出土の紀年銘木簡・木製人形の年代から検討したものである。現時点での考古学資料から国府の所在地を求めれば、年代的には旧出石町の袴狭遺跡群が第1次の国府に相当し、旧日高町の祢布ケ森遺跡は移転後の第2次国府になるのである。

　第6章「兵庫県出土の子持勾玉」は、県内出土例を第2編第1章に記した子持勾玉年代比定に当てはめるとともに、その性格を考えたものである。その結果、五色塚古墳出土のものが古墳の造られた年代のものではなく、約150年新しいことが判明した。そしてこの性格は、奈良県桜井茶臼山古墳例と同様に祖先祭祀と捉えてよい。おそらく、明石国造となった海直が、五色塚の被葬者を自分たちの祖先として祭ったものであろう。

第1章

播磨地域の古墳時代
―石製模造品を中心として―

1　はじめに

　原始・古代においては、中央官制に神祇官が太政官と並びおかれたことをみても明らかなように、祭祀が権力者の支配構造に重要な位置を占めてきた。また、地方の豪族が中央の大王にならった神祭りを行なうことは、政治的に中央への服属を意味すると考えられた。

　では古墳時代畿内政権の進出によって、播磨各地の豪族がその勢力下に組み入れられるのはいつ頃のことであるのか。考古学の立場からみると、このことを考える遺物に三角縁神獣鏡・長持形石棺・石製模造品などがある。文献史学の方からは、この様相を示す国造制について『旧事本紀』の「国造本紀」に針間国造・針間鴨国造・明石国造の三者の記載がある。

　そこで、本章では古墳時代の祭祀を特色づけ、畿内勢力進出の影響とみられる滑石製模造品が出土する遺跡を中心に、古墳を含めその分布と時期を播磨地域の各河川の旧郡ごとに検討し、畿内政権との関わりをみていきたい。

　なお、祭祀遺跡（遺物）研究にあたっては祭祀の対象や性格を考えることが非常に大事なことであるが、これについては以前に発表した[1]こともあり、割愛している。

2　祭祀遺物出土の遺跡概要

　播磨の滑石製模造品出土遺跡は、管見によれば古墳出土のものを除き22箇所あり、小型粗製手捏土器出土地は21箇所（滑石製模造品と共伴のものを含む）ある[2]。これら諸遺跡の中には滑石製模造品が単独、あるいは小型粗製手捏土器が単に1個のものも取り上げており、厳密に祭祀遺物と認めるかどうか明らかでないものも若干含めている。なお、小型丸底壺や高坏も調査遺構の実状に応じて、当然祭祀ないし供献用土器に含まれるのであるが、滑石製模造品・小型粗製手捏土器などの確実な祭祀遺物と伴出していない場合は取り上げていない。

◎明石川流域
　　明石郡
　　① 吉田南遺跡[3]－神戸市西区森友

　JR明石駅から北西へ約2kmに位置し、明石川右岸自然堤防上の微高地に立地する。昭和51年(1976)から約5年の歳月を要し、神戸市下水道局による環境センター建設事業に先立つ発掘調

査で明らかにされた弥生時代から鎌倉時代にわたる遺跡である。

祭祀遺物は、大溝および住居跡などからの出土である小型銅鏡、勾玉、有孔円板、土玉、管玉など極めて多数である。これら遺物の時期は、報告書が刊行されておらず詳細不明な点も多く、あまりにも広範に及ぶため、全体として5世紀から6世紀代と幅をもたせて紹介するにとどめておきたい。

② 出合遺跡[4]－神戸市西区玉津町出合

前記吉田南遺跡の北約2kmに位置し、明石川下流右岸の沖積地に立地する。昭和52年（1977）から、住宅・都市整備公団による土地区画整理事業に先立つ10数次の発掘調査で明らかにされた古墳時代から鎌倉時代の遺跡である。

祭祀遺物には、包含層から出土の勾玉、臼玉などがあり、下層の古墳時代の遺構には5世紀前半から6世紀前半にかけての住居跡がある。時期は、正式報告書が未刊のため5世紀から6世紀前半としておく。

そのほか、③玉津田中遺跡[5]では滑石製模造品（勾玉・臼玉、剣形品）と手捏土器、④白水遺跡[6]（有孔円板）、⑤新方遺跡[7]（勾玉・臼玉・管玉）、⑥藤江遺跡[8]（有孔円板・臼玉）、⑦押部遺跡[9]（有孔円板）からそれぞれ滑石製模造品の発見がある。なお、新方遺跡は播磨で唯一確実な玉

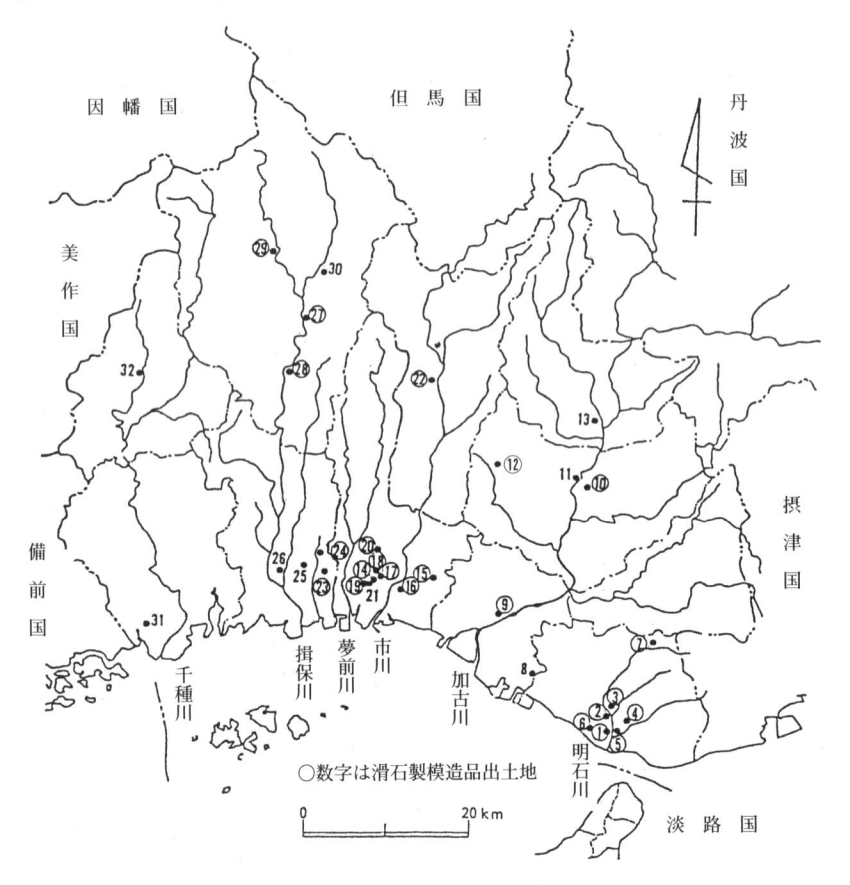

第1図　祭祀遺物出土地分布図

作りの遺跡である。
◎加古川流域
　加古郡
　⑧　大中遺跡[10]－加古郡播磨町大中

　加古川市街地から国道2号線を東へ約6kmに位置し、喜瀬川右岸の河岸段丘上に立地する。昭和37年（1962）の遺跡発見以来、10数次の発掘調査により詳細が明らかになりつつある弥生時代から古墳時代の遺跡である。

　祭祀遺物は、住居廃棄後の窪みを利用し、土器を集積したと考えられる地点の小型粗製手捏土器と、91号住居跡出土の土製模造鏡、1号住居跡出土の鳥形土器などがある。その時期は、弥生時代後期後半から古墳時代初頭と考えられる。

　印南郡
　⑨　砂部遺跡[11]－加古川市東神吉町砂部

　JR加古川駅から北西へ約3kmに位置し、加古川下流右岸の自然堤防上の微高地に立地する。昭和49年（1974）、権現ダム工業用水の送水管埋設工事にかかる発掘調査でその内容が明らかにされた縄文時代から平安時代の遺跡である。

　祭祀遺物は、大溝から出土した勾玉、有孔円板、剣形品、臼玉、小型粗製手捏土器などである。共伴遺物には、小型丸底壺を含む多量の土師器、5世紀後半の須恵器がある。滑石製模造品の時期は、溝内の土器群に時期幅があるため明確にし難いが、勾玉の偏平化、剣形品の粗製化と双孔のものがあることなど新しい様相があり、5世紀後半～6世紀初頭としておきたい。

　美嚢郡
　現在までのところ、未発見である。

　賀茂郡（東部）
　⑩　家原・堂ノ元遺跡[12]－加東市家原

　加古川市街地から北上すること約20kmに位置し、加古川支流の千鳥川左岸の河川段丘上に立地する。昭和56年（1981）、社バイパス建設工事に伴って発掘調査された弥生時代から平安時代の集落遺跡である。

　祭祀遺物は、2箇所で検出されている。いずれも溝の近くの発見で、土坑内と溝の埋没後にできた窪みの中に、臼玉と小型粗製手捏土器が土師器（高坏）・須恵器・川原石などと出土している。時期はこれらより5世紀中葉から後葉と考えられている。なお、溝の北には5世紀末と考えられる住居跡がある。出土状況がともに溝横に廃棄された様相を示すことは、溝（水神）に関係する祭祀を実修した後、祭祀遺物を土坑および窪み内に投棄処分した可能性が強く、祭祀の主体となった溝と農耕地の関係は明らかでないが、集落内での農耕生活に関連した祭祀であると推定できる。また、川原石は磐境状の小祭壇の存在を想定させるもので非常に興味深い発見である。

　⑪　河高上ノ池遺跡[13]－加東市河高

　前記堂ノ元遺跡の西約2kmに位置し、加古川右岸の河岸段丘上に立地する。昭和59年（1984）、ほ場整備事業に先立つ調査の結果明らかになった古墳時代の集落遺跡である。

祭祀遺物は、住居跡から出土した土製模造品（鏡・勾玉・楯・短甲・人形）と小型丸底壺である。時期は、共伴遺物から5世紀後半と推定できる。遺物の時期を考えると、石製模造品を含まないことは、この種のものが住居跡から発見されたこととあわせ、極めて特殊な遺跡といえる。なお、筆者はこれを住居内の祭祀と考えず、保管例と捉えている。

賀茂郡（西部）

⑫　小谷遺跡[14]－加西市北条町小谷

中国縦貫自動車道福崎インターから東へ約6.5kmに位置し、加古川支流の下里川左岸の台地上に立地する。昭和45年（1970）、中国縦貫自動車道建設工事に先立つ調査で内容が明らかにされた弥生時代から古墳時代を中心とする集落遺跡である。

祭祀遺物は、包含層および土器溜り群出土の小型粗製手捏土器と有孔円板（別地点調査）である。時期は共伴遺物から考えて、5世紀代と推測できる。注目すべきは、同時期の土坑から初期須恵器が発見されていることである。

多可郡

⑬　高田井遺跡[15]－西脇市高田井町

加古川市街地から北上すること約28kmに位置し、加古川支流の杉原川右岸の河岸段丘上に立地する。昭和49年（1974）、繊維工場の機械設置中に土器が発見され、緊急調査を実施し概要を把握した古墳時代の遺跡である。

祭祀遺物は、包含層から一括出土の小型土器類である。特に出土状況で注意されるのは、小型粗製手捏土器が小型丸底壺内に納められた状態で発見されたという事実である。他に、胴部を穿孔したものもある。時期は、小型丸底壺から類推して5世紀後半と考える。

◎市川・夢前川流域

飾磨郡

⑭　長越遺跡[16]－姫路市飯田字長越

ＪＲ姫路駅の南西約2kmに位置し、市川の分流である船場川の右岸沖積地に立地する。昭和48年（1973）、姫路バイパス建設工事に先立つ発掘調査で明確にされた弥生時代後期から古墳時代の遺跡である。

祭祀遺物として、大溝から勾玉、有孔円板、剣形品、臼玉、管玉、素文鏡、銅鏃、鳥形木製品、魚形木製品などが出土している。共伴遺物には、多量の古式土師器（長越Ⅰ・Ⅱ・Ⅲ式）がある。滑石製模造品の時期については、調査者の言うように溝内の長越Ⅱ式に伴うものなのか、もっと時代が下がるものなのか、砂部遺跡同様明らかにし難い。注意すべきは、溝内の長越Ⅲ式の土器のなかには5世紀代に下がるものが含まれている点と、当該遺物が溝の肩部から出土したことである。なお、播磨で最古の石製模造品であることは間違いない。また、筆者は銅鏃を形態から、木製品は溝底から出土することにより、それぞれ3世紀後半から4世紀初頭と考え、滑石製模造品とは別時期に想定している。

⑮　国分寺台地遺跡[17]－姫路市御国野町国分寺

市川左岸、ＪＲ姫路駅から国道2号線を東へ約4kmの地点に位置し、天川中流域の右岸の洪積

台地に立地する。昭和49年（1974）、都市計画街路御着線の建設に伴う発掘調査以来数次の調査が実施され、重要遺跡としての内容が明らかになりつつある遺跡である。

祭祀遺物には、住居跡から出土した有孔円板がある。時期は、伴出土器から推定して5世紀末と考える。ほかに注目されるものに、同時期の須恵器埋甕がある。

⑯　兼田遺跡[18]－姫路市糸引町兼田

ＪＲ姫路駅の南東約2㎞、市川の東岸に位置し、仁寿山の西にのびる丘陵南斜面山裾の狭い平担地に立地する。昭和46年（1971）、姫路バイパス建設工事に先立つ発掘調査で明らかになった弥生時代から平安時代の遺跡である。

祭祀遺物は、Ｂ地区の溝から発見された滑石製勾玉と、同地区包含層中出土の小型粗製手捏土器である。時期は、伴出の土師器などからみて、5世紀後半から6世紀初頭と考えられる。

⑰　小山遺跡Ｖ地点[19]－姫路市延末字小山

長越遺跡の北東約0.8㎞に位置し、船場川右岸部の自然堤防上に立地する。昭和16年（1941）、今里幾次により発見され、その後同氏が学術調査を実施し明らかにした弥生時代前期より以降相当新しくまで続く複合遺跡である。

祭祀遺物は、土坑内から出土した手捏土器、複合口縁を持つ土器、連続渦文の省略形かと思われる文様を有する土器、およびこれら一連の土器と伴出したという滑石製子持勾玉である。時期は古墳時代前期と推定されている。なお、筆者はこの子持勾玉を最古の一つと考えるが、時期は5世紀前半と捉え、前記土器群とは別時期と推定している。

今里は、連続渦文や鋸歯文などの文様をもつ土器群と、これに結びつくことの多い複合口縁の土器群を、青銅器との文様関係からさらに深く類推して、祭祀・葬送・供献の要素を持つ「祭紋」と呼ぶ注目すべき概念を提唱された。また、この種の土器群中に雲母を多く含む特別の土器が認められることも指摘している。

そのほか、⑱手柄山遺跡[20]（有孔円板）、⑲石ヤ田遺跡[21]（有孔円板）、⑳辻井遺跡[22]（有孔円板）に滑石製模造品、㉑権現遺跡[23]に手捏土器の発見がある。

神崎郡

㉒　鶴居遺跡[24]－神崎郡市川町鶴居

ＪＲ鶴居駅の西約0.3㎞に位置し、市川右岸の河岸段丘上に立地する。昭和59年（1984）から実施されているほ場整備事業の事前調査で明らかになった弥生時代から中世にかかる遺跡である。

祭祀遺物は昭和61年（1986）の調査時に発見された滑石製の管玉である。しかし、残念ながら古墳時代遺構面上層の遺物包含層中の出土であり、詳細な時期は決定し難い。

◎揖保川・大津茂川流域

揖保郡

㉓　川島遺跡[25]－揖保郡太子町川島

ＪＲ網干駅の北東約2㎞、大津茂川の右岸に位置し、沖積平野の自然堤防上に立地する。昭和44年（1969）山陽新幹線建設事業に伴う発掘調査により詳細が明らかになった弥生時代から中世の長期にわたる複合遺跡である。

祭祀遺物は、落久保Ａ地区20溝出土の小型粗製手捏土器と、14溝出土の滑石製勾玉である。時期は、前者が古墳時代初頭、後者は溝内出土の須恵器から5世紀後葉と推定できる。

㉔　亀田遺跡[26]－揖保郡太子町上太田

川島遺跡の北方約3㎞に位置し、大津茂川の中流域左岸の自然堤防上に立地する。昭和55年（1980）、太子バイパス建設工事に先立つ調査により明らかになった古墳時代の遺跡である。

祭祀遺物は、溝内出土の滑石製勾玉である。時期は、伴出の小型丸底壺から5世紀前半と推定出来る。また、この土器群中には底部穿孔のものが1点ある。そのほか、小型粗製手捏土器を発見した遺跡に㉕鵤遺跡[27]、㉖門前遺跡[28]がある。

宍粟郡

㉗　伊和遺跡[29]－宍粟市一宮町須行名

姫路市街地から国道29号線を北上すること約40㎞の位置にあり、揖保川上流の左岸の河岸段丘上に立地する。昭和49年（1974）、ほ場整備事業の事前調査により発見された縄文時代から平安時代の遺跡である。

祭祀遺物には、住居跡出土の勾玉、臼玉、鉄剣、手捏土器と、その近くで発見された有孔円板がある。時期は、住居跡伴出土器から5世紀中葉と考える。なお、遺跡のすぐ北に式内社伊和神社が鎮座し、さらに東方の神奈備型の宮山の存在が祭祀の対象を考える上で非常に注目される。

㉘　河東南遺跡[30]－宍粟市山崎町神谷

伊和遺跡の南約8㎞に位置し、揖保川中流域の河岸段丘上に立地する。昭和57年（1982）のほ場整備事業の事前調査により明らかになった遺跡である。

祭祀遺物は、住居跡出土の有孔円板である。竈横から発見され、祭祀の対象を検討するのに興味深い遺構である。時期は、住居跡伴出土器から6世紀初頭と考える。

そのほか、滑石製模造品（有孔円板）と小型粗製手捏土器を出土した㉙髙田遺跡[31]、小型粗製手捏土器を出土した㉚生栖遺跡[32]がある。

◎千種川流域

赤穂郡

㉛　堂山遺跡[33]－赤穂市塩屋字堂山

播磨の最西端、ＪＲ赤穂駅の北西約2㎞、大津川の左岸に位置し、山麓から張り出す微高地上に立地する。昭和54年（1979）、山陽自動車道建設工事に先立つ調査で明らかになった縄文時代から中世にかけての複合遺跡である。

祭祀遺物は、遺物包含層中発見の小型粗製手捏土器と銅鏃である。時期は、弥生時代末から古墳時代初頭と考えられる。

佐用郡

㉜　本位田遺跡[34]－佐用郡佐用町本位田

播磨の北西端、ＪＲ佐用駅の北約2㎞に位置し、千種川支流の佐用川右岸の台地上に立地する。昭和47年（1972）から、中国縦貫自動車道建設工事に先立つ調査で明らかになった縄文時代から平安時代の遺跡である。

祭祀遺物は、溝内の落ち込み部から出土した小型粗製手捏土器と小型精製土器である。時期は、伴出遺物から弥生時代後期ないしは古墳時代初頭と考える。当該遺物は出土地点と年代上の可能性からみて、井戸状遺構とは密接な関係を持つと推定でき、祭祀の性格を検討するのに興味深い遺跡である。また、台地先端部の式内社佐用都比売神社も注目する必要がある。

3 祭祀遺物の検討－時期とその分布－

(1) 弥生時代後期から古墳時代前期

まず小型精製土器と小型粗製手捏土器がある。ともに、その初現は古く弥生時代前期に遡る。播磨地方でも、神戸市新方遺跡の弥生時代中期の周溝墓から小型精製土器、同じく中期の新宮町新宮宮内遺跡の住居跡、同後期の西脇市上戸田遺跡の住居跡から小型粗製手捏土器が出土しており、こうした流れの中で捉えられよう(35)。ただし、共伴する場合と単独の場合があることは、祭祀目的にあわせて使い分けがあったことを示唆している。一般に、精製土器は埋葬遺構に、粗製土器は住居跡およびその周辺に出土する傾向がみられる。

分布は、大中遺跡・川島遺跡・門前遺跡・鵤遺跡・堂山遺跡・本位田遺跡・生栖遺跡などに認められ、現状では未発見地域もあるが、播磨全域に及んでいると考える。なお、一遺跡内での当該遺物の出土量は極めてわずかであるが、当該時期の集落遺跡を広範囲に調査すればかならず検出できる普遍的な祭祀具である。古典にいう「天手抉」にあたるものであろう(36)。これらの遺物は、引き続き古墳時代後期まで使用されているのである。

そのほか、この時期で注目されるのが大中遺跡の土製模造鏡である。土製勾玉などの例は九州の墳墓にみられ、この影響のもと作られたのであろうか(37)。検討を要すところである。

(2) 古墳時代中期

滑石製模造品が集落遺跡に出現する。白石太一郎は、古墳出土のものを基本に、別表(38)のようにさらに細かく時期別に滑石製模造品の組み合わせを考えている。播磨では確実に時期を決定できるものが少なく、滑石製模造品の品種も有孔円板・勾玉・臼玉とわずかな剣形品に限られるため判定し難いが、一番古いものは、有孔円板の形態から考えて長越遺跡の5世紀前半であり、ついで伊和遺跡・砂部遺跡のものと推定できる。新しいのは勾玉の形が偏平化した兼田遺跡・川島遺跡のもので5世紀後葉から6世紀初頭と考えられる。家原堂ノ元遺跡も伴出する須恵器はTK208型式のものであるが、滑石製模造品は臼玉のみで、これは新しい時期と考えたい。なお、新方遺跡の玉作りは5世紀末の年代と考えられ、周辺の玉津田中遺跡・出合遺跡のものも同時期と考えている。

さて、その分布（第1図）であるが、非常に偏る傾向が認められる。すなわち、明石川下流域・市川下流域の2箇所に集中的に存在し、揖保川流域（宍粟郡・揖保郡）・市川上流域（神崎郡）と加古川流域（印南郡・賀茂郡）では点在する。あくまで現状であるが、美嚢郡・多可郡・赤穂郡・佐用郡など周辺部に見当たらないのである。こうした中で、宍粟郡のあり方は注意しなければならないであろう。

次に、併せて古墳出土の滑石製模造品の分布をみてみよう。東から明石郡－五色塚古墳[39]（子持勾玉・臼玉、6世紀中葉）、賀茂郡－黒石山12号墳[40]（勾玉、5世紀末葉～6世紀初頭）、飾磨郡－宮山古墳[41]（勾玉・臼玉、5世紀中葉～後半）、兼田2号墳[42]（臼玉、5世紀末葉～6世紀初頭）、宍粟郡－伊和中山1号墳[43]（臼玉、5世紀初頭）、赤穂郡－中山12号墳[44]（勾玉・臼玉、5世紀末葉～6世紀初頭）、壺根8号墳[45]（勾玉・臼玉、5世紀末葉～6世紀初頭）である。やはり飾磨郡を中心に明石郡・宍粟郡・賀茂郡に点在している。ここでは、滑石製模造品を出土する祭祀遺跡のみられない赤穂郡に分布の拡がる点が注意されよう。

このように播磨では、時期は異なるが明石郡・飾磨郡の二つの中心地が認められ、まず5世紀前葉から中葉にかけて中央部の飾磨郡に新しい祭祀形態が入ってくるのである。そして、西北部の揖保郡・宍粟郡・赤穂郡・神崎郡、東北部の印南郡・賀茂郡へと拡がっていく。なお、加古郡に発見されないのは注意する必要がある。5世紀末葉には東部の明石郡に集中的に拡散するのである。しかし、現状では美嚢郡まで拡がっていない。賀茂郡では現在集中する地区は認められないが、これは加西盆地内の水田部の調査が進んでいないことによるものと考えている。なお、多可郡にも滑石製模造品を使用する祭祀は、現状では見当たらない。

そのほか、小型粗製手捏土器は少量であるが、前述の滑石製模造品と共伴することが多い。こうした中で、注目しなければならないものに河高上ノ池遺跡の土製模造品がある。滑石製模造品とは別系統の在地の祭祀具なのであろうか。人形の土製模造品としては、全国的にみて最古に属するものであり、県下に例がなくその祖源が問題となろう。

(3) 古墳時代後期

小型粗製手捏土器の出土量が増大し、土製模造品が一般化する。播磨では、西北端の高田遺跡の小型粗製手捏土器出土地点がこの時期にあたる。そのほか、現状では当該期の遺物を出土する遺跡は見当たらない。後期の集落跡の調査が少ないことに起因するのであろう。

4　古墳の分布と変遷－畿内勢力との関係－

古墳は畿内政権の政治構造と密接な関係をもつ構築物であるが、古墳時代の中期になると、副葬品は前期の呪術的なものから、武器・武具を主とした軍事的色彩が濃くなってくる。それ故、ここでは畿内政権からの供給品である甲冑を出土する古墳[46]と、埋葬主体部として畿内の王墓に採用された播磨産出の長持形石棺をもつ古墳に注目し、それらの分布状況（第2図）を概観して、滑石製模造品を出土する遺跡と併せて畿内政権との関係をみてみたい。

明石郡

1．五色塚古墳[47]－神戸市垂水区五色山町（第2図35）

垂水丘陵南端の海岸部に立地する、全長198mを測る播磨最大の前方後円墳である。埋葬施設は定かではないが、竪穴式石室に長持形石棺を配したものと推定されている。時期は墳丘形態・埴輪などから考えて、4世紀後葉から5世紀初頭とみる。

印南郡

第1章　播磨地域の古墳時代－石製模造品を中心として－

２．印南野（池尻）２号墳(48)－加古川市平荘町里（第２図25）

　加古川右岸の低丘陵の山に囲まれた丘麓に立地する。昭和39年（1964）、加古川用水ダム（平荘湖）建設に先立つ発掘調査でその内容が明らかになった古墳である。後世の削平のため墳丘規模・形態は不明であるが、竪穴式石室内より武具（横矧板鋲留短甲・横矧板鋲留衝角付冑など）、武器、馬具、農工具、須恵器などが出土した。須恵器は若干幅があるものの大略５世紀中葉から後葉と考えられる。築造時期を５世紀後半と推定し、甲冑は畿内地方の最新の機能を持つものが早くもたらされたと考える。

３．カンス塚古墳(49)－加古川市平荘町池尻（第２図25）

　印南野（池尻）２号墳と同じ山に囲まれた丘麓に立地する。昭和38・41年（1963・1966）、加古川用水ダム（平荘湖）建設に先立つ２次の発掘調査で内容の明らかになった帆立貝式古墳である。直径約30mの墳丘に造り出しを設け、葺石および円筒埴輪をもつ。埋葬施設は竪穴式石室で、出土遺物に武具（横矧板鋲留短甲・頸甲など）、武器、農工具、鍛冶工具、玉類、須恵器などがある。

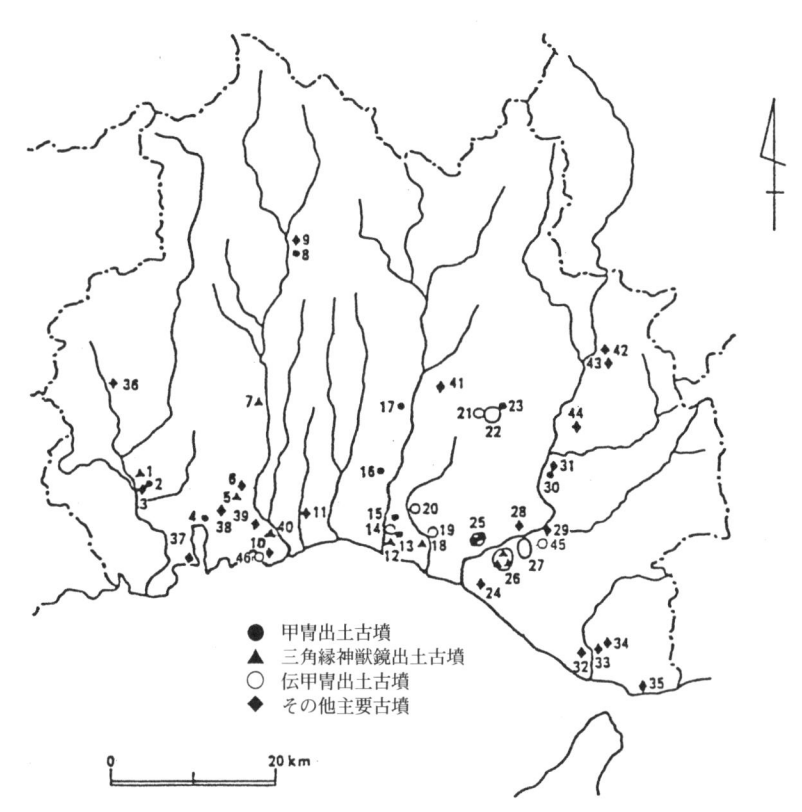

凡例
● 甲冑出土古墳
▲ 三角縁神獣鏡出土古墳
○ 伝甲冑出土古墳
◆ その他主要古墳

1.西野山３号墳　2.奥山１号墳　3.蟻無山古墳　4.狐塚古墳　5.三ツ塚古墳　6.養久山１号墳　7.吉島古墳
8.安黒御山５号墳　9.中山１号墳　10.興塚古墳　11.瓢塚古墳　12.御旅山３号墳　13.奥山大塚古墳　14.兼田３号墳
15.宮山古墳　16.人見塚古墳　17.法花堂２号墳　18.牛谷天神山古墳　19.経縁山古墳　20.壇場山古墳・山之越古墳
21.加西市所在古墳　22.玉丘古墳群　23.亀山古墳　24.聖陵山古墳　25.平荘湖古墳群（カンス塚古墳・印南野２号墳）
26.日岡古墳群（南大塚古墳・勅使塚古墳・東車塚古墳）　27.西条古墳群　28.長慶寺山古墳　29.愛宕山古墳
30.王塚古墳　31.大塚古墳　32.王塚古墳　33.夫塚古墳　34.妻塚古墳　35.五色塚古墳　36.円応寺２号墳
37.ミカンのヘタ山古墳　38.宿補塚古墳　39.金剛山６号墳　40.権現山51号墳　41.相山古墳　42.滝ノ上20号墳
43.岡ノ山古墳　44.松尾宝塚古墳　45.赤塚古墳　46.綾部山14号墳

第２図　主要古墳分布図（註69より一部改訂）

須恵器は5世紀中葉から後葉と考えるが、印南野2号墳より新しい様相がある。

築造時期を5世紀後半と推測し、甲冑は畿内地方の最新の機能を持つものが早くもたらされたと考える。

そのほか、郡境界付近に小林地蔵堂および阿彌陀堂所在の長持形石棺があり、経塚山古墳に型式不明ながら冑が出土したという。

美嚢郡

4．赤塚古墳（下石野1号墳）[50]－三木市下石野（第2図45）

加古川左岸の美嚢川合流点近辺の低丘陵に立地する。大正年間の発掘で詳細は明らかでないが、一辺20m以上の古墳と考えられ、甲冑が出土しているという。残念ながら、型式は不明であり検討は不可能である。

賀茂郡

5．玉丘古墳[51]－加西市玉丘町（第2図22）

北条盆地内の東端に立地する、全長109mの賀茂郡最大の前方後円墳である。埋葬施設は長持形石棺の直葬である。築造時期は墳丘形態・埴輪から考えて5世紀前半としておく。

6．王塚古墳[52]－小野市王子町宮山（第2図30）

加古川左岸の万願寺川合流点近辺の段丘上に立地する。昭和27年（1952）、兵庫県教育委員会が発掘調査を実施した直径約30m、高さ約7mの周濠をもつ円墳である。埋葬施設は竪穴式石室で、出土遺物に武具（金銅装小札鋲留眉庇付冑・三角板鋲留短甲・革綴短甲など）、武器、鏡、玉類などがある。築造時期を5世紀中葉から後葉と推定し、甲冑は畿内地方の最新の機能を持つものが早くもたらされたと考える。

7．亀山古墳[53]－加西市笹倉町（第2図23）

玉丘古墳の北丘陵の山頂に立地する。昭和12年（1937）、村人によって発掘された直径約45mの円墳である。埋葬施設は岩盤を掘り抜いた石蓋土壙墓と木蓋土壙墓の2基である。出土遺物には、石蓋土壙墓では武具（横矧板鋲留短甲・横矧板鋲留眉庇付冑など）、武器、鏡などがあり、木蓋土壙墓には武具（横矧板鋲留短甲）、武器、鏡などがある。築造時期は5世紀後半と考えられ、甲冑は畿内地方の最新の機能を持つものが早くもたらされたと推測する。

そのほか、山伏峠所在の長持形石棺と、旧加西町青年会館建設時に出土した三角板鋲留短甲[54]がある。

飾磨郡

8．壇場山古墳[55]－姫路市御国野町国分寺（第2図20）

JR御着駅北方の御国野台地上に立地する、全長約140mの播州平野最大の前方後円墳である。埋葬施設は長持形石棺の直葬である。出土遺物に、甲冑、刀剣などがあったとされる。築造時期は墳丘形態・埴輪から考えて5世紀前半としておく。

9．山之越古墳[56]－姫路市御国野町国分寺（第2図20）

壇場山古墳の北に隣接する一辺約50mの方墳である。埋葬施設は長持形石棺の直葬である。築造時期は5世紀中葉と考える。

壇場山古墳同様に播磨国造の系譜につながる墳墓とみられるが、この間には墳丘形態・規模に格段の差があり畿内政権との関係に大きな変化（規制）が認められる。

10．宮山古墳(57)－姫路市四郷町坂元（第2図15）

市川左岸の小富士山北の小丘陵上に立地する。昭和44年（1969）と47年（1972）、姫路市教育委員会によって発掘調査された直径約22mの円墳（筆者は造り出しをもつと考えている）である。埋葬施設には3基の竪穴式石室があった。出土遺物には、第1主体に武具（挂甲）、武器、馬具、農工具、第2主体に武具（挂甲・頸甲・肩甲など）、武器、馬具、農工具、鏡、須恵器など、第3主体に武具（三角板鋲留短甲・横矧板鋲留衝角付冑など）、武器、馬具、農工具、鏡、須恵器などがある。築造時期は埴輪・須恵器などからみて5世紀中葉から後葉と推測でき、甲冑は畿内地方の最新の機能を持つものが早くもたらされたと考える。

そのほか、壇場山古墳の陪塚とされる櫛之堂古墳に長持形石棺、奥山大塚(58)、兼田3号古墳(59)・人見塚(60)では甲冑が出土している。

神崎郡

11．法花堂2号墳(61)－姫路市香寺町田野（第2図17）

市川右岸の段丘上に立地する。昭和58年（1983）、旧香寺町教育委員会が発掘調査を実施し、明らかになった古墳である。後世の削平のため墳丘規模・形態は不明であるが、箱式石棺内より武具（三角板鋲留短甲・小札鋲留衝角付冑・頸甲・肩甲など）、武器などが出土した。築造時期を5世紀後半と推測し、甲冑は畿内地方の最新の機能を持つものが早くもたらされたと考える。

揖保郡

12．綾部山14号墳(62)－たつの市御津町黒崎（第2図46）

揖保川右岸の瀬戸内海沿岸部低丘陵に立地し、全長約30mの前方後方墳もしくは前方後円墳と考える。埋葬施設は明らかでないが、後方部から甲冑が出土したという。しかし、型式が明らかでないため検討は不可能である。

宍粟郡

13．安黒御山5号墳(63)－宍粟市一宮町安黒（第2図8）

揖保川左岸の丘陵山麓に立地する。1950年代の前半に調査された古墳である。詳細は明らかでなく、直径10m程度の円墳で、横穴式石室を持つといわれているが定かでない。出土遺物に武具（横矧板鋲留短甲）、武器などがある。築造時期は明らかにし難いが、横穴式石室でなければ三環鈴などの遺物から5世紀後半とみてもよく、甲冑は畿内地方の最新の機能を持つものが早くもたらされたと考える。

赤穂郡

14．狐塚古墳(64)－相生市陸本町（第2図4）

相生湾近くの低地に立地する。大正3年（1914）と昭和30年（1955）の二度にわたる建設工事によって削滅した古墳である。墳丘規模・形態は明らかでないが、埴輪をもっていたようである。埋葬施設は横穴式石室で、出土遺物は武具（挂甲）、武器、馬具、鏡、須恵器などがある。築造時期を埴輪などより6世紀前半と推定し、甲冑は畿内地方の最新の機能を持つものが比較的早く

もたらされたと考える。

15. 奥山１号墳[65]（原小学校裏山山頂古墳）―赤穂市有年楢原奥山（第２図２）

千種川の左岸、矢野川合流点近辺の丘陵山頂に立地する。戦後の砂防工事によって破壊された古墳である。直径約６ｍの円墳とされている。埋葬施設は箱式石棺と推定されているが、これも定かでない。出土遺物に武具（横矧板鋲留短甲）、武器、馬具、須恵器などがある。築造時期を須恵器より５世紀後葉と推定し、甲冑は畿内地方の最新の機能を持つものが早くもたらされたと考える。

そのほか、西野山３号墳ではツヅラフジ製漆塗短甲が出土している。

では河川流域ごとに古墳の変遷（第３図）および畿内勢力との関係をみてみよう。

（イ）明石川流域

当該流域には、三角縁神獣鏡をもつ古墳は知られていない。最古の前方後円墳は４世紀後葉の白水夫婦塚（夫塚・妻塚）と考えられる。そして４世紀後葉から５世紀初頭の時期に、突然播磨最大の前方後円墳である五色塚古墳が垂水に築造されるのである。この古墳は立地・墳丘規模などから明石在地の勢力とは別系譜の、朝鮮半島進出に関係する海の豪族と捉えられ、早い時期に埋葬主体に長持形石棺を採用することからも畿内勢力の強い影響を認めることが出来る。白水夫婦塚につながる当地域首長の墳墓は、全長約70ｍに周濠をもつ前方後円墳である５世紀前半の王塚古墳である。そして不明期間（出合遺跡出土の埴輪の時期）があり、６世紀前葉の前方後円墳である亀塚古墳が出現する。

このように、この地域は五色塚古墳の出現をもって畿内勢力の傘下に入ったと考えるが、滑石製模造品をもちいる祭祀は（吉田南・出合遺跡の詳細が明らかでない現在）、大幅に遅れ亀塚古墳出現前後となっているのである。これは、５世紀中葉から後葉にかけての時期に最新の機能をもった甲冑を有する古墳が認められないこととあわせ、畿内の主導的立場にあった勢力と友好的な関係になかったことを裏づけている。すなわち５世紀末になって畿内勢力と新たに服属関係が出来たことを示すものであろう。

（ロ）加古川流域

当該下流域では、左岸に三角縁神獣鏡を出土した東車塚・南大塚古墳をはじめとする４世紀代の古墳からなる日岡古墳群がある。次いで、その東の丘陵に行者塚古墳を中心とする５世紀代の西条古墳群があり、ここに当地域首長墓の変遷が認められるのである。

さて、左岸には滑石製模造品を出土する遺跡が現在まで発見されていない。また、甲冑についても型式不明の三木市の赤塚古墳のみである。これに対して、右岸部では砂部遺跡に滑石製模造品、カンス塚、池尻２号墳に甲冑の出土がある。こうしてみれば、畿内勢力とは４世紀から５世紀前半に左岸勢力が、５世紀後半には右岸勢力が友好的な関係にあったとみられる。問題は左岸の首長達が、印南郡にあたる加古川右岸もその支配下においていたか否かであろう[66]。なお、海岸部の聖陵山古墳は前記首長とは別系譜の古墳時代前期の海の豪族として捉えられる。

次に中流域をみてみよう。

三角縁神獣鏡をもつ古墳は現在まで発見されていない。前期と考える古墳は、西脇市に所在す

る一辺約15mの方墳滝ノ上20号墳と、同古墳北の丘陵山頂にある全長約60mの前方後円墳である岡ノ山古墳のみであろう。

　中期になると、突然大型古墳が賀茂郡の西部に出現する。加西市の玉丘古墳である。クワンス塚・笹塚・マンジュウ塚などとともに中期の古墳群を形成している。東部では加東市の松尾宝塚古墳、小野市の王塚・大塚古墳が造営されている。なお、西脇には中期の目立った古墳が存在しないのである。

　それ故筆者は、当地域の首長墓の系譜を岡ノ山古墳から玉丘古墳に繋がったと考えている。考古学的に証明することは出来ないが、現状で西脇以北に滑石製模造品が認められないことは参考になろう。また、文献をみると賀茂国造に考えられる山直を氏とする者の存在が『播磨国風土記』の賀茂郡および多可郡に記されている。山直がどこまで遡れるかであるが、同族であれば多可郡から賀茂郡に移住したと考えても不思議ではない。おそらく畿内勢力の進出で、付近に産出する長持形石棺に使用した凝灰岩の管理を任されたのであろう。ちなみに、玉丘古墳の長持形石棺は加西市内の高室石と考えられている。

　滑石製模造品は石黒山2号墳・家原堂ノ元遺跡に出土し、甲冑は亀山古墳・旧加西町所在の古墳と王塚古墳にみられる。このように、畿内勢力との関係は前期では明らかでないが、5世紀代には友好的な様相が認められるのである。

　(ハ) 市川流域

　当該下流域では、三角縁神獣鏡をもつ古墳は左岸の御旅山3号墳、高砂市の牛谷天神山古墳と、右岸に姫路市安田出土のものがある。ほかに、前期と考えられるものは全長約48mの前方後方墳である御旅山6号墳、全長約60mの前方後円墳である兼田古墳がある。

　つづく中期には、壇場山古墳・山之越古墳・宮山古墳と形態・規模は異なるが、系譜的につながるとみられる古墳が造営されている。

　滑石製模造品は5世紀の前葉にかけて長越遺跡・小山遺跡に出土し、後半には周辺に拡がっていく。甲冑も5世紀中葉から後葉にかけて宮山古墳、奥山古墳、人見塚と集中して出土している。こうして見れば、畿内勢力との関係は前期に三角縁神獣鏡の存在から一定のものがあったと推定でき、ある期間をおいて、長持形石棺をもつ時期すなわち壇場山古墳の5世紀前葉から中葉に畿内主導勢力の再進出が認められ、親密な友好関係に入ったとみることが出来よう。ただしここまでは近藤義郎のいう擬制的同族関係[67]（横の関係）である。次いで山之越古墳の時期から縦の関係になったと考える。

　さて、上・中流域では三角縁神獣鏡をもつ古墳は知られていないが、前期と考えられるものに姫路市に存在する全長32mの前方後円墳である横山7号墳、同じく全長約40mの前方後円墳である清盛塚、市川町に存在する直径10mの円墳の蓮泉寺（観音寺山）古墳がある。

　中期には、姫路市香寺町にある全長約30mの前方後円墳である片山古墳、福崎町の全長約40mの前方後円墳である相山古墳が知られる。しかし、いずれも内容は明らかでない。

　滑石製模造品を出土する遺跡は鶴居遺跡のみであり、また甲冑を出土する古墳も法花寺2号墳が知られるだけである。この状況下では、畿内勢力との関係を明らかにするには資料不足である

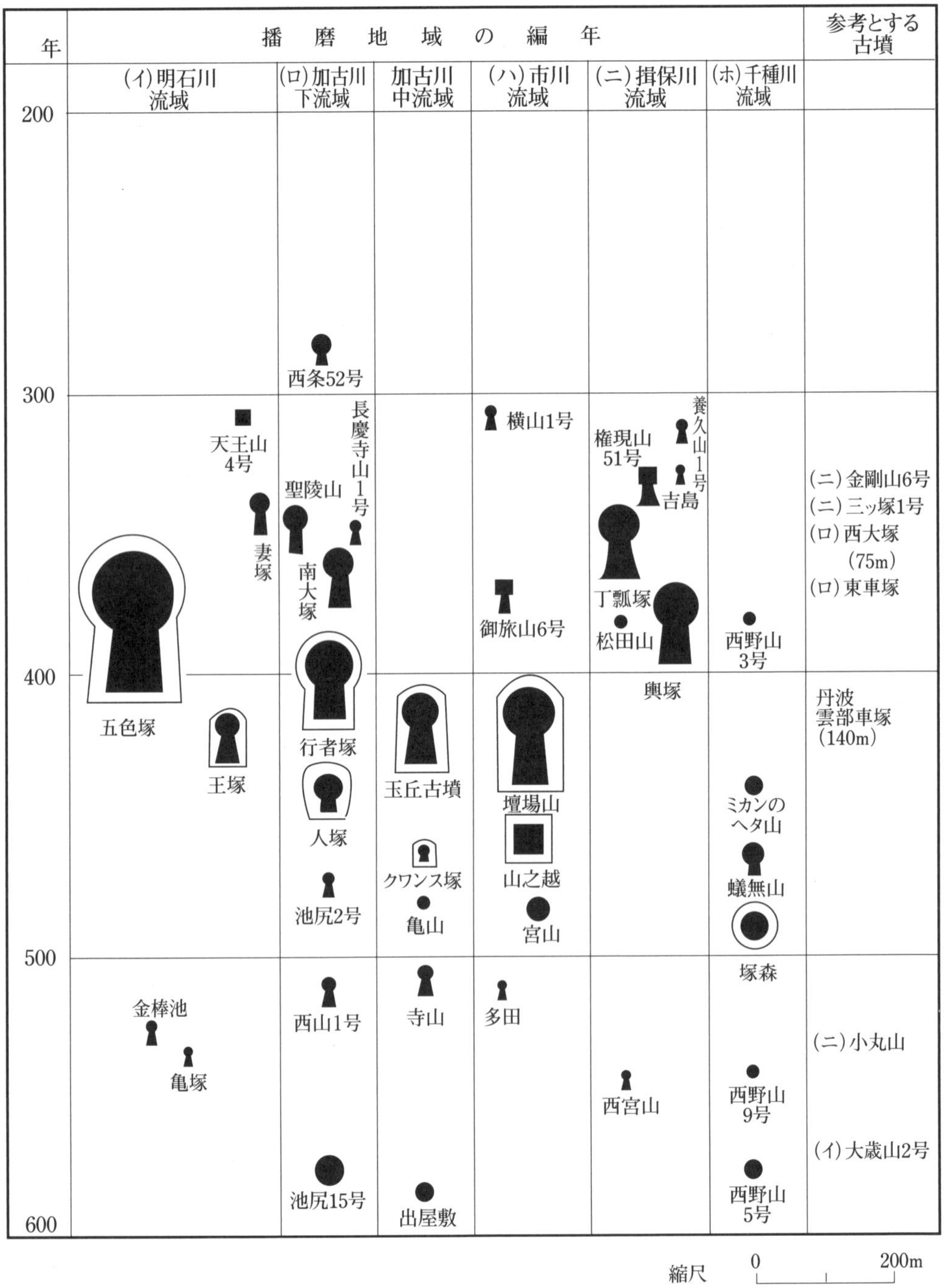

第Ⅲ編　兵庫県内祭祀遺跡・祭祀遺物の研究

年	播磨地域の編年						参考とする古墳
	(イ)明石川流域	(ロ)加古川下流域	加古川中流域	(ハ)市川流域	(ニ)揖保川流域	(ホ)千種川流域	
200							
300		西条52号					
	天王山4号　妻塚	聖陵山1号　長慶寺山1号　南大塚		横山1号　御旅山6号	権現山51号　吉島　丁瓢塚　松田山	養久山1号　西野山3号	(ニ)金剛山6号 (ニ)三ッ塚1号 (ロ)西大塚(75m) (ロ)東車塚
400	五色塚　王塚	行者塚　人塚　池尻2号	玉丘古墳　クワンス塚　亀山	壇場山　山之越　宮山	興塚　ミカンのヘタ山　蟻無山		丹波雲部車塚(140m)
500	金棒池　亀塚	西山1号　池尻15号	寺山　出屋敷	多田	西宮山	塚森　西野山9号　西野山5号	(ニ)小丸山 (イ)大蔵山2号
600							

縮尺　0　200m

第3図　古墳編年試表（櫃本誠一『季刊考古学』第10号より一部改訂）

が、この甲冑の存在は5世紀後葉に友好的な関係にあったと認めてよいものである。
　(ニ) 揖保川流域
　下流域では、三角縁神獣鏡をもつものに龍子三ツ塚1号墳（前方後円墳・全長38m）と権現山51号墳（前方後方墳・全長43m）がある。そのほか、前期古墳として最近見直しをされた全長104mの前方後円墳である丁瓢塚古墳などがあり、それぞれ個別の集団を構成していたと考えられている。なお、権現山51号墳は特殊埴輪を併せもつという吉備色も有している。
　次に、4世紀末から5世紀初頭頃、全長約110mの前方後円墳である興塚古墳が出現し、この地域を統一したと考えられている。筆者は、この古墳を五色塚古墳と同様に在地の農耕集団とは別系譜で、畿内勢力の強い影響を受けた海の豪族の墳墓と捉えている。次に、各集団の系譜に繋がるものとして5世紀中葉から後葉の綾部山1号墳（円墳・径約40m）、宿禰塚古墳（円墳造出し・径約40m）などが出現する。
　滑石製模造品は5世紀前半に亀田遺跡、5世紀後葉に川島遺跡で出土する。甲冑は、その型式が明らかでないが綾部山14号墳に見られる。
　このように、前期の段階には畿内勢力と吉備勢力の入り混じった地域として捉えられ、中期初めに畿内勢力の進出が認められる。さらに、5世紀中葉から後葉に畿内勢力の再進出に伴って縦の服属関係になったとみられる。
　中・上流域で三角縁神獣鏡をもつものは、中流域の吉島古墳（前方後円墳・全長約30m）のみである。ほかに、前期と考えられるものは同中流域の市野保1号墳（前方後円墳・全長約40m）と、上流域に伊和中山4号墳（円墳・径38m）がある。
　上流域では引き続き、4世紀末から5世紀初頭に全長62mの前方後円墳である伊和中山1号墳が出現するが、中流域にはめぼしいものは見当たらない。
　滑石製模造品は5世紀中葉に伊和遺跡、6世紀前葉に高田遺跡・河東南遺跡がある。甲冑は、安黒御山5号墳に出土している。
　こうして見れば、前期に畿内勢力と親縁な関係にあったのは中流域で、中期には上流域が友好関係に入ったことが理解出来よう。これは『播磨国風土記』に記載のある伊和大神を信奉する伊和族との関係を示唆するものである。弥生時代に西播磨を制覇していた伊和氏は、古墳時代前期になって畿内勢力に圧され、現宍粟市に追われた。そして畿内勢力は、伊和族との対立のため、宍粟市との境界を臨む地に墳墓（吉島古墳）を造営したのである。その後、伊和氏は4世紀末から5世紀初頭に畿内勢力と友好な関係に入り（伊和中山1号墳）、滑石製模造品を使用する畿内型の祭祀を受け入れたのであろう。
　(ホ) 千種川流域
　三角縁神獣鏡をもつのは、下流域の西野山3号墳（円墳・径17m）のみである。中期では蟻無山古墳（円墳造出し・径約30m）・塚森古墳[68]（円墳・径約40m）・ミカンのヘタ山古墳（円墳・径約30m）などがあるが、前方後円墳は極めて少ない。また、ミカンのヘタ山古墳は海の豪族の墳墓と考えられる。上流域では、円応寺古墳群が注意されよう。
　滑石製模造品は5世紀末の中山12号墳にあり、甲冑は奥山1号・狐塚古墳にみられる。このよ

うに下流域では前期末から、畿内勢力とある程度の親縁な関係が認められ、5世紀後半から縦の服従関係になったと考えられる。

5 おわりに

以上、滑石製模造品を基本資料として、各河川ごとに畿内政権との関係を推論してみた。

この結果、古墳時代中期の播磨地方では飾磨郡・賀茂郡・明石郡にそれぞれ核があると理解出来たのである。これは、「国造本紀」に記載のある針間国造・針間鴨国造・明石国造勢力に相当するものと考えられ、この時期にそれぞれ畿内政権と縦の関係に入ったのであろう。

最後に、ほかの資料から播磨と畿内勢力の関係をみた田中晋作[69]と櫃本誠一[70]の論考を検討し、まとめとしたい。

甲冑の所有形態から播磨をみた田中は、「加古川下流域を前段階の日岡古墳群の有力な勢力に対し断絶があり、この時期に畿内勢力の直接的な介入」と考え、「中流域は新たに台頭する勢力を擁立してゆく友好関係」と考える。「市川流域では壇場山古墳以降畿内の有力勢力の段階的な介入があった」とする。また、「市川流域は甲冑導入以前から存在した勢力との関係を継承している」とみる。

筆者の分析とほぼ同様な見解であり、加古川下流域は5世紀の後半にはいって西岸に畿内勢力が進出したと認めることができ、中流域は5世紀の前半に多可郡から移動した新たな勢力が台頭し友好関係をもったといえる。市川流域も5世紀前半の壇場山古墳の後から縦の服属関係に入ったと考える。

もうひとつ、前方後円墳の規模の縮小化あるいは終焉から播磨をみた櫃本は、「明石川・加古川下流域では5世紀中葉に畿内政権の進出」を考え、「5世紀後葉に新たな地域再編成」を想定する。また、「市川流域では5世紀後葉に畿内政権への隷属性を強めたもの」とみる。

これも筆者の分析と大きく矛盾するところはない。明石川流域では5世紀の末から滑石製模造品の普及が認められるし、加古川流域は前述のとおりである。市川流域ではもう一段階早い時期から友好関係が存在するが、隷属という意味ではこの時期でもよいであろう。

こうしたことが容認されるならば、考古学からみた播磨地方の国造の成立はおおよそ針間国造・針間鴨国造が5世紀後葉、明石国造が6世紀前葉の時期といえよう。

註
（1）大平　茂　1986『兵庫県の祭祀遺跡』兵庫県立歴史博物館講演資料
（2）滑石製模造品出土遺跡は本章に記載のとおり。また、小型粗製手捏土器出土地は註（1）を参照されたい。
（3）吉田片山遺跡調査団　1979『吉田南遺跡現地説明会資料（Ⅴ）』。なお、滑石製祭祀遺物の中で注意すべきは、当初剣形品と考えられたもので、東日本で多く出土する剣を模造したものとは異なり、有孔円板と剣形品の中間形態を示し、孔のあく方と反対側が剣のように尖らず平坦もしくは

丸みをもつ。神楽遺跡（神戸市）・住吉宮町遺跡（神戸市）・玉津田中遺跡などに類例があり、短冊形鉄斧を模したものと考えられ、新しく名称を設定すべきであろう。

(4) 鎌木義昌・亀田修一 1986「播磨出合遺跡について」『兵庫県の歴史』22
(5) 1987年、兵庫県教育委員会の調査時に出土している。
(6) 村上紘揚氏採集品。
(7) 1982年、神戸市教育委員会の調査時に出土している。
(8) 真野　修氏採集品。
(9) 1987年、神戸市教育委員会の調査時に出土している。
(10) 上田哲也ほか 1965『播磨大中』播磨町教育委員会
　　播磨町郷土資料館 1988　特別展『邪馬台国時代の鏡・土器・墓』
(11) 上田哲也ほか 1978『砂部遺跡』加古川市教育委員会。
　　また、中溝康則は播磨地方出土の滑石製模造品の時期決定を試みているが、同模造品の出現が古墳に埋葬される鉄製農工具・鏡を模すことから始まる流れの中で、遺物の個別形態を検討してみると庄内2式・布留1式まで遡らせるには無理があり、他府県の祭祀遺物出土遺跡例のように初期須恵器などの土器を伴出したと考えたほうが自然である。中溝康則 1983「播磨古代祭祀遺跡の研究」『関西大学考古学研究室開設30周年記念論集』
(12) 加東郡教育委員会 1984『家原・堂ノ元遺跡』加東郡埋蔵文化財報告5
(13) 森下大輔 1987「河高上ノ池遺跡」『兵庫県埋蔵文化財調査年報昭和59年度』兵庫県教育委員会
(14) 加西市教育委員会　立花　聡氏の御教示による。
(15) 西脇市教育委員会　岸本一郎氏の御教示による。
(16) 兵庫県教育委員会 1978『長越遺跡』兵庫県文化財調査報告書第12冊。なお、調査者の一人鎌木義昌はこれらの祭祀遺物を、形態などから5世紀代のものとする。鎌木義昌 1976「水神について」『兵庫県の歴史』14
(17) 国分寺台地遺跡調査団　吉識雅仁氏の御教示による。
(18) 兵庫県教育委員会 1973『兼田遺跡』兵庫県文化財調査報告書第8冊
(19) 今里幾次 1969「播磨弥生式土器の動態」（二）『考古学研究』第16巻第1号
　　大平　茂 1989「子持勾玉年代考」『古文化談叢』第21号
(20) 今里幾次氏採集品。
(21) 石ヤ田遺跡調査団　吉識雅仁氏の御教示による。
(22) 1985年、姫路市教育委員会の調査時に出土している。
(23) 兵庫県教育委員会 1973『播磨・権現遺跡』兵庫県文化財調査報告書第6冊
(24) 市川町教育委員会　原田和幸氏の御教示による。
(25) 櫃本誠一ほか 1971『川島・立岡遺跡』太子町教育委員会
(26) 太子町教育委員会　三村修次氏の御教示による。
(27) 上田哲也ほか 1973「鵤遺跡」『播磨の土師器の研究』東洋大学付属姫路高校
(28) 上田哲也ほか 1971『山陽新幹線建設地内兵庫県埋没文化財調査報告書』兵庫県文化財調査報告書第5冊
(29) 村上紘揚 1974『播磨一宮伊和遺跡』一宮町文化協会
(30) 垣内　章 1985「河東南遺跡」『兵庫県埋蔵文化財調査年報昭和57年』兵庫県教育委員会
(31) 1977年、波賀町教育委員会調査時に出土している。
(32) 垣内　章ほか 1989『生栖遺跡Ⅰ』一宮町教育委員会

(33) 堂山遺跡調査団　松岡秀夫氏の御教示による。
(34) 兵庫県教育委員会　1976『中国縦貫自動車道建設に伴う埋蔵文化財調査報告書　佐用編』兵庫県文化財調査書第11冊第2分冊
(35) 大平　茂　1983「奈カリ与弥生遺跡の遺構・遺物からみた二、三の祭祀事例」『北摂ニュータウン内遺跡調査報告書Ⅱ』兵庫県教育委員会
(36) 森　貞次郎　1977「新・天手抉考」『國學院雑誌』大場磐雄博士追悼考古学特集号第78巻第9号
(37) 石野博信は大中遺跡のベッドをもつ住居跡を、筑後のものと関連づけて説明する。石野博信　1985「播磨の中の出雲と筑紫」『兵庫史の研究』松岡秀夫傘寿記念論文集
(38) 白石太一郎　1985「神まつりと古墳の祭祀」『国立歴史民俗博物館研究報告』第7集

古墳および祭祀遺跡出土滑石製模造品変遷表

	古墳出土滑石製模造品の組合せ	年　代	祭祀遺跡の遺物
1　期	開始期 農工具（刀子・斧・鑿・鎌など）が中心で、写実的に作る。一部、勾玉がはいる。	4世紀後半	
2　期	農工具（刀子・斧・鑿・鎌など）・勾玉・鏡など同種多様の供献が始まる。鎌は直刃。勾玉は断面形態が丸味をもつ。まれに、酒造具・機織具がある。	5世紀初頭～中葉	滑石製模造品（刀子・斧・鎌・鏡・有孔円板・勾玉など）が出現する。
3　期	農工具のほかに、有孔円板・剣が出現する。鎌は曲刃となり、勾玉の偏平化・刀子の粗製化が始まる。	5世紀中葉～後半	有孔円板・勾玉・臼玉に固定化し始め、刀子・斧・鎌・鏡は少なくなる。
4　期	終末期 刀子の鞘部と把部の区別がなくなる。農工具を伴わないものもあり、有孔円板・剣が一般的。	6世紀前半	滑石製模造品は減少し、土製模造品が出現する。

(39) 神戸市教育委員会　1970『史跡五色塚古墳環境整備事業中間報告Ⅰ』神戸市文化財調査報告書第13冊。
　　これを筆者は、子持勾玉の型式分類編年から五色塚古墳の築造時期とは別時代のものと判断した。註(19)大平に同じ。
(40) 1988年、加西市教育委員会の調査時に出土している。
(41) 松本正信ほか　1973『宮山古墳第2次発掘調査概報』姫路市教育委員会
(42) 松本正信ほか　1982『兼田』姫路市教育委員会
(43) 垣内　章ほか　1986『伊和中山古墳群Ⅰ』一宮町教育委員会
(44) 松岡秀夫ほか　1973『中山古墳群』有年考古館
(45) 高野政昭ほか　1983『壺根古墳群』相生市史編纂室
(46) 川西宏幸　1983「中期畿内政権論」『考古学雑誌』第69巻第2号
(47) 喜谷美宣　1989『新修神戸市史』歴史編Ⅰ
(48) 上田哲也ほか　1965『印南野』加古川市教育委員会
(49) 喜谷美宣　1985『カンス塚古墳』加古川市教育委員会
(50) 是川　長　1983「愛宕山古墳」『兵庫県大百科辞典』

(51) 立花　聡 1988「玉丘古墳」『兵庫県埋蔵文化財調査年報昭和60年度』兵庫県教育委員会
(52) 藤沢長治 1952「兵庫県加東郡王塚古墳」『日本考古学年報』5
(53) 梅原末治 1939「在田村亀山古墳とその遺物」『兵庫県史蹟名勝天然記念物調査報告』第14輯
(54) 神戸新聞社社会部編 1960『祖先のあしあと』Ⅲ
(55) 梅原末治 1923「播磨壇場山古墳の調査」『人類学雑誌』第39巻第2号
(56) 浅田芳朗 1976『播磨国分寺周辺の古墳』姫路市教育委員会
(57) 註（41）に同じ。
　　松本正信ほか 1970『宮山古墳発掘調査概要』姫路市教育委員会
(58) 梅原末治ほか 1936「飾磨郡糸引村奥山古墳」『兵庫県史蹟名勝天然記念物調査報告』第11輯
(59) 註（42）に同じ。
(60) 和田千吉 1895「播磨国飾磨郡人見塚調査報告」『東京人類学雑誌』第132・134号
(61) 松本正信ほか 1986『法花堂2号墳』香寺町教育委員会
(62) 是川　長ほか 1971『綾部山古墳群調査報告書』御津町教育委員会
(63) 稲田耕一 1981『二百足の草鞋』
(64) 西谷真治 1984「先史・原始時代の相生」『相生市史』第1巻
(65) 松岡秀夫 1981「考古学からみた赤穂」『赤穂市史』第1巻
(66) 『播磨国風土記』「賀古郡」の条に印南別嬢の葬儀にあたって加古川をわたると記され、印南別嬢の墳墓褶墓が加古川の左岸に存在することから、居住地は西岸とも考えられる。
(67) 近藤義郎 1983『前方後円墳の時代』岩波書店
(68) 前方後円墳との説もある。また、地域区分としては揖保川流域と関係があり、相生市域としては独立させるべきとも考えるが、ここでは旧赤穂郡（千種川流域）として記述する。
(69) 田中晋作 1988「武器の所有形態からみた古墳被葬者の性格　山陽地域（1）」『網干善教先生華甲記念考古学論集』
(70) 櫃本誠一 1987「播磨地方における古墳の展開」『横田健一先生古稀記念文化史論叢』（上）

第2章

播磨国の祭祀遺跡
―風土記にみる神まつりの背景―

1　はじめに

　折口信夫は「風土記に現れた古代生活」の論考中に、『播磨国風土記』を評して「前代を貽した播磨風土記」と説き、祭祀・信仰関係、特に呪農法（農耕祭祀、和田萃のいう基層信仰の一例）の記事に注目した。『播磨国風土記』には、讃容郡の郡名説話に伊和大神と争った玉津日女命が鹿の生血をとり稲種を蒔く国占め呪術をはじめ、宍禾郡御方里の条に葦原志許乎命と天日槍命の黒葛を投げ合う国占め呪術、託賀郡賀眉里荒田の条の宇気比（占いの一種）など、古くからの多様な呪術の世界が展開しているのである。

　本章では、こうした中から揖保郡枚方里佐比岡の条にみえる荒ぶる神を鎮めるのに佐比（鋤）を作って祭った説話について、特に考古学上の遺物である相生市那波野所在丸山窯跡出土の土製品（U字形鍬先か鋤先の模造品）と対比させ、検討してみたい。

　次いで、これら『播磨国風土記』説話（神話）の背景となったであろう原始神道期の神まつりの跡（播磨地方の祭祀遺跡・遺物）を神道考古学の研究方法でみてみよう。

2　『播磨国風土記』の中の荒ぶる神を祭る記事

　まず、はじめに『播磨国風土記』揖保郡枚方里佐比岡の条を取り上げてみる。
　　「佐比岡　佐比と名づくる所以は、出雲の大神、神尾山に在しき、此の神、出雲の國人の此處を經過する者は、十人の中、五人を留め、五人の中、三人を留めき。故、出雲の國人等、佐比を作りて、此の岡に祭るに、遂に和ひ受けまさざりき。然る所以は、比古神先に來まし、比賣神後より來ましつ。ここに、男神、鎮まりえずして行き去りましぬ。此の所以に、女神怨み怒りますなり。然る後に、河内の國茨田の郡の枚方の里の漢人、來至たりて、此の山の邊に居りて、敬ひ祭りて、僅に和し鎮むることを得たりき。此の神の在ししに因りて、名を神尾山といふ。又、佐比を作りて祭りし處を、即ち佐比岡と號く。」

　これを解釈すると、出雲の大神が神尾山に坐し、ここを通る出雲国からの旅人の十人なら半ばの五人を、五人なら三人を捕えて殺害した。そこで、出雲国の人たちが佐比を作って佐比岡で神祭りをしたが、どうしても和らがなかった。その理由は、（この地に出雲の）比古神が先にきて、比賣神が後から追ってきたところ、男神（比古神）はこの地に鎮座せずして去ってしまったので、

女神（比賣神）はこれを怨み怒って、荒ぶるようになったのである。その後、河内国茨田郡の枚方の里の漢人が、この山の麓に移住してきて、敬い祭り、ようやく荒ぶる行為をやめさせることができた。そこで、この神が坐す山を神尾山と言い、佐比を作って祭った所を、佐比岡と名づけたというのである。

　真弓常忠はこの出雲大神を大己貴命と捉え、佐比を鉄製刃物の総称と考えることから、韓鍛冶らの製鉄集団が祭ったものとする。はたして、そうであろうか。一考を要するところである。ここでは、荒ぶる神を鎮めるための一方法として、出雲国の人らが佐比（鋤）を作って祭ったことを注目しておきたい。

　また、これに関連する説話が同じ廣山里意此川の条にもみられる。

　品太天皇（応神天皇）の時代、出雲の御蔭大神が枚方里の神尾山に坐して、行く人を遮り、半数を殺し、半数を生かした。伯耆の国の人小保弓・因幡の布久漏・出雲の都伎也の三人はこれを憂い、朝廷にその鎮圧を願い出た。（朝廷は）額田部連久等々を派遣して、祈禱させた。そのとき、屋形（神を祭る斎場の屋舎）を屋形田に作り、酒屋（神に供える酒を造る殿舎）を佐々山に作って神を祭ったというのである。

　さらに、『播磨国風土記』には荒ぶる神の記述が「賀古郡鴨波里舟引原の条・神前郡埴岡里生野の条」にもみられる。

　風土記に現われた荒ぶる神は、これらの例で明らかなように通行者の半数を殺害するという特徴を持っており、交通妨害の神として登場する。そして、最終的には神まつりを受けて、和らぎ鎮まるというのである。なお、秋本吉郎・関和彦・瀧音能之らは荒ぶる神を、開墾定住・農業開発と密接な関係がある神とも捉える。注目すべき視点である。

3　相生市丸山窯跡出土の土製模造品

　さて、相生市那波野に所在する丸山窯跡では、U字形鍬先もしくは鋤先の模造品と考えられるものが2点発見されている（第1図）。1個体は何号窯か特定出来ないが、灰原からという採集品（有年考古館所蔵）で、中央部を欠損している。手捏ねで作り、表裏とも凹凸が著しい。残存長約12㎝、刃部長（挿入部を含む）約6㎝、最大厚み1.4㎝を測る。内縁に沿って、本体の風呂をはめ込むためのV字形の溝を持つ。焼きあがりは軟らかい須恵質で、色調は灰白色を呈している。もう1個体は、発掘調査で1号窯およびその南の土坑から出土したものという。一部を欠くが、平面はU字形を呈し、2枚の粘土板を張り合わせて作る。復元全長13㎝、刃部幅12.7㎝、刃部長5.5㎝、最大厚み1.5㎝を測る。内縁にそって、本体の風呂をはめ込むVないしはU字形の溝を持つ。焼きあがりは土師質に近く、色調は黄白色を呈している。松岡秀樹は、有年考古館所蔵品をつくりの粗雑さから、実用品ではなく土製祭祀具の鍬先と報告した。なお、筆者も土製模造品の一種と考えるが、鍬か鋤かは刃先のみでは容易に判断できないとみている。

　丸山窯跡は、JR相生駅の東約2.5㎞の南に延びる低丘陵の先端に立地し、7基以上の窯があったといわれている。昭和57年に、残っていた4基の窯跡が松岡秀夫らによって発掘調査され、

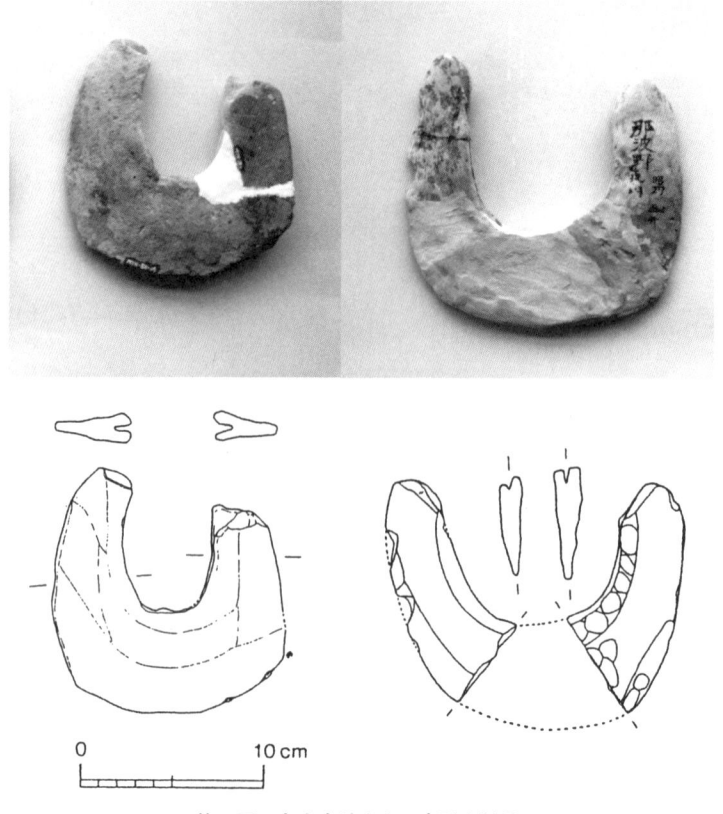

第Ⅲ編　兵庫県内祭祀遺跡・祭祀遺物の研究

第1図　丸山窯跡出土U字形土製品
（左）相生市教育委員会蔵・筆者実測　　（右）有年考古館蔵・同館蔵品図録から

その内容が明らかとなったのである。
　報告によれば、古墳時代の丸山窯は6世紀初頭に3号窯で生産が始まり、2号窯、1号窯、4号窯と連続し、ほぼ100年の間操業されていたという。となれば、1号窯の年代は6世紀後半頃と捉えてよいであろう。
　次に、この遺物の性格を考察してみよう。この土製品は、松井和幸の説くように単なる儀式用ではなく鉄製U字形鋤・鍬先所有への願望とする考え方もあるが、実用農耕具でない以上、祭祀具と捉える考え方のほうが妥当であろう。
　問題は窯にともなう祭祀なのか、祭祀具の生産の場なのかである。これまで、古墳時代の窯跡ではこのような出土例はないが、次の奈良時代になると、最近発見された県内の加古川市白沢3号窯の人形・5号窯の馬形（どちらも須恵質）をはじめ、土製の人形や馬形が出土する例が愛知県を中心に静岡県・島根県・福岡県などに認められる。筆者はこれらの出土状況から、丸山1号窯出土のものは須恵器の窯で焼いた製品でない可能性もあるが、後者にあたるものと推測する。では、祭祀遺跡または集落遺跡に類例は存在するのであろうか。
　土製U字形鍬先・鋤先模造品の出土は、発見された例が少なく、これ以外には千葉県我孫子市日秀西遺跡と茨城県稲敷市尾島貝塚、類似例が群馬県伊勢ノ木遺跡（コ字形品）と福島県岩谷遺

跡（U字形品）にあるにすぎない。

　日秀西遺跡例は、千葉県文化財センターが昭和52～53年に県立高等学校の建設工事に伴う調査で発見したものである。発掘調査報告書によれば、41B住居跡に8点、29A住居跡に1点、32C住居跡に1点の計10個体分が出土し、調査者は屋内祭祀としている。特に、41B住居跡ではすべてが竈周辺から発見されたようで、手捏土器も伴出する。いずれも土師質の焼成で、成形は手捏ねである。規格は全長約6cm、同幅約9cmを測り、丸山窯例の約2/3の大きさである。年代は、古墳時代後期の6世紀代（鬼高期後半）という。この出土状況からみると、住居（竈）に伴う祭祀かあるいは保管場所と考えられ、ほかに発見された住居跡に土製の勾玉などが存在することが注意されよう。

　尾島貝塚例は、茨城県教育財団が昭和61年に県道改良工事に伴う調査により祭祀跡で発見した4個体分である。報告書によれば、2点が須恵器（甑）と手捏土器や土製模造品（鏡・勾玉）と共伴し、もう2点も似たような出土状況で、農耕祭祀に関わるものとしている。土師質か須恵質かの記載はないが、色調と焼成から考えると土師質であろう。成形は手捏ねである。規格は全長約6cm、同幅約13cm、最大厚み約1.5cmを測り、丸山窯例に比較すると長さが約1/2、幅と厚みが同等の大きさである。年代については、調査者は6世紀中頃というが、伴出の須恵器はTK209段階併行期のものであり、6世紀後半から末である。これも、丸山窯例と同時期と考えてよい。さらに、本例では鏡・勾玉の土製品と共伴することが注目でき、鍬先・鋤先模造品は決して単独で祭祀に使用するものではないことが理解されるのである。

　この土製品の原形となる鉄製U字形鋤・鍬先は、古墳時代（5世紀前半）に朝鮮半島から伝えられた農耕具である。6世紀後半には、従前の鉄製方形鋤・鍬先にとってかわり、耕地の開拓に大いに役立ったのであった。播磨では、姫路市宮山古墳・奥山大塚古墳および龍野市西宮山古墳などの各地域の首長とみられる墓に副葬品として出土例がある。

　これらわずかの例では、積極的に比較検討することが困難であるが、農耕具の模造品である以上、筆者は農耕祭祀（耕地開発）に用いるのが本来の姿と考えている。この点、土製品ではないが、鉄製鋤・鍬先が静岡県賀茂郡姫宮遺跡（方形鍬先）や群馬県高崎市田端遺跡（U字形鋤先）の祭祀遺跡にみられること。また、古いタイプである方形鍬先の鉄製模造品とされる発見例が天理市の布留遺跡と大阪府豊能郡能勢町の岐尼遺跡にあり、滑石製模造品や手捏土器と伴出すること（布留遺跡例は置田雅昭が5世紀代の農耕神事、岐尼遺跡例は広瀬和雄が5世紀代の水田祭祀に関わるものと捉えている）。さらに、年代が新しくなるが枚方市楠葉東遺跡に、鋤先を立て水瓶に貨幣10枚を納めた遺構があること（瀬川芳則は、これを土器作りの里の開村に際しての土地神への祭祀と推測する）。これらの指摘は、本章の問題を考えるうえで非常に興味深く、注目すべき事例である。なお、金子裕之は『延喜式』の祭の料に鍬をみることから、古墳時代の土製の鍬（鋤）先も財貨として神に捧げたものと示唆した。参考とすべきであろう。

　今後の新たな発見を期待するとともに、あえて祭祀形態の解明を試みるとすれば、類似の土製品（一般的な馬形・人形などの形代）の祭祀の場での出土状況から復元するか、民俗例・文献例を参考に推敲するのも一つの方法であろう。

4 土製模造品で神を祭る背景

ここであらためて、『播磨国風土記』の記事について考えてみたい。

揖保郡枚方里佐比岡の条では、出雲の大神という荒ぶる神を鎮めるために佐比（鋤）を作って祭り、同じく広山里意此川の条では同一神と思われる出雲御蔭大神を鎮めるために酒屋（神に供える酒を造る殿舎）を作って祭ったとある。

また、同じく揖保郡伊勢野条の地名起源説話では、荒ぶる神かどうか定かでないが、以前移住してきた人々が何らかの理由で定住できなかったので、衣縫猪手・漢人刀良らの祖が伊和大神の子である伊勢都比古命・伊勢都比売命を山麓に社を作って祭ると、開墾定住が可能となり、ついには里を形成することができたとある。

このように、土地に坐す神の好むものを捧げ神を祭ることによって、その土地を開墾し定住することができるとしたのが、原始・古代人の神まつりの基本的なあり方であろう。

関連して、『肥前国風土記』佐嘉郡の条にも、よく似た説話があるので記してみたい。

佐嘉川の川上に荒ぶる神がいて、道行く人の半数を生かし、半数を殺害した。そこで、県主らの祖にあたる大荒田が占ったところ、土蜘蛛の大山田女・狭山田女の二人の女性がおり、「下田の村の土を取って、人形・馬形を作り、荒ぶる神を祀れば、必ず和ぐ」と言う。大荒田が、この言葉にしたがい神を祭ると、神はこの祭りを受けて和らいだ。ここでは、荒ぶる神を鎮めるために土で人形・馬形を作り、祭ったというのである。

また、同じく『肥前国風土記』基肄郡姫社郷の条にも、関連する説話がある。

昔、山道川に荒ぶる神がいて、道行く人を半数は生かし、半数は殺害した。祟る訳を占ったところ「筑前国宗像郡の人、珂是古に、自分の社を祭らせよ。願いが叶えば、祟るのをやめよう。」と託宣があった。珂是古が幡をあげて神の所在を確かめると、御原の姫社の杜と山道川の辺に落ちたので、神の坐すところを知ることができた。また、その夜、夢に臥機（くつびき）と絡垜（たたり）（機織具）が舞い現われ、（祟りをなす神が）女神とわかった。そこで、姫社の杜に社を建てて祭ったのである。それ以来、祟ることはなくなったという。

秋本吉郎によれば、神を祭った珂是古は筑前の国の人で、宗像神を奉祭した水間氏ではないかということである。宗像の神は、市杵島姫をはじめとする三女神なのである。この女神に関連する筑前沖ノ島遺跡では金銅製をはじめ各種の機織具がみられるように、ここでも、女神には機織具を祭ったのであろう。

さらに、『摂津国風土記』逸文中に下樋山（参考）の興味深い話が記載されている。

昔、天津鰐という荒ぶる大神がいた。鷲となりこの山に下ってきて、往来者の10人のうち5人は生かし5人を殺した。久波乎（鋤男）がこの山にきて下樋を掘り、樋の内を通ってこの神を祭ったという。ここでは、佐比ではなく鋤が、荒ぶる神を鎮めるための呪具となったようである。

風土記の伝承では交通妨害の神として登場する荒ぶる神であるが、この神への捧げものは佐比であったり、酒であったり、人形・馬形であったり、機織具であったりするのである。これらは、

いずれも神の好み給もうものであるが、祭る神々の性格や祭る集団の生業形態などにより献供品が異なっていたと捉えるのが自然であるように思われる。

　それを裏づけるように、これら献供品（呪具）にあたると推定される考古学上の遺物（人形・馬形をはじめ数多くの土製品）が各祭祀遺跡から発見されているのである。亀井正道は、このような土製品が出現する古墳時代後期頃から、祭る側によって神の性格づけが行なわれ始めたと示唆している。極めて重要な指摘である。

　古墳時代の播磨における土製模造品の発見例は、加東市河高上ノ池遺跡に人形・鏡など、加古郡播磨町大中遺跡に鏡と鳥形品、赤穂市東有年・沖田遺跡と三木市久留美田井野遺跡に馬形（どちらも土師質）がある。いずれも竪穴住居跡からの出土である。

　河高上ノ池遺跡は、加古川中流域右岸の河岸段丘上に立地する古墳時代の集落跡である。発掘された遺構には、竪穴住居跡2棟などがある。祭祀遺物である土製人形6点は、2号住居跡から同じく土製の鏡（2点）・勾玉（4点）・楯（1点）・短甲（1点）の模造品および手捏土器（1点）と一緒に出土している。年代は5世紀後半頃であろう。

　ここでは、土製人形は単独ではなく、武具・装身具の土製模造品や手捏土器が伴うことに注目しておきたい。祭祀の対象は、住居なのか何なのか明確にし難いのであるが、土製人形を出土した代表的な例の埼玉県むじな山遺跡や静岡県坂上遺跡では、峠や道などに面した遺跡立地からみて、国・郡・里の境界の神祭祀（悪霊などの侵入を防ぐ）と推測されており、筆者もこの考え方に賛同したい。

　東有年・沖田遺跡は、千種川下流域右岸の微高地上に立地する縄文・弥生時代から中世に至る時代の集落跡である。土馬は、古墳時代後期（6世紀後半）の3号竪穴住居跡から、手捏土器と共に出土している。

　従来、馬は文献史学で水神と関連づけられ、土製馬形も、その出土状況が井戸・河川に関わるものが多く、水神祭祀の献供品とされてきた。馬を使用した祭祀の典型例とされる大阪府奈良井遺跡では、犠牲馬、土製馬形に土製人形があり、馬飼集団の水神祭祀の跡という。一方、水野正好は土馬に完形品で発見されるものがなく、『日本霊異記』などに記される板絵馬の脚が折れて行疫神がその責をはたせなかったことから、馬を行疫神（祟りなす神）およびその乗り物とみなし、行疫神の活動を止めるために、損壊して祭ったという。

　こうした先学の研究と遺跡立地・遺物出土状況から考えれば、土製模造品は荒ぶる神の鎮魂を目的とした性格の強いものと理解でき、播磨の出土例は竪穴住居内の発見であるところから、保管例もしくは住居廃棄時の祭祀と捉えることが可能となろう。

5　祭祀遺跡（祭祀遺物）とは何か

　ところで、何の標示もない地表面下から、発掘調査や土木工事に伴い実用品でない土製や石製・木製のいろいろな遺物が発見されることがある。土製品は手捏ねという指で抉った跡が残っている小型の壺・皿類と、勾玉・鏡・玉類・人形・馬形などの模造品である。石製品は滑石と呼

第Ⅲ編　兵庫県内祭祀遺跡・祭祀遺物の研究

ばれる軟質の石で作られた、丁度数珠のような小さい玉（臼玉）と笹の葉のような形をした剣の模造品（剣形品）、小さい孔をあけたボタンのような形をした鏡の模造品（有孔円板）、勾玉などがある。木製品には人形・馬形・鳥形・刀形・舟形などの形代や斎串と呼ばれるものがある。まれには、金属製品（銅鐸・銅剣・銅鏡など）も出土する。これらの出土する場所が、原始・古代に神まつりを行なった跡もしくは使用した祭祀具を廃棄した跡「祭祀遺跡」というもので、その時に使用した祭祀具が原始・古代人の思想や信仰を考える重要な資料となるのである。播磨地方にも、こうした原始神道期・歴史神道期の遺跡が数多く存在し、現時点で筆者が調べただけでも105箇所にのぼる。

　しかし、これだけでは何を対象にまつりが行なわれたのか、理解することができないのである。そこで、大場磐雄の神道考古学の方法論でもって、播磨の代表的な祭祀遺跡を例に何を対象としたまつりが行なわれたのかを推測してみよう。

　伊和遺跡は、姫路市街地から国道29号線を北上すること約40kmの宍粟市一宮町に所在し、揖保川左岸の標高170ｍの河岸段丘上に立地する。昭和49年の県営ほ場整備事業にかかる事前調査により明らかとなった遺跡で、古墳時代の竪穴住居跡４軒などを検出しているのである。

　発見された祭祀遺物は２号住居跡から滑石製小型勾玉２点、臼玉47点、鉄剣１振とその近辺で有孔円板１点、胴部に穿孔の小型丸底壺がある（第２図）。また、３号住居跡では、小型丸底壺、さらにその近くで小型粗製手捏土器４点を確認している。年代は、共伴の土器からみて５世紀中葉と考えられる遺跡である。

　まず、注意深くこの遺跡の周辺（第３図）を観察すると、この地は延喜式内社である伊和神社の鎮座地であり、遺物の出土した北近くには鶴之石と伝承される自然石が存在している。自然石

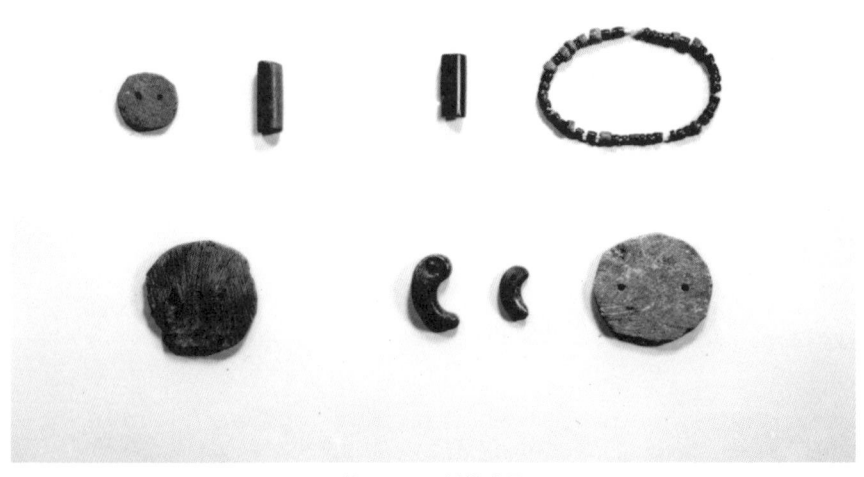

第２図　石製模造品
（左）高田遺跡、（右）伊和遺跡（宍粟市教育委員会蔵）

第2章　播磨国の祭祀遺跡―風土記にみる神まつりの背景―

第3図　式内社伊和神社の社叢・宮山（南西から）と伊和遺跡位置図

はいわゆる磐座と呼ばれる依代であって、そこに神を招き神まつりを行なったであろう。さらに、北東には宮山と呼ぶ三角形をした小さな富士山を思わせる山が聳えている。こういった山は、神奈備山と呼ばれる聖なる山で、原始・古代には神の籠もられる山として崇拝の対象となったのである。このような条件からみると、この祭祀跡は、伊和神社の造られる以前より神まつりが行なわれた所であり、宮山・鶴之石に神を招いて祭祀を執り行ない、まつりの終了後祭祀具を一括埋納もしくは保管していた所と理解できるのである。

このように、単に祭祀遺物が見つかるだけでなく、厳密な意味での祭祀遺跡と認知するための要件を挙げれば、以下のようになろう。
① 祭祀遺物が認められること。
② 遺構（巨石・土坑・溝など）に伴うこと。
③ 祭祀の対象物が存在すること。
特に、③の祭祀の対象が明らかでなければ、祭祀遺跡というには躊躇せざるを得ない。

6　祭祀の対象とその具体例

そこで、筆者は祭祀遺跡をその対象から、次の３類に分けて考えているのである。
　Ⅰ類　墳墓地域の祭祀
　Ⅱ類　生活・居住地域内の祭祀
　　　　１．自然を対象とした祭祀　　a　山岳の祭祀
　　　　　　　　　　　　　　　　　　b　水系の祭祀（河川・泉・井戸など）
　　　　　　　　　　　　　　　　　　c　巖石地の祭祀
　　　　　　　　　　　　　　　　　　d　島嶼や沿岸部（海岸）の祭祀
　　　　　　　　　　　　　　　　　　e　峠や岻（境界）の祭祀
　　　　２．住居周辺の祭祀
　　　　３．まじない（祓も含める）
　Ⅲ類　生産地域の祭祀（水田・製塩・製鉄など）

Ⅰ類の例は、神戸市西区玉津田中遺跡の供献土器がみられる弥生時代の方形周溝墓（墳墓）群、たつの市養久山41・43号墳・タイ山４号墳のように周溝内に土坑を掘り古式の須恵器を供献する古墳、兵庫県下最大の規模を持つ五色塚古墳の埴輪群と築造時期より新しくなる子持勾玉、タイ山１号墳出土馬形埴輪などの埴輪祭祀がある。

Ⅱ類１－ａは、前記の伊和遺跡と宮山、押部遺跡と神戸市雄岡山のほか、宍粟市山崎町・須賀沢銅鐸と最上山、姫路市夢前町・神種銅鐸と明神山などがあり、筆者は多くの銅鐸出土地の近辺には神奈備形の山が存在していることから、何らかの関係があるものと推測している。

ｂは、大溝の落込み際に石製模造品（有孔円板・勾玉など）を発見した姫路市長越遺跡、井戸状遺構付近に手捏土器と小型精製土器を供伴した佐用町本位田遺跡などが挙げられる。

ｃでは、山中の巨石下から弥生土器が出土したたつの市新宮町鹿子遺跡、摂津には磐座下から

銅戈を発見した保久良神社遺跡があり、dには石製模造品（有孔円板・臼玉）を発見した明石市藤江遺跡、姫路市家島群島の上島（祭祀遺物は未発見であるが、『播磨国風土記』に記載のある神島に比定できること）などが候補として存在する。

eには、峠の入口にあたる巨石下から磨製石剣が発見された神河町女淵（根宇野）遺跡などがある。このような地点から祭祀遺物が出土することは、内と外を画する境界の意味も含まれていたようである。

Ⅱ類2の事例は、竪穴住居跡埋土中に手捏土器が多量に発見された播磨町大中遺跡、集落内の大溝に石製模造品（有孔円板・剣形品・臼玉など）を出土した加古川市砂部遺跡、住居周辺の溝内に石製模造品（臼玉）と初期須恵器・手捏土器を伴出した加東市家原堂ノ元遺跡、集落内の溝に石製模造品（有孔円板）と別地点に手捏土器を発見した宍粟市高田遺跡、竪穴住居跡の竈横に石製模造品（有孔円板）を検出した宍粟市河東南遺跡などが知られる。これらは、水に伴うまつりや住居（竈）廃絶時のまつりなどが想定出来よう。なお、住居内の出土の場合には、祭祀遺物の保管場所であることも考慮しなければならない。加東市河高上ノ池遺跡の土製模造品、赤穂市沖田遺跡の土馬などを、筆者は保管例と捉えている。

古墳時代までのⅡ類のまつりは1と2がその中心であったが、天武・持統朝以降になると、朝廷がこれまでの祭祀に道教の思想を加味して創設した3の祭祀が主体となる。祓の儀式もこれに含められる。木製人形などを使用する木製模造品の祭祀が、官衙関係の遺跡で多く発見され、その代表的なものとして姫路市辻井遺跡、たつの市小犬丸遺跡などが挙げられる。木製模造品には人形のほか、馬形・鳥形・刀形・舟形・斎串などが存在する。

Ⅲ類には、水田の水口などに土器を置く例。窯跡例としては、明石市魚住遺跡（12世紀末）では窯体内に土師器の出土があり、窯廃絶時のまつりが考えられる。製塩跡では、赤穂市堂山遺跡（12世紀末）で沼井と呼ぶ容出装置を造る際に木製模造品（人形・刀形など）を埋納した例が知られる。このように生産遺跡では、操業の安全を願う祭祀と、収穫出来たお礼（感謝）のまつりの二通りのありかたが推測されるのである。

7　原始神道期の播磨—祭祀遺物の時期とその分布—

（A）弥生時代後期〜古墳時代前期

小型精製土器と手捏土器がある。ともに、その初源は弥生時代前期に遡る。播磨でも神戸市新方遺跡の弥生時代中期の周溝墓から小型精製土器、中期のたつの市新宮町宮内遺跡の竪穴住居跡と後期の西脇市戸田遺跡の竪穴住居跡から手捏土器の発見があり、こうした一連の流れの中で捉えることが可能であろう。なお、これらは共伴する場合と単独出土の場合があることから、祭祀の目的に合わせ使い分けがあったと推定されている。一般に精製土器は墳墓地に、粗製（手捏）土器は住居跡およびその周辺に出土することが多い。

分布は、播磨町大中遺跡、太子町川島遺跡、たつの市門前遺跡・鵤遺跡、赤穂市堂山遺跡、佐用町本位田遺跡、宍粟市一宮町生栖遺跡などに認められ、現状では未発見の地域もあるがほぼ播

磨全域に及んでいると考えられる。

そのほか、この時期で注目されるのが大中遺跡の土製模造鏡である。土製勾玉などの例は弥生時代北九州の墳墓にみられ、石野博信は当該遺跡の住居形態と同類のものが北九州にあるという。この影響のもとに作られたのであろうか。検討を要するところである。

(B) 古墳時代中期

滑石製模造品が集落遺跡に出現してくる。時期は、播磨では確実に決定出来るものが少なく、模造品の器種も有孔円板・勾玉・臼玉とわずかな剣形品および有孔長方板に限られるため判定しがたい状況にある。そうした中で、最も古いものは有孔円板・勾玉の形態から考えて、長越遺跡、太子町亀田遺跡の5世紀前葉から中葉である。次いで、伊和遺跡のもので5世紀中葉と推定する。砂部遺跡は年代に幅があるが、初期須恵器に伴う時期のものがある。さらに、5世紀の後葉から6世紀初頭と考えられるのは、勾玉の形が偏平化した姫路市兼田遺跡、太子町川島遺跡のものである。家原堂ノ元遺跡も伴出する須恵器はTK208型式のものであるが、滑石製模造品は臼玉のみで、この時期と捉えたい。また、新方遺跡の玉造りは5世紀末の年代と考えられ、周辺の玉津田中遺跡、押部遺跡、神戸市出合遺跡・白水遺跡のものも同時期と理解している。

次にその分布であるが、非常に偏る傾向が認められる。すなわち明石川流域と市川下流域の2箇所に集中し、揖保川流域（宍粟市・たつの市）と加古川流域（加古川市・小野市・加西市・加東市）では点在する。あくまで現状ではあるが、美囊郡・多可郡・赤穂郡・佐用郡など周辺部に見当たらないのである。参考に、古墳出土の滑石製模造品の分布もみてみよう。東から神戸市五色塚古墳（子持勾玉・臼玉、6世紀中葉）、加西市黒石山12号古墳（勾玉、5世紀末～6世紀初頭）、姫路市宮山古墳（勾玉・臼玉、5世紀中葉～後葉）、同兼田2号古墳（臼玉、5世紀末～6世紀初頭）、宍粟市一宮町伊和中山1号古墳（臼玉、5世紀初頭）、上郡町中山12号古墳（勾玉・臼玉、5世紀末～6世紀初頭）、相生市壺根8号古墳（勾玉・臼玉、5世紀末～6世紀初頭）である。やはり、市川下流域を中心に神戸市、加西市、宍粟市に点在している。また、滑石製模造品を出土する祭祀遺跡が認められない赤穂郡に拡がる点は注意されよう。

このように、播磨では時期が異なるものの、飾磨郡（現姫路市）と明石郡（現明石市と神戸市の西部）の二つの中心地が認められる。まず5世紀の前葉から中葉にかけて中央部の飾磨郡に新しい祭祀形態が入り、次いで西北部と西南部の揖保郡・宍禾郡・赤穂郡・神前郡、東北部の印南郡（現加古川市）・賀毛郡（現加西市、小野市、加東市）へと拡がっている。そして、5世紀末には東部の明石郡に、集中的に拡散するのである。

こうした中で、注目しなければならないものに北播磨の加東市河高上ノ池遺跡の土製模造品がある。滑石製模造品に代表される祭祀とは、別系統の在地の祭祀具なのであろうか。また、同地域の西脇市には高田井遺跡のように滑石製模造品を使用しない手捏土器のみの祭祀もあり、注意されるのである。

(C) 古墳時代後期

小型粗製手捏土器の出土量が増大し、土製模造品が一般化する。播磨では宍粟市高田遺跡の手捏土器出土地点、赤穂市東有年・沖田遺跡の土馬・手捏土器の出土した竪穴住居跡などがこの時

期にあたり、丸山窯出土の鋤か鍬先の土製品もこれら土製模造品の一種であろう。

8　おわりに

　以上、滑石製模造品を出土する遺跡は石製模造品のもつ性格からみて畿内倭政権祭祀（大和政権の進出）の影響下にあった地域と考えられ、古墳時代中期の播磨では餝磨郡・賀毛郡・明石郡にそれぞれ核があったと理解できるのである（各地域の詳細は第1章の「播磨地域の古墳時代」を参照せられたい）。
　また、祭祀遺物の中でも土製模造品を出土する遺跡は、風土記にみられるような在地の神々を祭る祭祀の痕跡と捉えることが可能なのである。
　このように、『播磨国風土記』の原像となった古墳時代には、在地の伊和大神の勢力と畿内の勢力（伊和大神の勢力は古墳時代の初頭に餝磨郡から宍禾郡に追いやられ、畿内勢力がこの見張り役としてたつの市新宮町吉島古墳の被葬者を充てたのである。後、5世紀の中葉には、石製模造品の分布状況から、宍禾郡内も完全に畿内勢力に統一されたとみられる）、また山陰・山陽・四国系土器にみる出雲・吉備・讃岐の勢力、さらには陶質土器にみる朝鮮半島からの渡来人まで登場し、興亡を繰り広げていたのである。
　最後に、『播磨国風土記』に記された神々についてみてみよう。水野祐によれば登場する神々の数は53柱で、それらの神に関わる説話（神話）の数は101話である。これら神話は、宍禾郡・讃容郡・神前郡の西北部と、西南部の揖保郡・餝磨郡が濃密な分布を示す地域となっている。この中で、説話の数が19話と一番多く、6郡（餝磨・揖保・讃容・宍禾・神前・託賀）にわたって分布するのが、播磨土着の伊和大神である。次いで、大汝命（大国主命）が13話で5郡（餝磨・揖保・宍禾・神前・賀毛）にわたっている。この神は極めて著名な出雲の神なのであるが、『播磨国風土記』では記紀と異なる独自の神話を持っているのである。そして、2郡以上にまたがって現われる神は、天日槍と少日子根命・住吉大神であり、この3柱の神のみが播磨固有の神ではない。他の48柱の神は、中央神話（記紀神話）に全く登場しない、一郡に限ってみられる播磨地方の人々のあいだに伝わった素朴な伝承をもつ土着の神なのである。これが、折口信夫のいうところの「前代を貽した播磨風土記」の特色であり、それゆえ古くは、各地域ごとに独自の神を祭る集団が存在したことが理解されるのである。

引用・参考文献
秋本吉郎　1958『風土記』日本古典文学大系第2冊　岩波書店
石野博信　1977「4、5世紀の祭祀形態と王権の伸張」『ヒストリア』第79号
石野博信　1985「播磨の中の出雲と筑紫」『松岡秀夫傘寿記念　兵庫史の研究』
茨城県教育財団　1988「尾島貝塚」『一般県道新川・江戸崎線道路改良工事地内埋蔵文化財調査報告書』
大場磐雄　1943『神道考古学論攷』葦牙書房
大場磐雄　1971「埼玉県の祭祀遺跡」『神道宗教』第65・66号
大平　茂　1990「祭祀遺物よりみた古墳時代の播磨地方」『今里幾次先生古稀記念　播磨考古学論叢』

大平　茂　1993「兵庫県下の古墳時代祭祀遺跡概観」『古墳時代の祭祀　祭祀関係の遺跡と遺物』東日本埋蔵文化財研究会
置田雅昭　1985「おやさと考古散歩（第三回）古代の祈り」『よのもと』第84号
折口信夫　1932「風土記に現れた古代生活」『岩波講座日本文学』
金子裕之　1980「古代の木製模造品」『奈良国立文化財研究所論集』Ⅴ
金子裕之　1991「祭祀具の武器・武具・農耕具」『古墳時代の研究』3　雄山閣
金子裕之　1993「考古資料と祭祀・信仰・精神生活」『新版古代の日本』10　角川書店
亀井正道　1971「祭祀遺物」『古代の日本』2　角川書店
亀井正道　1985「浜松市坂上遺跡の土製模造品」『国立歴史民俗博物館研究報告』第7集
関　和彦　1984「古代村落と神祇信仰」『風土記と古代社会』塙書房
佐野大和　1984「神道の生成－神道考古学序説－」『東アジアの古代文化』第39号
瀬川芳則　1985「スキを立てるまつり」『考古学と移住・移動』同志社大学考古学シリーズⅡ
瀧音能之　1991「『風土記』の呪的世界」『月刊歴史手帖』第19巻第9号
千葉県教育委員会　1980『我孫子市日秀西遺跡発掘調査報告書』
松岡秀樹　1976「土製U字型鍬先について」『古代学研究』第81号
松井和幸　1987「日本古代の鉄製鍬先・鋤先について」『考古学雑誌』第72巻第3号
真弓常忠　1978「古代製鉄祭祀の神々」『日本古代祭祀の研究』学生社
水野正好　1983「馬・馬・馬－その語りの考古学－」『文化財學報』第2集　奈良大学
水野　祐　1987「播磨国風土記」『入門・古風土記（上）』雄山閣
村上絃揚　1974『播磨一宮伊和遺跡』一宮町文化協会
和田　萃　1987「古代における礼と身分意識」『日本の社会史』第7巻　岩波書店

第3章

マツリとマジナイの考古学
―播磨地域を中心に―

1　はじめに

　人間の暮らしは、政治と経済的な活動、そして信仰など精神的な部分で構成されている。
　考古学という学問は、これまで発掘調査で発見した遺構や遺物から主に原始・古代人の政治的・経済的生活を考えてきたのである。しかし、これからの考古学はモノを集めて分析するだけではなく、ココロを含めた過去の人間生活を考えるものでなければならない。現代でも、人々は生活をもっと豊かにとか、もっと幸せにと吉や福を願い凶（災い・病気・火事など）を避けるため、神社・仏閣に参詣し神や仏にお願いをしているのである。
　本章では、播磨地域から出土した祭祀遺物を取り上げて、何を神と敬ってまつり、何に恐れをいだいていたかという神祀りと呪い（精神生活の一端）を紹介してみたい。

2　土偶と石棒の祈り

　縄文時代の祭祀遺物では、まず土偶がある。年代によって、板状のものから立体的なものまであり、特に東日本に多く西日本では後期から晩期に使用されている。ただし、播磨地域では神戸市大歳山遺跡と太子町東南遺跡の2例のみの発見である。
　東南遺跡出土のものは後期の年代で、首から上の部分と下半身がないが、乳房の表現から女性像と理解できる。全長は、復元すれば10cm程度であろう。
　土偶の大半は女性像であり、壊れた状態で出土している。一般には、女神像・玩具・安産護符など様々な用途が想定されている。また、病気治療のために悪い箇所を傷つけ壊したとする説もある。この説であれば、病気を悪霊の仕業と捉え、人の形代である土偶に病気を移して、悪霊を追い出すために壊したことになるのである。
　また石棒は、播磨では姫路市辻井遺跡、同堂田遺跡などの8遺跡に発見例がある。写真①は佐用町の平福遺跡から出土したものである。一部欠けているが、現状で25cmの長さを測る。小型化と偏平化から、後期末〜晩期のものと考えられている。
　石棒は形態が男性器を表現していることから、活力や生命の誕生・豊饒を祈ったものと捉えられている。水野正好は土偶を女性・農耕・植物に比定して、石棒を男性・狩猟・動物といった男性原理のものと理解している。そして、まつりの目的はこれら冬になって眠りや死に至ったもの

が、春に目覚めあるいは再生する「よみがえり」にあると言う。素晴らしい解釈である。筆者もこれに近い見解を持っている。

　青森県三内丸山遺跡の発掘調査の成果で、これまでの縄文時代のイメージが大きく変わったが、やはりムラの周辺の貝塚などを見ると動物や魚を捕らえ、貝と山菜や木の実を採るという狩猟採集の社会だったのである。精神生活の面では、自然界の脅威の中で神と動物と人が混沌として一体となったアミニズムの世界といわれている。神も、また社会を構成する一員であり、縄文人は動物と共に生き、それに神性を認めていたようである。その証拠が土器を飾った蛇であり、猪の土偶なのである。

3　銅鐸のマツリと鳥装シャーマン

　弥生時代では、祭祀具の代表として青銅で作られた銅鐸・銅剣・銅戈が挙げられる。

　銅鐸は播磨では所在不明のものを含め12点の出土例がある。宍粟市青木、同須賀沢、同閏賀、同岩野辺など播磨西北域に多く発見される遺物である。『播磨国風土記』に記載のある伊和大神との関係も考えられるところである。旧三日月町下本郷からも江戸時代に銅鐸が出土している。地元に現物は残っていないが、幸い絵図があり、須賀沢と同じ突線鈕Ⅳ式の新しい形式だとわかった。近年、置田雅昭の調査で米国メトロポリタン美術館の所蔵品がそれだと判明している。

　銅鐸は佐原真に代表される農耕祭祀に使用するものとの考え方が一般的であり、地霊・穀霊の依代とされている。しかし、酒井龍一や森岡秀人らの悪霊や外敵を防ぐもの、疫病・台風などを回避するものとの見解も出てきた。その考え方が正しいのであれば、疫病や自然災害などがもたらす荒ぶる神の侵入を防ぐため、ムラや国の境界に埋納したものと理解出来る。筆者は学生時代から出雲の例（神庭荒神谷・加茂岩倉遺跡）のように、発見地の周辺に富士山の形をした山（神奈備山）が多く認められることから、山の神との関連に注目しこの神への奉納品と捉えている。播磨の例では須賀沢の西にある最上山、閏賀の東に聳える宮山、姫路市夢前町の神種銅鐸は明神山が挙げられよう。

　銅剣は、上郡町別名遺跡など4遺跡に発見例のある武器形の祭器である。佐用町西徳久のごうろ山では中腹の巨岩下から発見されている。一部の銅鐸と似た出土状況は、同じ目的の祭祀に使用した根拠となり、実際島根県や広島県では銅鐸と銅剣を同じ所に埋納した遺跡も存在する。また、大きな岩の下というのも注目され、摂津の保久良神社遺跡でも巨石下から銅戈が出土してい

写真①　平福出土「石棒」
（佐用町教育委員会所蔵）

る。青銅器の埋納は、石の信仰とも関わるようである。

さらに、遺跡によってはこれら青銅祭祀具を石や木で代用しているところがある。姫路市夢前町梅谷遺跡の石剣や、神戸市玉津田中遺跡の木剣・木戈などである。こうした例から、弥生時代のまつりには集落（ムラ）単位とそれを越えた広域単位の祭祀という重層性・階層性があったと考えられている。

そのほか、祭祀具として分銅形・銅鐸形・人形の土製品、鳥形・人形の木製品、絵画土器・小型精製土器・手捏土器などがある。分銅形土製品は、岡山南部を中心に瀬戸内海沿岸部の中期の遺跡に分布するものである。播磨地域では、たつの市と赤穂市の遺跡に多く発見されている。写真②は太子町亀田遺跡の出土品である。人の顔を表現している古いタイプである。

写真②　亀田遺跡出土「分銅形土製品」
（兵庫県教育委員会埋蔵文化財
調査事務所提供）

絵画土器は、播磨各地（神戸市玉津田中遺跡、西脇市大垣内遺跡、太子町川島遺跡など）に鹿や建物などを描いたものがある。特に、たつの市養久山前地遺跡のものは4頭の鹿・3棟の建物・1人の司祭者（シャーマン）が描かれている。調査担当者は農耕儀礼を表現したと考えており、弥生時代の祭祀の様子が復元できるものと注目される。また、この司祭者は手足と顔の表現が鳥装の人物となっている。金関恕や春成秀爾は、弥生時代農耕祭祀儀礼の中心的役割を果たしたのがこの鳥装シャーマンだと言う。当時、鶴や鷺は穀物霊を運ぶ鳥と信じられ、大阪府池上曽根遺跡ではムラの入り口に鳥形木製品が立てられていた。そして、動物では縄文人が好んだ猪よりも、鹿を信仰の対象として選んでいた。この点、『播磨国風土記』讃容郡の条の地名説話にある鹿の生血を取り、これに稲種を蒔き成長させた呪術は大いに参考となる。なお、岡山県や大阪府に出土例のある鹿などの肩甲骨を灼く占い（卜骨）の道具はいまだ見つかっていない。

この時代は、水稲耕作を基盤とする農耕と、青銅器を始めとする金属器を受け入れた外来文化の社会である。さらに、大陸から渡来人の伝えた神観念が持ち込まれ、それを改変した新しい信仰が生まれたのである。そして、まつりが地域統合の象徴になり、祭祀具が信仰の対象に変わっていったようである。

4　王権の祭祀と土着神のマツリ

続く古墳時代の前期では、弥生時代以来の農耕に関わるまつりと、新たに葬送儀礼の場である古墳（墳墓型）のまつりが登場してくる。埋葬主体部から発見される副葬品は、鏡・剣・玉類を中心としながらも、極めて呪術性の強い鍬形石・車輪石・石釧などの碧玉製品や鉄製・滑石製の模造品を埋納する特徴が見られるのである。

播磨地域ではたつの市権現山51号墳に、卑弥呼に贈られたとされる三角縁神獣鏡と特殊器台形埴輪が共伴し注目されている。また、たつの市新宮町の吉島古墳にも三角縁神獣鏡が複数発見された。この古墳については、筆者は『播磨国風土記』に記載のある宍粟郡に引き上げた伊和大神

勢力の見張り役を畿内政権から与えられた人物の墓と捉えている。そのほか、明石市藤江別所遺跡では井戸の中から車輪石や銅鏡などが発見され、湧水（水神）の祭祀と考えられている。古墳以外から車輪石が見つかったのは、非常に稀なことなのである。

　古墳時代の中頃になると、神々の鎮座地が明確になると共に、その特定の場を聖なる地と考え子持勾玉、滑石製模造品（有孔円板・勾玉・剣形品・臼玉など）に代表される祭祀遺物を使用した狭義の祭祀遺跡が各地に出現してくるのである。宍粟市一宮町伊和遺跡はこの典型例となろう。

　また、滑石製模造品（子持勾玉を含む）は畿内政権が採用した国魂（和魂）への献供品であり、これを出土する遺跡は畿内政権の影響下にあった地域と捉えられる。このことから、伊和遺跡の勢力は弥生時代に西播磨全域を支配する力を持っていたのであるが、古墳時代前期には本拠地の宍粟郡に追いやられ、後に滑石製模造品を使用する祭祀を受け入れ、5世紀の中葉には畿内政権に統一されたと考えることが可能である。

　滑石製模造品で最も古いものは、有孔円板と勾玉の形態から考えて姫路市長越遺跡、太子町亀田遺跡、小野市高田宮ノ後遺跡の5世紀前葉から中葉の時期である。姫路市小山遺跡の子持勾玉も5世紀前葉頃の年代で、全国的にも最古のものである。次いで、伊和遺跡のものが5世紀中葉と推測出来る。加古川市砂部遺跡は遺物の年代に幅が認められるが、初期須恵器に伴う時期のものが注目される。5世紀の後葉から6世紀初頭と考えられるのは、勾玉の形が偏平化した姫路市兼田遺跡、太子町川島遺跡のものである。加東市家原堂ノ元遺跡の伴出する須恵器はＴＫ208型式のものであるが、滑石製品は臼玉のみで、筆者はこの新しい時期と捉えている。また、神戸市新方遺跡の玉造も5世紀末から6世紀初頭と考えられ、周辺の出合遺跡、白水遺跡、押部遺跡なども同時期と理解できる。

　ここで、注意しなければならないのはこの分布であって、非常に偏る傾向が見て取れる。すなわち、若干時期が異なるものの飾磨郡・賀毛郡・明石郡に中心が認められるのである。まず、5世紀の前葉から中葉にかけて中央部の飾磨郡・加古郡と賀毛郡にこの祭祀形態が取り入れられ、次いで西北部と西南部の揖保郡・宍粟郡・赤穂郡へと拡がっている。また、5世紀末以降は東南部の明石郡に集中するのである。この中心の三地域（飾磨郡・賀毛郡・明石郡）が「国造本紀」に記載のある針間国造・針間鴨国造・明石国造の勢力に対応するものと考えられる訳である。

　一方、畿内政権の祭祀具である石製模造品に対して、筆者が土着の神（荒ぶる神）への供献品と考えた土製模造品（人形・馬形・鏡・勾玉・武器・武具・機織具・農工具・厨房具・食物形など）は、病気を始めとする祟りなすものへの呪具と捉えられる。

　播磨地域における土製模造品の発見例は、加東市河高上ノ池遺跡で人形と鏡・勾玉など、播磨町大中遺跡に鏡と鳥形品、赤穂市東有年・沖田遺跡と三木市田井野遺跡などに土馬がある。

　これらは竪穴住居跡から見つかったものであるが、最近は古墳からの発見もある。加古川市行者塚古墳では、前方後円墳のくびれ部にある造り出し部分から囲形や家形埴輪と共に菱の実形・あけび形・餅形などのものが出土している。加西市のクワンス塚古墳でも、円墳に付く造り出しから埴輪と共に円板形やねじり棒形のものが出土した。いずれも供物の模造品と捉えられ、古墳（造り出し部）の祭祀を考える上で貴重な資料である。そのほか、相生市丸山窯跡では、鍬先の模

第3章　マツリとマジナイの考古学―播磨地域を中心に―

写真③　東有年・沖田遺跡出土「土馬」
（赤穂市教育委員会所蔵）

造品と考えられるものが見つかっている。土地を開墾するに当たって、必要な呪具であったのだろう。

　河高上ノ池遺跡は、加古川中流域右岸の段丘上に立地する古墳時代の遺跡で、発掘された遺構には竪穴住居跡2棟がある。土製品は2号住居跡から人形6点、鏡2点と勾玉4点、盾1点と短甲1点の模造品および手捏土器が出土している。年代は5世紀の後半頃である。この遺跡では土製人形が単独でなく、武具・装身具の土製模造品や手捏土器を伴うことが注目出来る。祭祀の対象は何なのか明らかにし難いが、土製人形を出土した代表例の埼玉県むじな山遺跡や静岡県坂上遺跡では、峠や道に面した遺跡立地から境界の神のまつりに用い、悪霊などの侵入を防ぐものと推測されている。筆者も、基本的にこの考え方に賛同したい。

　次に東有年・沖田遺跡は、千種川下流域右岸の微高地に立地する集落遺跡である。土馬（写真③）が、古墳時代後期（6世紀後半）の3号住居跡から手捏土器と共に出土している。鞍を持たないが、実に写実的な馬の形態を表現している。全国的にも最古級のものである。

　従来、土馬は水神と関連づけられ、水神祭祀の供献品とされてきたのであるが、水野正好は疫病神や祟り神およびその乗り物と理解され、完全な形で発見されるものがないことから、疫病神の活動を止めるために損壊して祀ったとされた。筆者もこの考え方が当を得ていると考える。また、『肥前国風土記』の佐嘉郡の条には、荒ぶる神を鎮めるために土の馬形と人形を作って祀ったとも記しているのである。

　播磨の例も、こうした先学の研究と住居跡という出土状況から考えて、疫病などで亡くなった人の住居を廃棄するためのまつりか、祭祀具の保管場所と捉えるのが適切と考える。なお、この時代の祭祀で注意すべきは、神まつりと葬送儀礼を区別すること、土着のまつりと畿内政権のまつりを区別するということである。

5　木製人形のマツリ

　奈良・平安時代では、都城を中心に木製祭祀具（人形・馬形・舟形・鳥形・刀形・斎串など）、人面墨書土器・土馬・模型竈、さらに金属製祭祀具（鏡・鈴など）の発見がある。これらは、一般に祓に使用する祭祀具とされている。祓とは、人形に息を吹きかけたり体を撫でたりして、その人についた罪や穢れを移した後、これを水（川）に流し去ることで身と心を正常にする祭祀なのである。

　馬形・鳥形・舟形などは、罪穢を背負った人形の乗り物と考えられている。人面墨書土器は罪

穢を人の息と共に封じ込め、流し去るものである。土馬も特に都城型と呼ばれるものは、人面墨書土器と同様に祓の儀式に用いるもの。模型竈は、竈神を祀るためのもの。これらは、大和朝廷が古墳時代からの祭祀具と新たに大陸から伝わったものを組み合わせ、律令祭祀の体系として創出したものである。

　この祓の中で、最も重要なものが6月と12月の晦日の夕刻に執り行なわれる大祓である。すなわち、宮中ではまず天皇が穢れを浄化された後、神祇官を中心に貴族・役人達が朱雀門前の広場に集まり、人形を使って天災・疫病などの原因とされる罪・穢れを速やかに宮外・京外、そして国外へ祓う儀式なのである。その結果、7月の中元と1月の元旦は年に二度の蘇り、清浄な清々しい日になるのであった。

　地方の官衙でもこうした祭祀が国司・郡司を中心に実施され、播磨地域でも木製模造品が出土する遺跡として姫路市本町遺跡、同辻井遺跡、たつの市小犬丸遺跡、多可町安坂城の堀遺跡などが挙げられる。本町遺跡は播磨国府、辻井遺跡（草上駅）と小犬丸遺跡（布施駅）は山陽道の駅とされる遺跡で、安坂城の堀遺跡は豪族の居館もしくは郡衙の関連地とされる遺跡である。それぞれ、木製祭祀具は人形・馬形・斎串などが発見されている。なお、安坂城の堀遺跡の人形は通常と異なる一本足のものである。また、この遺跡では全国的にも数少ない鍬（鋤）先の木製模造品が見られる。

　出産に伴う呪いとして胞衣を建物の入口にお金と小刀や筆・墨と共に容器に入れて埋め、富貴長寿を願ったものや、人形を病気治療の呪いに使用した例が平城京で報告されている。この人形には表に顔の墨書があり、裏面の中央に「左目病作」と書かれていた。おそらく眼の病が起こった時に、治療の祈願をしたのであろう。さらに、文献には弓の弦を弾き鳴らして妖魔を祓う（鳴弦）とか、散米をして魔除け呪法としたとの記載もある。このように、お産の時に鬼（悪霊）を近づけないように呪いを行なったり、病気を悪霊の仕業と考え、これを人形に移し、時には悪霊を追い出すために患部を傷つけて祓い流したのであろう。当時、呪いは典薬寮の呪禁師に見るように医療技術の一環でもあったのである。

　そのほか、牛馬を生贄として祀る漢神信仰も存在したようである。筆者も土馬に注目し注意深く観察していると、馬の喉元を傷つける殺馬表現のあるもの（篠山市西木之部遺跡出土品）を発見する機会に恵まれた。この例は、明らかに渡来神に関わるものである。

6　マジナイの世界

　律令国家の体制が弱まった古代（10世紀頃）から中世になると、陰陽師安倍晴明に代表される呪いの世界が貴族から庶民へと拡がっていくのである。天刑（形）星信仰と北斗七星信仰もその一つで、当初諸悪を司る神として牛頭天王があり、その上にこれら疫鬼を退治し人々を守護する天刑星という星神があった。後に、牛頭天王は強い力故に祓われるべきものから天刑星と習合して、人々を救済・守護する神へと転換していった。また、天帝の乗り物である北斗七星は天罡星であり、治病・消災・延生の効能があるとされる。

遺跡からはこうした呪いの世界を示すものとして、道教の秘文である符籙や呪句「急々如律令」などを記した呪符木簡があり、播磨地域では赤穂市有年原田中遺跡や姫路市大井川第4地点遺跡などから発見されている。

神戸市玉津田中遺跡出土のもの（写真④）には、「□□□（符籙）急々如律令」という文字が書かれている。有年原田中遺跡の例を参考にすると最初の文字は咄天罡と考えられ、天帝が北斗七星の天罡に命ずるということ。符籙の鬼の群列は病魔を表わし、急々如律令は速やかに正常に戻れという意味の呪句。すなわち、「鬼よ去れ」の意を持ち、天罡星に病魔（疫病）の侵入を止めるよう指示した札なのである。

これと同様のものに「蘇民将来札」があり、豊岡市砂入遺跡や芦屋市六条遺跡などに出土例がある。祇園社が説く、牛頭天王の説に基づいて出される札である。天王が妻を求めて南海へ赴く途中、富裕な弟（巨端将来）の館に立ち寄り一宿一飯を請うが受け入れられず、貧者の兄蘇民将来に丁重なもてなしを受けた。妻を娶っての帰路、天王は弟一家を滅ぼすため館を攻める。この時に、弟一家に仕えていた蘇民の娘を救うために、「蘇民将来之子孫也」と記した札を渡した。この後、この札を持っていると、牛頭天王の撒き散らす疫病から逃れることが出来るという訳である。木の札は紙に代わったが、その伝統は現代にも脈々と受け継がれている。

そのほか、陰陽師を介して鬼（災・病）を廃除する一般的な物忌札があり、遊びの中にも鬼の忌避がある。例えば、正月に行なう羽根突き。古代・中世の遺跡からも羽子板の発見があり、羽根は胡鬼子、羽子板を胡鬼板と訓ぜられている。胡はペルシャ・イランなどの中近東を指す言葉で、この国の鬼が胡鬼、その子が胡鬼子である。わが国の鬼以上に、多くの災・病を振り撒く存在であったのであろう。これに取りつかれては大変と、胡鬼子を打ち合うのである。打ち負けた方は、胡鬼に取りつかれないよう顔などに墨を塗る必要があった。播磨では、佐用町長尾沖田遺跡などにこの羽子板が出土している。豊岡市（旧出石町）袴狭遺跡には、鬼を描いたものもある。

また、土地をさわる際に、その土地の神に永き安寧を願って行なう地鎮と呼ぶ供養がある。仏教・神道・陰陽道などそれぞれの方法で執り行なうため、地鎮具もお金と共に捧げる五穀と七宝などに少し異同がある。厥・輪宝などの密教法具を埋納する例も見られる。姫路市上原田遺跡では、奈良時代の掘立柱建物横の小土坑から和同開珎と小壺が発見されている。太子町立岡遺跡には、平安時代の掘立柱建物横の土坑から土師器皿10枚と銅銭1枚があった。近年、加西市宮ノ谷遺跡でも鉄製の鍬（鋤）先と共に土師器の小皿が見つかっている。これらが、古代の地鎮の跡といえよう。

さらに、姫路市玉手遺跡では水神と墨書された雨乞いもしくは止雨のための呪符木簡が出土し、同加茂遺跡では井戸を廃棄した時の祭祀として節を抜いた竹筒を挿したてた発見があった。

写真④　玉津田中遺跡出土「呪符木簡」
（兵庫県教育委員会埋蔵文化財調査事務所提供）

生産のための祭祀として、赤穂市堂山遺跡が知られている。ここでは、濃度の高い塩水を採る沼井と呼ぶ溶出装置を造る際に、木製模造品（人形・刀形・漆器椀など）を埋納していた。明石市魚住窯跡では窯跡内に土師器の発見があり、須恵器の窯で土師器を焼くことはないため、窯を廃絶する時のまつりと考えられよう。このように、生産遺跡では操業の安全を願う祭祀と無事収穫出来たお礼のまつりの2通りのあり方が推測されるのである。

そのほか、仏教遺跡として経塚がある。経典を書き写して埋納したもので、末法の世が到来するという思想が広まった平安時代後期（11世紀）以降多く造られている。当初は極楽往生・子孫繁栄・欣求浄土など複数の目的を持って行なわれていたが、鎌倉時代になると追善供養の性格が強まり、室町時代には廻国納経の一手段に用いられたのである。遺構は、神社や寺院境内の裏山など霊山・霊地に造られたものが多い。埋納地が、古来より聖なる地と考えられていたためであろう。経典は紙のほか、瓦や石などに書かれたものがある。播磨には、約30箇所の経塚遺跡が存在し、加西市江ノ上経塚を始め、経筒に仁平3年（1153）銘のある三木市高男寺経塚などが著名なものである。江ノ上経塚では、鏡・太刀・合子・銅銭などが出土し、県指定文化財となっている。近年では、姫路城の堀中より再発見された旧香寺町極楽寺経塚の瓦経や、法華経全8巻がほぼ完全な形で見つかった神戸市北区勝雄経塚が注目出来る。

7 おわりに

こうして見ると、播磨地域の原始・古代人も健康・長寿、除災・招福、豊饒・繁栄を祈る日常生活を送り、穢れや悪霊・疫神・鬼神の仕業が病気・災いを生む原因と考え、これらを居住空間に入れないように外へ追い出すことで、災いを未然に防ぎ病気の発生を抑え、病気になった時はこれらを追い出す努力をしてきたのである。

民俗学で言うところの神送りであり、行疫神や疫病神など災厄をもたらす存在が来てしまったら、それらを丁重にもてなすと、神々は自然に出て行くものだという信仰である。

以上、まつりとは個人または集団に幸をもたらすもの（神）、あるいは守ってくれるものを丁重にもてなすことであり、そのために供物をし、楽を奏で、共食することが基本であったと考えられる。

参考文献
置田雅昭　1990「兵庫県佐用郡三日月町下本郷発見の銅鐸について」『兵庫県の歴史』第26号　兵庫県史編集専門委員会編
金子裕之　1985「平城京と祭場」『国立歴史民俗博物館研究報告』第7集　国立歴史民俗博物館
酒井龍一　1980「銅鐸（邪鬼と封じこめのオブジェ）論」『摂河泉文化資料』第5巻第3号　摂河泉文庫
辰巳和弘　2003「古墳文化と神仙思想」『東アジアの古代文化』第116号　大和書房
寺沢　薫　1992「銅鐸埋納論上、下」『古代文化』第44巻第5、6号　（財）古代學協会
中村義雄　1978『魔よけとまじない』塙新書
藤井一二　1997『古代日本の四季ごよみ』中公新書1396

松岡秀樹 1976「土製U字型鍬先について」『古代学研究』第81号　古代學研究會
水野正好 1978「まじないの考古学・事始」『季刊どるめん』第18号　ＪＩＣＣ出版局
水野正好 1983「馬・馬・馬ーその語りの考古学ー」『文化財學報』第2集　奈良大学
水野正好 1986「まじない札の世界に」『月刊文化財』219号　文化庁監修　㈱第一法規
水野正好 1986「鬼神と人とその動き」『文化財學報』第4集　奈良大学
そのほか『兵庫県史』考古編と兵庫県教育委員会および兵庫県下各市町教育委員会発行の遺跡発掘調査
　　　報告書

第4章

但馬地域の古墳時代
―天日槍伝承と考古学―

1 はじめに

　兵庫県日本海側（但馬地域）の原始・古代の文化と交流を考えるにあたって、まず注目しなければならないのが北部の豊岡市出石町宮内に鎮座する出石神社と南部の朝来市山東町粟鹿に鎮座する粟鹿神社の存在である。

　出石神社は、『古事記』・『日本書紀』・『播磨国風土記』などに記載された新羅の王子「天日槍」が招来した神宝8種を八つの神格化した神となし、あわせて天日槍を祀る式内社である（写真①）。また、少し北に行った豊岡市三宅には、その子孫の一人で常世国に派遣された「田道間守」を祭神とする同じく式内社の中島神社が鎮座する。田道間守も、『記・紀』に新羅出身の三宅連の始祖とあるように、この周辺は新羅系渡来氏族の要素が強く残る地域なのである。

　一方、南部の式内社粟鹿神社では『田道間国造日下部足尼家譜大綱』や『粟鹿大明神元記』をみると、古くは出雲や丹波（丹後）と関係のある地域であったが、後に「日下部氏」や奈良の三輪明神大神神社に関係する「神部直」が但馬国造に任ぜられたとあり、畿内政権とも極めて深い

写真①　現在の出石神社

関係の地域と捉えられる。

　こうした文献や神社史からみても明らかなように、原始・古代の但馬の文化を考えるには、大きく南と北の両地域に分けて検討することが必要なのである。本章では、最近発掘調査の進んだ日本海側の北但馬（豊岡市・旧出石町周辺）地域を中心に取り上げて、但馬地域の古墳時代の文化と「天日槍伝承」との関わりを論じてみたい。

2　律令期の北但馬の発掘調査

　旧出石町から豊岡市にかけての地域は、かつて神美村といわれ、律令期には出石郡（出石郷・穴美郷）と呼ばれていた。この地は、日本海沿岸部まで約20kmという距離を測るが、円山川の標高から考えると日本海の入江（湖）のような土地柄であったと考えられ、海上交通・河川交通、そして陸上交通の拠点として存在したのであろう。

　出石郷には「天日槍」を祀る出石神社、穴美郷には「田道間守」を祀る中島神社が鎮座し、『記』・『紀』が両祭神を新羅の人とするのは、この地域が『記』・『紀』の成立する以前より、朝鮮半島方面への海上交通を利用するうえで深い関わりを持つ土地であったためと推測される。

　ついては、初めに但馬国（出石郡・城崎郡・気多郡・美含郡・七美郡・二方郡・養父郡・朝来郡）として広いまとまりを持つようになった奈良・平安時代の状況から見ていくことにしよう。

　まず、課題は但馬国府の所在地である。『日本後紀』には延暦23年（804）1月に気多郡高田郷へ遷ったとしているが、どこから遷ってきたかが記されていない。ということは、国府の所在地について延暦23年以前と以降の、新旧2箇所の検討が必要なのである。

　高田郷に移った第2次国府は、旧日高町教育委員会が実施した豊岡市日高町祢布ケ森遺跡の発掘調査の成果から、旧日高町役場周辺を当てる説が有力となってきた。

　祢布ケ森遺跡は、最近の調査で遺構として9世紀前半の南面庇を持つ大型掘立柱建物群や門を伴う築地塀跡、井籠組の井戸などが発見された。遺物にも「養父郡」「寛平九年（897）」「朝来郡」「二方郡」と墨書された紀年銘木簡や他郡の木簡、緑釉陶器、灰釉陶器、輸入陶磁器などが出土し、俄然注目を受けている。

　また、近隣の川岸遺跡では9世紀前半の溝内から顔を墨書した木製人形、木簡、木沓、檜扇、墨書土器などの官衙的様相の強い遺物が出土している。この遺跡は、発見の人形から但馬国府の祓所の一つと推測されてきたのである。

　そのほか、周辺の深田遺跡・カナゲダ遺跡でも国府移転後の「大同五年（810）」「弘仁三年（812）」「弘仁四年（813）」の紀年銘木簡と、「佐須郷田率」「官稲」「造寺米銭」など他郡・他郷の地名や税関係の木簡が出土している。

　しかし、第1次国府の年代に相当するものは見当たらない。そうした状況の中で、旧出石町教育委員会と兵庫県教育委員会による豊岡市出石町砂入遺跡・袴狭遺跡・入佐川遺跡・荒木遺跡などの調査が実施されたのである。

　砂入遺跡では、平城京やほかの地方官衙遺跡を遥かに凌ぐ大量の人形・馬形・斎串などの木製

249

祭祀具が出土している。木製祭祀具とは、杉や檜材の薄くした板を、人・馬などの形に模したもので、律令祭祀の中でも重要な「大祓」に使用したものといわれている。この木製祭祀具が、祓所と推定される平安時代の道路遺構や、下層の奈良時代の溝跡からまとまって発見されたのである。

荒木遺跡には、奈良時代と平安時代の二つの時期の11棟の掘立柱建物跡、並びに塀跡6箇所と井戸1基が発見され、墨書土器・硯・緑釉陶器などの遺物が出土している。奈良時代の8世紀前半とされる建物は、現在袴狭遺跡群の中では最も古い時期の建物である。

袴狭遺跡では、内田地区を中心に掘立柱建物跡と礎石建物跡が20棟以上と、その下流域に条里制に伴う上下2面の水田遺構が確認されている。遺物は官衙的な性格を示すものが多く、木製品に「延暦十六年（797）」「天平勝宝六年（754）」の紀年銘木簡をはじめ「国府」「出挙」などと記された約70点の木簡、祭祀具・琵琶・木枌・壺鐙などがあり、金属製品には「福」銘の銅印・八稜鏡・鈴・銅製帯金具・銅碗・銭貨などがある。土器類では、主に秦氏の人名を書いた約120点の墨書土器と円面硯・緑釉陶器・灰釉陶器などが出土している。

ただし、現在までの調査では役所跡そのものを示す遺構は未発見である。筆者は内田地区の上流域にある調査区でも律令期の河道を検出し、その中に人形・馬形などの木製祭祀具とともに奈良時代の木簡が含まれていたことから、さらに上流域の現在の水田部のうち、区画方位の異なる一町四方の場所をその第1の候補地として捉えている。

入佐川遺跡では、平安時代の橋状遺構が2箇所と水田遺構を発見している。遺物としては、人形・馬形などの木製祭祀具と墨書土器や田下駄などを確認している。しかし、袴狭遺跡・砂入遺跡に比較すると、この時期の遺物は極端に少ない傾向がある。

こうした一連の調査結果から考えると、各遺跡は袴狭遺跡を中心とした奈良時代から平安時代の官衙および条里制に編成された水田地帯であったと推測でき、律令期の地方行政の場・祭祀の場・生産の場として、すべてが有機的な関係をもっており、「袴狭遺跡群」として一括把握することが可能であろう。

さて、袴狭遺跡群の行政機関としての性格であるが、年代は第1次国府に相当する時期のものが存在するものの、役所の本体が確認されていない以上、特定し、即断することは許されない。

しかしながら、出土遺物から見る限り、第1次国府の存在の可能性は大きなものがある。とくに、年代判断の可能な木簡は8世紀から9世紀初頭のものと、9世紀から10世紀の二つの時期に分けることができ、前半のものには国府と出石郡衙の存在を示すものがあり、後半のものには出石郡衙に関するものだけという特別な状況が指摘されるのである。いずれにしても、律令期の但馬国は北の地域が中心であったのである。

また、一方この遺跡群の調査は出石神社北の神体山周辺に集中していたことから、「天日槍伝承」を研究するうえでも違った側面から注目されたのである。

そうした成果の一つが、渡来系氏族である秦氏（新羅系）名を記した木簡と墨書土器の発見であった。同じ袴狭地内に所在する薬師堂には、木造薬師如来坐像が安置され、これには「治承三年（1179）」の年紀とともに50人以上の結縁者の氏名が書かれている。この中には、秦姓を名乗

第4章 但馬地域の古墳時代－天日槍伝承と考古学－

る人物が4名いた。しかし、『出石町史』を執筆した石田善人は、この仏像が但馬以外で作られた可能性もあり、12世紀後半のものであることを考慮した結果、かつて秦氏がこの地に居住した根拠とするには弱いとされていたのである。

その後、前記した袴狭遺跡の平成2年度の発掘調査で、「秦磐」と墨書した土器が発見された。翌3年度の調査では、「秦マ大山秦マ弟麻呂秦マ□□」と記された木簡が確認された（写真②）。さらに、引き続き実施された調査でも、「秦浄」「秦讃」「秦戌」などの多数の秦氏に関わる墨書土器が出土している。

こうした発見で、古代の但馬に秦部という渡来系の人々が明らかに存在した事実を考古学上から確認できたのである。「天日槍伝承」の本貫地での秦氏名の遺物の発見で、秦氏・秦人・秦部の分布と天日槍伝承をもつ地域が完全に重複したことから、天日槍の系譜や伝承の形成には渡来系氏族である秦氏が大きな役割を果たしていたことが裏づけられたのである。中でも、中央の秦造や秦公は山背国を本拠とし諸国の同族である渡来氏族を統率したのであるが、『記』・『紀』・『播磨国風土記』を見るかぎり、但馬の秦氏・播磨の秦氏・近江の秦氏の役割が重要であったのである。

さらに、注目されるのが、文献に記載された天日槍の神宝の記事と天日槍の子孫三宅連である。

写真②　袴狭遺跡出土の木簡
（兵庫県教育委員会埋蔵文化財調査事務所提供）

神宝は、『日本書紀』によると羽太玉1箇、足高玉1箇、鵜鹿鹿赤石玉1箇、出石小刀1口、出石桙1枝、日鏡1面、熊神籬1具の7点で、また一説には葉細珠、足高珠、鵜鹿鹿赤石珠、出石刀子、出石槍、日鏡、熊神籬、胆狭浅大刀の8種ともいわれている。いずれも、珠や鏡、神籬のほか、刀子、槍、大刀などの工具・武器類であり、わが国では通常に神を祀るための必需の道具なのである。

これに対して、『古事記』の記録では種類が異なり、天日矛の将来品は玉津宝といって、珠2貫、浪振る比礼、浪切る比礼、風振る比礼、風切る比礼、奥津鏡、辺津鏡の8種である。これらのまじないに用いる布と鏡・珠は、波や風を支配する海上航海のための呪具といわれている。

また、天日槍の系列で田道間守の子孫の三宅連は、摂津に居住した三宅吉士氏とされ、難波ミヤケで主に難波津と海上交通を管理し、朝鮮半島との外交・航海に活躍した氏族である。このような、海上航海のための呪具を祭神としている出石神社と田道間守を祭る中島神社の存在は、円山川の河口部にある式内社の海神社の所在とともに、大和朝廷の対朝鮮半島方面との航海拠点が北但馬にあったと考えられる根拠となるのである。

3 古墳時代の北但馬渡来系の遺物と遺構

　では、このような但馬地域の特異性を、畿内倭政権の古墳時代にどこまで遡り理解することができるのか。それが但馬の古代史像をどう描くかということに関わってくるのである。

　文献資料で秦氏の居住が多く認められた滋賀県には、渡来系の遺物と遺構として陶質土器をはじめ大壁造住居や鍛冶遺構をもつ5世紀から6世紀代の集落跡が発見されている。また、墳墓には階段式石室と呼ばれる竪穴系横口式石室が見つかり、ミニチュア炊飯具も副葬されているのである。

　さて、この但馬地域には、いつ頃こうした渡来系の人々がやってきたのであろうか。さらに、古墳時代の渡来系の遺物と遺構について見てみたい。

（1）須恵器生産

　『日本書紀』では、天日槍は朝鮮半島から瀬戸内海、播磨、難波、宇治、そして近江を経て、若狭から但馬へ来たことになっている。また、その従人については、近江国の鏡村の谷の陶人と記しているのである[1]。ちなみに、陶人とは須恵器製作者集団のことである。現在、この鏡村周辺は古墳時代近江最大の須恵器生産地で、須恵器窯の初源年代は6世紀前後の頃と考えられている。「天日槍伝承」成立の時期を考える一つの目安である。

　但馬地域の須恵器窯で最古のものは、豊岡市の西に位置する豊岡市竹野町の鬼神谷1号窯である。工房としての住居址も発見され、蓋坏・高坏・甕などが出土している。その製品は、豊岡市の七ツ塚1号墳や亀ヶ崎5号墳などに供給されている。また、調査担当者の菱田哲郎は、須恵器生産の工人集団については発見した高坏の形態的特徴から、大阪府堺市陶邑窯の陶器山地区や高倉寺地区の製作技法の影響を強く受けた人々と推測されている。

　鬼神谷1号窯の年代は、考古地磁気の測定からここでも6世紀の前後頃と考えられている。とすれば、天日槍が但馬地域に登場する記事とその内容の一部は、西暦500年前後の状況を裏づけていると想定するのもあながち無謀なこととはいえない。なお、朝鮮半島から伝わってきた渡来系集団による「和泉陶邑古窯」の須恵器生産は大和の「三輪氏」とも関係するといわれている。しかし、この三輪氏の信仰した大神神社と関連のある南但馬の粟賀神社周辺では、現在のところ5世紀代に入る古窯跡は未だ発見されていない。

　さらに、この鬼神谷の遺跡については同時期と考えられる鉄滓を出土した土坑の存在も注目されるものである。底部は焼けており、後述の鍛冶関係と捉えられる遺構である。

（2）韓式土器

　朝鮮半島系の土器には、軟質土器と陶質土器がある。養父市八鹿町八木西宮古墳では、周溝から軟質土器が発見されている。この古墳は6世紀中頃に築造されたものであり、埋葬主体部は次に取り上げる竪穴系横口式石室であった可能性が高いとされている。

　一方、陶質土器には出石神社所蔵品と豊岡高校旧蔵品がある。そのうち、出石神社所蔵品は新羅系のものと判断されている。しかし、どちらも出土場所や伝世の経緯などが不明で、これ以上

の追求は不可能であり、残念ながら但馬地域の1級考古学資料としては扱えないのである。

そのほか、豊岡市の梅佐岐（八坂）神社古墳においても陶質土器らしきものが表面採集されているという。今後、確認の急がれるところである。

この梅佐岐神社古墳が所在する付近（旧出石町、豊岡市と旧日高町が接する地域）は古くから「加陽」と呼ばれ、平安時代の『和名類聚抄』にも気多郡の中に「賀陽」という郷名が見られる。古代朝鮮半島に存在した地名に、関係深い呼び名と思われて仕方ない。

(3) 竪穴系横口式石室

さらに、後期古墳時代にこの地域（加陽）が注目されるのは、朝鮮半島系の石室構造である竪穴系横口式石室を埋葬主体とする古墳が多く見られることである。大師山古墳群では、自然公園建設に伴って13基の古墳が緊急発掘調査された。その結果、10基が石室を持つもので、うち9基が竪穴系横口式石室であったのである（写真③）。これら古墳の年代については、出土土器の検討から6世紀前半から7世紀代まで継続して築造されていた事実がわかっている。

写真③ 大師山2号墳の竪穴系横口式石室
（豊岡市教育委員会提供）

竪穴系横口式石室とは横穴式石室のタイプの一つであり、朝鮮半島の伽耶地域に多く見られる埋葬施設である。大師山古墳群の例が半島からの直輸入かどうかは明らかでないが、ここの古墳は第1に石室の本体である玄室に至る通路（横口部分）に段差（斜め上方から入る構造）を有する。第2に、石室の入口である横口部分に天井石を持たない。第3として、開口部が古墳の立地する傾斜の高い方に着くことなどが特徴としてあげられる。

但馬地域におけるこの種の石室を有する古墳は、豊岡市の大師山古墳群を中心に豊岡市竹野町見蔵岡古墳、養父市八鹿町びくに古墳や米里7号墳、同じく養父市観音塚古墳など、現在約30例が報告されている。報告例の中には、豊岡市出石町袴狭にあるカヤガ谷古墳群の1基も含まれ、ここでも朝鮮半島の同形態の古墳とカヤという地名の両者が結び付いてくるのである[2]。

但馬地域最古の竪穴系横口式石室は、美方郡香美町に所在する八幡山古墳群中の5号墳である。築造年代は5世紀後半から6世紀の初頭頃と考えられ、石室壁面に突起を持つことから、あるいは北・中部九州の影響を受けたものと想定されている。また、この古墳の石室構築には「三角隅持送り」という高句麗系の手法が用いられているのも大いに注意される。

そのほか、横穴式石室で玄室平面が方形、もしくは奥行きに比べ幅の広い横長型の形態をもつ

石室がある。これらも、遡れば朝鮮半島との関わりのあるものである。北但馬地域には現在まで発見されていないが、南但馬では朝来市和田山町に野村1号墳、奥山1号墳などが知られている。兵庫県では播磨地域に多く見られる形態であるが、この方はあくまで瀬戸内側の影響と考えられる。なお、こうした古墳から出土することの多いミニチュア炊飯具は、但馬地域では未だ発見例がない。

(4) 土器棺石槨

乳幼児など子供を入れた土器棺に、この棺を覆う施設として石の部屋を作った埋葬法がある。朝鮮半島では釜山市生谷洞加達古墳群や槐亭洞古墳群などで発見例があり、古墳の中心となる埋葬施設に従属するもので、甕棺石槨と呼ばれている。ちなみに、槐亭洞古墳群の年代は3世紀代といわれている。

但馬地域では、養父市八鹿町に2例の発見がある。小山3号墳第4埋葬施設と源氏山1号墳第7埋葬施設である。ここでも、古墳の中心主体となる埋葬ではない。年代は4世紀から5世紀代にかけてのものである。遠く離れたこうした二つの地域に、似たものが存在することを最初に指摘したのは但馬考古学研究会の会員であるが、半島の文化の影響を直接受けたものかどうかは但馬地域を含めた日本海地域の類例が、今後さらに増えないことには、明言できないと考える。

(5) 鉄器生産

「天日槍」は但馬の国造りにあたり、出石郡の鉄鈷山の砂鉄で作った鉄器でもって、瀬戸の岩戸を切り開いたという伝承をもっている。ちなみに、森浩一・原口正三など渡来系の文化の中で須恵器生産と鉄器生産とを結び付けて考える考古学者は多い。また、『日本書紀』垂仁紀88年条には、畿内政権が天日槍の神宝を曾孫の清彦に命じて献上させようとした時、なぜか清彦が刀子のみを隠したこと。そして、後にこれを取り上げたものの、今度は刀子が神府（石上神宮の神倉）から淡路島へ飛んで行き、島人がそれを祀った（式内社生石神社）と記していること。このように、神宝のうちでもとくに出石の刀子は、何かほかと違って重要な意味をもっていると考えられる。

そこで、前述した天日槍の神宝の記事が6世紀前後のことと仮定するならば、刀子・槍・大刀は一般的に鉄製品と考えられること。そして、また『日本書紀』・『播磨国風土記』などの記載に見られる但馬に至るまでの天日槍の通過地点には、播磨国宍粟郡や近江国など製鉄関係の遺跡が極めて多いことが注目される。このような点から、次は但馬地域での鉄に関わる遺構・遺物を見てみたい。

最も注目される資料は、豊岡市出石町入佐山3号墳出土の砂鉄[3]である。ここでは、箱形木棺という埋葬主体の中から、約150ｇの砂鉄が鉄斧・鉄鎌とともに頭の部分に供えられた形で発見された。なお、この古墳の築造年代は、4世紀の後半頃と考えられている。

現在、日本国内で最古とされる製鉄遺跡の上限年代から見ると、遡り過ぎる感もあるが、舶載の鏡（方銘四獣鏡）よりも砂鉄が棺内の重要な位置に置かれているなど、特筆すべき意味を持った遺構・遺物であった。原口正三は「天日槍伝承」と共に、この遺跡と丹後地域で発見された製鉄遺跡の遠所遺跡が大いに関係を有するものと想定されている。

さらに、旧出石に近い豊岡市ホウジ1号墳では、組合せ式木棺の棺外から鍛冶道具の鉄鉗・鉄

第4章 但馬地域の古墳時代－天日槍伝承と考古学－

槌・鏨・砥石などが発見されている。木棺葬の年代は、須恵器を伴わないことから、推測ではあるが5世紀前半頃であろう。そのほか、豊岡市竹野町見蔵岡遺跡では5世紀中頃とされる竪穴住居址から鉄滓が出土したり、6世紀中頃の香美町長者ヶ平1号墳からも鉄滓が発見されているという。

また、豊岡市竹野町鬼神谷窯跡では1号土坑と1号住居址内に焼土が確認されており、どちらも埋土中に鉄滓が発見されたことから鍛冶に関わる遺構としている。土坑は5世紀後葉、住居は6世紀前葉の時期である。このような事実を総合すると、やはり須恵器生産の工人は鉄器生産とも関わりがあると考えた方が妥当のようである。

南但馬地域では、朝来市山東町の5世紀末頃から6世紀初めにかけて造られた櫛名谷古墳群の7号墳第1主体から、鉄滓が出土している。また、同市山東町柿坪遺跡では6世紀後半頃の鍛冶炉が発見され、鉄滓・鞴の羽口などを出土している。

現在のところ、直接鉄生産そのものを示す遺構は見当たらないが、4世紀後半の砂鉄、5世紀から6世紀にかけての鍛冶遺構と鍛冶工具を出土した古墳の存在は、「天日槍伝承」を考える上で北但馬地域において十分注目される事実なのである。

4 但馬地域の古墳文化と日本海文化および畿内文化の交流

ここでは、但馬の古墳時代文化の特質とともに日本海文化および畿内文化の交流について考えてみたい。但馬地域の古墳時代については、ほかの要素と同様に豊岡から出石にかけての北但馬地域と、朝来市を中心とする南但馬地域の大きく二つに分けて考えることが可能なようである。

〔前期〕

前期の古墳は、北但馬において豊岡市の森尾古墳と豊岡市出石町入佐山3号墳、そして豊岡市城崎町小見塚古墳が知られている。そのほか、豊岡市には納屋ホーキ古墳や鎌田東2号墳などがある。

森尾古墳は、1919年の別荘地の造成工事で発見された古墳である。近年の確認調査で、20m前後の長方形をした墳形と判明している。埋葬施設として、3基の小竪穴式石室があったといわれ、遺物には広く知られている「正始元年」銘の三角縁神獣鏡のほか、新作大鏡銘三角縁神獣鏡、方格規矩鏡、銅鏃・鉄鏃・鉄刀・鉄剣・玉類などが出土している。築造年代は4世紀前半から後半とされているが、墳形や主体部の数など弥生墳墓の伝統の残る、在地色の濃い古墳と指摘できる。

入佐山3号墳は、1988年に発掘調査された36m×23mの長方形をした古墳である。埋葬施設は2基の木棺葬であり、遺物には前記したように砂鉄をはじめ、「君宣高官」の方銘四獣鏡・鉄刀・鉄槍などが出土している。森尾古墳と同様、在地色の強い古墳である。

小見塚古墳は1914年の土砂採掘工事で、埋葬主体部である粘土槨から三角縁神獣鏡・鉄鏃・玉類などの遺物が発見された古墳である。墳形は明らかでないが、外表施設の一つである但馬地域で最も古い型式の埴輪をもつことから、森尾古墳よりも畿内的色彩が強い古墳と考えられる。築造年代は、埴輪からみて4世紀後半と考えられる。また、北には式内社の海神社が鎮座し、但馬

海直との関係も注意されている。瀬戸内海側の神戸市西求女塚古墳などと同様に、海の豪族の墳墓と捉えることができよう。

南但馬では最も有名な朝来市和田山町城の山古墳のほか、同市山東町の秋葉山2号墳や柿坪中山3号墳などがある。

城の山古墳は、1970年に発掘調査が行なわれた径36mの円墳である。埋葬施設の長大な組合式箱形木棺内には三角縁神獣鏡や石釧、琴柱形石製品などの畿内的色彩の強い副葬品を多数納めていた。この古墳の築造年代は4世紀後半と考えられるが、埴輪・葺石などの外表施設は確認されていないこと、棺の構造が畿内の前期古墳と異なることなどから、まだまだ在地色が強い古墳といわざるを得ない性格もある。

このように、但馬地域の古墳文化は4世紀後半の時期において、三角縁神獣鏡を持つ古墳の出現を第一の画期と認めることができる。すなわち、北但馬地域では海岸部に近い城崎郡と内陸部である出石郡の2箇所に核が認められ、南但馬地域は朝来郡に中核が発現したのである。しかし、この時期、両但馬地域とも前方後円墳を墳形とし、内部主体に竪穴式石室を内蔵する典型的な古式古墳は見当たらず、弥生時代以来の台状墓に類する一墳丘内多数埋葬型式の集団墓が多いのである。なお、山陰地方を中心に日本海岸地域で発見されることの多い四隅突出型古墳は、兵庫県内では加西市内（周遍寺山古墳）のほか、小野市内（船木南山古墳）の北播磨地域で確認しているものの、但馬地域は現在までのところ発見の報を聞いていない。

住居・集落跡については、北但馬の豊岡市出石町入佐川遺跡の掘立柱建物址と養父市八鹿町数田北遺跡、そして南但馬の朝来市山東町の柿坪遺跡が知られる程度であるが、土師器は山陰地方の土器の影響を受けている。また、渡来系の土器とされる山陰型甑が、豊岡市出石町田多地小谷遺跡と入佐川遺跡および室見台遺跡で発見されていることも注意される。

さらに、袴狭遺跡の下流部では、調査地点の最下層から鮭・鹿・シュモクザメなどの線刻絵画のある古墳時代の箱形木製品が発見された（写真④）。箱形木製品の用途は定かでないが、出雲大社に存在する「琴板」と呼ばれる楽器に似ており、絵画の内容を考えあわせると祭祀の場で使用した可能性が極めて高いものである。

写真④　袴狭遺跡出土の箱形木製品（兵庫県教育委員会埋蔵文化財調査事務所提供）

〔中期〕

中期になると、北但馬では豊岡市出石町茶臼山古墳が築造される。径約49m、高さ約7mの三

段築成の円墳で、周濠をもち一方に造り出しがあったとも考えられる。埋葬主体は竪穴式石室と見られるものの、詳細は明らかでない。墳丘からは、家型埴輪や円筒埴輪片が採集されている。築造時期は、埴輪からみて5世紀後半と考えられる。また、豊岡市出石町本覚寺には畿内の大王家が埋葬主体に採用したとされる長持形石棺が存在する。石材は播磨の竜山石（流紋岩質溶結凝灰岩）であるが、出土地は不明であり、今後の探索が大きな課題である。そのほか、豊岡市には組合式石棺を埋葬主体とするカチヤ古墳や、長大な割竹形木棺を納めた北浦18号墳などがある。

なお、旧城崎町内（円山川河口部）では小見塚古墳の後には、この期を代表するような古墳が見当たらない。このような状況に伴って、北但馬地域でも南部域の旧日高町内と西部域の旧村岡町内において、それぞれ首長墓が造られるようになる。旧日高町の馬場ヶ崎1号墳は、埋葬施設として円礫を使用した竪穴式石室をもち、出土遺物には剣・玉類と埴輪などがある。築造年代は、5世紀末かと推測されるところである。旧村岡町には、破壊により規模は不明ながら、前方後円墳とされる庵ノ谷2号墳が築造される。埋葬主体は、竪穴式石室に箱式石棺を内蔵したもので、土師器の転用枕をもっていた。5世紀前半頃のものであろう。これに続くものとして、この地域には但馬地域最古の竪穴系横口式石室で知られる八幡山5号墳が造られる。

南但馬地域では、旧和田山町に池田古墳が、朝来市には船宮古墳が造られる。池田古墳は但馬最大の前方後円墳で、全長141m、盾形の周濠を有する。墳丘は三段築成であったと考えられ、埴輪や葺石をもつが、埋葬主体については残念ながら昭和初期の国鉄山陰線の工事用土取りで消滅し、不明である。築造年代は、埴輪から考えて5世紀初頭としておきたい。船宮古墳は全長約91mの前方後円墳で、盾形の周濠を有する。埋葬主体部は未調査のため不明であるが、墳丘は三段築成で、埴輪と葺石をもっている。築造年代は埴輪から類推し、5世紀後半と考える。

そのほか、旧和田山町内には5世紀末頃から、岡田2号墳・長塚古墳をはじめとする岡田古墳群が造営される。また、旧八鹿町では全長約42mの前方後円墳である上山古墳が造られてくる。葺石をもつが、周濠や埴輪の外表施設は確認されていない。埋葬主体部についても未調査であり明らかでないが、築造時期は5世紀代のものと推定される。

さらに、問題なのはこの地域にあっても、朝来市和田山町高田に出土地不明の竜山石製の長持形石棺の蓋石の破片が存在することである。

このように、中期の南但馬地域では南域の朝来市内の地域が古墳時代前期以来一貫して主導的な地位を保っているのである。また、古墳の段築・葺石・埴輪の外表三要素の施設を完備した前方後円墳が出現するということのみでなく、さらに外周施設として畿内の大王墓にみられる盾形周濠をもつことを高く評価した平良泰久氏は、畿内政権との同盟において通常を越えたより強い結び付きを想定している。なお、筆者はさらに論攷をすすめ、高田所在の長持形石棺片をあるいは池田古墳から出土したものと仮定し、畿内政権の直接的統治に近い状況を推定し、その要素の先駆けと考える5世紀初頭を但馬古墳文化の第二の画期としたい。この点、古墳時代の滑石製品の材料となったか未分析であるが、養父市八鹿町上山古墳の近在高柳にある蛇紋岩の露頭箇所は注意しなければならない。

一方、北但馬地域でも中期には畿内勢力との強い結びつきが始まる。旧出石町に前方後円墳の

築造ではないものの、周濠をもつ茶臼山古墳が出現することである。また、本覚寺所在の長持形石棺については、入佐山古墳群を含むこの地域の出土遺物と考え、あるいは出石城築城時に破壊された大型古墳があったのではないかとも推測している。さらに、このような周囲の動きの中から北但馬西部域の七美郡にも、前方後円墳が造られてくるのである（香美町庵ノ谷古墳、墳長推定60m）。この地域では、これに続く古墳として竪穴系横口式石室が造られる。朝鮮半島からの直輸入でなくとも、九州から日本海を経由して入ってきたものとして大いに注目されるのである。

さて、この時期の古墳からの出土遺物で特に注意されるものに、石枕と土師器転用枕がある。石枕は豊岡市深谷1号古墳、旧出石町下安良古墳などに見られ、兵庫県下でも集中する地域なのである。土師器転用枕例には豊岡市北浦18号墳の鼓形器台と七ツ塚7号墳の高坏、香美町庵ノ谷2号墳の高坏、旧出石町カヤガ谷墳墓群3号墓の6・9主体の甕（9主体のものは布留式甕）を利用したものなどがある。こちらは、鳥取県内を中心に日本海側に多く見られる埋葬法である。

集落遺跡は、この時期についてもまだ発掘調査例が少なく北但馬地域の香美町小田地遺跡、同じくタツケ平遺跡、南但馬地域で最近調査された朝来市和田山町加都遺跡、養父市八鹿町大田和遺跡の住居遺構が知られる程度なのである。しかしながら、これらの遺跡で得られた調査資料には、但馬地域の文化交流を考える上で非常に評価されるものが多く存在する。小田地遺跡では但馬地域最古の須恵器（陶邑編年TK73型式併行）とともに布留式土器が発見されている。また、大田和遺跡や加都遺跡でも初期須恵器とともに石製模造品が出土している。

さらに、こうした状況の中で、豊岡市出石町入佐川遺跡でも祭祀に関係した注目すべき遺物が発見されている。石釧片と、直弧文を浮き彫りにした木製漆塗柄頭である。これらの遺物が出土した大規模な祭祀遺構の確認は、その背景に当該地域の有力地方豪族の居館の存在を予想させるものがある。石釧片は古墳時代河道の横を平行に流れる溝（水路）に落ち込んだ状況で出土し、河道と溝に挟まれた平坦面（堤か）および溝内には、石釧に伴うとみられる約50点の伴出土師器（高坏・小型丸底壺・甕）類があり、桃の種なども発見されている。祭祀の時期については、土器が石釧の年代よりも若干新しい点から5世紀前半頃と考えている。これらの祭祀形態は、三重県上野市の城之越遺跡や同じく津市の六大A遺跡、滋賀県守山市の下長遺跡などに見られるように、すべて水と関わる畿内政権の祭祀の一連の流れの中で捉えられるものである。

また、この時期の祭祀製品で典型的な石製模造品（有孔円板や子持勾玉など）が、播磨地域ほど多くはないが相当数確認されているのである。北但馬地域では、豊岡市五反田遺跡と香美町タツケ平遺跡に有孔円板が出土している。南但馬地域には、前述した養父市八鹿町大田和遺跡で臼玉が出土し、朝来市和田山町加都遺跡でも剣形品と臼玉が発見されている。同じく朝来市山東町塚脇遺跡では有孔円板が採集され、同町馬場17号墳からは子持勾玉が発見されているのである。

このように、5世紀代になると古墳の特徴に見られたのと同様に、集落跡や祭祀遺構も但馬全域で一段と畿内的色彩が強くなってくるのが確認できるのである。

〔後期〕

後期に入ると、北但馬地域では豊岡市の見手山1号墳と前記した大師山古墳群、豊岡市出石町の鶏塚古墳、豊岡市城崎町に大神塚古墳群と二見谷古墳群、豊岡市日高町には楯縫古墳群と岩倉

第4章 但馬地域の古墳時代－天日槍伝承と考古学－

古墳群などが造られる。そして、終末期には豊岡市見手山横穴群、旧出石町カヤガ谷横穴群、旧竹野町阿金谷横穴群などの横穴墓が知られている。

見手山1号墳は全長34mの前方後円墳で、埋葬主体は竪穴系横口式石室と考えられている。古墳の築造年代は、出土遺物から考えて6世紀中葉と推測される。大神塚古墳群の盟主とされる2号墳も径約40mの円墳であるが、埋葬主体はこれまた竪穴系横口式石室と考えられる。築造時期は、出土の須恵器からみて6世紀中葉であろう。鶏塚古墳は径約25mの円墳で、埋葬主体は出土土器から6世紀後半の築造とされる横穴式石室である。二見谷古墳群は1号墳が径約20mの円墳で、規模の大きい横穴式石室内には刳抜式家形石棺をもっている。また、4号墳にも組合式の家形石棺が存在する。これらから考えて、6世紀後半の築造であろう。楯縫古墳群の盟主墳である楯縫古墳も径約28mの円墳で、内部に但馬地域最大級規模の横穴式石室をもっている。同じく、6世紀後半の築造と推測される。

香美町には、6世紀前半の築造とされる高井古墳がある。全長約60mの前方後円墳で、埋葬施設は横穴式石室であろうといわれる。次いで、径28mの円墳である長者ヶ平1号墳が造られる。埋葬施設は、後世の破壊により不明である。さらに、墳形は不明ながら6世紀末の築造とされる横穴式石室から、金銅装頭椎大刀・金銅装馬具などの豪華な副葬品を出土した文堂古墳。そして、7世紀中葉の築造とされる一辺25mの方墳である長者ヶ平2号墳へと、被葬者の系譜が変遷するようである。なお、長者ヶ平2号墳には高句麗の古墳壁画に多い蓮華文を描いた石室の石材が発見されている。そのほか、鳥取県内に多くみられる線刻壁画をもつ古墳が、三ノ谷1号墳・2号墳などで3基確認されている。

南但馬地域では、前・中期にあまり注目されることのなかった北部域の養父市に観音塚古墳が出現し、次の大藪古墳群へと繋がっていく。観音塚古墳は径約27mの埴輪をもつ円墳であり、埋葬主体は竪穴系横口式石室と想定されている。築造年代は、出土の須恵器から6世紀前半と考えられる。大藪古墳群は、禁裡塚古墳（円墳・径28m）・塚山古墳（円墳・径30m）・西の岡古墳（円墳・径22m）・野塚3号墳（円墳・径18m）・コウモリ塚古墳（方墳・28m×23m）といった但馬地域でも最大規模の横穴式石室を有する古墳で構成され、6世紀後半から7世紀中頃にかけて順次築造されたものとされている。

一方、中期に大型古墳がみられた朝来市内では、引き続き朝来市和田山町の岡田古墳群の中に小丸山古墳（前方後円墳・全長59m）や冑塚古墳（円墳・径35m）が造営される。築造年代は出土埴輪からみて、6世紀前半であるが、埋葬施設はいずれも明らかでない。この後、6世紀後半から7世紀前半にかけて横穴式石室を埋葬主体とする上山古墳群や大谷古墳群が形成される。また、朝来市和田山町の南部には、6世紀前半と考えられる埴輪をもつ加都車塚と王塚が造られ、埋葬主体は横穴式石室と推測されている。

このように、但馬地域の古墳では、竪穴系横口式石室が導入される5世紀末から6世紀初頭が古墳文化の第三の画期にあたると捉えられ、北但馬地域と南但馬の北部域では、6世紀前半から中葉にかけて造られた古墳群の盟主墳といわれるものに、埋葬施設として竪穴系横口式石室をもつ古墳が多いのが特徴である。そして、6世紀後半から7世紀前半の時期になると、律令期の郡

(城崎郡・出石郡・気多郡・七美郡など)ごとに、その中心地域に大型の横穴式石室をもつ古墳が次々と造られてくるのである。特に、これまで大型古墳の見られなかった気多郡内は、律令期になって新たに国分僧寺・国分尼寺の建立が見られ、その点からも注意される。

これに対して、南但馬の南部域では6世紀前半に横穴式石室が導入されたようである。ただし、北但馬地域の気多郡と同様に6世紀後半になると、これまで前方後円墳を築造し、主導的な地位を確保してきた地域である朝来市内に代わって、養父市内に突然大型の横穴式石室をもつ古墳が出現するのである。これが、大藪古墳群である。この時期を、但馬の古墳文化の第四の画期として認めることができるのである。

さて、最後に畿内地域の大王が各地の豪族を支配するため、従属の品として贈与したとされる身分表出の遺物「装飾大刀」の分布について、但馬地域の状況をみてみよう。

北但馬地域では、豊岡市城崎町二見谷1号墳と4号墳、豊岡市荒神塚古墳、豊岡市日高町楯縫古墳、香美町文堂古墳と伊津古墳に、そして7世紀中葉頃の豊岡市出石町カヤガ谷2号横穴、豊岡市東山1号横穴などに大刀の発見がみられる。

一方、南但馬地域では養父市大藪古墳群中に単龍環頭把頭の大刀の出土があり、養父市八鹿町の箕谷2号墳の「戊辰年五月」銘のある大刀や西山3号墳、朝来市和田山町に筒江長尾古墳、春日古墳、宮内中山6号墳の出土例などが知られている。

このように、その分布の特徴は城崎郡・気多郡・出石郡・七美郡・養父郡・朝来郡の各郡の中心地に位置すると考えられる古墳や、交通の要衝に位置する古墳からの出土である。すなわち、後に郡衙が置かれるような地域なのである。また、古墳の年代からみると、まず6世紀後葉から7世紀前葉に各地域ごとの盟主となる古墳からの出土と理解される。しかし、この傾向はやがて7世紀中葉頃になると、方々の小古墳や横穴からも一様に出土するごとく、次第に変化していくようである。この事実についての解釈は、最初畿内政権によって但馬地域の首長層に拠点ごとに分与された大刀が、後に首長層が地域支配のために行なった在地豪族への再分与行為の結果であると見ることができるのではなかろうか。すなわち、この時期は古墳の造営にも見られるように、畿内政権と地域の首長および地域豪族層が重層化した関係を交錯しつつ、畿内を中心に結ばれていた時代といえるのである。

5 まとめ

以上、但馬地域の古墳時代文化とその特徴について、時期ごとに概観してみた。

再度、古墳を中心に「天日槍伝承」を加え、考察を試みると以下のようである。

古墳時代の前期前半の墓制では、弥生時代後期の立地と同じく低丘陵の尾根上に、在地の伝統を引き継いだ方形区画で、しかも一墳丘内多数埋葬が主流であった。副葬品には剣・刀子などの鉄製品を若干もつ埋葬もあるが、大半は土器以外何ももたないものが圧倒的に多いのが目立つ点である。集落内出土の土器をみても、畿内系のものはいまだ少なく、いわゆる山陰系の土師器が主流を占めている。

この傾向は前期後半になっても変わりなく、中心埋葬主体となるものに副葬品の鉄製品をもつものが若干なりとも増えてくる程度である。しかし、集落内の土器については南但馬から畿内系のものが徐々に増えているのである。

こうした中で、北但馬地域には海岸部に近い城崎郡に小見塚古墳と内陸部である出石郡に森尾古墳が築造される。また、南但馬地域でも朝来郡に城の山古墳が造られたのである。特に、小見塚古墳の立地は瀬戸内側の海の豪族と同じあり方が指摘でき、円山川の河口部にある式内社海神社の鎮座とあわせ、畿内政権の航海拠点の一つが但馬地域のこの地にもあったと考える根拠となろう。遺物では、豊岡市出石町入佐山3号墳の砂鉄が注目でき、製鉄史からみて朝鮮半島系の人々との交流が想定される。

しかしながら、両但馬地域とも前方後円墳で竪穴式石室を内蔵する畿内の典型的な前期古墳は見当たらないのである。

ところが、中期になると畿内政権の本格的な進出が始まるためなのか、主要な古墳は必ずといっていい程に段築・葺石・埴輪プラス盾形周濠をもつ、明らかに畿内色を呈する古墳文化となってくる。すなわち、南但馬地域に池田古墳・船宮古墳・長塚古墳が相次いで登場し、北但馬地域でも少し遅れて前方後円墳ではないものの、茶臼山古墳が築造されるのである。この先駆けが、南の旧和田山町内と北の旧出石町内に存在する竜山石製の長持形石棺片であろう。

また、北但馬では入佐川遺跡の遺構・遺物から、この時期の豪族の居館の存在が少しずつではあるが解明され、見え始めてきた。日本海から約20kmも内陸に入ったこの地が文物の集積地となり、初期須恵器も各地域の拠点集落にはかなり持ち込まれ使用されてきたようである。

さらに、注目されるのが北但馬地域における渡来系の要素の強い須恵器生産・鉄器生産と竪穴系横口式石室の導入である。これらの事実から推し測ると、5世紀末から6世紀初頭頃がこの地における新羅・伽耶系の渡来人達が但馬に移り住んだ画期と捉えることができるのである。おそらく、「天日槍伝承」はこの期のこうした但馬地域の渡来系文化を反映しつつ生まれてきたものと考えられる。

しかし、これらの考古学的事象は一様に朝鮮半島からの直輸入とは考え難く、畿内・九州地方から、そして播磨地域などを経由をして間接的に但馬に入った可能性が極めて高い。すなわち、2世・3世が伝えたものともいえる。『播磨国風土記』に登場する天日槍の記事も、この事実をまさに証するかのごとく、瀬戸内海・揖保川河口から宍粟郡などの上流域へ、そして但馬地域へ移住したこととなっているのである。

後期になると、天日槍の子孫である三宅吉士氏が、畿内政権の統治下で但馬出石ミヤケの開発にあたったのであろう。こうした天日槍の関係で最も注目される遺跡が、古墳群の大半が竪穴系横口式石室をもつものと推測される後の気多郡賀陽郷に位置する大師山古墳群なのである。あるいは、続く一連の6世紀前半の古墳の埋葬施設に採用された竪穴系横口式石室をもつ各地域古墳群の盟主墳なのである。

6世紀後半になると、北但馬地域でも横穴式石室が導入され、城崎郡内に二見谷古墳群、気多郡内に楯縫古墳群、出石郡内に鶏塚古墳が造られてくる。次の律令期の中心地域に大型の横穴式

石室を埋葬施設とする古墳が次々に現われるのである。

　南但馬地域では一足早く朝来郡加都車塚と加都王塚に横穴式石室が導入されているが、この時期にはこれまでの主導的な地位を保ってきた朝来郡内に代わり、養父郡内にも大藪古墳群という大型の横穴式石室をもつ古墳群が出現してくるのである。

　歴史上の政治的な産物である古墳は、短期間に極めて狭い範囲に集中的に築造され、古墳群を形成することがある。こうした地理的・系譜的なまとまりは、血縁あるいは擬制的血縁関係を紐帯とする地域集団によって形成されたと考えられ、古墳群の規模・内容・変遷こそが古墳時代の各地域の氏族集団の性格・消長を反映しているものと捉えられよう。

　こうした観点からすると、大藪古墳群の被葬者である氏族は養父郡を本貫地とし、国名の但馬をウジナとし、公をカバネとする「但馬公」をあてて考えたい。また、加都車塚と王塚の被葬者である氏族には「朝来直」を、さらに二見谷古墳群の被葬者である氏族は「但馬海直」と捉えてみたいのである。

　いずれにしろ、『記』・『紀』や『播磨国風土記』記載の文献と考古学的事象からの考察により、北但馬地域の古墳時代とその文化に迫ることが本章の目標であったが、今後の調査の結果に負う所も大きい。

註
（1）原口正三は、文献資料から須恵器工人の渡来について、『日本書紀』雄略紀七年条の新漢陶部高貴らの百済系と『垂仁紀』三年条にみる近江国の鏡村の谷の陶人の新羅系の存在を想定している。
　　原口正三ほか 1962『河内船橋遺跡出土遺物の研究』2、大阪府教育委員会
（2）地名では、旧出石町にも安良と書く地名が残っており、伽耶国の中のアラという地域との関係が考えられる。
（3）高寬敏はこの古墳を天日槍の渡来時期と結び付け、4世紀後半から5世紀前半と考えている。
　　高寬敏 1997「アメノヒボコと難波のヒメコソ社神」（上田正昭編『古代の日本と渡来の文化』学生社）

引用・参考文献
朝来町教育委員会編 1990『船宮古墳』朝来町文化財調査報告書第2集
上田正昭編 1997『古代の日本と渡来の文化』学生社
小寺　誠 1993「入佐山3号墳」『出石町史』第4巻資料編Ⅱ
潮崎　誠 1993「大師山古墳群」『豊岡市史』史料編下巻
瀬戸谷晧ほか 1997『アメノヒボコ』神戸新聞総合出版センター
平良泰久 1976「国家形成期の日本海」『歴史公論』第9巻第3号
但馬考古学研究会編 1981『よみがえる古代の但馬』船田企画
但馬考古学研究会 1985「但馬の長持形石棺」『古代学研究』第107号
但馬考古学研究会編 1994『徹底討論大藪古墳群』養父町教育委員会
但馬考古学研究会編 1995『古代但馬と日本海』但馬・理想の都の祭典実行委員会
原口正三 1993「天日槍伝承と鉄」『論苑考古学』坪井清足さんの古稀を祝う会
原口正三ほか 1995『渡来の神天日槍』いずし但馬・理想の都の祭典実行委員会

菱田哲郎編 1990『鬼神谷窯跡発掘調査報告』竹野町文化財調査報告書第7集
櫃本誠一編 1972『城の山・池田古墳』和田山町教育委員会
森　浩一編 1991『日本海と出雲世界』海と列島文化2
八鹿町教育委員会編 1990『箕谷古墳群』八鹿町文化財調査報告書第6集

追記

　脱稿後の平成11年と12年に、本稿に関わる二つの注目すべき遺構と遺物の発見があった。
　一つは、朝来市山東町柿坪遺跡で発掘された豪族居館と考えられる古墳時代中期の棟持柱をもつ大型建物跡である。建物の規模では奈良県南郷安田遺跡に次ぐ全国第2位の大きさであり、旧山東町内にこうした豪族の墳墓は見当たらず、旧和田山町域の古墳との関係が想定される。
　もう一つは、豊岡市出石町袴狭遺跡から出土した15隻の船団が航行する様子を線刻画で描いた古墳時代前期の板材である。朝鮮半島との交流を窺わせる資料であり、入佐山3号墳の砂鉄とともに「天日槍伝承」との関連が大いに考えられ、その発生の初源は4世紀代に遡る可能性が出てきた。

再追記

　平成13年、兵庫県埋蔵文化財調査事務所が近畿自動車道豊岡線建設工事に伴う朝来市山東町若水古墳（直径約40ｍの円墳）の調査を行なった結果、南但馬地域首長墳の成立が城の山古墳より遡ることになった。また、翌14年には同工事の調査で茶すり山古墳（直径約90ｍ、近畿地域最大の円墳）が発見され、池田古墳と船宮古墳の間（5世紀前半）に位置づけられた。

第5章

但馬国の律令時代
―人形祭祀と但馬国府―

1 はじめに

　わが国は、701年に天皇を中心とした律令国家を造るため、大宝律令を完成させた。そこには、二官八省の中央官制と共に国・郡・里制による地方官制が規定されている。中央から派遣され一定の任期で交代する国司のもとに、その地域の国造と呼ばれた有力な豪族の中から、郡司が任命されるのである。すなわち、地方支配は伝統的な権威を持っていた郡司を国司が監督して支配する体制で、国衙・郡衙という地方行政機関を拠点として行なわれ、全国にはそれぞれ約70の国衙、約600の郡衙、約400の駅家が存在していた。そうした歴史事実がある中で、兵庫県の日本海側に位置する但馬国府の所在地を研究するのに重要なことは『日本後紀』延暦23年（804）正月条の「但馬国治を気多郡高田郷に遷す」という一文である。国治は国衙のことと考えられ、これにより但馬国府を延暦年間に気多郡高田郷に移転したことがわかるのである。しかし、残念ながらどこから遷ってきたか（他郡からなのか、気多郡内の他郷からなのか）が記録されていないため、これまで幾多の論争があった。

2 官衙遺跡と判断する指標

　そこで、最初は過去に発掘調査された但馬地域の奈良・平安時代の遺跡を、考古学の方法から官衙跡か一般の集落なのか判断してみよう。
　奈良文化財研究所の山中敏史の考え方に沿って、まず官衙と判定するための建物跡などの条件を抽出してみる。
（1）一般的な建物は、地面に穴を掘りそこに柱を立てた後、穴を埋めて建てる建物で、掘立柱建物という。また、整地面に柱を乗せるための礎石を置いた礎石建物もある。例えば、袴狭遺跡の内田地区では初めに掘立柱建物が建てられ、後に礎石建物に替わっている。
（2）掘立柱建物の柱を建てるための穴は、四角く掘っている。座布団ピットと呼ばれる1m以上もあるものが多く、柱自体も直径30cm以上のものが普通である。
（3）建物の平面の大きさは屋根の棟に平行する桁行が5間か7間、そして直交する梁行は2間が多い。
（4）建物の柱間寸法は7尺、約2m以上と広く、桁行は全長10m以上の大型の建物が多いので

第5章　但馬国の律令時代－人形祭祀と但馬国府－

ある。
（5）建物群の中心の建物には、広島県下本谷遺跡や福岡県小郡遺跡のⅢ期に見られるように、庇付の構造を持つものが多く確認できる。
（6）建物は、群ごとに周囲と内部を柵、あるいは塀や溝で区画している。
（7）区画内にある同時期の建物方位は、バラバラでなく一定し、その配置はL字型やコの字型になっていなければならない。

次に、豊岡市出石町袴狭遺跡の出土品を例に出土遺物をみていくと、
（8）文字関係の資料として、筆・紙・硯・墨を文房四宝と言い、これに刀子を加えれば役人（刀筆の吏）の仕事道具となる。刀子は、木簡の書き損じを削るのに使用する消しゴムに当たるものである。

　出土品には木簡、墨書土器、硯などがある。木簡はその内容によって文書木簡、付札、習書、呪符などに分ける。論語の文字を練習したものや、そのほか豊岡市日高町深田遺跡で発見された題籤軸などもある。これは紙の文書を保管する時に巻く軸になるもの。さらに、日高町の祢布ヶ森遺跡から珍しいものとして漆紙文書が出土している。漆が固まるのを防ぐため、その表面に置いた使い古しの紙に、漆が染み込みそのまま残った文書である。

　墨書土器とは、土器に文字を墨で書いたもので、次のような内容のものがある。

① 役所や役職を書いたものがある。例えば、「郡家」や「大領」・「小領」などの郡衙、郡司を示したもの。
② 地名を書いたもの。深田遺跡の「但馬」、朝来市釣坂遺跡の「松越」などがある。
③ 人名や氏名を書いたもの。袴狭遺跡では「秦磐」、「秦戌」、「秦浄」など秦氏に関係するものが多く見られた。
④ 施設名を書いたものもある。
⑤ 吉祥句を書いたもの。「福」とか「吉祥」など。
⑥ 落書きの類。
⑦ 土器の器種名を書いたものもある。
　役所関係の遺跡では、役所名や施設名、そして土器の器種名を書いたものが多い。

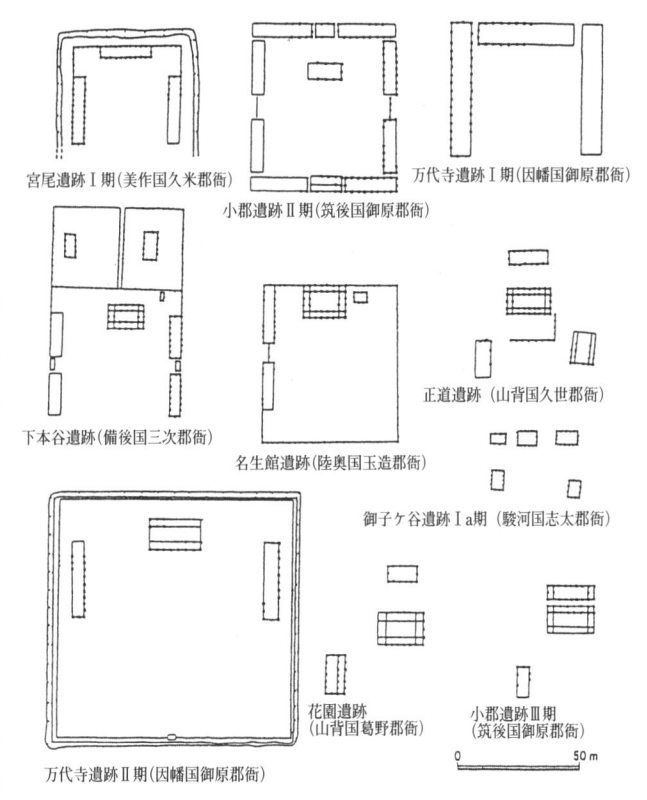

第1図　全国各地の郡衙遺構（『古代の役所』より）

265

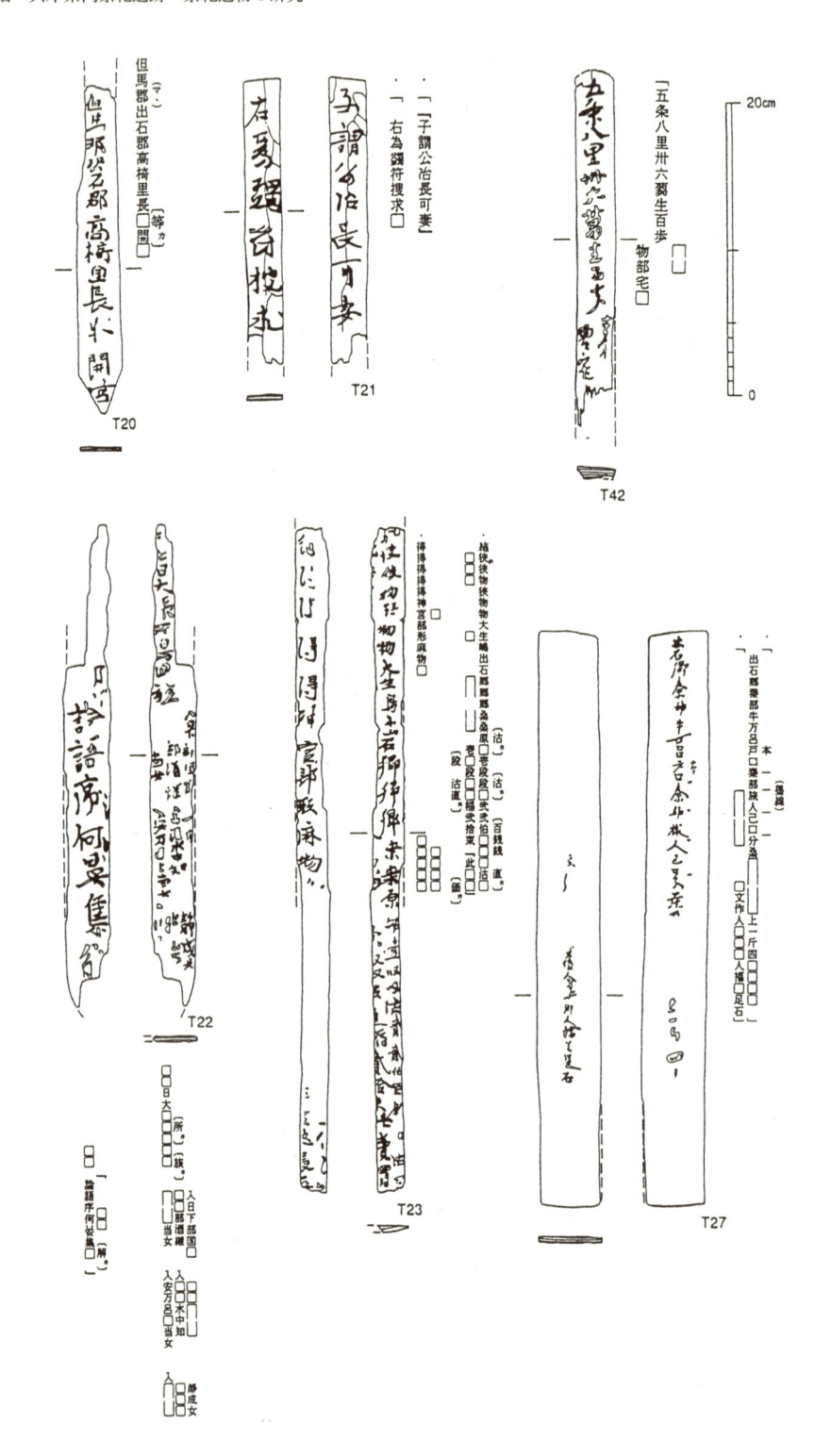

第Ⅲ編　兵庫県内祭祀遺跡・祭祀遺物の研究

第2図　袴狭遺跡出土遺物（木簡、同遺跡報告書より）

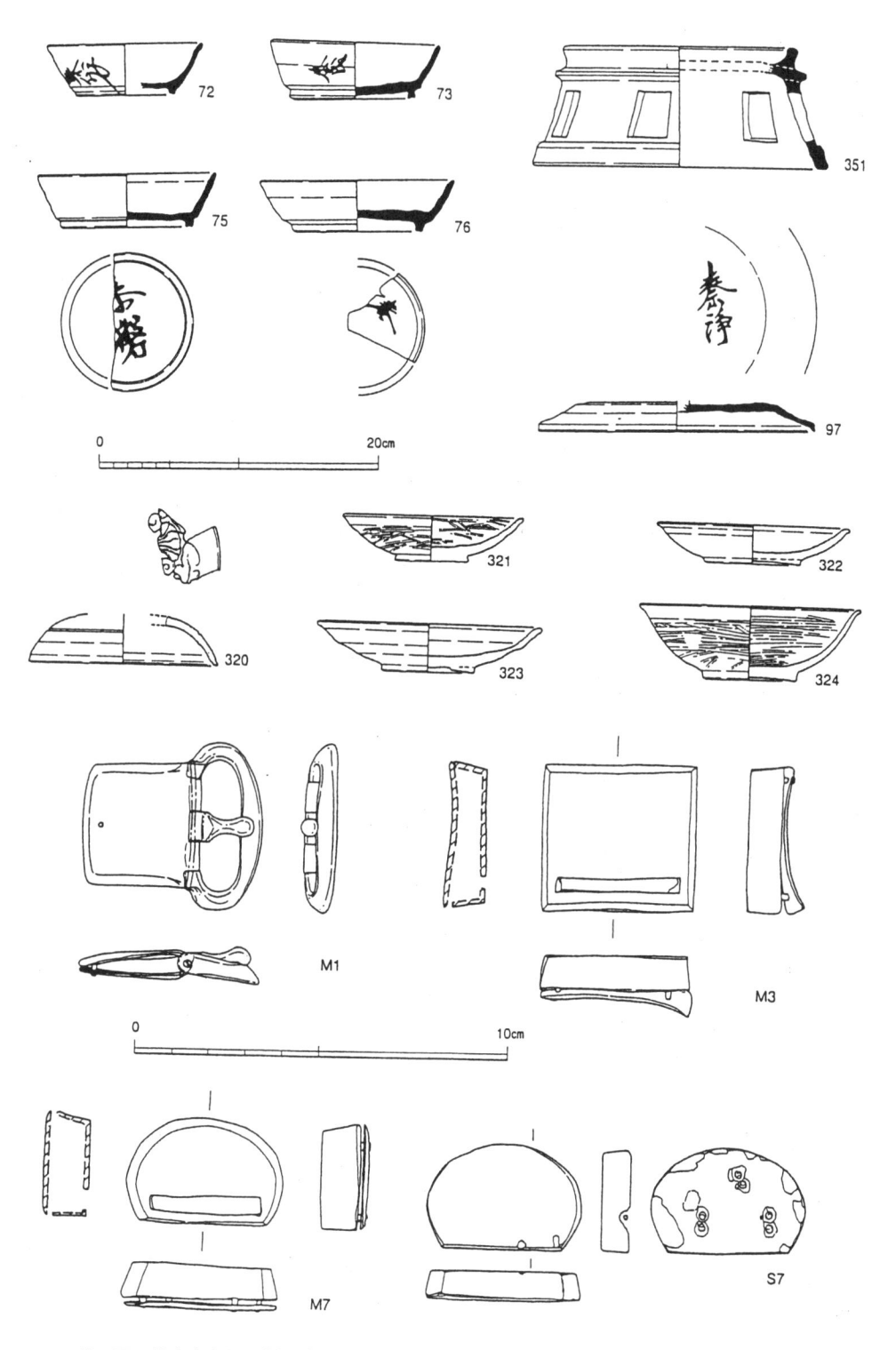

第 5 章　但馬国の律令時代－人形祭祀と但馬国府－

第 3 図　袴狭遺跡出土遺物（墨書土器・硯・緑釉陶器・帯金具・石帯、同遺跡報告書より）

硯は、奈良時代には焼き物で作っていた。墨を磨る部分が円い円面硯と呼ばれるものが主流で、須恵器の蓋や高台付の土器の底部を利用した転用硯もある。平安時代には、墨を磨る部分が風という字の外画に似た風字硯というのが流行する。この硯は、幅の広いほうの裏側に脚が付き、墨を磨る面が傾いている。さらに、墨を磨る部分を二つに仕切る二面硯も生まれてくる。

（９）土器類には、釉薬をかけた陶器が出現する。三彩・緑釉・灰釉などである。古代では、最も普遍的な焼き物は土師器と須恵器なのであるが、8世紀前葉には鉛釉陶器と呼ぶ緑色・褐色・白色に発色した奈良三彩が作られる。一般民衆には全く無縁の焼き物である。そして、8世紀の後葉には緑釉のみの単彩の器、いわゆる緑釉陶器というものが生まれ、それに中心が移っていく。その後、9世紀になると鉛釉陶器とは別に草木を焼いて灰を作り、その灰を上薬として振り掛ける灰釉陶器が登場してくる。

(10) 役人の腰帯を飾った金属製品に、帯金具がある。新しくなると石製に替わり、石帯・石銙と呼ばれる。役人の制服は、衣服令という法令によればこの金具などが位によって決まり、五位以上は金・銀製、六位以下は黒漆塗り、また位が低いほど小型に決まっていたのである。銙は、それぞれ形態が正方形の巡方と円形の丸鞆、そして鉈尾に分かれている。考古学では8世紀の終わり頃、銅から石への材質転換があり、大きさが必ずしも官位を表わしているとは思えない状況である。

(11) 律令国家の神祇祭祀を重視した政策は、中央だけでなく地方支配の末端まで浸透していた。これを裏づけるのが、全国各地で発見されている律令制祭祀具である。出土品の祭祀具には、人形・馬形・船形・斎串などの木製品、人面墨書土器・模型竈・土馬などの土製品、鏡・鈴などの金属製品がある。

奈良文化財研究所の金子裕之は、これらを律令祭祀の開始にあたり、人形など新しく中国から導入したものに、古墳時代からの祭祀具の一部を組み合わせて創ったものだと考えている。用途についても、道教の影響が大きく、律令祭祀でも重要な大祓に関係するものと説明した。大祓の目的は、天皇が住む都を穢れから守り、都を正常に保つことにある。こうした大祓は、毎年6月と12月の晦日に宮中で、地方では臨時に国府や郡衙で執り行なわれた。人形は主に木製品で、偏平な板材を切り欠いて、頭・胴・手・足を作り出す。10cm前後の小さなものから、150cmもある大型品まで発見されている。用法は形代である人形に息を吹きかけたり、体を撫でたりして穢れを移し、さらに水に流すことによって他界に送り出すのである。その際、乗り物となる馬形や船形が必要となる。土馬もこの祓に用いたとされている。

袴狭遺跡の人形は国府の年代を決めるのに使用したいと考えているので、後に詳しく記すが、第4図の上段にあるのが人形では古いタイプである。馬形は、鞍を持たないのが古いタイプと考えられる。

ところで、但馬地域の特徴なのか袴狭遺跡の特徴というのか、人形は全国で約120箇所の遺跡から約5,000点程度の発見があるが、数の上では全国の約7割が袴狭遺跡群から出土しているのである。但馬全体では、約8割を占めていると考えられよう。それほど、但馬で多

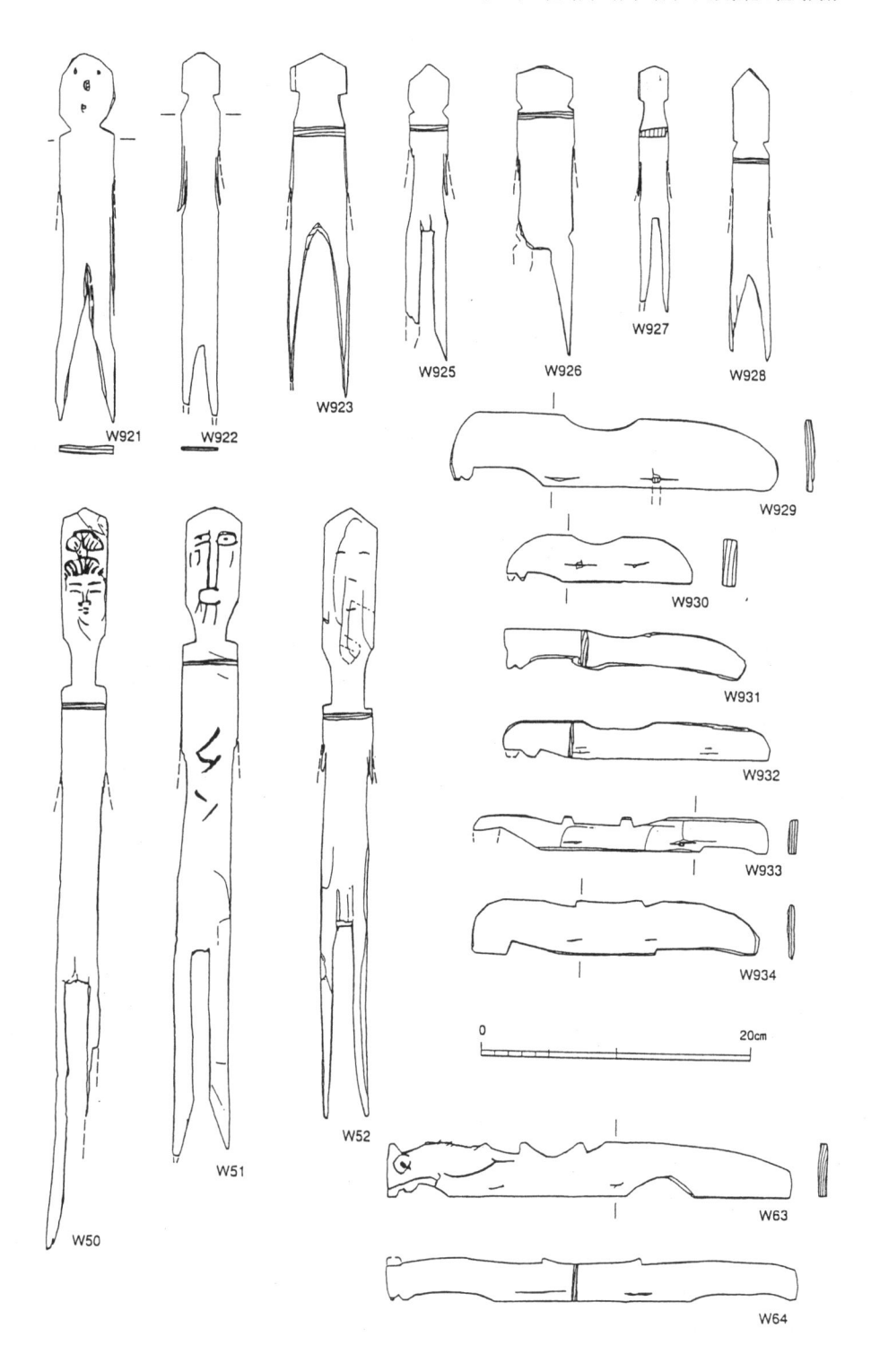

第５章　但馬国の律令時代－人形祭祀と但馬国府－

第４図　袴狭遺跡出土遺物（木製人形・馬形、同遺跡報告書より）

く用いられているのである。その答えは明らかでないが、洪水などの自然災害が頻発し、それに対処するためにこれだけの量が必要になったとも推測している。遺跡調査の際に確認した洪水砂の厚さも、これを証明するものの一つであろう。余談ではあるが、奈良文化財研究所では畿内の西北から疫病・悪霊などが来ないように、中央から但馬に来て祓を行なったともいう。

なお、但馬では都に多い人面墨書土器や模型竈が見当たらず、都とは祭祀具の内容に違いが見られる。

(12) 土師器と須恵器には食器の類が多く、煮炊き用や貯蔵用のものが少ないことが挙げられる。それは、饗宴がしばしば催されたこととか、多人数の食膳の調理を一括して行なったためと考えられている。

以上、12項目を挙げてみた。その12項目の遺構・遺物の指標に、調査成果の中で一致するものが多ければ多いほど、官衙跡である可能性が高くなるという訳である。

なお、注意しなければならないのは大型の掘立柱建物であっても、寺院や豪族の居館である場合がある。遺物の場合も、硯・木簡や墨書土器は豪族の居館や、特に墨書土器は一般の集落でも出土することがあり、ほかから持ち込まれることもある。一つや二つの指標で判断するには、慎重でなければならないのである。

また、国衙や郡衙と判断できた場合でも、どの部分を掘っているのかということを把握しながら調査しないと失敗することがある。さらに、これらの遺跡は古代の主要道路や河川に近接した交通の要所に設置されるという立地上の特徴も押えておく必要があろう。

3　但馬国の古代遺跡の概要

山陰道に属する但馬国は、平安時代に編纂された『延喜式』によると城崎郡・美含郡・二方郡・出石郡・気多郡・七美郡・養父郡・朝来郡の8郡が置かれ、上国に比定されていた。ただし、正倉院の但馬国正税帳によると、770年頃までは上国ではなく中国であったといわれている。このように、律令時代にはまず国衙と8郡衙が存在したのである。そこで、その所在地を明らかにする必要がある。文献記録では、最初の但馬国国司は阿部安麻呂となっている。霊亀元年（715）のことである。

そして、駅家の制度は養老律令によると、七道の30里ごと（約16km）に設けられ、駅馬と駅子を置き、駅長がそれらを管理していた。『延喜式』では但馬の駅家について、最近駅子の木簡が出土し、粟鹿駅とされる柴遺跡をはじめ7駅が置かれていたとわかる。さらに、『日本後紀』には大同3年（808）に但馬国で3駅を廃止したことが記されている。それ故、元々の駅家跡は10箇所、これを確定する必要がある。なお、廃止された駅家は駅名が記載されていなかったので、地名の比定ができず、考古学の成果しか適用できないのである。

次に、聖武天皇が天平13年（741）に国分寺創建の詔を出され、奈良時代の終わり頃になると全国に国分寺と国分尼寺が出来上がってくる。但馬国でも国衙跡・郡衙跡・駅家跡に続き国分寺

第5章　但馬国の律令時代－人形祭祀と但馬国府－

第1表　但馬地域における律令期主要遺跡の出土遺物一覧表

No.	遺跡名	所在地	木簡	墨書	硯	三彩	緑釉	帯飾	古銭	人形	土馬	建物	塀柵	備考
1	祢布ヶ森	豊岡市日高町	○	○	○	○	○		△	○		○	○	役所
2	深田	豊岡市日高町	○	○	○		○	○	○	○				役所
3	川岸	豊岡市日高町	○	○						○				祭祀
4	権現	豊岡市日高町												不明
5	上石	豊岡市日高町		○	○		○					○	○	役所
6	袴狭	豊岡市出石町	○	○	○		○	○	○	○	○	○	○	役所
7	砂入	豊岡市出石町	○	○	○			○		○				祭祀
8	荒木	豊岡市出石町		○	○		○					○	○	役所
9	ユノ田	豊岡市香住	○	○	○		○			○		○		祭祀
10	中島神社	豊岡市三宅		○						△		○	○	神社
11	福成寺	豊岡市福成寺	○	○	○	○	○	○		△		○		役所
12	前田	香美町福岡		○			○							役所
13	豊田	香美町市原			○									役所
14	宮ノ前	香美町実山	△	○			○	○				○	○	荘園
15	東家の上	養父市八鹿町		○				○				△		寺関係
16	米里	養父市八鹿町		○							○			集落
17	殿屋敷	養父市八鹿町					○	○				△		駅家
18	柴	朝来市山東町	○	○	○		○	○	○	○		○		駅家
19	粟鹿	朝来市山東町		○	○		○					○	○	神社
20	釣坂	朝来市立脇	○	○	○		○			○		○		役所

271

などの寺院跡、そして役所に付随する祭祀遺跡、さらに生産の場である窯跡や一般の集落を考えなければならない。

第1表に挙げた、律令期主要遺跡と出土遺物一覧から説明しよう。最初に、国府があったとされる気多郡内の豊岡市日高町祢布ヶ森遺跡は役場周辺に所在する遺跡であるが、古くは祢布ヶ森遺跡西遺跡と呼ばれていた。旧日高町教育委員会の発掘調査では、遺構として9世紀前半の南面庇をもつ大型掘立柱建物群や門を伴う築地塀跡、井籠組の井戸などが発見された。

遺物には「天長3年（826）」「承和2年（835）」「寛平9年（897）」の紀年銘木簡を始め、「養父郡」「朝来郡」「二方郡」と他郡名を記した木簡、円面硯・風字硯・緑釉陶器・灰釉陶器、そして輸入陶磁器、さらに人形・馬形などの木製祭祀具や漆紙文書などが出土しているのである。これは、間違いなく国衙の候補遺跡である。

ここから、東北へ約500m行くと但馬国分寺跡がある。塔・金堂・中門などの伽藍配置が確認され、9世紀前半の土器と共に木簡・人形・馬形などの木製祭祀具が出土している。深田遺跡・カナゲ田遺跡は、兵庫県教育委員会が国道312号線のバイパス工事に伴って調査したもので、国分寺の北東約700mの水上に所在する遺跡である。ここでは柱根が残る掘立柱の柱穴や井戸跡などを発見し、遺物には「大同5年（810）」「弘仁3年（812）」「弘仁四年（813）」「寛平7年（895）」の紀年銘木簡や「官稲」「田租」「佐須郷田率」など税の徴収と田の管理に関わる木簡、木沓・檜扇、人形や馬形などの木製祭祀具、円面硯・風字硯・墨書土器、緑釉陶器や灰釉陶器、帯金具や和銅開珎・富寿神宝の銭貨などが出土した。これも国衙関連の遺跡として問題のないものである。

そのほか、国分寺北東約1000mの川岸遺跡でも9世紀前半の溝内から顔を墨書した木製人形・馬形、木簡、木沓、墨書土器・転用硯などの官衙的様相の強い遺物が発見され、国府に関係する祭祀遺跡と考えている。府市場に所在する権現遺跡では、稜椀と和鏡、上石の上石遺跡では墨書土器と硯、野の姫谷遺跡でも人形と馬形・鳥形などの木製祭祀具が出土している。

次に旧出石町では、まず出石神社の北に所在する袴狭遺跡が挙げられる。ここでは、県と旧町の教育委員会がほ場整備や小野川放水路の工事に伴って、内田地区を中心に掘立柱建物跡や礎石建物跡、そしてその下流域に水田遺構を確認している。出土遺物には、「天平勝宝7年（755）」「宝亀9年（778）」「延暦14年（795）」「延暦16年（797）」の紀年銘木簡を始めとする70点余りの木簡、木沓、人形や馬形などの木製祭祀具、琵琶の腹板・琴などの楽器、銅印・八稜鏡・鈴・帯金具・銭貨などの金属製品、墨書土器・円面硯・緑釉陶器・灰釉陶器などがある。これも官衙で間違いのない遺跡であろう。

隣接の砂入遺跡は、平城京や他地域の官衙遺跡を遥かに凌ぐ数の人形や馬形などの木製祭祀具を発見した稀有な遺跡である。祓所と推定される平安時代の道路跡や下層の奈良時代の溝跡から、纏まってこうした祭祀具が発見され、木簡、墨書土器・硯なども出土している。

同じく袴狭内にある荒木遺跡では、奈良時代と平安時代の二つの時期の掘立柱建物跡や井戸跡、塀跡が発見され、出土遺物には墨書土器・円面硯や緑釉陶器などがある。8世紀前半の建物跡は、現在のところ袴狭遺跡群の中で最も古い時期のものである。出石郡衙の可能性が高い。

そのほか、入佐川遺跡でも条里制に伴う溝跡・水田遺構や橋脚跡を発見し、木簡、墨書土器、

人形や馬形などの木製祭祀具が出土している。

　隣の豊岡市では、出石よりの香住にヌノ田遺跡がある。市教委の調査によると奈良時代から平安時代の掘立柱建物跡や溝跡が確認され、溝跡周辺では木簡や硯・墨書土器、人形や馬形などの木製祭祀具が出土している。官衙、穴見郷に関わる遺跡と考えられる。同じく、三宅には中島神社周辺遺跡があり、奈良時代の掘立柱建物跡と柵列が発見されている。出土遺物には、硯・緑釉陶器などがある。墨書土器には神田・三田と記されたものがあり、神社関連の遺跡と捉えられている。なお、木製祭祀具は斎串のみである。そのほか、三宅には古代寺院である薬琳寺の推定地があり、瓦窯も見つかっている。

　次に市域の西部を見ると、奈佐谷に福成寺遺跡がある。ほ場整備に伴う市教委の調査では、奈良時代の柱痕の残る掘立柱建物跡を発見している。出土遺物にも木簡・墨書土器・円面硯・二彩・緑釉陶器・灰釉陶器・帯金具などがある。これも官衙で間違いなく、現時点では城崎郡衙ではないかと捉えられている。

　但馬西域の旧村岡町に入ると、福岡に所在する前田遺跡で、豊と記された墨書土器や丹塗りの土師器が出土している。隣接する三島遺跡には、緑釉陶器も見られる。遺跡の立地から、高橋美久二は山崎駅関連の遺跡としている。また、市原の豊田遺跡には円面硯があり、七美郡の郡衙跡と考えられている。さらに、寺跡として重弧文軒平瓦と短弁八葉蓮華文軒丸瓦を出土した殿岡廃寺が存在する。

　旧温泉町内には、塔の心礎をはじめとした礎石が見られる井土廃寺がある。なお、面治の駅家と二方郡衙の所在については明らかな情報がない。

　旧美方町に入ると、宮ノ前遺跡が知られる。平安時代後期の掘立柱建物や柵列が確認され、出土遺物には石帯や緑釉陶器と灰釉陶器がある。荘園関係の遺跡と捉えられている。

　南に下って旧八鹿町では、東家の上遺跡に平安時代の掘立柱建物跡と溝跡が発見されている。出土遺物には、石帯と墨書土器がある。米里遺跡でも、土馬と墨書土器が出土している。注目されるのは、八木の殿屋敷遺跡である。8世紀中頃の土器と共に石帯が出土し、遺跡の立地から養耆駅家と想定されている。また、周辺の国木トガ山古窯では円面硯も生産している。

　旧山東町に入ると、近年北近畿豊岡自動車道に伴う調査で、柴遺跡に駅子の文字が書かれた木簡が出土し、粟鹿駅家の可能性が極めて高くなっている。ほかの出土遺物には、墨書土器・緑釉陶器・灰釉陶器・硯・人形・馬形・神功開宝などがある。木簡が発見された川跡の周囲では、掘立柱建物跡も認められる。また、粟鹿神社の近くの粟鹿遺跡では、3間×6間に庇を持つ掘立柱建物跡が見つかり、神部と記した墨書土器と共に硯・緑釉陶器が出土している。粟鹿神社の迎賓施設となる着到殿の可能性が出てきた。

　旧和田山町では、加都遺跡に古代の直線道を発見した。但馬と播磨を結ぶ「仮称但馬道」である。木簡も出土し、立地から官衙関係遺跡と推測できるが、いかんせん内容が明らかでない。また、法興寺跡というところでは7世紀後半の土器と共に、素弁の蓮華文軒丸瓦が見つかり、但馬最古の寺と注目された。併せて、県内最古の梵鐘などの鋳造遺構も確認している。

　朝来市内には、釣坂遺跡に掘立柱建物跡が発見され、川跡からは「松越」という地名や「郷長」

と記した墨書土器、そして転用硯と緑釉陶器・灰釉陶器、木製人形・馬形などが出土している。郷長の土器から、桑市郷の祭祀場と判断してみたい。また、近くの立脇には立脇廃寺が存在する。

以上、国衙の候補遺跡と郡衙の候補遺跡、そして駅家の候補を紹介した。

参考に、但馬地域で皇朝十二銭を出土した遺跡を挙げておきたい。旧日高町の但馬国分寺、辺坂峠遺跡、南構遺跡、姫谷遺跡、伝観音寺遺跡、深田遺跡。旧出石町の宮内遺跡、袴狭遺跡。豊岡市の立石古墳、大市山遺跡。旧香住町の長見寺遺跡。旧山東町の柴遺跡の13遺跡である。また、帯金具や石帯は豊岡市福成寺遺跡、旧香住町の八原南住遺跡。旧日高町の深田遺跡。旧出石町の袴狭遺跡、砂入遺跡。旧美方町の宮ノ前遺跡。旧八鹿町の殿屋敷遺跡の7遺跡に発見がある。木製祭祀具は、旧日高町の国分寺、祢布ヶ森遺跡、川岸遺跡、深田遺跡、カナゲ田遺跡、姫谷遺跡。旧出石町砂入遺跡、袴狭遺跡、入佐川遺跡、田多地小谷遺跡。豊岡市のヌノ田遺跡、北浦遺跡、福成寺遺跡、犬ヶ崎遺跡。旧和田山町の室尾遺跡。朝来市の釣坂遺跡。旧山東町の柴遺跡の17遺跡である。

4　但馬国府の所在地について

国府については、近年の発掘調査の成果から候補地を豊岡市日高町の祢布ヶ森遺跡と豊岡市出石町の袴狭遺跡の二つに絞り込んだところである。しかし、今一歩、範囲や規模などが明らかでないため、鳥取県の伯耆国庁と佐賀県の肥前国庁の状況から内容を解説してみよう。

第5図の伯耆国庁の施設は、大きく4時期に変遷している。

Ⅰ期は8世紀中葉から後半の年代である。掘立柱建物群で構成しており、左右対称のコの字型配置を取っている。南門を入ると、前庭と呼ばれる広場がある。その北に東西棟の前殿・正殿・後殿が並列している。両脇には、南北棟の脇殿と楼閣風の建物が配置されている。正殿は、5間×4間で南に庇の付く建物。後殿と脇殿はそれぞれ12間×2間、13間×2間の長大な建物である。周囲には後殿、脇殿、南門をつなぐように板塀を廻らせて、方約70mの一郭を形成する。

次のⅢ期（9世紀前半から中葉）になると、南門を除く主要な建物が礎石建物に替わる。そして、建物部分が一段高くなり、土壇風に基壇を造る。周囲は築地塀や溝によって囲み、一回り大きな区画になっている。また、大きな変化として前殿がなくなり、正殿も南庇をはずし、後殿も小さくなる。南門から正殿にかけては、礫敷の歩道を設けるなど最も整備された時期である。

肥前国庁は、8世紀中頃から9世紀後半にかけて3時期の変遷がある。はじめの2時期は掘立柱建物であるが、3期目には礎石建物に替わる。そして、前殿・正殿・後殿を南北に配置し、前殿の前面東西には脇殿を2棟ずつ設ける左右対称の建物となっている。これらの建物は、周囲を築地塀で区画し、東西77.2m、南北104.5mの一郭を形成する。ここでは国分寺の創建瓦と同形式の軒丸瓦が出土しており、国分寺造営の頃に瓦葺になったと理解されている。

また、曹司を伯耆国では国庁の周囲に建物群を配置し、その外回りを溝で区画するという構造をとっている。一方、肥前国庁では曹司を取り囲む明確な区画施設が見つからない。各曹司についても、国庁の周囲に分散した形で発見されている。このように、国庁のあり方は建物の規模や

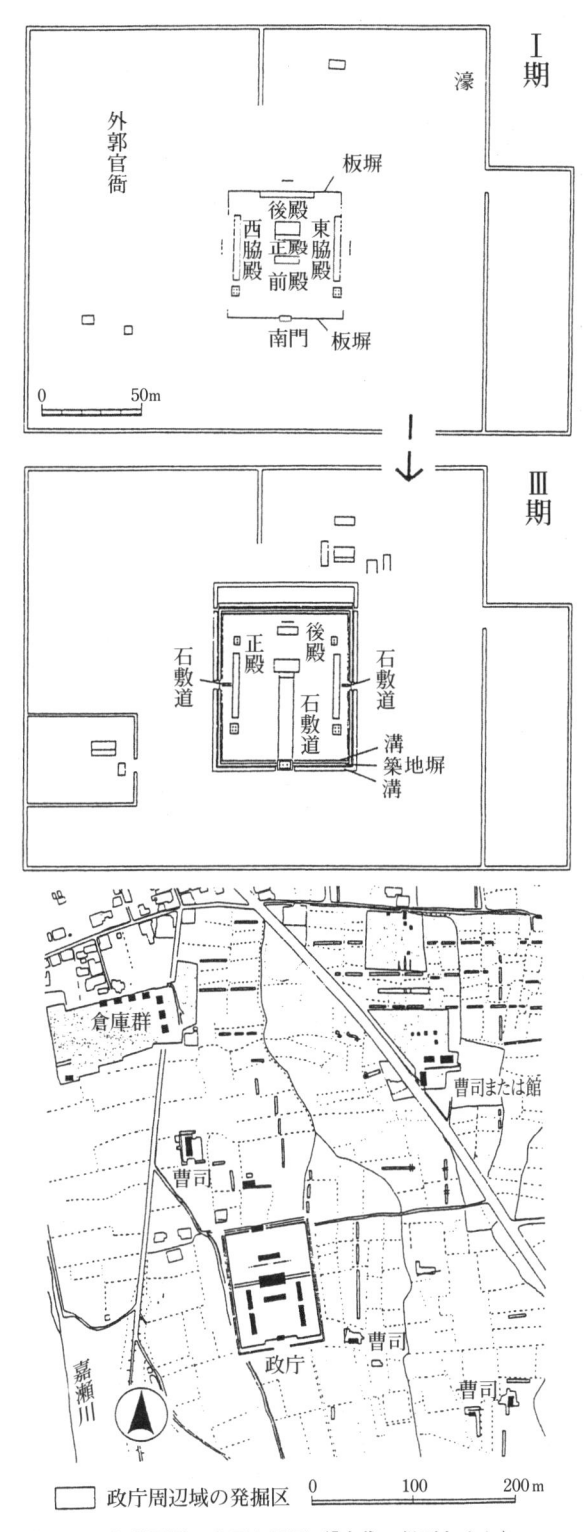

第5章　但馬国の律令時代－人形祭祀と但馬国府－

第5図　伯耆国衙の変遷と配置（『古代の役所』より）

構造に若干国ごとの相違があるようだ。

　さて、但馬国府の所在地を研究する上で大事なことは、最初に述べたように新旧2箇所の検討を行なうことが肝要である。仮に移転前の国府を第1次国府、移転後のものを第2次国府と名づけ話を進めよう。

　これまで所在地の考証については、『日高町史』にも指摘があるように、新旧の区別がされてこなかった。第2次国府所在地の高田郷については、実態がよく把握できていないのであるが、郷域を久斗や祢布、そして水上に至る山沿いの地域と押さえておきたい。そして、これ以外の地域の説であれば第1次国府と判断する。第6図は『日高町史』に掲載された所在地で、この他に伊府説と出石説があり、合計7箇所の想定がされている。

　A説は石田松蔵が『但馬史』に提唱したもので、府市場説と呼ばれるものである。中世に府中という地域があり、この範囲を国府市場とか伊智神社そして町後、受所などという小字名を含む地域として推定する。遺跡としては、山陰線の工事に際して発見された権現遺跡があり、和鏡と土器が出土したと伝えられている。

　B説は『国府村史』に記載されたもので、松岡から府中新の地域にある堀・土手・土居などの小字名に注目して、堀を国府の北域を限るもの、土居は西方に築かれた堤、土手は東方に築かれた堤とする6町域を推定するものである。ここでは、建物柱を載せる礎石が出土したという話があるが、詳細は明らかでない。

　C説は、日置郷にあったとする説である。上郷に残る大門という地名を国府に入る4門の一つと考え、この西に所在する総社の気多大明神を『延喜式』に記載された気多神社と見做し、総社というものは国府とその近傍にあるという考え方がこの説の根拠である。ただし、考古学的には実証するものがない。

　D説は鶴岡にある八丁という小字名で、そこに八丁路という東西に走る道があり、条里制の八条の転化であるとか、国府の八町域を示す名残りと理解する説である。第2次国府の高田郷に含まれる範囲に入っている。遺跡では、先ほど説明した深田遺跡や川岸遺跡がある。

　E説はD説の南側を充てる、国分寺の東隣を想定するものである。これも考古学的には実証するものがない。

　F説は桜井勉氏が『校補但馬考』に書かれた出石説であり、但馬一宮の出石神社の存在が注目された。戦前は、これが一般に認められていた。しかし、石田松蔵や田中忠雄の研究により、国府とセットの国分寺が旧日高町の国分寺しかないこと。そして、国府の所在地に普通あるはずの軍団が気多にはあるが、出石軍団というものは知られていないこと。さらに、隣国に太政官符を逓送する場合、国府に近い郡の役人を使うのが自然であり、天平9年の太政官符を因幡へ伝達した際に、出石郡ではなく気多郡の主帳を使うことなどから、国府は最初から気多郡にあった。移転は、郡内で行なわれたことと捉えられたのである。なお、近年石田善人が『出石町史』に、袴狭の字限図に国分寺の名があることを根拠としてF説を復活させている。ただし、袴狭遺跡の調査では瓦が出土しなかった。

　G説は、久斗からさらに西へ行なった伊府にあったとする説である。伊府という小字、近くに

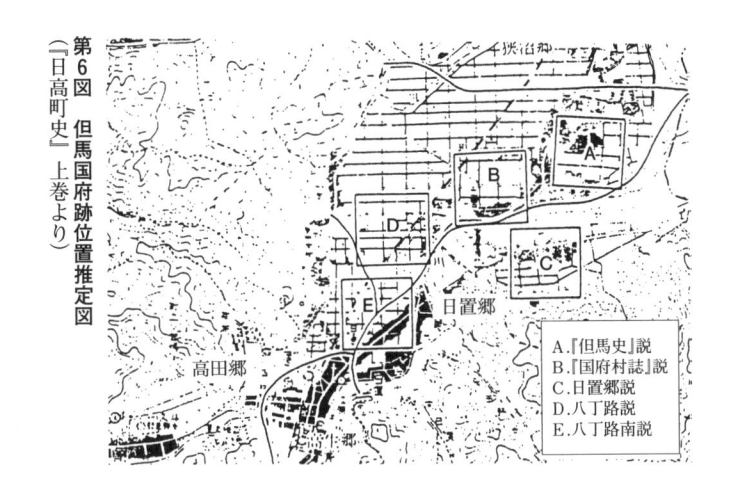

第5章 但馬国の律令時代－人形祭祀と但馬国府－

第6図 但馬国府跡位置推定図（『日高町史』上巻より）

A.『但馬史』説
B.『国府村誌』説
C.日置郷説
D.八丁路説
E.八丁路南説

丁田・井殿という律令制に関連するような小字が残ることから推定されたものである。これは、考古学的に実証するものがない。

5　人形祭祀の年代と木簡からみた国府所在地

　最後に、祢布ヶ森遺跡と袴狭遺跡の二つの国府候補遺跡に的を絞り、紀年銘木簡と木製人形を資料に検討してみる。

　木簡を使用する場合は、その内容と発見場所の性格などから判断すべきと考えるが、ここでは出土した紀年銘木簡を単純に比較すると、国府移転前の延暦23年以前のものは現在まで袴狭遺跡のみの出土で、4点（天平勝宝7年、宝亀9年、延暦14年、同16年）が確認できる。そして、祢布ヶ森遺跡や深田遺跡では移転後のもの（大同5年、弘仁3年、同4年、天長3年、承和2年、寛平7年、同9年）ばかりなのである。こちらは、明らかに移転後の第2次国府で間違いのないものである。袴狭遺跡を第1次国府に推したい。なお、この遺跡では移転後の紀年銘木簡もあり、これについては郡衙など別の性格を考えねばならない。

　次に、木製人形である。考古学では年代を決めるために、遺物を形態の変化から型式分類し、年代順に並べる作業（編年）がある。この方法で全国各地出土のものを並べて、特徴を拾い出していくと、人形分類で一番有効な基準は手の表現の有無。そして、首部から肩部の切り欠きの変化なのである。これを活かして型式分類したのが、144頁第3表の私案である。

　Ⅰ類は、手を切り込みで表現するもの。
　Ⅱ類は、手を切り込みで作り、腰部に切り欠きを持つもの。
　Ⅲ類は、手の表現がなく、腰部に切り欠きを持つもの。
　Ⅳ類は、手の表現がなく、腰部に切り欠きのないもの。

　筆者が全国の人形で確認した結果は、約8割はⅠ類でこれが木製人形の基本形態と言える。Ⅲ類とⅣ類はそれぞれ1割ずつで、Ⅱ類はわずかに数パーセントであった。

　次に、各類をさらに細分するために首から肩への切り欠きを用いて、撫で肩（a型式）、下が

り肩（b型式）、怒り肩（c型式）、首なし（d型式）の4種に区分する。こうして、4類16型式の分類を設定した（図のない型式は未発見）。

変遷は、大きくⅠ・Ⅱ類からⅢ・Ⅳ類に遷り、各類の中はa型式からb型式、c型式、d型式へと変化していく。藤原宮で発見された頭が楕円形のⅠ類a型式が最古のもので、ここから全国の官衙に拡がっていったのである。撫で肩が強くなり頭頂が尖り始めるⅠ類b型式は、8世紀中葉。この頃、腰部に切り欠きを持つⅡ類のa・b型式も出現してくる。Ⅰ・Ⅱ類のc型式の怒り肩は、長岡京の時期に登場する。旧日高町内で発見されたものは大半がこの型式であり、顔を墨で書いたものと刀子で切り込んだり突き刺したりして表現したものがある。また、川岸遺跡の顔を墨で描いたものには都のものに見劣りしない、それ以上に素晴らしいものがある。

このc型式の終末は9世紀の中葉頃で、東北の秋田城まで分布が拡がっている。この前後に、手を持たないⅢ類とⅣ類が出現してくる。ここに、人形祭祀の大きな画期が認められよう。この類の盛期は10世紀前半であり、後半には衰退して終末を迎えるのである。

この私案の編年表に、旧出石町の袴狭遺跡群のものと旧日高町の祢布ヶ森遺跡などのものを載せ比較すると、旧日高町には木簡と同じく9世紀前半から10世紀の年代のもの（Ⅰ・Ⅱ類のc型式からⅢ・Ⅳ類のb型式、Ⅰ類d型式・Ⅳ類b型式）が発見され、旧出石町には8世紀前半（Ⅰ・Ⅱ類のa・b型式）から10世紀のもの（Ⅲ類a・b型式）まで出土しているのである。

以上、現時点で考古学の資料から但馬国府の遺跡を求めれば、年代的には旧出石町の袴狭遺跡群が第1次の国府に相当し、旧日高町の祢布ヶ森遺跡は移転後の第2次国府になるのである。課題は、袴狭遺跡での第1次国府本体の発見と人形の多さの原因解明である。今後の調査に期待したい。

引用文献

石田松蔵 1976「第三章第七節 但馬国府」『日高町史』上巻 日高町
大平 茂 2002「木製人形年代考（上・下）」『古文化談叢』第30集、35集
加賀見省一ほか 2002「但馬特別研究集会の記録」『木簡研究』第24号
佐藤興治・山中敏史 1985『古代の役所』岩波書店
水口富夫 1993「古代山陰道の遺跡」『山陰道』歴史の道調査報告書第3集 兵庫県教育委員会
山中敏史 1994『古代地方官衙遺跡の研究』塙書房
そのほか 兵庫県教育委員会埋蔵文化財調査事務所編の『砂入遺跡』、『袴狭遺跡』および『ひょうごの遺跡』を使用している。

第6章

兵庫県出土の子持勾玉

1 はじめに

　子持勾玉とは、大型の弧状を呈した勾玉形の本体（親勾玉）に、突起物（子勾玉）をその腹と背および胴部に付帯するものである。古くは、石剣頭・魚形勾玉・有鰭勾玉とも呼称された。主に、古墳時代の中期から後期の時期に製作・使用され、その分布は密度の差があるものの、北は秋田県から南は鹿児島県にまで拡がっている。朝鮮半島でも出土し、母子勾玉と呼ばれている。なお、その起源は日本にあると考えられる。

　当該遺物は「考古学上のスフィンクス」といわれ、祭祀に用いる遺物と理解されているが、詳細な年代・用途・性格・祖源は明らかになっていないのである。かつて、筆者もこれに挑戦しようと、形態分類（本体胴部断面の厚みの比率と本体の反りの比率）からその年代比定を試みたことがある〔大平 1989〕。

　兵庫県下では近年、発掘調査で子持勾玉の発見が相次ぎ、その数は9遺跡12例[1]となっている。これらには、伴出遺物の確実なものと出土遺構に注目できるものがあるので、これを資料に再度年代とその性格について考えてみたい。

2 県内発見例の概要

① 芦屋市月若町　月若遺跡第1地点〔森岡 1986・1988a・1988b〕
　1985年、民間の事務所建設に伴う事前発掘調査で新たに確認された遺跡である。芦屋川右岸の段丘上に立地し、標高28mを測る。調査者によれば、芦屋廃寺下層遺跡と同一の集落ということである。

　子持勾玉は、大溝の埋土最上層から出土している。伴出遺物には土師器・須恵器があり、5世紀末から6世紀前半の年代が考えられるという。

　当該遺物は緑泥片岩でつくられ、全長8.1cmの大きさである。形状は本体の両端が尖り、背部に4箇所、腹部に1箇所、両側面に3箇所の独立した突起を持つ。本体の断面形態は、楕円形から長方形化しはじめている。

② 芦屋市三条町　三条岡山遺跡〔村川 1986、森岡 1988b〕
　1960年、造園工事により発見された遺跡である。六甲山南斜面の標高50～60mを測る山麓に立

地し、大阪湾と阪神地域を眺望できる景勝の地である。その後、遺跡は数次の発掘調査により、弥生時代後期から室町時代にわたる複合遺跡と確認されている。

子持勾玉は、1983年の第4次調査時に舟形状土坑内から出土した。遺構の規模は、全長約8m・幅約0.9mで、その両端に径15cmの柱穴を持っている。共伴遺物は、直刀2・銀装大刀柄頭・佩用金具・鉄鏃・須恵器・土師器などであり、その時期は6世紀末から7世紀初頭と推定される。調査者は2本の柱穴を鳥居の原始的な形態と捉え、子持勾玉を含む豊富な遺物を献供品と考えている。

本品は滑石製で、全長12.6cmを測る。形状は本体の両端が尖り、背部・両側面の突起は中央に短くまとまり連続する。特記すべきは背と腹の突起に縦の切り込みを有することである。本体の断面形態は、偏平な長方形をしている。

③　神戸市東灘区御影町　郡家遺跡城の前地区〔西岡 1987〕

住吉川と石屋川間の段丘上（標高32m）に立地し、1979年、大蔵地区の調査で初めてその存在が確認された遺跡である。城の前地区では区画整理事業に伴って1982年から調査が始まり、弥生時代から古墳時代の集落址とその内容が判明しつつある。

子持勾玉は、1984年度の第7次調査時に西3区の河道内から出土している。伴出遺物には、須恵器・土師器があり、時期は5世紀末と推定される。

本品は滑石製で、全長4.8cmを測る。形状は本体の両端が尖り気味で、背部に2箇所、腹部に1箇所の独立した突起がある。なお、両側面には突起を持たない。本体の断面は、楕円に近い形態を呈する。

④　神戸市垂水区五色山町　五色塚古墳〔喜谷 1970〕

垂水丘陵南端の海岸部（標高22m）に立地し、全長198mを測る県下最大の前方後円墳である。埋葬施設は明らかでないが、竪穴式石室に長持形石棺を配したものと推定され、築造時期は墳丘形態・埴輪などから考えて、4世紀後葉から5世紀初めとされている。

子持勾玉は、1965年度からの史跡環境整備(2)に伴う事前調査で、西側くびれ部上段のテラスより破片を含め4点が出土した。そのほか、子持勾玉と共伴ではないが臼玉、6世紀代の須恵器もあるという。

当該遺物は滑石製で4点あるが、うち2点は破片である。完形品を仮にA・Bとすれば、Aは全長12.6cmを測り、本体の断面形態は厚板状長方形を呈する。Bは全長13.5cm、本体の断面は面取りをした長方形（楕円形から長方形への移行形態）の形態を呈する。形状は、どちらも本体の両端が尖る。背部の突起は連続しているが、Aは短く中央に、Bは長い範囲に作る。

⑤　姫路市延末　小山遺跡V地点〔今里 1969〕

船場川右岸部の自然堤防上（標高8m）に立地する、弥生時代以降の集落遺跡である。

子持勾玉は、1941年今里幾次の調査により古式土師器（庄内式併行期）とともに土坑内から出土している。ただし、層位的に当該遺物は最上層ということである。

本品は滑石製で、頭部から腹部の一部が欠けている。残存長は7.5cmである。形状は本体の尾部を截り落し、背部に3箇所、両側面に2箇所の独立した突起を持っている。本体断面は、円形

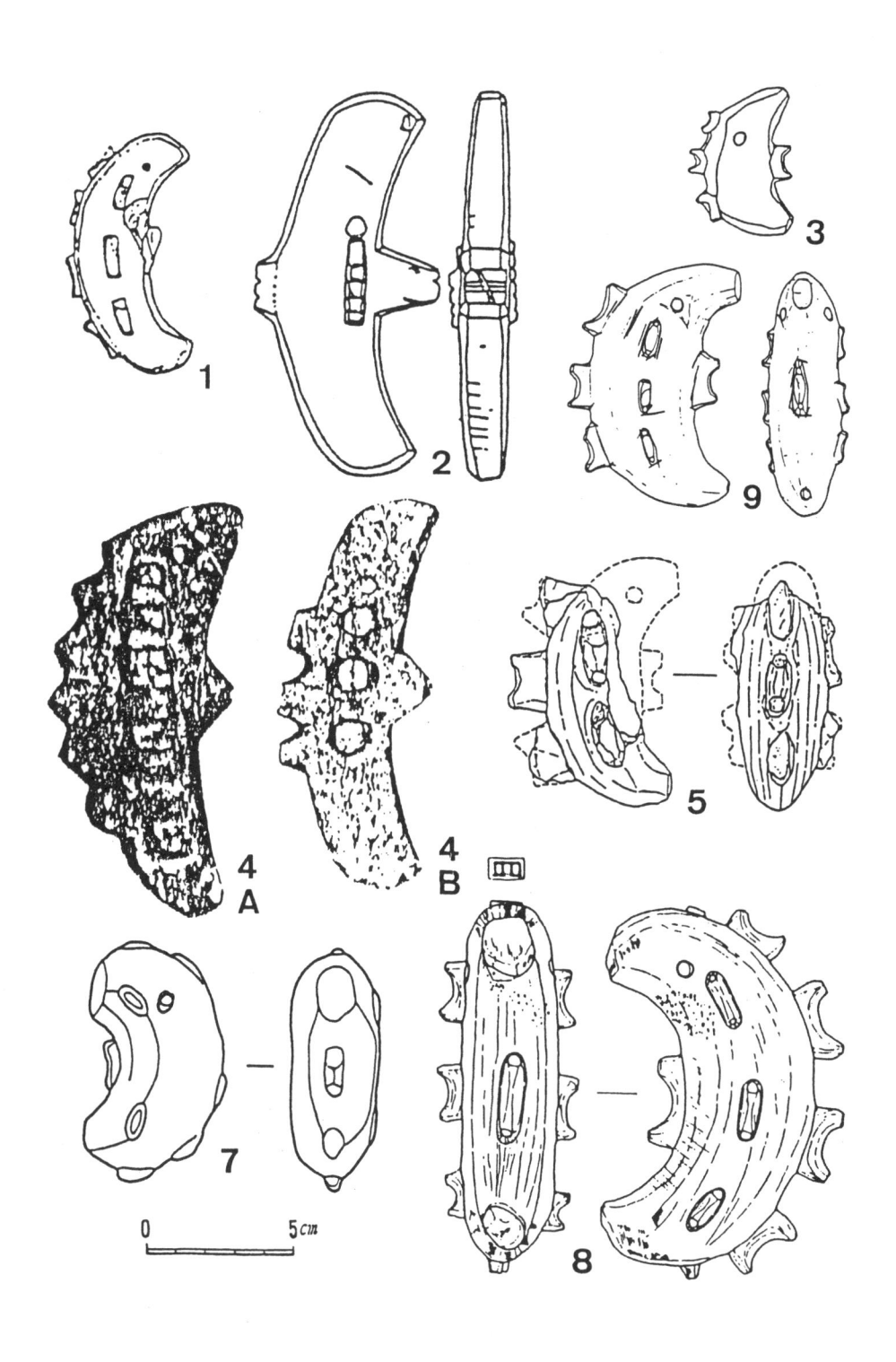

第1図　兵庫県出土の子持勾玉（番号は第1表と本文に一致する）

に近い形態を呈する。

　⑥　丹波市春日町黒井　不明〔大場 1962〕

　大場磐雄編「子持勾玉発見地名表」(『武蔵伊興』)に田岡香逸報として記載があるものの、出土遺跡・形状・伴出遺物とも不詳である。また、所在についても明らかでない。

　⑦　伝丹波市柏原町大新屋　新井神社蔵〔丹波史学会編 1927、井守 1980〕

　大正時代の頃すでに大新屋に鎮座する新井神社に奉納されており、出土地点・伴出遺物については明らかでない。

　本品は全長7.9㎝を測る。形状は本体の両端部を丸味をもった截り落し様に収め、背部に5箇所、片側面に2箇所、腹部に1箇所の独立した突起を持っている。本体の断面形態は、楕円形を呈する。

　⑧　朝来市山東町柿坪　馬場17号古墳〔中島 1995〕

　粟鹿川と三保川が合流する地点の南の丘陵(標高160m)に立地する、23m×18mの長方形墳である。

　子持勾玉は、1988年の工場建設に伴う事前調査により埋葬主体の東側木棺内から出土した。伴出遺物には、鉄刀・鉄鏃・勾玉・管玉・臼玉などがある。また、墳丘上からは古式須恵器片を発見しており、築造時期は5世紀後葉と考えられる。

　当該遺物は、滑石製で全長12.1㎝を測る。形状は本体の両端部を截り落し、背部に4箇所、両側面に3箇所、腹部に1箇所の独立した突起がある。注目すべきは、背部の勾玉状突起の前後に別形態の突起を2箇所持つことである。本体の断面形態は、楕円形を呈する。

　⑨　南あわじ市松帆　雨流遺跡〔長谷川編 1990〕

　大日川右岸の微高地上(標高2m)に立地する、弥生時代前期から江戸時代にわたる複合遺跡である。

　子持勾玉は、1986年の淡路縦貫自動車道建設工事に伴う事前調査で、集落端の河道内下層部から出土した。共伴遺物には多量の土師器と須恵器があり、埋没した時期は5世紀末と推定できる。

　本品は、滑石製で全長8.1㎝を測る。形状は本体の一端を截り落し、背部に3箇所、両側面に3箇所、腹部に1箇所の独立した突起を持っている。本体の断面形態は、楕円形を呈する。

3　子持勾玉の年代

　年代決定を行なうには、まず型式分類が必要である。そして、どの型式がいつの年代に相当するかを考えるのである。

　名称「子持勾玉」の特徴である子(突起)の部分は、独立したものと連続したものがある。独立したものには、発達したもの(小山遺跡V地点例)から退化したもの(新井神社蔵例)まで存在し、連続したものにも波長の長い山形で範囲の広いもの(五色塚古墳B例)から波長の短い山形

で範囲の狭いもの（三条岡山遺跡例）まで認められる。当然、これらの変化も年代差を示すものと考えられるが、祖源を大型の勾玉と捉えるなら名称に惑わされることなく、勾玉本体の断面形態で編年していくのが正当な方法と判断する。この点、石製模造品の勾玉が、断面丸みのあるものから偏平な形態に変化していくことが参考になろう。

　本体断面の形態は円形、楕円形、そして厚板状長方形、偏平な長方形のものがあり、変遷はこの順序で徐々に偏平化していったと考えられる。また、本体の反りは年代が新しくなるほど小さくなるようである。

　そこで、筆者の本体の厚み比率と反り比率からみた分類方法を再度記してみよう。

０型式－断面の比率0.90以上、反りの比率0.50以上あるもの（5世紀前葉？）。
Ⅰ型式－断面の比率0.85～0.89、反りの比率0.50以上あるもの（5世紀中葉）。
Ⅱ－1型式－断面の比率0.70～0.84、反りの比率0.40以上あるもの（5世紀後葉）。
　　2型式－断面の比率0.60～0.69、反りの比率0.60以上あるもの（5世紀末葉）。
Ⅲ型式　　－断面の比率0.60～0.69、反りの比率0.45以上～0.59以下のもの（6世紀前葉）。
Ⅳ－1型式－断面の比率0.60～0.69、反りの比率0.44以下あるもの（6世紀中葉）。
　　2型式－断面の比率0.55～0.59、反りの比率0.59以下あるもの（6世紀中葉）。
Ⅴ型式　　－断面の比率0.50～0.54、反りの比率0.59以下あるもの（6世紀後葉）。
Ⅵ型式　　－断面の比率0.40～0.49、反りの比率0.50以下あるもの（7世紀前葉）。
Ⅶ型式　　－断面の比率0.35～0.39、反りの比率0.50以下あるもの（7世紀中葉）。
Ⅷ型式　　－断面の比率0.30～0.34、反りの比率0.50以下あるもの（7世紀後葉）。

　この分類法で、県内出土例を見たのが第1表と第2図である。
　個々の子持勾玉の年代比定で前記した共伴遺物を持つ6例中、少し疑問に思えるのは、②月若

第1表　兵庫県内出土例の断面厚み比率と反り比率

No.	遺跡名	共伴遺物年代	厚み比率	反り比率	筆者分類	
①	三条岡山遺跡	6世紀末～7世紀初	0.49	0.38	Ⅵ	7前葉
②	月若遺跡	5世紀後～6世紀前	0.55	0.48	Ⅳ-2	6中葉
③	郡家遺跡	5世紀後～6世紀初	0.60	0.65	Ⅱ-2	5末
④	五色塚古墳		A　0.68 B　0.57	0.34 0.40	Ⅵ-1 Ⅵ-2	6中葉 6中葉
⑤	小山遺跡Ⅴ地点	4世紀代？	0.94	0.54	0	5前葉
⑦	新井神社蔵		0.78	0.64	Ⅱ-1	5後葉
⑧	馬場17号古墳	5世紀後半	0.73	0.63	Ⅱ-1	5後葉
⑨	雨流遺跡	5世紀後～6世紀初	0.65	0.60	Ⅱ-2	5末

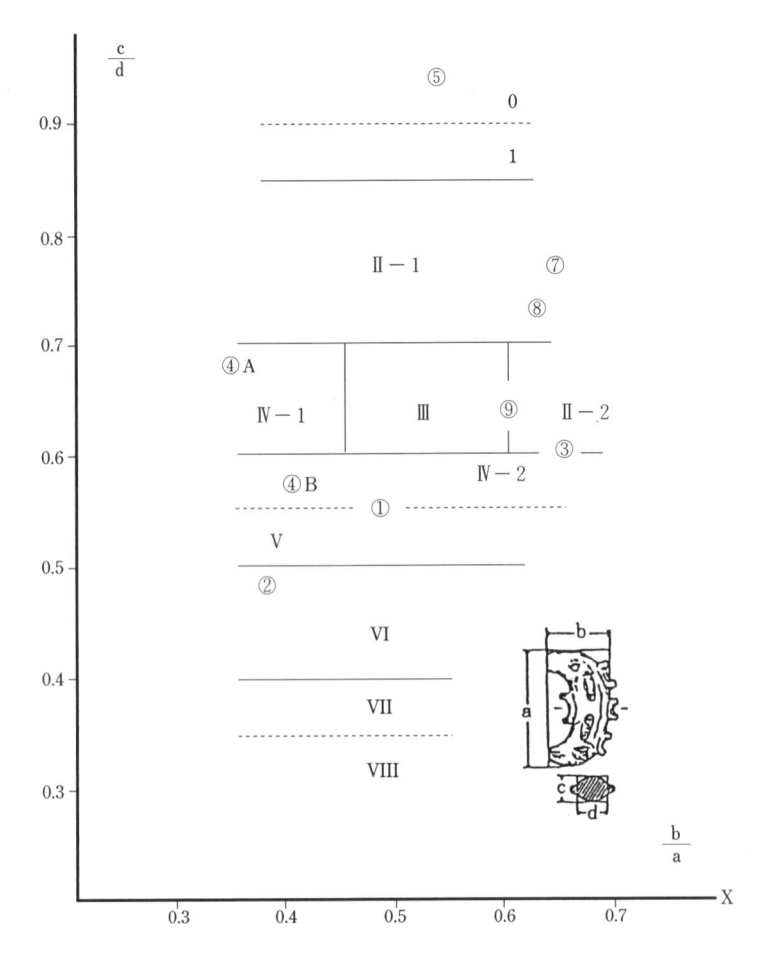

第Ⅲ編　兵庫県内祭祀遺跡・祭祀遺物の研究

第2図　本体断面比および反り比分布（番号は第1表と本文の番号に一致する）

遺跡と⑤小山遺跡の2例である。

　これとて、月若遺跡では5世紀後半〜6世紀前半という下限の範疇を6世紀中葉と押さえれば収まる。また、小山遺跡のものも土坑内の最上層出土であり共伴かどうか確定しがたい状況では、本体断面の形態から最古の一つと考えるが、子持勾玉の出現経緯から見ても4世紀代まで遡るのは難しく5世紀前葉が妥当なところであろう。

　この分類方法が大枠で容認されるのであれば、共伴遺物の明らかでない五色塚古墳2例は6世紀中葉と捉えられ、新井神社蔵は5世紀後葉となるのである。

　ここで、五色塚古墳出土例の年代を6世紀中葉としてみれば、古墳築造時期との年代差（約150年）の問題が生じる。調査担当者は、出土状態からみて副葬品というよりも、墳丘上における儀礼に使用したものと考えられた。また、復元整備事業に伴って実施された調査では東くびれ部下段の斜面と東マウンドの葺石上に、6世紀代の須恵器坏が発見されている。こうした事実から、この古墳の墓上祭祀は確実に6世紀まで続いていたのであり、子持勾玉を使用する墳丘儀礼が行なわれたとしても何ら不思議ではないのである。

284

4　子持勾玉の性格

次に、子持勾玉の用途・性格について、出土遺構から検討してみよう。

従来、子持勾玉は単独で発見されることが多かった。しかし、前記したように、県内例では9遺跡のうち7遺跡が何らかの遺構に伴う出土であり、発掘調査で発見されれば、まず単独出土ということはなさそうである。言いかえると、子持勾玉は単独で祭祀に使用するものではないようである。

兵庫県内出土例は、大きくみれば集落・古墳・祭祀遺跡である。

集落では、土坑内に発見した小山遺跡例、溝からの月若遺跡例、河道からの郡家遺跡例と雨流遺跡例がある。土坑は献供品の保管場所、もしくは祭祀具の廃棄場所であろう。溝や河道内のものは、水（川）神の祭りに使用したと考えるのが一般的であろう。

古墳では、埋葬主体部に発見した馬場17号古墳例、墳丘のくびれ部から出土した五色塚古墳例がある。主体部のものは副葬品としての「魂」祭り用祭祀具であり、くびれ部のものは墳丘儀礼に関わるものであろう。

特に、五色塚古墳出土のものは埋葬から年月を隔てて行なわれた儀礼と捉えてみたい。大胆に予測すれば、明石国造となった海直が五色塚古墳の被葬者を自分達の祖先として祀ったものであろう。同様に、奈良県桜井茶臼山古墳の西濠出土例は地元の豪族安倍氏が、6世紀前葉以降に茶臼山古墳の被葬者を自分達の祖先として祭ったのである。

また、祭祀遺跡には三条岡山遺跡例がある。調査者は境界を示す祭祀とするが、山神などいわゆる自然神を対象としたものと考えておきたい[3]。そのほか、神社蔵も社地出土ならこの祭祀遺跡に含まれる可能性が高い。

こうしてみると、遺構は祭祀具の保管場か祭祀場もしくは廃棄場所であり、川（水）の神ほか自然神を対象としたものと、葬送儀礼に使用したものに分けることが可能である。

子持勾玉は石製模造品と共伴することが多く、この一種と捉えることができるならば、性格は石製模造品の用途である喪葬・神祭に関係する遺物と考えることができよう。遺構出土にみる用途の多様性も、石製模造品の古い時期の特徴である葬・祭未分離の状況によく似ているのである。そうであれば、この祭祀具も畿内政権の影響力を持ったものということになろう。

それでは、子持勾玉の起源（祖型）はいかなるものであろうか。

古い型式のものに、別名称のごとく魚か鳥を表現したのではと考えられるものがある。ここからある種の動物を起源とする説〔近藤 1960〕なども提起されている。しかし、必ずしも魚の鰭の位置と突起が一致する訳でもなく、目の表現がないものも多い。石製模造品の一種と考えるなら、祖型は弥生時代より古墳時代前期の石製品から探すべきであろう。となれば、梅原末治説〔梅原1965〕も捨て難いが、やはり桐原健〔桐原 1988〕のいう大型の勾玉が注意され、大場磐雄〔大場1962〕が注目した勾玉の組合せから始まったと推定できよう。そして、勾玉の腹部に勾玉を付着させ、本来勾玉の持つ「呪力・霊力」に加え、「母が子を産む豊穣・多産・再生」という性格を

5 おわりに

以上、兵庫県内出土子持勾玉を資料に、その年代と性格を考えてみた。しかし、年代比定はともかく、性格については大雑把な見通しのみで、畿内政権との関係も明らかに出来なかった。今後の研鑽課題としておきたい。

註
(1) 　1994年、兵庫県教育委員会埋蔵文化財調査事務所が揖保郡太子町亀田遺跡と神戸市西区伊川谷町上脇遺跡の発掘調査で各1点を発見し、現在11遺跡14点となっている。別府洋二、岸本一宏の御教示による。
(2) 　復元整備事業については神戸市教育委員会奥田哲通、そのほか周辺の調査を神戸市立博物館森田稔に御教示戴いた。
(3) 　安井良三は、航海安全のための目標（山ダテ）に伴う航海民の祭場と考えている。
　　　　安井良三　1985「航海民の考古学」『考古学ジャーナル』第250号

引用文献

今里幾次　1969「播磨弥生土器の動態」『考古学研究』第16巻第1号、後に1980『播磨考古学研究』に再録

井守徳男　1980「氷上郡柏原町新井神社蔵の子持勾玉」『兵庫考古』第11号

梅原末治　1965「上古の禽獣勾玉」『史学』第38巻第1号

大場磐雄　1962「子持勾玉発見地名表」『武蔵伊興』国学院大学考古学研究報告第2冊

大平　茂　1989「子持勾玉年代考」『古文化談叢』第21集

喜谷美宣　1970『史跡五色塚古墳環境整備事業中間報告Ⅰ』神戸市教育委員会

桐原　健　1988「子持勾玉覚書」『考古学叢考』中巻　斎藤忠先生頌寿記念論文集

近藤喜博　1960「子持勾玉私考」『考古学雑誌』第46巻第2・3号

丹波史学会編　1927『氷上郡誌』

中島雄二　1995「但馬の滑石製品について」『古代但馬と日本海』

西岡巧次　1987「郡家遺跡城の前地区第7次調査」『神戸市埋蔵文化財年報』昭和59年度

長谷川真編　1990「第Ⅶ章・ⅩⅢ章」『雨流遺跡』兵庫県文化財調査報告第76冊　兵庫県教育委員会

村川義典　1986「三条岡山遺跡」『兵庫県埋蔵文化財調査年報』昭和58年度　兵庫県教育委員会

森岡秀人　1986「月若遺跡第1地点」『埋蔵文化財メモリアル』'80～'85　芦屋市文化財調査報告第14集　芦屋市教育委員会

森岡秀人　1988a「月若遺跡」『兵庫県埋蔵文化財調査年報』昭和60年度　兵庫県教育委員会

森岡秀人　1988b「古墳時代の芦屋地方（下）」『兵庫県の歴史』24　兵庫県史編集専門委員会

おわりに

　高校1年生の時（1967年）に、歴史クラブ部の顧問であった村上絋揚先生に誘われ参加した佐用町吉福遺跡（兵庫県教育委員会石野博信、伊藤晃、松下勝氏担当）の発掘調査、これが本格的な考古学との出会いである（なお、確か小学校6年生の頃に県教育委員会の島田清氏が旧三日月町で古墳の調査をされ、担任の松坂龍雲先生とこれを見学したように覚えている）。

　この後、なぜかクラブは野球部の方が楽しかったのであろう。大学も最初は法学部であった。しかし、3年次にはあらためて考古学を学ぼうと文学部史学科（指導教授乙益重隆教授）へと転科したのである。國學院で考古学を学んだこと、（大場先生の教えを直接受けられなかったことは残念であったが）大場先生最後の弟子にあたる鈴木敏弘氏をはじめ原史墓制研究会の会員と知遇を得られたのは、筆者の考古学人生に大きな転機となった。しかし、考古学で飯が食えるとは考えていなかったように思う。その証拠に、同期の80名近い専攻生の内、考古学と関係する職に就いたのは20名程度であったろう。また、成績も良くなかった筆者が、兵庫県教育委員会の職員に採用されたのは、運が良かったとしか言いようがない。兵庫県に発掘調査の担当者として就職し、何とか考古学との関係を持ち続けられたが、いかんせん行政職の考古学である。食べるためだけの職になりかけたこともある。

　祭祀考古学を生涯の研究題目に選んだのは、奈カリ与遺跡の報告書に「奈カリ与弥生遺跡の遺物・遺構より見た二、三の祭祀事例」（1983年）を書いてからだった。國學院大學を修了した以上、他大学の卒業生とは違うものを見せたかったのである。関西地域には院友が少なく、祭祀関係の研究をやる人が少なかったこともその要因であろう。

　その後は、職場の先輩櫃本誠一氏の助言もあり、年間1本の論文作成を目標に励んできた。しかし、気に入ったものが書けたのは「子持勾玉年代考」（1989年）、そして「木製人形年代考」（1996年）のみであった。人形の型式分類を書き上げてからは、三部作としての「土製馬形年代考」に取り掛かろうと意気込んだ。しかし、全国的に通用する編年がそう簡単に作れるものではなかった。『モノ』の研究だけをしていて何になるのか。年代を決めることだけが考古学なのか。考古学は歴史学ではないのか。次々に、疑問と課題が生まれてくる。迷い続けたなかで、「子持勾玉年代考」の成果を使って、「三輪山麓出土の子持勾玉祭祀とその歴史的背景」を書き上げた。やっと、気持が吹っ切れた。やはり、考古学の基本は「モノ」の年代研究である。足場を固めてこそ、歴史叙述が可能なのである。そこで、再度先学の土製馬形の型式分類を比較検討し直してみると、解決の糸口が見えてきはじめた。稿了したのは2007年の春であった。奈カリ与遺跡の原稿を執筆して以来、実に25年である。

　この間、兵庫県教育委員会埋蔵文化財調査事務所の『研究紀要』に執筆した「土製模造品の再検討」、「祭祀考古学の体系」などを加え、博士学位論文として母校に提出したいと考えた。そして、祭祀考古学会の伊勢大会の折に、大場先生の弟子にあたる杉山林繼教授に審査していただけ

ないかと御相談申し上げ、あらためて主要な論文を研究室に届け、推薦していただいた次第である（主査杉山林繼教授、副査吉田恵二教授、副査岡田荘司教授）。

　本書がなるにあたっては大学で指導を得た樋口清之教授、乙益重隆教授、佐野大和教授、亀井正道先生をはじめ、日本学談話会でお世話になった松前健先生、岡田精司先生、そして杉山林繼教授、鈴木敏弘氏、金子裕之氏、原史墓制研究会の諸氏。さらに、地元研究者の今里幾次先生、松岡秀夫先生、広山堯道先生。村上紘揚先生、櫃本誠一氏、大村敬通氏、松下勝氏をはじめとする兵庫県教育委員会埋蔵文化財調査事務所職員・ＯＢの方々、（元）兵庫県文化財保護審議会史跡埋蔵部会の石野博信先生、間壁葭子先生、（現）和田晴吾先生、等々、実に多くの方々に指導・助言を賜っている。深く、感謝申し上げます。

　また、資料の調査・文献の収集にあたっては國學院大學図書館、そして大学時代の友人、各都道府県教育委員会並びに埋蔵文化財調査センター、市・町教育委員会の埋蔵文化財担当者の方々に御配慮をいただいている。特に、兵庫県下の市・町教育委員会および博物館・資料館の文化財担当の諸氏には、未発表資料の提供も受けた。心より感謝したい。

　文末ではあるが、出版にあたって仲介の労をとっていただいた國學院大學博物館学研究室青木豊氏、並びに株式会社雄山閣編集部の宮島了誠氏には大変お世話になった。お礼を申し上げます。さらに、祭祀分野の研究者として常に刺激を与えていただいている水野正好氏、小林達雄氏、春成秀爾氏、辰巳和弘氏、佐藤達雄氏、酒井龍一氏、坂本和俊氏、寺沢知子氏、篠原祐一氏、文献の三宅和朗氏、西宮秀紀氏にも感謝申し上げたい。

　2008年5月

　　　　　　　　　　　　　　　　　　　　　　　　　　　　　　　　　　大平　茂

著者紹介

大平　茂（おおひら　しげる）
1951年、兵庫県生まれ
1980年、國學院大學大学院文学研究科日本史学専攻博士課程前期修了
現在、兵庫県立考古博物館学芸課長
　　　博士（神道学）

主要著書・論文
「祓の流行③兵庫県袴狭遺跡群」『日本の信仰遺跡』雄山閣　1998年
「祭祀考古学の体系」『研究紀要』第3号　兵庫県教育委員会埋蔵文化財調査事務所　2003年
「但馬国府と人形祭祀」『日本海地域史大系』第1巻　清文堂　2005年
「三輪山麓出土の子持勾玉祭祀とその歴史的背景」『原始・古代日本の祭祀』同成社　2007年
「小型土製馬形年代考」『研究紀要』第1号　兵庫県立考古博物館　2008年

祭祀考古学の研究
（さいしこうこがく　けんきゅう）

2008年7月20日　発行

著　者　大　平　　　茂
発行者　宮　田　哲　男
発行所　株式会社　雄山閣
　　　　〒102－0071　東京都千代田区富士見2-6-9
　　　　電話03（3262）3231　FAX03（3262）6938
　　　　振替00130-5-1685
組　版　株式会社富士デザイン
印　刷　広研印刷株式会社
製　本　協栄製本株式会社

© Sigeru Ohira 2008　　　ISBN978-4-639-02055-4 C3021